EN ZERSTÖRT sind die bundesdeutschen Spieler nach dem Pfiff des Schiedsrichters, der einen Siebenmeter-Strafwurf gab, der das scheinbar endgültige „Aus" bedeutete.

e Handballer olympiareif

Hofmanns entscheidend … Schlußszenen

…d Hans Eiberle

…r Mannschaften reduzierte sic… der gegen Torhüter Manfred … ge gegenüber beim Sieben-Me… ihrenden Spielzeit des entsch…

… im letzten Spiel der Grup… en Handballturnier in Mo… bend um viertel vor Siebe… zugunsten der Mannschaf… ik Deutschland und gege… Weltmeisterschaftszweite

… das zweitemal in diesem e… mit einem Übermaß an F… daß Hofmann einen S… en ersten, von Kählert ge… 36. Spielminute pariert … 4:7, als sein Manns… zwei Minuten lang auf … r eine von zahlreichen S… cheidend hätten sein k… nterschied durfte das … ieren, um dennoch di… für Montreal zu gew… gs in der Münchner … nd dank des bessere… den Rekordsieg (34… Gruppenpartner. … lag nur sechs Mi… : Als die DDR-Aus… og, zwischen der 2… er Rainer Gansche… ader zum 2:6 erziel… er auf 7:2 erhöhte. … Deckarm (in Mün… n erfolgreichster … nderweise keine … ah, sorgte dafür … zweite Halbzeit … nte. Nach seine… rung und dem … nd schon im 14. … ien Minuten de… d erzielte dam… in der ersten … elang mit eine… wichtiger wur… t war um, un… Tor zu zielen. … n sechs Geg… ten sich Dec… echt postiert zudem … rnte Torecke, und das wirkte wie ein … der einen, als Stimulans auf der an… Das DDR-Team hatte seinen ausrei… rsprung vertan, den Kontrahenten … ssen, daß für ihn noch nicht alles

Hofmann und sein He…

Er war der Held des Abends, doch er weigerte sich standhaft, in diese Rolle zu schlüpfen. „Es war wirklich nur ein reiner Reflex", versicherte Manfred Hofmann, der Athlet (1,90 m, 90 Kilo) im Tor der bundesdeutschen Handballauswahl. „Ich hab' gesehen, daß der Engel schießt, dann habe ich den linken Fuß raus und Glück gehabt, daß er ihn getroffen hat." So schilderte Hofmann …

…uf und davon

…onrad Wagner feiert 800. Sieg

DDR führte in K…

K · Bo

14:12

Heiner B… 14:14 ist …

Jetzt Tabellenführer

exp Kopenhagen — 14:14! Das ist das Ergebnis eines Superkrimis! Denn so trennten sich die Bundesrepublik und die DDR nach einem Spiel, wie es spannender und dramatischer nicht sein konnte. Und es wird in diesem Stil weitergehen: Mit jeweils 3:1 Punkten haben beide jetzt nämlich noch gleich große Chancen, das Endspiel um den Weltmeistertitel zu erreichen. Allerdings: Die Stenzel-Truppe ist jetzt Tabellenführer.

Der Schuß, der dieses Treffen zu einer zwar spielerisch glanzlosen, aber nervenzerreißenden Kraftprobe machte, fiel vor dem Anpfiff: der Gummersbacher Fey, zum erstenmal in diesem Turnier eingesetzt, traf Hofmann, den bislang besten Keeper des Turniers, beim Warmwerfen voll in den Magen. Der ging daraufhin angeschlagen ins Spiel, ließ sich nach 15 Minuten beim Stande von 3:4 gegen Rauher auswechseln. Dadurch kam Unsicherheit in die Paradedeckung, mußten die Deutschen etliche Treffer hinnehmen. Auf der Gegenseite wurde Torwart Schmidt zur spielbeherrschenden Figur seiner Mannschaft. Allerdings: …

Olympia-Qualifikation der DDR verhindert hatten.

Würde, wie schon einmal bei einer WM zwischen der DDR und der Bundesrepublik ein Treffer in letzter Sekunde die Entscheidung bringen? Es sah so aus, als der DDR in letzter Sekunde ein Freiwurf zugesprochen wurde. Und Vlado Stenzel beorderte seine längsten Kerls aufs Spielfeld. Sie bildeten eine Mauer. Würde Jürgen Hildebrand diesen Wall durchbrechen können? Er sprang hoch, doch die deutsche Mauer reckte, streckte sich, holte jeden Millimeter aus ihrem Körper. Und blockte den Ball ab. Schlußpfiff! Unbeschreiblicher …bel!

Spielwert Heinz Jacobsen …ahlte wie ein Honigkuchen…erd: „Dieses Unentschieden … ein Sieg für uns. Es hat …h im Verlaufe des Spiels …zeigt, daß wir doch alle sehr …rvös waren."

Bundestrainer Vlado Stenzel stellte sich vor seine …gs: „Meine Spieler sind …ne Maschinen. Nach drei …ßen Spielen ist es fast …ürlich, daß mal ein Knacks …nmt."

…DR-Trainer Thiedemann … 14:14: „Wir haben sehr …sequent gespielt. Doch … ich herausstellen, daß … Ausgleichstor von Brand … klare Fehlentscheidung … Schiedsrichter vorausging."

…änemark

HAMBURGER

Morgenpost

Nr. 31/6. W. Montag, 6. Februar 1978 35 Pf ● C1986A

Weltmeister

20:19 Unsere Handballer sind die Größten!

Sensations-Sieg über Sowjetunion

12 MORGENPOST **Sport** Montag, 6. Februar 19…

● 6. Februar 1978 ● BILD ● Seite 9

…SSR

…TMEISTER!

…: Deutschland siegte 20:19

Sport-Nachrichten

Bob: Schlimme Schmerzen, aber Bronze

Star beim Stern

Noch ist Joe vorn

Nicht zu stoppen

Meisterschützen

50 Tore …

Schneller Panzer

»Spruch«

Die fahren mit einem Ski besser wie unsereins mit drei

…rde Vlado zum …s" gekrönt . . .

…eine Mutter

…erbaren Jungs Weltmeister macht…

Jimmy, der Joker! Mit drei Toren …lles klar

…penhagen — Die 39. Mi… des Weltmeisterschafts…s in Kopenhagen zwi… der Bundesrepublik … Olympiasieger UdSSR, …ied dieses hochdrama… Spiel. Bundestrainer …Stenzel schickte Dieter … vom Deutschen Mei… …rün-Weiß Dankersen … Platte. Die Deutschen … durch Deckarms Tor … dann feuerte „Jim… der 24jährige Stu… …nnt wird, drei Wür… …nander ab. Die Bäl… … am sowjetischen … vorbei ins Netz. …r 43. Minute, das … als die Vorent…

…n 20:19-Triumph … der erst sein 19. … bestritt, sprach… te er sich gefaßt: …iß auf der Bank, …bedingt auf dem …reifen. Ich war …ie Sowjets, die … immer wieder mit ihrer rohen Kraft durchdrängten, Stürmerfouls begingen." Der 1,87 Meter große Linksaußen mußte, wie seine Kameraden, eine Ehrenrunde nach der anderen drehen.

Die dänischen Schiedsrichter Svensson/Christensen ließen Fingerspitzengefühl vermissen. Als sich wiederholt die Kraftbolzen aus Moskau durchwühlten, regelwidrig oft genug, da entschieden sie drei-, viermal auf Siebenmeter, weil sich die Deutschen nicht so ohne weiteres verdrängen lassen wollten.

Insgesamt verhängten die Dänen elf Siebenmeter für die UdSSR und nur drei für die Bundesrepublik!

Was sich die Dänen zurechtpfiffen war ein kleiner Skandal. Fast hätten sie den Deutschen die Weltmeisterschaft …

Weltmeister! Flut von Tränen und Champagner

● 20:19 gegen UdSSR ● Wunderbares Finale

Mannschaftskapitän Horst Spengler in Aktion: Seine Tore vom Kreis ebneten den Weg zum Titel

Kopenhagen — Sie küßten und sie trugen ihn! Sie setzten Vlado Stenzel eine goldene Papierkrone aufs schüttere Haar. Mannschaftsführer Horst Spengler hing wie eine Klette an seinem Bundestrainer. Und dann die Fans: Sie ließen Stenzel hochleben, sie warfen beide, den weinenden Trainer und seinen Team-Käpt'n, in die Luft. Deutschland ist Handball-Weltmeister! Unsere Stars schlugen die Sowjets in einem dramatischen Handball-Finale 20:19 (11:11!). Ihr seid goldig, Jungs!

Wenig später in der deutschen Kabine: die Spieler bekommen Sektflaschen. Einige feuern sie außer sich vor Freude an die Wand. Champagner schäumt. Glas zerbirst. Horst Spengler grölt mit überschlagener Stimme „Hab' ich es euch nicht immer gesagt, wir werden Weltmeister!" Joachim Deckarm, Heiner Brand, Arno Ehret, Kurt Klühspies sind außer sich: Sie zerreißen sich gegenseitig die Trikots.

Etwas abseits auf dem Kabinengang stehen die Asse aus der DDR. Unter ihnen Hans Engel, der in Karl-Marx-Stadt mit seinem Siebenmeter an Manfred Hofmann gescheitert war. Er gratuliert spontan Arno Ehret, eine feine sportliche Geste.

In der Halle toben die Fans! „Deutschland holt den Weltpokal!" „Vlado ist der Größte!" Die 7100 Zuschauer stehen kopf.

„Es ist nicht zu fassen!" sagt Heinz Jacobsen, der Männerspielwart. „Dies ist der schönste Tag in meinem Leben", jubelt Stenzel. Er bekommt kaum die Worte heraus, so freut er sich. Die Sowjets stehen abseits mit versteinerten …

…glaublichen Athletik, aber … mit ihrer brutalen Kraft.

Cheftrainer Anatoli Je…schenko hielt es nicht mehr … der Bank aus. Er mußte sich … gelbe Karte zeigen lassen. …warnung! Die letzten Minute… Kopenhagen glichen einem …xenkessel.

Die Deutschen gewannen … dient. Nicht die Sowjets zei… den Handball der Zukunft: … Stenzel-Truppe spielte klar … ser, variationsreicher, kon…

D. Schnackenberg berichtet

…triert. Es war ihr stärkstes S… dieses Turniers — just zur re… en Zeit. „In Dänemark wer… wir topfit sein", hatte V… Stenzel in der Vorbereitungs… se immer wieder gesagt.

Manfred Hofmann, der … Siebenmeter hielt, Joac… Deckarm, der sechs Tore erzi… Horst Spengler mit vier Tref… und die Abwehrkampfmasch… Heiner Brand waren die Trum… karten des deutschen Spiels.

Und dann die enorm wicht… Tore von „Jimmy" Waltke … Dankersen. „Er war unser … ker", griente Stenzel. Dann m… te er nur noch schlucken —

Heiner, der Kämpfer

Kopenhagen — „Heiner Brand hat heute ein Weltklasse-Leistung geboten!" lobte Vlado Stenzel seinen Abwehr-Organisator. Der Student aus Gummersbach (25) servierte jedoch nicht nur im WM-Finale gegen die UdSSR eine Handball-Delikatesse! Brand (Foto) war der beständigste deutsche Spieler des Turniers.

„Ohne ihn wären wir niemals Weltmeister geworden", bestätigen seine Mannschaftskameraden Joachim Deckarm: „Ihn zeichnete besonders der … aus." Gerd Rosendahl schwärmt auch von seinen Qualitäten in der Offensive: „Er leitet fast alle unsere Angriffe ein."

Brand (1,93 m groß, 84 Kilo schwer, 84 Länderspiele) war lediglich die turbulente Endphase an die Nieren gegangen. „Zu Beginn des Spiels war es für uns in der Abwehr schwer, den sowjetischen Sturm im Schach zu halten. Später hatten wir die Sowjets im Griff."

Über die dänischen Schiedsrichter mochte er sich nach dem Sieg nicht mehr aufregen: Siebenmeter — ja oder …

Heiner Brand

Frank Schneller

INTEAM

ero
ess

Kempa

wero
press

1. Auflage: © September 2004 by

Verlag wero press GmbH, Schwabenmatten 3, D-79292 Pfaffenweiler

Autor:	Heiner Brand, Gummersbach
Co-Autor:	Frank Schneller, Hamburg
Titelgestaltung:	Verlag weropress GmbH, Pfaffenweiler
Titelbild:	Foto Heuberger, Schutterwald
Titelrückseite:	Foto Heuberger, Schutterwald
Fotos:	Privatarchiv Heiner Brand Foto Heuberger, Schutterwald Fotoagentur Sven Simon, Essen BONGARTS Pressefoto, Hamburg
Bildbearbeitung:	Verlag weropress GmbH, Klaudija Mocnik, Pfaffenweiler
Layout und Satz:	Verlag wero press GmbH, Klaudija Mocnik, Pfaffenweiler
Lektorat:	Wolfgang Jost, Bad Saarow
Druck:	Gulde Druck, Tübingen
Verarbeitung:	Fa. Spinner, Ottersweier
ISBN :	3-937588-03-5

INHALTSVERZEICHNIS

6 **Vorsicht vor dem Dackelblick** – Vorwort von Klaus Schwarze

8 **Der Zweig aus Montreal** – Vorwort von Frank Schneller

11 **Der Architekt** – Mein Vater

13 **Ein Glücksfall** – von Ulrich Strombach

16 **Ansichtsachen** – ... über Funktionäre, Strombach und Haas

18 **Die Sternstunde von Kopenhagen** – Das WM-Finale 1978

24 **Ich**

44 **Ansichtsachen** – ... über Gefühle, Glaubwürdigkeit

45 **Ein Stratege war er immer** – von Jochen Brand

50 **Er hatte gar keine Wahl** – von Klaus Brand

56 **Den Handball in der Wiege** – von Günter Riemer

58 **Grosser Gegner – Guter Freund** – von Kurt Klühspies

62 **„Der kann doch nichts“** – Meine Spielerkarriere

101 **Ansichtsachen** – ... über meine wichtigsten Trainer

102 **Der sanfte Rebell** – von Petre Ivanescu

104 **Mein verlängerter Arm** – von Vlado Stenzel

106 **Krimiserien** – Meine Länderspielkarriere

126 **Ansichtsachen** – ... über meine größten Rivalen auf dem Spielfeld und meine wichtigsten Mitspieler

129 **100 Prozent und mehr** – von Heinz Jacobsen

132 **Kalter Krieg, heisse Duelle** – Die Duelle mit dem Ostblock

136 **Ansichtsachen** – ... über meine größten Siege/Niederlagen als Spieler

137 **Über einen außergewöhnlichen Menschen** – Meine Freundschaft zu Joachim Deckarm

142 **Ansichtsachen** – ... über sportliche Großleistungen Anderer

143 **Mein Freund in all den Jahren** – von Joachim Deckarm

145 **Adjutant, Geselle – Meister!** –
Meine Co-Trainerjahre in Gummersbach

153 **Meisterprüfung(en)** – Meine Trainerjahre in Gummersbach

174 **Für Fußball plötzlich keine Zeit mehr** – von Andreas Thiel

178 **Gute Zeiten, schwere Zeiten** –
Meine Trainerjahre in Wallau, die Rückkehr nach Gummersbach

190 **Ansichtsachen** –
... über meine größten Siege/Niederlagen als Trainer

191 **Family-Affairs, Teil 1** – Familie Brand im Dialog

204 **Ansichtsachen** – ... über Kunst, Musik, Filme und Literatur

205 **An der Seite des Bundestrainers** –
Meine Co-Trainerjahre beim DHB

212 **Von Bozen nach Lissabon** –
Meine Trainerjahre beim DHB, Teil 1

250 **Der Erfolgs-Mensch** – von Bob Hanning

254 **Eine Beziehung im Wandel der Zeit** – von Stefan Kretzschmar

256 **Der Geist vom Ampflwang** – Die EM 2004

264 **Auf Ballhöhe in Slowenien** – Mein EM-Tagebuch

274 **Erfolgsrezept Vetrauensbildung** – von Dr. Berthold Hallmaier

278 **Markenzeichen Schnurrbart** – von Joachim Neußer

281 **Der öffentliche Trainer** – von Charly Hühnergarth

284 **Family-Affairs, Teil 2** – Familie Brand im Dialog

302 **Ansichtsachen** – ... über den Hausmann Heiner Brand

303 **Eine liebevolle Abrechnung** – Die Stadt Gummersbach

308 **Ansichtsachen** – ... über Fernweh

309 **Von Slowenien nach Athen** –
Meine Trainerjahre beim DHB, Teil 2

336 **Das Interview**

340 **Heiner Brand, der Final-Mann**

342 **Meine Dreamteams** – das deutsche Team ´78 und 2004

VORSICHT VOR DEM DACKELBLICK

Klaus Schwarze

„Was passiert, wenn man in Gummersbach einem kleinen Jungen einen Handball und einen Schnurrbart in die Wiege legt? Er wählt natürlich den Bart, denn im Oberbergischen ist man schon immer mit Haaren auf der Lippe eher aufgefallen als mit einem Ball in der Hand. So begann die Karriere von Heiner Brand.

Was passiert, wenn in einer Kleinstadt ein Junge heranwächst, dessen Vater einer der bekanntesten Handballer Deutschlands ist und dessen ältere Brüder zu den besten Abwehrspielern und den trickreichsten Angreifern hier zu Lande zählen? Er schaut sich von allen das Wichtigste ab, läßt sich die Haare nicht nur auf der Lippe wachsen und wird schließlich der Beste von allen. So begann die Karriere von Heiner Brand.

So ähnlich hätte es 1952 sein können. Aber es war – wie so oft – viel alltäglicher. Als ich Heiner kennenlernte, war ich Klassenkamerad und Boule-Kontrahent von Klaus, seinem ältesten Bruder. Wir waren eine sportliche Clique von unterschiedlichstem Talent und Interesse. Und das wiederum musste in Gummersbach über kurz oder lang zum Handball führen. Nur der machte damals wie heute den VfL über die Stadtgrenzen hinaus bekannt. Mein Ehrgeiz war leider schnell eingebremst: Ich durfte ins Tor, und nach ein paar Würfen von Klaus und Jochen Brand war klar, dass ich lieber beim Boule bleiben sollte.

Heiner war natürlich irgendwann auch dabei, aber als Nesthäkchen der Familie wurde er von den „Großen“ erst einmal nur geduldet. Das galt für die sportlichen Auftritte im Garten und für diejenigen in der Lochwiese, Gummersbachs legendärem Sportplatz. Dafür war Heiner allerdings der Erste aus der Familie Brand, der sich ohne größere Probleme am Schäferhund von Robert, dem Wirt des Stammlokals „Treppchen“, vorbei wagte.

Sie werden sich sicher fragen, warum ich solche Nebensächlichkeiten erwähne. Ich möchte damit nur verdeutlichen, dass Heiner sich schon sehr früh darauf einstellen musste, Dinge oder Abläufe zunächst einmal aus der Distanz zu betrachten, ehe er selber agieren durfte oder musste. Das galt für den Sport und für ganz banale Geschehnisse des Alltags. Und er war mit Sicherheit ein guter Beobachter. Denn als er als Handballer immer perfekter wurde, erkannten die Experten in ihm schnell die Cleverness seines Vaters, die Übersicht von Klaus und den Hang zum Spektakulären von Jochen. Und auch von Roberts

Schäferhund hat er gelernt: Wenn man im Leben Ziele erreichen will, schafft man das besser, wenn man mutig und offen auf sie zugeht, statt zu versuchen, sich an ihnen vorbeizumogeln.

Man ist fast geneigt zu sagen, Heiner hatte es leicht: Sein Vater hat ihm das erste Stück des Weges vorgelebt, das der Sohn später ebenfalls ging. Und dann hätte er ja nur den älteren Brüdern folgen müssen. Aber da wurde es schon wieder schwieriger. Die beiden waren einfach zu unterschiedlich.

Vielleicht sind damals bereits die Grundlagen von Heiners Trainer-Methodik entstanden. Denn der Wunsch zum Zusammenführen und -fügen unterschiedlichster Fähigkeiten zu einem perfekten Spieler oder einer perfekten Mannschaft muss bei ihm schon früh gereift sein. Dafür stand allein schon sein großer Ehrgeiz.

Wenn Sie den Menschen und Trainer Heiner Brand gerne kennenlernen wollen, dann lesen Sie nicht nur dieses Buch, sondern hören ihm beim nächsten Länderspiel in einer Auszeit einfach einmal zu: Egal wie es steht, egal worum es geht: Sie werden jemanden erleben, der Autorität ausstrahlt, ohne zu befehlen, der Anweisungen erteilt, ohne Druck auszuüben, der motiviert, ohne aufzustacheln, der tadelt, ohne zu verletzen.

Spielern und Ihnen rate ich zum Abschluss dennoch: Lassen Sie sich nicht von seinem treuen Dackelblick täuschen."

Klaus Schwarze, *berühmte Fernseh-Stimme großer, denkwürdiger Handball-Übertragungen und allseits bekannter „Frontman" des Ersten deutschen Fernsehens. Der WDR-Mann war bei fast allen Top-Ereignissen des Sports der letzten drei Jahrzehnte am Ball, unter anderem mehrmals Teamchef der ARD bei Olympischen Spielen und Fußballweltmeisterschaften. Schwarze ist ausgewiesener Handball-Fachmann – und: Er stammt aus Gummersbach, war praktisch jahrelang Nachbar der Brand-Familie. 1966 begann er seine journalistische Laufbahn in der Fernseh-Sportredaktion des Westdeutschen Rundfunks, dem er bis heute nicht nur treu geblieben ist, sondern den er – u.a. als Moderator der ARD-Sportschau oder als Programmchef seines Senders bei zahlreichen Top-Events – entscheidend mitgeprägt hat.*

DER ZWEIG AUS MONTREAL

Frank Schneller

„Als ich mich während einer meiner ersten Besuche zu Hause bei Heiner Brand auf die Suche nach Relikten aus seiner hoch dekorierten Karriere begab, stellte ich schnell fest, dass es nahezu keine Spuren oder Hinweise auf die großen Erfolge in den eigenen vier Wänden des großen deutschen Handball-Idols zu bestaunen gibt. Sicher: In seinem Arbeitszimmer türmten sich die Videos, Spielanalysen lagen auf dem Schreibtisch, Handball-Fachliteratur stand – recht gut versteckt – im Bücherregal des Wohnzimmers. Alles Hinweise auf das Tagesgeschäft des Autors. Logisch. Doch was ist nur mit früher? Keine Pokale, keine Wimpel, keine Bilder und Medaillen. Nichts. „Wir mögen das nicht so gerne“, erklärten mir Christel und Heiner Brand.

Bei näherem Hinsehen entdeckte ich nur ein einziges Zeugnis der Vergangenheit: Eine kleine, unauffällig und keineswegs an exponierter Stelle aufbewahrte Statue mit folgender Einprägung: „Du warst für mich ein Käpten wie es vor Dir keinen gab. Vielen Dank Heiner.“ S. Schobel. 16.6.84.Die Widmung war zunächst nicht zu lesen, man musste den kleinen, abstrakten, einen Handballer darstellenden Pokal erst drehen, um die Worte des ehemaligen Bundestrainers Simon Schobel erkennen zu können. „Darauf“, sagte Brand fast so, als hätte man ihn beim Angeben erwischt, „bin ich schon etwas stolz. Das möchte ich hier haben. Ist aber eine Ausnahme.“ Zugegeben: Ich staunte über so viel Zurückhaltung schon ein wenig.

Indes: Warum nur hatte ich angenommen, das Haus von Christel und Heiner Brand in der Lebrechtstraße in Gummersbach müsse angesichts der zahllosen Titel und Triumphe doch eigentlich einem Sport-Museum gleichen? Schließlich kannte ich ihn schon jahrelang und hätte mir zumindest vorstellen können, dass der ehemalige Weltklasse-Handballer und heutige Nationaltrainer Deutschlands so nicht ist. Sich selbst so nicht versteht. Und nicht verstanden werden will. „Hier und heute habe ich genügend zu tun, muss ich meine Aufgaben bewältigen“, erklärte Heiner Brand mir, „ich hatte bislang keine Zeit, in der Vergangenheit zu schwelgen, mich mit ihr aufzuhalten“. So ist Heiner Brand. Das macht ihn aus. Das ist wohl auch Teil seines Erfolgsgeheimnisses.

Als wir vor einigen Monaten vereinbarten, dieses Buch miteinander zu schreiben, hatte er vorgebeugt: „Ich bin keiner dieser ‚Früher-war-alles-besser-Verfechter‘.“ Gerne wolle er seine bewegte und bewegende Vergangenheit noch einmal zum Vorschein holen und aufarbeiten, hatte er angekündigt, „aber leicht wird das für Dich als Co-Autor wahrscheinlich nicht, denn eigentlich ruhte sie für mich jahrelang. Ich schaue nach vorn, das Geschehene dient mir nur als Fundus für die Gegenwart und die Zukunft."

Foto-Alben, Zeitungsberichte, Ehrungen – all das hatten die Brands im Keller ihres Hauses verstaut, mussten sie zur Erleichterung der Recherchen aus Tüten und Kisten erst wieder hervorholen. Die Arbeit an seinem Buch wurde für Heiner Brand zu einer Zeitreise – ohne, dass auch nur einmal der Bezug zum Hier und Jetzt dabei verloren ging. Oft konnte ich beobachten, wie es in Brand bei der Konfrontation mit seiner ereignisreichen Karriere arbeitete, wie es ihm zunehmend Spaß machte, das Geschehene nicht nur aus der Distanz noch einmal zu betrachten, sondern sich auch darauf einzulassen.

„Eine Biografie zum jetzigen Zeitpunkt – ich bin ja eigentlich noch mittendrin", hat Brand einmal gesagt, als das Tonband nicht mitlief. Doch noch ehe auch nur die leisesten Zweifel an der Idee aufkamen, wurde ihm wieder bewusst, warum er sich jetzt, fast genau 31 Jahre nach seinem ersten Bundesligaspiel für den VfL Gummersbach, zu diesem Buch entschlossen hatte: Es war und ist der Reiz, gleich mehreren Generationen angehört zu haben und anzugehören, die – eine zum Teil nicht einfache – Sportgeschichte geschrieben haben: Der Spieler Brand gewann sensationell 1978 den WM-Titel. Der Spieler Brand war es, dem die olympische Krönung zwei Jahre später aufgrund des Boykotts versagt geblieben war. Der Spieler Brand kehrte 1983 zurück in ein mittlerweile völlig verändertes Nationalteam, um bei der B-WM in den Niederlanden beim Neuanfang mitzuhelfen, an den Triumph von 1978 anzuknüpfen. Vergeblich. In den Folgejahren war es der Bundesligatrainer Heiner Brand, der mit ansehen musste, wie gleich mehrere Generationen im Trikot der Nationalmannschaft vergebens versuchten, seine Erfolge zu wiederholen. Schließlich war und ist es der Bundestrainer Brand, der sich am größten Handball-Sieg Deutschlands, den er selbst errungen hatte, messen lassen muss. So nahe wie keiner seiner Vorgänger im Bundestrainer-Amt ist Heiner Brand einem solchen Erfolg bereits gekommen. In drei Endspielen hat er mit der aktuellen Nationalmannschaft bereits gestanden – und stets wurde aus diesem Anlass in den Medien der Mythos ´78 wieder bemüht. Nicht immer zur Freude Brands.

In diesem Buch spannt er unter anderem den Bogen von der Ära Vlado Stenzels, die 1974 begann und zu der neben dem WM-Titel in Dänemark bereits die dramatischen Qualifikationsspiele gegen die damalige DDR 1975 sowie die spannenden olympischen Spiele 1976 in Montreal gehörten, bis heute, seinen eigenen Erlebnissen als Nationalcoach. Er hat jede Menge zu erzählen. Und viel zu sagen.

Ich habe gespannt zugehört und mitgeschrieben. Es hat Stunden gedauert, die Zeugnisse der Vergangenheit gemeinsam auszuwerten – ja bisweilen, sie überhaupt wiederzufinden. Wie eingangs bereits geschildert: Sie waren ja nicht gerade allgegenwärtig.

Eines Tages, viele volle Schreibblöcke und auf Tonbändern festgehaltene Interviews nach unserem ersten Treffen, fiel mir der majestätische Ahornbaum vor der großen Terrasse auf, den man von der Sitzgruppe in Brands Wohnzimmer aus sehen konnte. Sehen musste! Es war mittlerweile Herbst geworden und die Blätter waren weinrot – ein herrlicher Anblick. Als Heiner Brand mitbekam, wie ich den Baum bestaunte, erklärte er mir: „Ach ja, der Ahornbaum. Tja, das war mal ein einziger Ahornzweig. Den haben wir von den Kanadiern als Gastgebergeschenk 1976 bei Olympia in Montreal bekommen. Ich habe ihn mitgenommen und gleich zu Hause eingepflanzt. Ist was daraus geworden, nicht wahr?“

Da war es, das von mir eingangs gesuchte Erinnerungsstück aus der Vergangenheit. Es war die ganze Zeit schon da, präsent während all unserer Treffen – und ein beeindruckendes Stück Gegenwart: Ein riesiger Ahornbaum. Draußen im Garten. Anstelle der Medaillen, Pokale, Wimpel und eingerahmten Triumphbilder. Rein zufällig habe ich davon erfahren. Irgendwie typisch Heiner Brand.“

Frank Schneller *und Heiner Brand kennen sich seit vielen Jahren. Der freie Journalist aus Hamburg stammt aus einer Handballer-Familie: Schnellers Vater Volker war einst nicht nur selbst Feld-Handball-Weltmeister und Bundestrainer (der Frauen), sondern als Adidas-Mitarbeiter jahrelang auch Wegbegleiter der Brand-Brüder. Frank Schneller, früher u.a. bei Sportinformationsdienst und Sportbild, ist nach seiner aktiven Zeit 1998 ebenfalls ins Trainergeschäft eingestiegen. Dem Vertrauensverhältnis Brand-Schneller entsprang früher bereits eine Online-Kolumne des Bundestrainers, die der ehemalige Leverkusener als Ghostwriter monatlich aufschrieb. Die gemeinsame Arbeit an Brands Buch empfand Schneller als „sehr ehrenvolle, ungemein spannende Aufgabe. Es hat sehr viel Spass gemacht.“*

DER ARCHITEKT

Mein Vater

Dieses Buch und all seine Geschichten über mich, Gummersbach, den VfL und über 30 Jahre Sporthistorie würden Sie nicht in den Händen halten ohne die Besessenheit meines Vaters, der den Handball in meiner Heimat gemeinsam mit etlichen anderen Idealisten überhaupt erst salonfähig und groß gemacht hat.

Erwin, genannt „Cherry" Brand wurde am 11. Oktober 1913 in Gummersbach geboren. Durch das Militär kam er nach Berlin. Er hat zwei Weltkriege durchgemacht. Den ersten als Kleinkind, den zweiten als erwachsener Mann. Sein Vater fiel im Ersten Weltkrieg in Frankreich. Handball hatte er schon in frühen Jahren gespielt. Ab 1929 sogar schon in der ersten Mannschaft des TV Gummersbach, dem Vorgängerklub des VfL. Zu diesem Zeitpunkt war er erst 15 Jahre alt und sein Spielerpass entsprechend gefälscht. Schon in jungen Jahren hatte er meine Mutter Margarete, geborene Hoberg, kennen gelernt. Meine Schwester Hannelore wurde Heiligabend 1942 geboren, meine Brüder Klaus und Jochen waren ebenfalls Kriegskinder: Klaus kam am 7. August 1941 zur Welt, Jochen am 13. April 1944. Die Brands waren also schon eine richtig große Familie, als mein Vater nach Kriegsende nach Gummersbach zurückkehrte.

Mein Vater hatte 1954, nachdem er zuvor als kaufmännischer Angestellter beschäftigt gewesen war, eine Versicherungsagentur gegründet. Er wurde stets von meiner Mutter unterstützt. Überhaupt war sie, obwohl sie in all den Jahren viel Rücksicht auf die Passion ihres Gatten hatte nehmen müssen, die heimliche Chefin der Familie, denn unter der manchmal harten Schale meines Vaters verbarg sich ein weicher Kern. Und mit seiner dargebotenen Unnachgiebigkeit war es nicht weit her, wenn man nur dahinter gekommen war, wie man ihm begegnen musste.

Tatsächlich unnachgiebig waren indes meines Vaters Bemühungen, den VfL, der nach dem Krieg eher ein Dorf- denn ein bundesweit erfolgreicher Verein, und schon gar kein Weltklub war, an die Spitze zu bringen. Damals wurde noch Feldhandball gespielt. Für alle, die sich darunter nichts (mehr) vorstellen können, sei kurz erklärt: Feldhandball wurde auf Fußballplätzen gespielt, die Abmessungen waren die gleichen, die Tore ebenfalls, was zur Folge hatte, dass so mancher gute Handballtorwart auch im Fußball einen guten Keeper abgab – und umgekehrt. Die Spiele der deutschen Endrunde fanden damals in großen Fußballstadien statt, nicht selten vor einer Kulisse, über die sich heute so mancher Kassenwart von Profikickern freuen würde. 1976 wurde letztmals ein deutscher Feldhandballmeister ermittelt. Der Titel ging nach Hassloch.

Doch zurück in die aktive Zeit meines Vaters: Bereits ein Jahr nach Kriegsende nahm der VfL den Spielbetrieb wieder auf. 1949 wurde der Klub erstmals Mittelrheinmeister. In den Folgejahren stieg er immer weiter auf: Westdeutsche Endrunde 1951, deutsche Endrunde 1951 und 1955 – unter den begeisterten Zuschauern, die sich um den Sportplatz in Bergneustadt drängten, waren natürlich auch meine beiden Brüder – längst infiziert von der Handballbegeisterung, die ihr Vater verbreitete. Der Sportplatz Lochwiese war sozusagen die Geburtsstätte jener Erfolge des VfL, die mein Vater gemeinsam mit Eugen Haas, Gerhard Kienbaum und anderen regionalen Größen der damaligen Zeit errang und die heute im Schatten der überragenden Ära des Klubs stehen, die mit dem schrittweisen Umzug des VfL in die Halle begann. Hansi Schmidt übrigens spielte für Gummersbach noch auf dem Großfeld. 1964 war das. Meine beiden Brüder ebenfalls – TUS Wellinghofen, Frisch Auf Göppingen, der THW Kiel, Grün Weiß Dankersen, der Hamburger SV, der TSV Ansbach – all diese Klubs zogen damals tausende von Fans an. Und der VfL Gummersbach hatte sich in all den Jahren immer weiter nach oben gekämpft.

Ohne meinen Vater wäre dies sicher nicht möglich gewesen. Und auch die ersten Erfolge in der Halle stehen im unmittelbaren Zusammenhang mit ihm. Er nämlich hatte nach und nach ehemalige Sportkameraden aus Berlin nach Gummersbach gelotst, ihnen eine berufliche Perspektive vermittelt und somit „seinen“ VfL stark und immer stärker gemacht. Für damalige Verhältnisse sicher kein gewöhnlicher Vorgang. Heinz Hermann, Karl Sorre oder Ernst Berndt wären gewiss nicht in Gummersbach gelandet, hätte ihnen ihr alter Freund aus gemeinsamen Charlottenburger Zeiten dort nicht das Feld bestellt und bei der Existenzgründung geholfen.

Sie sollten das wissen, wenn Sie sich für die Erlebnisse und Geschichten in diesem Buch interessieren. „Cherry“ Brand hat den Handball in Gummersbach aufgebaut. Er war so etwas wie der Vorreiter für Eugen Haas, der die Rolle des Klub-Architekten dann Schritt für Schritt übernahm. Ohne den unermüdlichen Idealismus meines Vaters allerdings wäre der spätere Ruhm dieses Dorfvereins sicher nicht in einer solchen Form möglich gewesen. Mit 41 Jahren erst beendete mein Vater seine aktive Laufbahn. Doch sein Herz hing weiterhin an diesem Verein. Seine Meinung sagte er immer – nicht immer zur Freude aller Beteiligten, die er auch mit Kritik nicht verschonte. Meine Geschwister und ich können das aus Erfahrung berichten. Nicht umsonst war er als knorriger Typ bekannt, als Sturkopf und nimmermüder Kämpfer für die Sache. Das hat er uns Kindern mit in die Wiege gelegt, neben dem Handball – wie viele Gummersbacher ja auch über uns drei Brand-Brüder augenzwinkernd sagen. Und bis heute hat Gültigkeit, dass bei allen Titeln , die der VfL bislang errungen hat – national, aber auch international – zumindest ein Vertreter aus unserer Familie, aus der „Brand-Dynastie“, dabei war. Als Spieler oder Trainer.

EIN GLÜCKSFALL

Ulrich Strombach

„Heiner Brands ältere Brüder Klaus und Jochen gehören etwa meiner Altersklasse an. Heiner kam fast zehn Jahre später zur Welt, so dass ich ihn schon als Kind kennen lernte, wobei hier schon seine absolute Ballverliebtheit auffiel. Selten sah man ihn ohne ein solches Spielgerät in der Hand. Er eignete sich eine unglaublic"he Fertigkeit im Umgang mit Bällen aller Art an, die bis zum heutigen Tag fortdauert. Während er natürlich im Handball aber auch im Fußball überragendes Talent besitzt – gerade das mit dem Fußball wird er gerne lesen – hat er, so hört man, ausgerechnet mit den kleinsten Bällen beim Golf größere Schwierigkeiten.

Als ich 1976 beim VfL Gummersbach mein Amt als Vorsitzender antrat, schickte sich Heiner gerade zusammen mit dem anderen Supertalent des VfL, Joachim Deckarm, an, die Führungsrolle in der Bundesligamannschaft des VfL zu übernehmen. Dies führte zwangsläufig zum Konflikt mit Hansi Schmidt, dem damals absolut besten Handballer der Bundesliga. Wir lösten den Konflikt, indem wir uns von Schmidt trennten, um seine beiden Nachfolger Heiner Brand und Joachim Deckarm aufzubauen – eine Entscheidung, die sich als absolut richtig herausstellte.

Schon während seiner Zeit als Spieler waren wir uns in der Führung des VfL einig, dass in ihm auch das Zeug für einen ausgezeichneten Trainer steckte. Neben seinem wohl angeborenen Handballverständnis – er war ja ein stets spielintelligenter und dazu äußerst kampfkräftiger Spieler – verfügte er über die erforderliche Raffinesse, um nicht zu sagen Schlitzohrigkeit, die viele erfolgreiche Trainer schon während ihrer aktiven Zeit auszeichnete. So sahen wir in der Führung des VfL kein Risiko, Heiner Brand nach Beendigung seiner Laufbahn als Spieler ohne Praxis als hauptverantwortlicher Trainer dennoch das Traineramt beim VfL Gummersbach anzubieten, zumal er ja als Assistenzcoach bereits für den DHB und auch beim VfL gearbeitet hatte.

Nach der ersten erfolgreichen Trainerphase beim VfL, die im Gewinn der gesamtdeutschen Meisterschaft gipfelte, wechselte er nach einer schöpferischen Pause als Trainer zu einem „fremden" Verein, der SG Wallau/Massenheim. Dort wurde er ebenfalls Deutscher Meister und Zweiter im Europapokal der Landesmeister. Es zog ihn dann aber 1994 wieder zum VfL Gummersbach zurück – was sicher mit seiner sehr emotionalen Bindung an den VfL zu erklären war. Er mag sich daran erinnert haben, dass er schon zuvor einmal bravourös die Gelegenheit genutzt hatte, mit ganz jungen Spielern (Klaus-Dieter Petersen und Rune Erland sowie weitere Zwanzigjährige) eine neue Mannschaft aufzubauen. Dass er mit diesen 1991 die ersten gesamtdeutschen Endspiele gegen den SC Magdeburg gewann, hatte er sicherlich selbst nicht erwartet. Das bewies jedoch, wie erfolgreich er gerade mit Talenten arbeiten konnte. Freilich ist das nicht immer gleich eine Garantie für Titelgewinne, was sich in seiner zweiten Gummersbacher Trainerzeit herausstellen sollte.

Als Heiner dann schließlich den Ruf des DHB zum Bundestrainer erhielt, sagte er sofort zu, weil diese Aufgabe wohl einem seiner Wunschziele als Trainer entsprach. Dass er der absolut richtige Mann am richtigen Platz war, zeigt der kontinuierliche Leistungsaufschwung der Nationalmannschaft bis zur Erringung der zweiten Plätze 2002 und 2003 und der Europameisterschaft im Jahr 2004. Es freut mich, dass es mir gelungen ist, seinen Vertrag am Rande des Super-Cups im November 2003 bis zum Jahre 2008 zu verlängern. Langer Diskussion um den neuen Vertrag, insbesondere über finanzielle Konditionen, bedurfte es nicht. Das ist nicht Heiners Art. Ihm geht es mehr darum, seine sportfachlichen Vorstellungen bis in die Nachwuchsarbeit hinein durchsetzen zu können. Die erforderlichen Kompetenzen hat er jetzt.

Es beeindruckt mich auch, wie Heiner sich in den vielen Jahren, in denen ich ihn kenne, als Persönlichkeit weiterentwickelt hat. Früher galt er als verschlossen, stur, manchmal nicht ansprechbar. Oft erhielt man die Antwort: „Macht ihr mal, nicht immer ich." Heute ist er ein ausgesprochen umgänglicher, keinesfalls mehr introvertierter Mensch, pflegt in hervorragender Weise den Umgang mit Kontaktpersonen und insbesondere mit den Medien, kurz: er findet sich auf jedem Parkett zurecht. Inzwischen übernimmt er auch gerne Verantwortung außerhalb seiner eigentlichen Aufgabengebiete. So war es keine Überraschung, dass er schon im ersten Jahr seiner Tätigkeit im Trainerrat des Deutschen Sportbundes (DSB) den Vorsitz übernehmen musste, da er von allen anderen hierzu vorgeschlagen wurde. Hier zeigt sich sein Gesamtverantwortungsgefühl für den deutschen Sport, nicht nur für den Handball.

Da wir schon zu Beginn der Zusammenarbeit beim DHB beide in Gummersbach wohnten, aus demselben Verein stammten und später dann auch noch der Chefphysiotherapeut des DHB, Urban Wrona, dazu stieß, kam durchaus auch der Vorwurf einer Cliquenwirtschaft beim DHB auf, den ich für völlig unberechtigt halte. Im Gegenteil – ich sehe darin, dass wir uns privat gut kennen und auch unsere Frauen einen guten Kontakt pflegen, einen großen Vorteil: Konflikte sind, da das offene und ehrliche Wort zwischen uns üblich ist, früher erkennbar und somit auch vermeidbar. Im Übrigen dürfte die heute vorhandene, durchaus leistungsfördernde lockere und ungezwungene Atmosphäre in der Nationalmannschaft auch ein bisschen durch diese von rheinischem Frohsinn geprägte Harmonie gefördert worden sein.

Abschließend noch ein Wort zu seinem Bart:
Der Schock, ihn ohne zu sehen, hielt sich bei mir in Grenzen, da ich das Vergnügen 1982 schon einmal hatte. Mir gefällt er mit Bart besser. Letztlich wurde die Frage, ob er wieder mit Schnauzbart zu sehen sein würde, jedoch von seiner Frau Christel entschieden. Und: Deren Meinung kannte ich übrigens..."

Aufgezeichnet von Frank Heike

Der 60 Jahre alte ***Ulrich Strombach*** *aus Gummersbach führt den Deutschen Handball-Bund (DHB) seit 1998 als Präsident an, nachdem er zuvor fünf Jahre als Vizepräsident Leistungssport für die Nationalmannschaft des DHB zuständig gewesen war. Als Vorsitzender der Handballabteilung des VfL Gummersbach von 1976 bis 1992 erlebte er die absolute Hoch-Zeit des Klubs und auch diejenige des Spielers und Trainers Heiner Brand.*

ANSICHTSSACHEN

Meine Meinung über...

... das Funktionärswesen, Uli Strombach und Eugen Haas

Hier in Gummersbach gab es immer Leute, die als Funktionäre hervorstachen:

- **Uli Strombach** leitete jahrelang die Geschicke des VfL Gummersbach und ist heute DHB-Präsident. In all dieser Zeit hat sich zwischen uns ein freundschaftliches Verhältnis entwickelt. Uli Strombach wird häufig in seiner Arbeit unterschätzt. Er hat durchaus die Fähigkeit, visionär zu denken und zu arbeiten. Er hat entscheidende Impulse für die Weiterentwicklung im DHB gegeben. Persönlich schätze ich die absolute Ehrlichkeit, die ein großes Vertrauen zu seiner Person möglich macht. Obwohl mich damals noch Bernd Steinhauser als Bundestrainer verpflichtete, hat Strombach entscheidenden Anteil an der weiteren Entwicklung der Nationalmannschaft, weil er mir durch sein Vertrauen in meine Arbeit den nötigen Freiraum gelassen hat, eine Mannschaft aufzubauen. Unter diesen Umständen muss ich auch akzeptieren, dass er die Ziele bisweilen etwas hoch ansetzt.

Der Prototyp des Managers unserer Szene aber war damals indes sicher:

- **Eugen Haas**, der noch zusammen mit meinem Vater für den VfL Feldhandball gespielt hatte und später der „Mr. VfL" wurde. Ich habe mit ihm stets mündliche Verträge gemacht, sprich meine Zeit beim VfL verlängert. Eugen Haas war ohne Frage über Jahre einer der entscheidenden Männer im deutschen Handball, nicht nur beim VfL. Sein Einfluss war sehr groß, seine Denke absolut professionell. Für „seine Jungs" versuchte er stets, bestmögliche Rahmenbedingungen zu schaffen. Seiner Zeit war Eugen Haas meist voraus. In Verbindung mit seinem Namen fallen mir Begriffe ein wie „Leitfigur", „Disziplin", „Treue" und „Loyalität". Er war für so manchen „zugereisten" Spieler des VfL so etwas wie ein Ersatzvater. Insbesondere Hansi Schmidt war sein Ziehsohn. Aber auch um Deckarm, Wunderlich, Thiel oder Rasmussen kümmerte er sich rührig. Für die einheimischen Spieler, so zum Beispiel uns Brand-Brüder, hatte Haas indes nicht ganz so prägenden Charakter. Wir hatten ja die Familie am Ort, die uns Geborgenheit gab. Anderen versuchte eben Eugen Haas dieses Gefühl zu geben. Er lebte für den Handball, für den VfL.

Einen Eugen Haas kopieren zu wollen, wäre nicht sinnvoll. Zudem haben sich auch die Zeiten geändert. Ich habe ein durchaus kritisches Verhältnis zu Funktionären, wenn sie sich hinter ihrem Bürokratismus verstecken und keinerlei Praxisnähe zeigen. Ich mag keine Paragrafenreiter und Verhinderer. Auch solche, die nur daher reden, sagen mir nicht zu. Andererseits habe ich auch nicht kategorisch etwas gegen das Funktionärswesen. Es gehört eben auch zum Sport längst dazu. Ich komme mit den meisten von ihnen gut aus. Wenn es seriös und pragmatisch zugeht, kann ich mich damit identifizieren. Leute, die nicht nur von Konzepten reden, sondern sich auch daran machen, diese umzusetzen, etwas zu bewegen, haben aus meiner Sicht nicht nur ihre Berechtigung, sie sind unverzichtbar.

Darüber hinaus hatte ich mir früher zunächst durchaus selbst eine Tätigkeit im Management beziehungsweise Funktionärsbereich nach Beendigung meiner Laufbahn vorstellen können – oder im Trainingsbereich mit Ausrichtung Jugendhandball, da ich mir zutraute, meine praktische Erfahrung, meine fachliche Nähe zum Vorteil der Sache einbringen zu können. Doch dann kam 1984 bekanntlich das Angebot Simon Schobels, als sein Assistenztrainer zu arbeiten – und seitdem fühle ich schon, dass ich zunächst im Trainergeschäft richtig aufgehoben bin. Der Funktionär Heiner Brand hätte zudem auch sicher als Buch-Autor nicht viel hergegeben ...

Dennoch nehme ich für mich in Anspruch, durchaus kompromissfähig gegenüber Funktionären zu sein, da ich schon als Spieler – auch geprägt von Eugen Haas – gelernt und verinnerlicht habe, in die andere Richtung zu denken, immer auch die Betrachtungsweise der Offiziellen zu sehen und zu verstehen. Von daher bin ich dieser Ebene womöglich näher als andere, ohne sie aber besonders zu suchen. Die Vermittlerrolle, die man als Funktionär oft einnehmen muss, traue ich mir durchaus zu. Womit ich nicht sagen will, dass ich nach 2008 eine berufliche Perspektive im Bundesliga-Management sehe. Das wäre nichts für mich, da habe ich schon zu viele Lautsprecher erlebt – und zu viele überlebt, als Spieler und Trainer.

DIE STERNSTUNDE VON KOPENHAGEN

Das WM-Finale 1978

Da waren wir nun. In Kopenhagen. Vier Jahre nach dem Amtsantritt Vlado Stenzels. Zwei Jahre nach dem knapp verlorenen Spiel um Platz drei gegen die Polen bei den Olympischen Spielen in Montreal. Angekommen am Ziel unserer Hoffnungen und Entbehrungen. Irgendwo zwischen Sensation und Logik. Zwischen Hoffnung und Kalkül. Wir waren gegen den Finalgegner Russland, Goldmedaillengewinner von Olympia 1976, Außenseiter und Geheimfavorit zugleich. Wir waren 18 Spiele lang unbesiegt und ich erinnere mich an ein Interview, das ich dem Reporter Fritz Hattig vor der WM gegeben hatte – und das mir sehr peinlich war. Ich hatte in der Vorbereitung, irgendwann nach einem Spiel oder einer Übungseinheit zur Entspannung in der Badewanne unseres Physiotherapeuten gelegen und dem Journalisten ins Mikrofon gesagt, ich wüsste nicht, wer uns schlagen sollte, wenn wir gut drauf sind. Mensch, hab´ ich mich da für meine Verhältnisse weit aus dem Fenster gelehnt. Ich habe ihn sogar darum gebeten, dieses Statement nicht zu senden. Dieser Bitte hat er meiner Erinnerung nach entsprochen. Stenzel hätte es womöglich nicht gern gehört, obwohl er vor jenem Endspiel selbst in die Blöcke der Journalisten diktiert hatte, für ihn gebe es zwei Favoriten: Den amtierenden Olympiasieger – und den kommenden Weltmeister. Aber er war ja auch der Trainer und für seine verbalen Ausflüge und Spitzfindigkeiten bekannt. Er ging voran, was er sagte, war so etwas wie das Gesetz.

Keine Frage: Vlado Stenzel hatte uns dahin gebracht, wo wir uns an jenem 5. Februar 1978 in Bröndby wieder fanden. Im Finale der WM. An einem Sonntag. Nach den Siegen über die Tschechoslowaken, Kanadier und Jugoslawen und den beiden Unentschieden gegen die DDR und Rumänien. Vor dem großen Triumph oder aber einer Niederlage, die angesichts des greifbar nahen Erfolges so bitter schmecken würde. Wir waren bis hierher gekommen, nun wollten wir auch den letzten Schritt schaffen.

Zwei Tage lagen zwischen dem letzten Spiel der Zwischenrunde gegen die Rumänen und dem alles entscheidenden Duell mit den Russen. Zeit zur Erholung und Regeneration. Schließlich hatten die letzte Partie der Gruppenphase einige von uns – insbesondere Jo Deckarm – grippegeschwächt durchstehen müssen. Zeit aber auch, um nervös zu werden angesichts der unglaublichen Chance, die wir uns in den zurückliegenden Wochen hart erkämpft hatten. Doch die Nervosität hielt sich zunächst in Grenzen.

Am Abend vor dem Endspiel soll der DDR-Spieler Wolfgang Böhme sich zu Kurt Klühspies und mir aufs Zimmer geschlichen und uns Tipps gegeben haben, wie man die Russen schlagen könnte. Kurt erzählt bis heute, dass Böhme Spielzüge mit Bierdosen nachgestellt habe. Diese Bierdosen haben wir vorher austrinken müssen, meint er. Ich wolle davon heute nichts mehr wissen, sagt Kurt, jetzt, da ich selbst Bundestrainer bin. Ich kann mich also daran nicht mehr erinnern.

Woran ich mich aber erinnern kann: Mit dem Mannschaftsbus des VfL, der extra aus Gummersbach nach Dänemark abgezogen worden war, um uns gen Norden und dort „oben" angekommen von Spiel zu Spiel zu bringen und abzuholen, wurde am Samstag Proviant herbeigeschafft – ein oder zwei Bierchen pro Spieler, die wir am Abend vor dem Endspiel trinken durften, damit wir besser schlafen konnten. Einigermaßen ausgeruht standen wir am Finaltag morgens auf. Bis zum Anpfiff um 15.30 Uhr verlief zunächst alles recht ruhig. Frühstück, Spaziergang vor unserem Quartier, dem Hotel „Imperial" – alles ganz locker. Noch. Natürlich hatte es auch damals schon eine Mannschaftsbesprechung gegeben. Die war am Vortag. Stenzel hatte gesagt, dass er Silber auf den Tod nicht leiden könne. Aber abgesehen davon war diese Sitzung relativ unspektakulär. Was sollten wir denn auch Neues erfahren über die Russen, die wir knapp ein Jahr zuvor in drei aufeinander folgenden Länderspielen in Deutschland immerhin zweimal – 18:16 und 13:11 – schlagen konnten. Die Russen hatten einen besonderen Spielzug, bei dem Kravtschov einlaufen und Reschanov mich dann sperren sollte, um Juri die Wurfbahn frei zu halten. Gleich zu Beginn des Spiels probierten sie diesen Ablauf dann übrigens auch. Ich wusste, was kommen würde, verhindern konnte ich den Spielzug dennoch nicht. Ich kam einfach nicht aus der Sperre heraus, die der mächtige Reschanov gegen mich stemmte.

Uns war klar, dass wir uns schwer tun würden gegen die Russen, die uns in Sachen Kraft nun einmal klar überlegen waren. Schließlich waren die Sowjets staatliche Profis und uns – trotz der veränderten Trainingsmethoden Stenzels – athletisch eine Klasse voraus. Wir wussten, wir mussten aus einer sicheren Abwehr heraus schnelle Gegenstöße laufen und Joachim Deckarms Wurfrepertoire geltend machen. Gegen die langen Kerls aus Russland war selbst für einen Sprungwurfspezialisten wie Erhard Wunderlich kaum ein Durch - oder Drüberkommen aus dem Rückraum.

Andererseits wussten wir auch, dass wir der Angstgegner des UdSSR-Teams waren und auch eine reelle Chance hatten. Wir waren sicher, dass die Sowjets Respekt vor uns hatten. Den aber hatten wir auch vor ihnen – vor allem, als wir endlich die Halle betraten, die mit 7.200 Zuschauern, darunter rund 2.000 aus Deutschland, restlos ausverkauft und fast ausschließlich auf unserer Seite war. Nicht, dass wir erwartet hätten, dass die Russen nicht antreten würden gegen uns. Aber sie dann ihrerseits beim Betreten der Halle auf der anderen Spielfeldhälfte zu sehen, rief bei uns schon einen Adrenalinstoß hervor. Da waren sie: Kravtschov, das Kraftpaket – er hätte locker mit uns im Huckepack genauso hoch springen können wie er es ohnehin schon tat oder zwei von uns gleichzeitig hochheben. Dann Tschernitschev, der oftmals schon brutal zu Werke gehende Abwehrrecke mit seinen riesigen Händen. Hände wie Bratpfannen. Furcht erregend. Diese Pranken – sie hätten uns umbringen können, wenn er gewollt hätte. Oder der berühmte Maximov mit seinen bis dahin schon 178 Länderspielen.

Dem, was die beiden Trainerkontrahenten Stenzel und Jewtuschenko später als „großes Endspiel der beiden stärksten Teams der Welt“ preisen sollten, ging also selbstverständlich große Anspannung voraus. Da die Außenseiter namens Hofmann, Niemeyer, Meffle, Rosendahl, Spengler, der vier Tore werfen sollte, Waltke (3), Deckarm (6/1), Ehret (3), Wunderlich (1), Klühspies (2/1), Freisler und Brand (1). Dort die Favoriten – Istschenko, Tomin, Maximov (2), Kushniriuk (1), Iljin (4), Kravtschov, Gassi (5/5), Anpilogov, Tschernitschev (3), Schuk (3/3), Kidjajev (1) und Reschanov. Was sich für dieses Finale da auf den beiden Spielfeldhälften und unter der zunehmenden Spannung auf den Rängen aufwärmte, war schon von Rang und Namen.

Doch zunächst zurück in die Katakomben der Bröndby-Halle: In der Kabine vor dem Anpfiff haben wir uns aufgestellt, uns in die Augen geschaut, innerlich gesammelt. Große Schwüre oder Aufputsch-Zeremonien gab es damals noch nicht. Auch keinen Schlachtruf oder so etwas. Doch auch so waren wir rechtzeitig zum Anwurf heiss. Wie auch alle anderen Spieler spürte ich die richtige Mischung aus Aufregung und totaler Motivation, als uns das dänische Schiedsrichtergespann Svensson und Christensen aufs Spielfeld lotste. Man konnte die Spannung in der Halle regelrecht greifen. Unser Gegner wurde vom Publikum ausgebuht – da wussten wir, dass die Sympathien der Dänen auf unserer Seite waren. Eine ermutigende Feststellung.

Dennoch: Es war kein Start nach Wunsch in dieses Finale. Nach acht Minuten führten die Russen 3:1. Drei Tore resultierten bis dahin aus Strafwürfen. Vorboten einer Siebenmeterflut, die vor allem uns heimsuchen sollte. Schon zu diesem Zeitpunkt war offensichtlich geworden, dass die UdSSR die Grenzen der Härte suchte, gefunden und teilweise überschritten hatte. Es war ein phasenweise brutales Spiel. Fast schon berühmt geworden ist der bildlich festgehaltene Handkantenschlag Maximovs in meinen Unterleib. Der Fotograf hatte das Foul damals gesehen – die Unparteiischen nicht.

Wir wehrten uns so gut und geschickt es ging gegen diese Kraftmaschinen, hielten mit Tempo und aufopferungsvollem Einsatz dagegen. Jetzt kam uns das physisch harte Training Stenzels in all den Jahren zugute. Wir glichen das 1:3 aus, ebenso das 5:7. Zweimal also konnte uns der russische Bär trotz einer Zwei-Tore-Führung nicht abschütteln. Im Gegenteil: In der 24. Minute hieß es plötzlich 9:7 für uns. Bis dahin hatte Stenzel kurzfristig Rainer Niemeyer für Manfred Hofmann ins Tor gebracht, aber nach wenigen Minuten wieder zurück gewechselt. Wir waren meistens durch schnelle Gegenangriffe zum Erfolg gekommen – ganz so, wie wir uns das auch vorgenommen hatten. Aus dem Positionsangriff war es gegen diesen Gegner wie erwartet enorm schwer, erfolgreich zu sein. Auf der anderen Seite hatte Hofmann aber inzwischen auch den ersten russischen Siebenmeter entschärft. Die Halle stand Kopf. Erst recht, als wir den Zwei-Tore-Vorsprung beim 10:8 durch Klühspies' im Nachwurf verwandelten Siebenmeter bestätigten.

Doch was hieß das schon? Kurz vor der Pause lagen mit einem Male wieder die Russen vorne. Strafwurf-Experte Gassi hatte daran seinen Verdienst. Insgesamt elfmal durfte das Team von UdSSR-Trainer Anatoli Jewtuschenko zum Siebenmeterpunkt schreiten – achtmal blieben sie Sieger im Duell mit Hofmann –, wir dagegen bekamen nur drei Strafwürfe zugesprochen.

Psycholgisch wichtig: Joachim Deckarm sorgte für das letzte Tor in Hälfte eins: den 11:11-Halbzeitstand. Was in der Pause in unserer Kabine los war, ist nur noch schemenhaft in meinem Kopf. Wir wussten: Wir können es schaffen, aber es würde eine Nervenschlacht. Und ein Kampf mit allen Mitteln. Kurz vor dem Pausenpfiff hatte sich erneut Maximov ein brutales Foul gegen Kurt Klühspies geleistet. Wie ein Boxer hatte er ihn niedergeschlagen. Noch in der Kabine musste Kurts blutende Wunde versorgt werden.

Würde sich unser schnelles Spiel – Unbekümmertheit möchte ich es lieber nicht nennen angesichts der nervlichen Anspannung – oder die russische Härte und Routine durchsetzen? Immerhin war die UdSSR mit einem deutlich älteren Team in dieses Finale gegangen. Bis zur 39. Minute deutete sich keine Antwort auf diese Frage an. Dann brachte Stenzel Dieter, genannt Jimmy, Waltke aus Dankersen für Arno Ehret auf Linksaußen ins Spiel. Eine Einwechslung, die ihre eigene Geschichte schrieb. Jimmy hatte bis dahin nicht eine Minute bei dieser WM auf dem Spielfeld zugebracht und eigentlich schon abreisen wollen. Seine bittere Enttäuschung hatte er vor dem Finale bereits einem Journalisten „gesteckt", dann signalisierte ihm Stenzel, dass er beim Finale ins Team rutschen würde. Der Begriff „Joker" im Sport – in keinem Fall trifft er wohl besser zu als bei Waltke. Wofür sich Stenzel später als genialer Taktiker und Motivator feiern lassen durfte, hat unseren Gegner tatsächlich völlig überrumpelt. Jimmy kam ins Spiel und warf – in Folge – drei Treffer, die aus dem 13:12 ein 16:12 machten.

Bis heute, glaube ich, weiss Jimmy nicht recht, warum er spielte – und warum ihn Stenzel nach dem dritten Tor wieder austauschte. Egal: War er bis zu diesem Moment gewiss nicht der Glücklichste in unserem Lager gewesen, so kam ihm jetzt eine Hauptrolle zu, die unvergessen bleibt. Später sollte er den Medienvertretern augenzwinkernd erklären, er habe sich ja im Gegensatz zu seinen Kollegen vierzehn Tage lang schonen und seinen ganzen Elan in diesen Auftritt legen können. Unser Trainer nannte ihn anschließend sein „Ass aus dem Ärmel“.

Hinter unserer Abwehr, die sich über weite Strecken der Partie – von links nach rechts gesehen – im Innenblock aus Spengler, Klühspies, mir und Deckarm zusammensetzte, hielt unser „Hoppes“ längst wieder schwierigste Bälle in Serie und so konnten wir den Favoriten auf Distanz halten. Als Horst Spengler in der 56. Minute nach abgefangenem Angriff der Russen vor das gegnerische Tor stürmte und im Hechtsprung den Ball am ebenfalls sehr guten Torwart Istschenko vorbei um 20:16 ins Netz wuchtete, schien die Partie entschieden. Ich werde dieses Bild nie vergessen, wie Horst nach seinem vierten Treffer in der Bande liegt und die Faust in die Luft streckt.

Vier Minuten noch – und vier Tore Vorsprung. Das musste doch reichen. Ich selbst hatte bis dahin nur kurze Erholungspausen. Einige wenige Male holte mich Vlado Stenzel im Angriff auf die Bank, schickte beispielsweise Erhard Wunderlich dafür ins Spiel. In der Abwehrphase stand ich dann wieder auf dem Parkett. Mir war es gelungen, vom Kreis aus das 18:15 zu erzielen. Arno Ehret erzielte das 19:16 – und dann war da eben Spenglers Kontertor.

Doch die verbleibenden vier Minuten wurden zur Ewigkeit. Dieses 20:16 brachte uns dem Triumph so nahe – und dennoch ahnten wir, wie weit weg der Sieg noch war. Wir wussten plötzlich nicht mehr, wie wir das Ergebnis über die Zeit retten sollten.

Die Russen holten – zweimal vom Siebenmeterpunkt aus – auf: 17:20, 18:20. Schließlich traf Shuk sogar zum 19:20. Wir hatten trotz aller körperlichen Belastung in den 14 Tagen zuvor kein physisches, sondern ein nervliches Problem. Vorne wollten wir nichts mehr riskieren, auch in unserem letzten Angriff nicht, der uns -– zurecht übrigens -– als Zeitspiel abgepfiffen wurde. Überhaupt dauerten die Angriffe damals noch sehr lange – besonders, wenn man sie mit der Spielweise heute vergleicht. Dennoch: Wir verzögerten zu sehr – sogar im Rahmen der damals willkürlich ausgelegten Zeitspiel-Regelung. Die Sowjets hatten noch einmal den Ball und wir mussten sie am Ausgleich hindern. Zum Glück waren die vermeintlich so cleveren Stars aus der UdSSR ebenfalls nervös, spürten den Druck, die letzte Chance für eine Verlängerung nutzen zu müssen. Ein Spielzug kam unter diesen Umständen nicht mehr zustande.

Die Dramatik hatte ihren Höhepunkt erreicht und entlud sich mit dem letzten, von Jo Deckarm geblockten Distanzwurf der Russen, dem der Schlusspfiff folgte. Während der Ball irgendwo im Seitenaus verschwunden war, wurde aus der Hoffnung endlich Gewissheit: Das Zittern hatte ein Ende. Um 16.48 Uhr waren wir Weltmeister. Der Rest war grenzenloser Jubel. Daran, dass Arno Ehret und ich nach diesem Kräfte zehrenden Finale in unserer Begeisterung noch rund 20 Jubelsprünge veranstalteten – mit angezogenen Knien, so wie wir es bei Stenzel immer und immer wieder trainieren mussten, konnte man übrigens erkennen, wie exzellent es um unsere Fitness bestellt war. Diese Hocksprünge, wie wir Handballer sie nennen, waren so in Fleisch und Blut übergegangen, dass man sie selbst im Moment der größten Freude an uns beobachten konnte.

Die deutschen Fans, die das Spielfeld stürmten – es gab keine Ordner, die sie hätten aufhalten können –, die Krone, die sie Stenzel aufsetzten, bevor sie ihn auf Schultern durch die Halle trugen, die Ehrenrunde, unser Betreuer- und Offiziellenstab, der ähnlich körperlich kämpfte, wie wir zuvor gegen die Russen auf dem Spielfeld, um uns in all dem Trubel den Weg in die Kabine zu bahnen – diese Momente sind natürlich für immer in meinem Gedächtnis, immer abrufbar. Wir hatten es geschafft.

In der Kabine hatten sich die meisten von uns bereits wieder gefasst. Die Sektkorken knallten. Der damalige DHB-Präsident Bernhard Thiele war da, Heinz Jacobsen umarmte, wer ihm gerade in die Quere kam, aber es gab auch stille Augenblicke. Momente, in denen wohl jeder zu realisieren versuchte, was geschehen war und welche Bedeutung dieser Titel für uns alle haben würde. Es ist nicht leicht, das zu begreifen. Das wird einem vollkommen erst mit großem Abstand klar. Immerhin: Später, bei der Siegerehrung, als ich oben auf dem Treppchen stand, hatte ich schon eine Vorstellung davon, was ich erreicht hatte, was wir alle zusammen erreicht hatten. Es war ein wunderbares, stolzes Gefühl.

Doch welche Dimension dieser Weltmeistertitel annehmen würde, das konnte damals keiner ahnen. Weil ja auch niemand wissen konnte, dass Deutschland über 25 Jahre auf einen vergleichbaren Triumph würde warten müssen. Der Mythos von 1978 wuchs mit jeder WM, jeder EM, mit jeder Olympiateilnahme, bei denen Deutschlands Handballern die Wiederholung des Erfolges von damals versagt blieb.

ICH

Wer meine Brüder und meine Schwester fragt, ob ich – wie es sich in einer Biografie gut machen würde – eine schwere Kindheit hatte und lernen musste, mich durchzusetzen, was meiner späteren Karriere zugute gekommen sein könnte, wird wahlweise folgende Antworten erhalten: „Der Heiner war das Nesthäkchen“. Oder: „Nein, der Heiner hatte es als jüngstes der Brand-Kinder sogar leichter als die anderen.“ Oder aber: „Seine Ellenbogen einsetzen gegen seine Geschwister – nein, das musste der Heiner nicht. Außer den üblichen Nickligkeiten gab es keine ernsthaften Probleme.“

Das ist einerseits ja immer eine Frage der Betrachtungsweise. Andererseits räume ich durchaus ein, dass ich die klassischen Klischees nicht bediene. Wir waren während meiner Kindheit und Jugend zwar nicht reich, doch die finanziellen Umstände waren bereits besser als in den unmittelbaren Nachkriegsjahren. Meine Geschwister haben mich nicht klein gehalten, wir mussten auch nicht zu viert in einem kleinen Zimmer leben und ich bin auch kein Scheidungskind. Meine Erziehung und mein Elternhaus gaben gewiss keinen Anlass, sie heute heranzuziehen, um mögliche Probleme in meinem Leben zu erklären. Im Gegenteil: Es ist schon so, dass ich womöglich weniger Hindernisse zu überwinden hatte als meine Brüder Klaus und Jochen oder meine Schwester Hannelore.

Als ich zur Welt kam, waren meine Eltern immer noch dabei, sich und ihren Kindern eine Existenz aufzubauen. Mein Vater war kaufmännischer Angestellter im Stoff- und Wollgroßhandel seines Handballabteilungsleiters und nebenberuflich Versicherungsvertreter. Ab 1954 dann wurde er selbständiger Versicherungskaufmann. Meine Geschwister wurden in schwierigere Zeiten „hineingeboren“: Klaus, der Älteste, Hannelore und auch Jochen kamen während des Krieges auf die Welt. Sie haben die schwere Zeit während des Krieges und danach hautnah miterlebt. Mein Vater, der glücklicherweise nicht wie viele andere Deutsche lange in Kriegsgefangenschaft geriet oder gar gefallen war, hatte als Fallschirmjäger etliche Gefahren heil überstanden. Nur zum Ende des Krieges geriet er in britische Gefangenschaft, durfte aber schon Ende 1945 nach Gummersbach zurückkehren. Noch lange nach dem Krieg konnte er mit seinen Erzählungen, wie dass damals gewesen war, als er über Griechenland hatte abspringen müssen, ganze Gesellschaften in seinen Bann ziehen. Noch lieber aber erzählte er natürlich vom Handball. Unsere Mutter Margarete hat ihn so kennen gelernt. Als Handballverrückten – im positiven Sinne.

Zwischen 1939 und 1945 war unsere Mutter in der oberbergischen Heimat zurück geblieben, während unser Vater, von 1932 bis 1945 Berufssoldat, ab 1938 zunächst an der Heeressportschule Wünstorf bei Berlin stationiert war und beim SC Charlottenburg spielte. Die Rückkehr zur Familie bedeutete also auch die Rückkehr in seine Heimat Gummersbach. Trotz der im Vergleich zu den Großstädten relativ geringen Kriegszerstörungen herrschte in der unmittelbaren Nachkriegszeit wegen der vielen Evakuierten und dem Zuzug tausender Vertriebener aus dem Osten eine große Wohnungsnot in Gummersbach. Die Zahl der Einwohner lag 1949, als die meisten Evakuierten wieder in ihre Heimatorte zurückgekehrt waren und die Kriegstoten und Vermissten in der Statistik berücksichtigt wurden, mit ca. 30.000 noch mehr als 50 Prozent über der zu Kriegsbeginn. Da war es nicht selbstverständlich, ein adäquates Dach über dem Kopf zu haben. Vor meiner Geburt lebten meine Eltern im Stadtteil Mühlenseßmar, dann, ab 1949 bis 1968, nur wenige Meter von unserem heutigen Haus entfernt, in der Hohestraße. Überhaupt spielte sich mein bisheriges Leben, soviel ich auch durch die Welt gereist bin, in einem kleinen Dreieck Gummersbachs ab: Hohestraße, Lebrechtstraße und Franz-Schubert-Straße sind selbst zu Fuß nur wenige Minuten voneinander entfernt. Oder anders ausgedrückt: Alle drei Zuhause liegen in Reichweite weniger Handballwürfe.

Viel Zeit für sich hatten meine Eltern damals natürlich nicht. Zu sehr mussten sie dafür kämpfen, dass sie die Familie ernähren konnten. Das Versicherungsgeschäft war damals auch für meinen Vater Neuland, doch er arbeitete sich schnell hinein. Ähnlich wie ich später war auch er nicht unbedingt ein genialer Verkäufer, aber natürlich war es von Vorteil, dass er aus der Region kam, seine Wurzeln dort hatte und als Handballer enorm bekannt war.

Entscheidend aber war sicher auch, dass er die uneingeschränkte Unterstützung unserer Mutter, die im Familienkreis durchaus als die „heimliche Chefin" bezeichnet wurde, bekam – in allem, was er tat. So ging sie ihm auch im Versicherungsbüro zur Hand. Sie war eine vollwertige Bürokraft und gleichzeitig auch noch Hausfrau und Mutter. Gemeinsam haben unsere Eltern all ihre Kindern so viel unterstützt wie es ihnen möglich war. Sie haben auf viel verzichtet, waren beispielsweise bis weit in die sechziger Jahre hinein nie im Urlaub. Soviel Unterstützung führte schließlich dazu, dass aus uns allen auch etwas geworden ist. Jeder von uns meistert sein Leben.

Meine Schwester Hannelore ergriff wie Bruder Klaus den Lehrerberuf. Sie musste sich gewiss oft genug durchsetzen, um ihre Ziele verwirklichen zu können. Jochen, der nach seiner mittleren Reife und anschließender Schlosserlehre enorme Zielstrebigkeit an den Tag legte, um einen neuen Beruf zu erlernen, wurde mit seiner eigenen Steuerkanzlei erfolgreich. Ich wiederum habe nach meinem abgeschlossenen Betriebswirtschaftsstudium ja 1981 die Versicherungsagentur unseres Vaters übernommen, die inzwischen mehr und mehr mein Sohn Markus führt, da der Posten des Bundestrainers schon ein Fulltimejob ist. Ohne die uns allen mitgegebene Disziplin – dort, wo sie uns angebracht erschien und auch heute noch erscheint – wäre das sicher nicht möglich gewesen.

Die Kämpfermentalität haben wir wie unser Vater vor allem auf das Handballspielfeld mitgenommen. Und die Bescheidenheit: Keiner der drei Brand-Söhne hat trotz unserer Ausnahmestellung am Ort irgendwelche Starallüren entwickelt oder die Vorteilstellung, die auswärtigen Spielern zuteil wurde, in Anspruch nehmen können. Sich „teuer verkaufen" war nicht, was mich antrieb – und auch meine Brüder oder meinen Vater nicht. Auch das hat „Cherry" seinen Söhnen vorgelebt, wobei ich ihn nicht mehr in seiner aktiven Zeit erlebt habe.

Gummersbach war während meiner Kindheit noch ein überschaubarer Ort. Mehr Fachwerk, mehr Schiefer und mehr alte Bausubstanz als heute, dafür keine Fußgängerzone und keine Einkaufszentren. Das Gefühl, dass jeder jeden kennt, war damals noch viel ausgeprägter als heute. Meine Eltern hatten sich dank der sich einstellenden beruflichen Erfolge unseres Vaters 1968 ein eigenes Haus kaufen können, welches in der Folgezeit zwei Generationen zum Zuhause wurde. Unser Haus in der Lebrechtstraße ist also bereits seit vielen Jahrzehnten im Familienbesitz. Es liegt auf einem der zahlreichen Hügel, die das Stadtbild von Gummersbach prägen. Aus dem Wohnzimmerfenster kann man über das Städtchen schauen – wenngleich sich der Anblick im Laufe der Jahre natürlich schon sehr verändert hat.

Ich wurde am 26. Juli 1952 in Gummersbach geboren. Ein Nachzügler sozusagen. Der Alters-Abstand zu meinen Geschwistern mag ein Vorteil für mich gewesen sein. Zwischen mir und den anderen Kindern lagen elf, zehn und acht Jahre. Daher auch der Begriff „Nesthäkchen". Von besonderen Auseinandersetzungen mit den Älteren kann ich nicht berichten. Ich wurde vortrefflich umsorgt. Meine Eltern hatten im Vergleich zu den harten Jahren, in denen meine Geschwister zur Welt gekommen waren, auch etwas mehr Zeit, auf mich einzugehen. Insbesondere mein Vater verbrachte mit mir mehr Zeit während meines Heranwachsens, als es ihm bei Hannelore, Jochen und Klaus möglich gewesen war. Sie haben dies nie heraushängen oder mich spüren lassen, da Neid oder Konkurrenzdenken ebenfalls nicht zu den Eigenschaften meiner Geschwister gehört. Auch die Konstellation „Drei gegen Eine" führte bei uns nicht zu nennenswerten Konflikten. Im Gegenteil: Zwischen uns allen gab es eine intensive Verbindung. Natürlich kursieren Geschichten wie jene, dass ich meinen Bruder Jochen, gerade stolzer Besitzer des Führerscheins geworden, so lange genervt habe, bis er mich Pimpf mit ihm, seinen Freunden oder irgend einem Mädchen im Auto mitfahren ließ. Man mag von Erpressung sprechen, aber ich wollte eben dabei sein, wenn die Älteren loszogen. Umgekehrt aber habe ich durchaus auch die eine oder andere Hilfestellung von meinen Geschwistern bekommen. Wenn ich sie gebraucht habe, waren sie für mich da. Es ging in dieser Viererbande durchaus friedlich zu. Ernsthafte Streitigkeiten gab es selten. Das hätte auch unser Vater nicht erlaubt, der zu Hause durchaus auf Disziplin und Regeln Wert legte. Doch er war kein Tyrann oder dergleichen. Im Gegenteil: Unter seiner manchmal harten Schale befand sich ein weicher Kern. Im Falle der Nichteinhaltung aufgestellter Regeln – bei uns zu Hause wurde sehr auf Ordnung, Pünktlichkeit und andere klassische Werte geachtet – Strafmaßnahmen auszusprechen, war eine Sache. Dafür zu sorgen, dass diese dann auch in aller Konsequenz durchgehalten wurden, war eine andere. Er war von einer liebenswerten Strenge. Knorrig, autoritär – und doch nachgiebig. Mein Bruder Jochen beschreibt das in seinem Kapitel dieses Buchs durchaus treffend.

Meine Mutter war darauf bedacht, für den entsprechenden Ausgleich bei uns zu Hause zu sorgen. Mal unterschwellig, mal offenkundig. Meine Eltern waren ein gutes Team – wir hatten Respekt vor ihnen. Das änderte sich nie, selbst in Zeiten, da wir Söhne zunehmend „flügge" wurden.

Die Spielerkneipe „Treppchen", besser bekannt unter dem Namen des Inhabers „Robert" und als Gastwirtschaft eigentlich sehr unauffällig, gab es schon damals und oftmals fand man die Vfler dort. Hier konnte jeder vorbeikommen und seine Privatsphäre genießen. Die frisch gezapften Pils und Kölsch von Wirt Robert waren für Generationen von Gummersbacher Handballern eine Art Nahrungsergänzung. Auch die Brand-Brüder gehörten zu den Stammgästen des „Treppchens". Ob nach Spiel oder Training oder an einem handballfreien Abend – in dieser Wirtschaft fand man meistens einen aus der großen VfL-Familie. Vorteilhaft war auch, dass man fast alle Strecken in Gummersbach zu Fuß zurücklegen konnte – so auch die von der Kneipe zurück nach Hause.

Jochen nutzte diese Standortvorteile nicht besonders aus. Er war kein Draufgänger. Mein Bruder Klaus aber verstand es sehr wohl zu feiern. Den vorgeschriebenen Zapfenstreich zu Hause missachtete er mit zunehmender Regelmäßigkeit, und obwohl es dafür dann einen drauf gab, hielt der Ärger nicht lange vor. Dafür war mein Vater bei aller Disziplinliebe dann doch zu gutmütig. Es gab sogar äußerst lustige Begebenheiten bei uns zu Hause, wie jene, als Klaus nach durchzechter Nacht in den frühen Morgenstunden nach Hause geschlichen kam – wohl wissend, dass unser Vater hinter der Haustür bereits wartete, um ihm dafür eine Ohrfeige zu verpassen. Klaus jedoch war in jener Nacht nicht allein von seiner Kneipentour zurückgekommen, sondern hatte einen Kumpel, den sturzbetrunkenen Sohn des Gummersbacher Pastors, im Schlepptau. Als mein Bruder den Schlüssel im Türschloss umdrehte, hatte mein hinter der Eingangstür wartender Vater bereist ausgeholt – doch Klaus schob einfach den nichts mehr wahrnehmenden Begleiter vor, damit die Backpfeife ihn treffen möge. Der Plan ging auf und der Kumpel meines Bruders, nennen wir ihn „Jesaja", erwachte schneller aus seinem Rausch, als ihm lieb war. Bei soviel Schlitzohrigkeit musste selbst mein Vater lachen. Und soweit ich weiß, beließen es alle Beteiligten dabei. Unser Vater mag sich selbst wieder erkannt haben in diesem gewieften Manöver seines ältesten Sohnes. Letztlich war es eine Form der Fürsorge, die ihn umtrieb. Keiner von uns hat ihm später jemals vorgehalten, dass es schon mal die eine oder andere Ohrfeige oder einen auf den Hintern gab. Es hat auch keinem von uns geschadet. Antiautoritäre Erziehung war damals auch noch kein Thema.

Im Leben meines Vaters drehte sich fast alles um den Handball. Das habe ich ja bereits geschildert. Ich wuchs in eben jener Zeit auf, in der er diesen Sport in Gummersbach aufbaute. Meine Schwester entwickelte dafür zwar keinen Faible, die Söhne in der Familie aber gerieten haargenau nach dem Vater. Klaus, Jochen und später auch ich durchliefen alle Jugendmannschaften beim VfL. Der Sportplatz war unser aller zweites Zuhause. Von unserem Elternhaus aus waren auch diese Distanzen schnell und unkompliziert zu bewältigen. Ein Fahrrad reichte aus. Wenn wir mit unserem Vater ins Gummersbacher Vereinsheim gingen, vergaß er häufig genug selbst, dass wir eigentlich zu Hause sitzen sollten, um beispielsweise Hausaufgaben zu machen. Das wiederum prangerte eher meine Mutter an: Unsere Beziehung zum Sport, zum Handball, zum VfL – darauf legte unser Vater großen Wert. Und darüber vergaß er schon mal seine eigenen Regeln, da war es plötzlich sekundär, dass man zu spät nach Hause gekommen war. Zumal er ja in diesen Fällen selbst mit von der Partie gewesen war.

Natürlich habe ich den Handballspielen in Gummersbach und Umgebung zugesehen und eiferte meinen Brüdern nach. Aus familiären und traditionellen Gründen heraus war mein Weg ohnehin vorgezeichnet, obwohl ich wie meine Brüder auch leidenschaftlicher Fußballer war. Wiederum war Handball für die meisten jungen Sporttalente in Gummersbach am nahe liegendsten. Trotzdem: Noch viele Jahre nach dem ersten Europacupsieg des VfL 1967 kickten meine Brüder und ich heimlich in unterschiedlichen Mannschaften mit. Erfahren durfte vor allem VfL-Chef Eugen Haas das nicht, ebenso wenig die jeweiligen VfL-Vereinstrainer. Erst viele Jahre später konnte ich meiner heimlichen Liebe nachgehen: Ab 1984 spielte ich regelmäßig in einer Promi-Mannschaft des Westdeutschen Rundfunks, die der Reporter Edi Körper für wohltätige Zwecke ins Leben gerufen hatte. Dort spielten Fußballgrößen wie Ewald Lienen, Heinz Flohe, Wolfgang Fahrian, Peter Neururer, Erich Rutemöller, Hannes Linßen, Mathias Herget oder Rainer Bonhof mit – ich war als Handballer meistens der Exot. Dennoch brachte ich es auf 150 Einsätze und schaffte es sogar ins Dream-Team nach 25 Jahren. Meine Position war im Zentrum der Dreierkette – zwischen lauter namhaften Ex-Profis. Es hat riesigen Spaß gemacht, war eine tolle Zeit. Ich habe dafür viele tausend Kilometer zurückgelegt.

Dennoch: Der Handball war bei uns die Hausmacht. So hatte ich also keine Wahl. Aber es war auch nicht so, dass ich mich ernsthaft gegen die Entwicklung gewehrt hätte. Natürlich war auch mir dieses Spiel in Fleisch und Blut übergegangen. Mit sechs Jahren wurde ich in die jüngste Schüler-Mannschaft des VfL aufgenommen. Mein Trainer damals war Günter Riemer. Er sollte bis zu meinem 19. Lebensjahr mein Trainer bleiben. Die ersten Einsätze waren vor allem deshalb erwähnenswert, weil ich natürlich eine Familientradition mit auf das Spielfeld brachte. Ich war ein Brand – nicht irgendjemand. Habe ich damals so etwas wie Druck verspürt angesichts der großen Fußstapfen, in die ich trat? Nein, ehrlich gesagt habe ich mir darüber in dem

Alter noch keine Gedanken gemacht. Aber: Ich war eine Attraktion, rannte immer rauf und runter – die ersten Male ohne nennenswerte Ballkontakte. Das aber förderte meinen Ehrgeiz, diesen Umstand schnell zu ändern. Und so übte ich auch abseits der Turnhalle. Dementsprechend ging es bei uns zu Hause auch zu: In jedem Eck, in jedem Winkel des Hauses konnte man mit dem Handball üben – und wurde geübt. Zwischen den Türrahmen, den Wäsche- und Teppichstangen im Garten, den Küchentischbeinen – überall ließ sich ein Tor finden. Das Garagentor des Nachbarn war natürlich sowieso bestens geeignet. Es wurde geübt wo und wann immer es ging. Dass der Ball dabei auch mal in Nachbars Garten landete – wen wird das wundern? Doch die Brands waren ja ohnehin stadtbekannt. Ärger mit den anderen Anwohnern gab es selten. Die Frauen im Haus – unsere Mutter und unsere Schwester – haben es geduldet. Was blieb ihnen auch anderes übrig?

Zum Training ging ich meist zu Fuß – es war in etwa nur ein Kilometer. Der Sportplatz, auf dem meine Kumpels und ich Fußball spielten, war auch nicht viel weiter entfernt. Mit zwölf Jahren spürte ich , dass ich nicht nur eine Familientradition weiterführte, sondern mir Handballspielen tatsächlich auch lag. Ich wurde immer besser – die eine oder andere Berufung in regionale Auswahlmannschaften waren die Folge. Das erfüllte mich freilich mit Stolz. Dass die Schule dabei mitunter zu kurz kam, ließ sich nicht vermeiden. Dabei legten unsere Eltern durchaus Wert auf eine gute Schulbildung ihrer Kinder. Ich war kein herausragender Schüler. Mein Lieblingsfach war – Sport. Ich erinnere mich daran, dass ich natürlich lieber auf dem Sportplatz oder in der Turnhalle war als im Klassenzimmer, dennoch hat mich die Schule jahrelang nicht besonders belastet. Mein erstes Spielerpassfoto übrigens zeigt mich am 1. April 1959 mit der Schultüte im Arm. Der Stolz in meinen Augen ist unverkennbar. Auch dachte ich damals zunächst, dass man mehr als nur einmal eine Schultüte bekommen würde, am besten täglich. Ich habe die Enttäuschung, dass dem nicht so war, jedoch schnell verkraftet.

Ein nachhaltigeres Schulerlebnis war da schon, dass mein früherer Sportlehrer „Juffi" Schmitz mit meinen Leistungen in seinem Fach offenbar nicht recht zufrieden war und mich kurz vor dem Abitur – ich war auf dem Sprung in die 1. Mannschaft des VfL – darauf ansprach, dass ich mich im Schulsport zu sehr zurückgehalten hatte. Insbesondere beim Handball: „Heiner, ich habe Sie lange nicht spielen sehen", waren seine Worte. Er wollte mehr Engagement von mir sehen. Am Ende stand dann trotzdem die Note Eins. Überhaupt hatten die Sportlehrer mit dem Namen Brand so ihre Schwierigkeiten. Mein Sohn Markus, seines Zeichens völlig aus der Art geschlagen und besonders unsportlich, bereitete zu Schulzeiten seinen Paukern auch so manches Kopfzerbrechen. Einmal wurde sogar meine Frau Christel in die Sprechstunde seines Sportlehrers bestellt. Der klagte sein Leid darüber, dass die sportlichen Leistungen von Markus beileibe nicht an die berühmte Brand-Dynastie erinnerten und schilderte ihr sein ganzes Dilemma: „Was soll ich denn machen? Ich kann ihm doch keine Fünf geben – er heißt doch Brand..." Ich glaube, man einigte sich auf eine Vier.

Meine Grundschuljahre absolvierte ich also ohne große Mühen, der Wechsel aufs Gymnasium vollzog sich ebenso unproblematisch. Ansonsten stand meine einsetzende Pubertät ganz im Zeichen des Sports. Meine Lust, Fußball zu spielen, blieb zwar ungebrochen, aber ein Wechsel der Sportarten kam nun mittlerweile auch für mich nicht mehr in Frage. Zu packend war es, meine Brüder in Aktion zu sehen, zu groß war der Ehrgeiz, auch mal so gut wie – oder gar besser zu werden als die beiden. Wenn die Großen zu Hause am Essenstisch über Handball diskutierten, war ich oft genug mittendrin. Ich war ein aufmerksamer Zuhörer, versuchte immer, etwas mitzunehmen aus den Fachsimpeleien. Erste Erfolge stellten sich schon bald ein. Ich bin kein Trophäensammler, darum weiss ich es nicht genau, aber einige Male wurden wir mit dem VfL Mittelrheinmeister – was im Jugendbereich schon eine hohe Auszeichnung war.

Mit zunehmendem sportlichen Enthusiasmus und Erfolg sank mein schulischer Ehrgeiz. Meine Noten wurden nicht unbedingt besser. Von der elften auf die zwölfte Klasse blieb ich sogar einmal sitzen, gescheitert an Mathe und Englisch. Zu Hause wurde daraus damals kein Drama gemacht, und auch ich ging damit eher locker um, zumal auch einige andere VfL-Handballer meines Jahrgangs das gleiche Schicksal ereilte. Trotzdem verfolgt mich noch heute mein schlechtes Gewissen bis in den Schlaf, wenn ich von nicht erledigten Hausaufgaben träume. Abseits des Handballfeldes brauchte ich für viele Dinge eben etwas mehr Zeit. Mein BWL-Studium dauerte aufgrund meiner Handballkarriere zum Beispiel viel länger als ursprünglich geplant. Ich habe ja allein schon wegen der Vorbereitung auf Olympia 1976 und anderer Turniere mehrere Semester ausfallen lassen. So beendete ich mein Studium erst im Mai 1980 – nach sechseinhalb Jahren. In den beiden ersten Jahren hatte ich eine Studentenbude in Köln, zusammen mit Manfred Glodde, einem anderen VfL-Spieler und noch heutigen Freund. Wir waren nicht oft da, dennoch war die Zwei-Zimmer-Wohnung in Köln-Buchforst so etwas wie ein Abenteuer, ein Stück Freiheit – schließlich hatte ich bis dahin stets unter dem Dach meiner Eltern gelebt.

Doch nochmal zurück in die Endphase meiner Schulzeit und die Jugendjahre beim VfL. 1972 habe ich mein Abitur gemacht. Das Ende meiner Zeit am Gymnasium bedeutete schon einen Einschnitt in meinem Leben. Im Jahr zuvor war ich ja auch der A-Jugend des VfL entwachsen. Die alte, 1959 eingeweihte Gummersbacher Sporthalle in der Reininghauser Straße – dort war der VfL bis zu seinem Umzug in die größere Halle in Bielstein und der Rückkehr nach Gummersbach in die Moltkestraße zu Hause – war ein regelrechter Lebensmittelpunkt für mich. In den alten Kasten passten nicht einmal dicht gedrängt 1000 Leute. Ein denkwürdiger Ort für mich, denn dort hatte ich meine Brüder um Punkte und Tore spielen sehen.

Mein Kämpfernaturell ist schon damals aufgefallen, auch wenn ich nie in die Jugendnationalmannschaft berufen wurde. Ich habe mich daran nicht gestört, geschweige denn an mir gezweifelt. Aufgeben – das gab es für mich nicht.

Sogar während meiner einzigen nennenswerten Verletzung – einem Fußbruch in der Saison ´70/71 – wollte ich meiner Mannschaft nicht fehlen. Es ging damals immerhin um die westdeutsche Endrunde gegen die A-Jugend des OSC Dortmund. Also ließ ich mir einen Spezialschuh basteln – einen umfunktionierten Boxerstiefel von meinem Bruder Klaus – und humpelte beim Aufwärmen mit durch die Halle. Das war natürlich unsinnig, ich konnte meiner Mannschaft nicht helfen, nur zu ein paar Siebenmetern ließ ich mich einwechseln. Rückblickend betrachtet, war das schon ein Auswuchs an Ehrgeiz. Übertrieben. Aber in puncto Sport war ich eben immer besonders motiviert.

Weniger zielstrebig war ich in den Folgejahren in Sachen Familienplanung. Damals, zu Beginn meines Studiums, hatte ich keine Ambitionen, mich zu binden. Als bekannter Handballer und Student hatte ich ein schönes Leben. Feste Freundinnen – das war nicht, was ich seinerzeit im Sinn hatte. Bis meine heutige Frau Christel mir über den Weg lief. Im Sommer 1974 war das – auf dem Tennisplatz in Dieringhausen. Sie studierte fürs Lehramt in Bonn. Der Freund ihrer Schwester war ein Freund von mir – so haben wir uns kennen gelernt. Viel lief da anfangs nicht, denn Christel hatte gerade eine längere Beziehung hinter sich, und ich suchte auch keine feste Bindung. Eigentlich. Und so haben wir uns nach kurzer Zeit wieder aus den Augen verloren. Ich war ja auch viel beschäftigt und ständig auf Achse. Wiedergetroffen haben wir uns dann beim Skifahren im folgenden Winter. Wie das ablief, erzählt Christel ja an einer anderen Stelle dieses Buches. Auch, wie schnell dann alles gehen sollte – nicht allerdings, wenn es nach mir gegangen wäre. Christel war schwanger – eine Folge unserer ersten intensiven Annäherung in den Skiferien. Diese Nachricht teilte sie mir vor einem Europapokalspiel in Dortmund am Telefon mit. Mir verschlug es die Sprache. Denn mit einem Male war alles anders. Christels Schwangerschaft bedeute einen ziemlichen Einschnitt für mich. Es vergingen etliche Wochen, in denen meine Gefühle und Gedanken völlig durcheinander geraten waren und zu jeder Menge – im Nachhinein ist mir das natürlich klar – unreifer Anwandlungen meinerseits führten. Ich hatte große Schwierigkeiten, mich auf Anhieb zu diesem neuen Leben zu bekennen. Zu Christel und zum Familiengedanken, für den ich mich zunächst nicht bereit fühlte. Ich habe von der ganzen Entwicklung zu Hause lange nichts erzählt. Niemandem. Erst einige Monate später machte ich Schluss mit der Geheimniskrämerei. Christel hatte eine Entscheidung von mir gefordert – und die fiel dann, nachdem ich sie mehrmals aufgeschoben hatte, zum Glück doch noch rechtzeitig: Für sie und das Baby. Die Gründe für mein Verhalten lagen sicher in meinem geringen Alter, aber auch in einigen Erfahrungen im weiteren Umfeld meiner Familie. Diese Dinge gehören aber nicht hierher. Meine Mutter hatte mich, bevor ich Christel kennen lernte, mehrmals davor gewarnt, mich zu schnell zu binden, wenn ich mir nicht darüber im Klaren wäre, was das bedeutet und mit sich bringt. Ich glaube, das hat schon viel damit zu tun gehabt. Das war in meinem Unterbewusstsein.

Ich will es nicht leugnen: Ich hatte damals einfach große Schwierigkeiten und Angst vor all der Verantwortung, die auf mich zukam. Mein ganzes Leben stand Kopf. Meine Freiheit schien mir damals so sehr wichtig. Ich hatte andere Pläne. Aber ich besann mich schließlich doch. Noch heute bin ich Christel dankbar, dass sie so geduldig war – und auch meine Eltern und der Rest der Familie reagierten so, dass ich mich fortan doch zunehmend wohler fühlen konnte bei dem Gedanken, dass ich mich binden würde und wir bald zu dritt sein würden. Wir sind dann zusammengezogen in die Franz-Schubert-Straße. Geheiratet wurde am 29. Juli 1975, standesamtlich. Am 18. November folgte die kirchliche Trauung – mit unserem inzwischen geborenen Markus im Kinderwagen. Hals über Kopf war ich Ehemann und Vater.

Heute weiss ich, wie wichtig diese Weichenstellung in meinem Leben war. Meine Frau ist mein großes Glück. Ohne sie hätte ich vieles im Leben nicht so geschafft, wie es sich zum jetzigen Zeitpunkt darstellt. Sie unterstützt mich, wo sie kann, sie ist quasi meine Beraterin – wir können über alles reden und sprechen auch über sämtliche wichtigen Themen. Sie trägt letztlich alle Entscheidungen mit, da wir sie gemeinsam diskutieren. Ihre große Stärke war und ist es, mir den Rücken zu stärken ohne dabei sich jemals selbst aufzugeben. Christel musste in all den Jahren viel zurückstecken. Sie war viel und oft allein, wenn ich mit meinen Handballmannschaften unterwegs war. Und selbst wenn ich zu Hause bin, muss sie mich mit dem Handball oft genug teilen.

Ich bin sicher nicht ganz umkompliziert im Umgang und es erfordert zusätzliches Verständnis, wenn ich mich in unser Wohnzimmer oder mein Arbeitszimmer zurückziehe und stundenlang Handballspiele auf Video analysiere. Dann muss ich ungestört sein, bin kaum ansprechbar. Dass der Bundestrainerposten ein Teilzeitjob sei und man tagelang frei habe – das hatte ich mir vielleicht anfangs so vorgestellt, doch dem ist überhaupt nicht so. Weder zeitlich, noch mental. Auch die Aufgabe des Nationaltrainers ist mit Stress verbunden, nicht nur während einer EM, WM oder bei Olympia. Zu Lehrgängen und Länderspielen kommen Bundesligabeobachtungen, repräsentative Aufgaben, Weiterbildungen und Vorträge.

Ich will nicht so tun, als wäre das immer ohne Konflikte abgelaufen, aber meine Frau verfügt über das Geschick, richtig mit mir umzugehen. Außenstehende vergleichen unsere Partnerschaft und die Rolle Christels oft mit der meiner Mutter in der Ehe meiner Eltern. Christel ist als Lehrerin sehr tüchtig, verwirklicht sich selbst, ohne großes Aufsehen darum zu machen, und sie hat einen Grossteil der Erziehung unserer beiden Kinder allein bewältigt. Ich habe größeren Respekt vor ihrer Leistung als vor manch anderen Frau, die versucht, durch aufgesetztes Selbstbewusstsein Eigenverwirklichung und Stärke zu demonstrieren.

Meine Frau gibt mir Sicherheit, Geborgenheit und Akzeptanz. Sie kann sehr kritisch sein, doch genau darauf lege ich Wert. Nicht ohne Grund ziehe ich mich immer wieder gerne nach zu Hause zurück – begebe mich in ihre Nähe. Das war auch so, als ich Trainer in Wallau-Massenheim war. Ich bin täglich die

Schreihals: Heiner, hier sehr feminin, übt schon mal „Kommandos geben"

Schelmische Freude des kleinen Heiner (rechts)...

...oder die Frage: Hätten Sie ihn erkannt? (links)

Die Geschwister Brand: Jochen, der kleine Heiner, Hannelore, Klaus (von links)(Foto unten)

Als Schüler: Heiner Brand
natürlich noch ohne Schnurrbart...

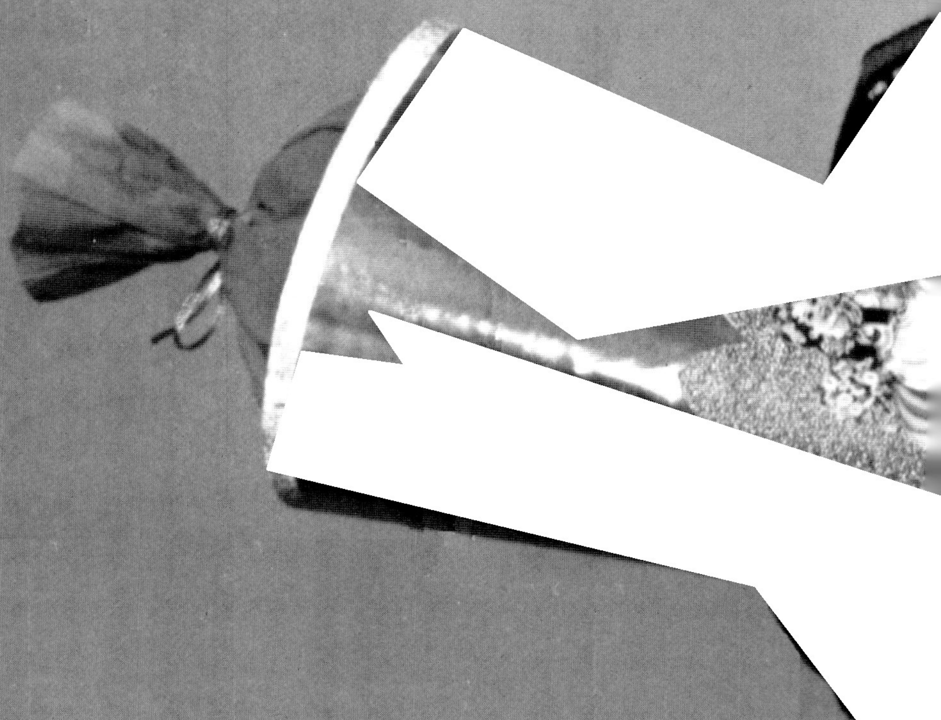

Heiner Brand bei der Einschulung:
„Als die Schultüte leer war, dachte ich, ich müsste nicht mehr hingehen.“

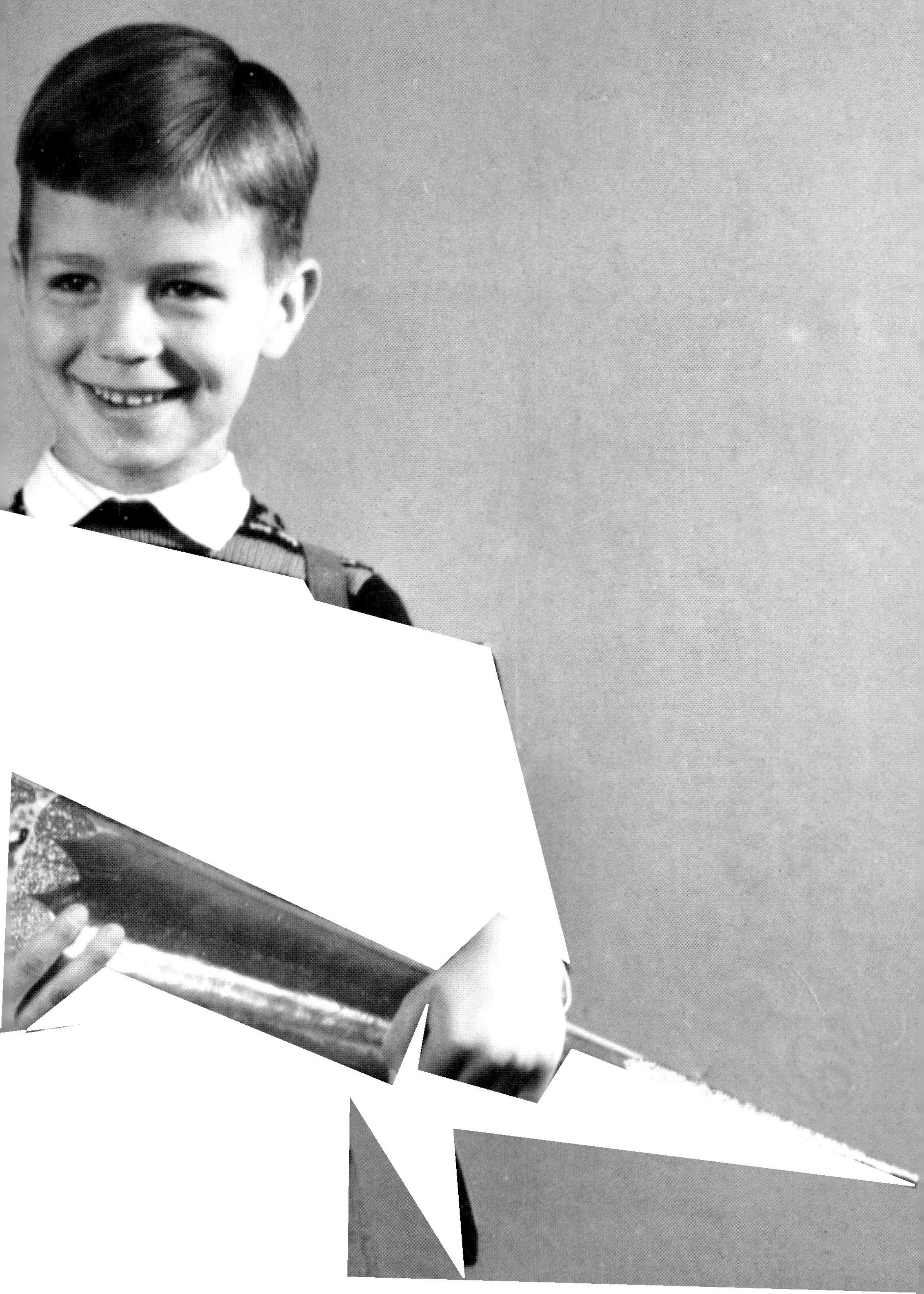

Die Anfänge: Jugend-Kreismeister 1968,
untere Reihe, Zweiter von links: Heiner Brand (Foto rechts)

Familienbande: Die Brüder Brand in einer Reihe.
Von links nach rechts: Heiner, Jochen, Klaus, davor Vater „Cherry“ Brand

Die mit dem Sohn fiebern: Heiners Eltern Grete und Cherry Brand

vielen hundert Kilometer damals nicht aus schlechtem Gewissen heraus gefahren, sondern weil es wichtig für mich war, mich in meinem vertrauten Umfeld bewegen zu können. Unser Zuhause ist mein Refugium.

Der Zusammenhalt der Brands über Generationen und Familien hinweg muss immer auch von den jeweiligen Partnern mitgetragen werden, sonst gäbe es Risse in der Verbindung. Christel hat einen großen Anteil daran, dass diese Familienbande weiter besteht und auch wirklich praktiziert wird – sie nimmt eine integrative Rolle ein. Nicht nur, aber vor allem zu besonderen Anlässen treffen sich die Brands mit ihren Familien und sind beisammen. Das schließt auch unser aller Kinder mit ein.

Mein Verhältnis zu Markus war leider jahrelang nicht besonders innig. Das ist kein Geheimnis. Markus' Bezugsperson war eindeutig seine Mutter. Ich war viel zu selten zu Hause, habe seine Entwicklung kaum mitbekommen. Der Handball kostete mich ein intensives Begleiten meines Sohnes durch seine Kindheit. Ja, ich habe da durchaus Fehler gemacht. Er hatte keine Beziehung zu mir, ich war ihm in jungen Jahren regelrecht fremd. Das war sehr schmerzhaft für mich. Wenn ich früher manchmal nach Hause kam und ihn auf den Arm nehmen wollte, begann er mitunter sogar zu weinen. Mit dieser Enttäuschung konnte ich nur schwer umgehen, denn wenn ich mal zu Hause war, legte ich eine große Erwartungshaltung in die Zeit, die ich mit Markus verbringen wollte, alles sollte harmonisch ablaufen. Ich wollte es so richtig wie möglich machen. Doch ich musste merken, dass ich nur schwer Zugang zu ihm bekam. Darunter habe ich lange gelitten. Dass Markus kein weiterer Handballer aus der Brand-Familie werden würde, war mir indes schnell klar – und das war nie ein Problem für mich. Im Gegenteil, sein Nachname hätte ihn zu sehr belastet. Es hat mir überhaupt nichts ausgemacht, dass er sich für Handball nicht interessierte, auch wenn man oberflächlich meinen mag, dass dieser Umstand Teil meiner Enttäuschung und Gegenstand unserer Probleme gewesen sein könnte. Dies ist absolut nicht der Fall, vielmehr war es das ungute Gefühl, dass wir ansonsten keinen wirklichen Bezug zueinander finden konnten. Das hat sich erst mit den Jahren geändert. Heute ist unser Verhältnis viel besser. Wir haben uns zusammengerauft und mittlerweile, da er ja erwachsen ist und selbst schon zwei Kinder hat, einen viel offeneren und unverkrampfteren Umgang miteinander. Das liegt primär an mir. Und womöglich ein wenig an dem Umstand, dass Markus seit 2000 auch nicht mehr unter unserem Dach lebt und selbst eine Familie gegründet hat. Der Nachwuchs, meine beiden Enkelkinder Lukas und Emely, sind natürlich mein ganzer Stolz. Ich habe sie sehr in mein Herz geschlossen. Markus und Julia sagen, wenn sie mich mit seinen beiden Kleinen sehen, wirke ich wie ausgewechselt. Als Großvater sei ich nicht wiederzuerkennen. Es mag schon sein, dass ich – unbewusst oder manchmal gar bewusst – versuche, an den beiden etwas gutzumachen, was ich bei ihm versäumt habe. Ich freue mich jedenfalls immer, wenn ich meine beiden Enkel sehen kann.

Unsere Tochter Julia , die inzwischen ja auch schon über 20 ist, hatte es nicht so schwer wie Markus, mir nah zu sein. Und umgekehrt. Das lag wohl auch daran, dass ich in ihrer frühen Kindheit schon nicht mehr ganz so oft weg war von zu Hause – und auch daran, dass ich bewusst versucht habe, aus meinen Fehlern in der Beziehung zu Markus zu lernen. Es heisst ja immer, das Vater-Tochter-Verhältnis sei grundsätzlich anders als das zwischen Vater und Sohn, doch daran möchte ich die Unterschiede nicht pauschal festmachen. Zwischen Markus und Julia liegen noch einmal sechs Jahre – sechs Jahre, in denen ich Zeit hatte, mich selbst weiterzuentwickeln, lockerer zu werden mit dem Thema Erziehung, das natürlich geprägt wurde durch die Erziehung wie ich sie selbst erfahren habe. Ich wollte einige Dinge besser machen bei Julia, als es mir bei Markus gelungen ist. Strenge konnte ich deswegen aber auch gegenüber meiner Tochter zeigen, ohne jedoch zu autoritär dabei zu sein. Ich glaube, ich bin beispielsweise sehr umgänglich, wenn es um die Partnerwahl meiner Tochter geht. Die jungen Herren müssen vor mir keinen Test mehr bestehen. Da ist sogar meine Frau Christel etwas wählerischer. Julia ist im Rahmen ihres Lehramt-Studiums inzwischen auch bei uns aus- und in ihre erste eigene kleine Wohnung nach Siegen gezogen, kommt aber trotzdem noch häufig nach Hause. Das gibt uns Eltern ein gutes Gefühl, wenn die Kinder nicht krampfhaft auf Distanz gehen. Dann kann in der Erziehung ja nicht so viel verkehrt gelaufen sein. Markus, der mittlerweile unsere Versicherungsagentur nahezu alleine leitet, ist ja ohnehin täglich im Haus, weil wir dort unsere Büros haben, aber es ist auch schön, wenn Julia sich regelmäßig blicken lässt. Wie gesagt: Die Familienbande bei uns Brands ist sehr ausgeprägt.

Womit sich der Kreis schließt und ich wieder auf meine Eltern zu sprechen komme und meine, unsere Nähe zu ihnen. Nachdem Christel und ich 1978 aus unserer kleinen Wohnung in der Franz-Schubert-Straße zurück ins deutlich geräumigere Haus meiner Eltern gezogen waren, lebten wir mit meiner Mutter und meinem Vater quasi Tür an Tür. Das Doppelhaus in der Lebrechtstraße hatte damals zwei getrennte Eingänge. Trotz getrennten Wohnens gab es eben auch die Gelegenheit, ein intensives Familienleben zu praktizieren. Wie gesagt: Christels gutes Verhältnis zu meinen Eltern war dafür natürlich von großer Wichtigkeit. Zudem konnten wir unseren Kindern – zunächst Markus, dann später auch Julia – einen engen Umgang mit ihren Großeltern bieten. Oma und Opa in der Nähe zu haben, war für die Kinder natürlich sehr schön. Dass mein Vater das Verhältnis zu mir phasenweise mit seiner Eigenheit belastete, sich noch regelmäßig in mein handballerisches Schaffen einzumischen, muss zwar erwähnt werden, doch es war kein tiefer gehendes Problem. Er wollte eben immer noch mitmischen. Im Laufe der Zeit bin ich – und auch mein Bruder Klaus, als er Trainer beim VfL war – diesen Diskussionen mehr und mehr aus dem Weg gegangen, oder wir haben uns in ein anderes Zimmer zurückgezogen. Das hat ihn dann noch mehr geärgert. Doch man kann in einer solchen Konstellation eben nicht nur die Vorteile genießen, sondern muss auch mit den anderen Begleiterscheinungen eines solchen Zusammenlebens mit den Eltern umgehen können. 1984 haben wir das Haus übernommen und komplett umgebaut. Daran, dass es das Zuhause meiner Eltern war, änderte sich freilich nichts. Nur passten wir das Leben an die sich mit zunehmendem Alter meiner Eltern verändernden Bedingungen an. Unter einem Dach aber blieben wir wohnen. Und das hat auch immer funktioniert. Ich hätte es auch gar nicht anders haben wollen, zumal meine Eltern das Glück hatten, lange Jahre noch rüstig zu sein. Die zunehmende Mitversorgung, die eine solche Lebensgemeinschaft mit sich bringt, überschritt nicht den Rahmen dessen, was wir leisten wollten, insbesondere Christel, die weit mehr war als eine Schwiegertochter. Sie war die erste Bezugsperson meiner Eltern, deren Umquartierung in ein Heim nie zur Debatte stand. Beide waren übrigens bis ins hohe Alter auch bei den Heimspielen des VfL dabei.

Der Tod meiner Eltern, meine Mutter verstarb 1994, mein Vater 2000, bedeutete für meine Familie – insbesondere für mich – einen herben Einschnitt. Bis zum Schluss waren sie mehr als nur ein Teil unseres Lebens.

ANSICHTSSACHEN

Meine Meinung über…

… Gefühle

Bin ich sehr sensibel? Unnahbar gar? Ich denke, ich bin vorsichtig, denn man ist nie gefeit davor, verletzt zu werden. Wenn es geschieht, mag es schon sein, dass ich dann übersensibel bin. Ich verarbeite die Dinge, die mich bewegen oder beschäftigen, meistens im Stillen. Das heißt längst nicht, dass ich nicht auch ein emotionaler Mensch bin. Der Tod meiner Eltern hat mich schon sehr getroffen und bewegt. Das war emotional schon ein großer Einschnitt. Auch Tränen sind mir sicherlich nicht fremd. Im Sport allerdings zeige ich meine Gefühle – vor allem seit ich Trainer bin – nicht gern. Mag sein, dass das Selbstschutz ist. Ich finde einfach, dass gewisse Dinge nicht in die Öffentlichkeit gehören. Als Spieler habe ich nach dem Ausscheiden bei der B-WM 1983 geweint, daran erinnere ich mich heute noch sehr genau. Auch im Zusammenhang mit Joachim Deckarms Unfall habe ich in den ersten Jahren oftmals mit den Tränen gekämpft – und oft verloren. Ich gehöre aber sicherlich nicht zu den Menschen, die mit ihren Gefühlen hausieren gehen. Dass man mir das hier und da gar als Arroganz auslegt, wird mir allerdings nicht gerecht.

… Glaubwürdigkeit und Ehrlichkeit

Glaubwürdigkeit ist wohl eine der elementarsten Eigenschaften. Ehrlichkeit und Authentizität sind als Mensch wichtig und auch als Trainer. Ich kann es nicht leiden, wenn jemand vorgibt, etwas anderes zu sein, als er es in Wirklichkeit ist. Darum lasse ich mir auch ein wenig Zeit bei der Beurteilung anderer Menschen, bin – wie bereits erwähnt – etwas vorsichtig und zurückhaltend. Auch wenn Reden und Handeln auseinander driften, ist mir das nicht geheuer. Glaubwürdigkeit ist damit nicht zu erlangen. Sehr skeptisch bin ich übrigens auch bei diesen Fragebögen, die man in Zeitschriften und Magazinen findet, denn die dort Befragten, meist Prominente, können dabei ja durchaus Antworten geben, die sie gut aussehen lassen und die gut klingen, die ihnen aber in Wirklichkeit nicht entsprechen. Ich fülle solche Fragebögen auch nur ungern aus, denn die Spontaneität und somit auch die Ehrlichkeit gehen dabei meistens verloren. Mir fiel darum auch dieses Kapitel gar nicht mal so leicht. Immerhin kann ich sagen, dass es authentisch ist, „cool" dagegen sicher nicht – aber das ist es auch nicht, worum es dabei ging.

EIN STRATEGE WAR ER IMMER

Jochen Brand

„Mein Bruder und eine Biografie. Was hat ihn dazu motiviert? Ist das nicht etwas früh? Mir hat er zunächst gar nix gesagt. Wie er halt so ist mit seiner verschlossenen Art. Dem großen Bruder sagt man ja nix. Ich habe das erst verstanden, als der Journalist vor mir saß, der Heiner bei der Umsetzung des Buches zur Seite stand. Inzwischen muss ich sagen, kann ich mir vorstellen, was ihn dazu bewogen – und was ihm Spaß daran gemacht hat.

Beschäftigt man sich mit Heiners Karriere, muss man unweigerlich bei unserem Vater anfangen. Wäre der nicht gewesen wie er war, wäre Heiner kein Handballer geworden, hätte es nach dem Karriereende unseres Vaters wohl keine Brand-Ära mehr gegeben. Was unser Vater im Krieg und nach Kriegsende alles auf sich genommen hat, um Handball spielen zu können oder Handball in Gummersbach aufzubauen. Er holte Kameraden aus Berlin ins bergische Land, organisierte Arbeitsplätze für die Spieler, bloß, damit sie sportlich in Gummersbach ein neues Zuhause finden konnten. Er war der Initiator, der Urheber der Gummersbacher Erfolge.

Auch wir Brüder, Klaus und ich, wurden ja vom handballverrückten Vater in gleicher Weise geprägt. Unser Vater hat sich noch mehr mit Handball identifiziert als alle seine Söhne. Er hatte einen ausgeprägten Sachverstand. Daraus resultierte auch eine gehörige Portion Kritik. Die berühmte dritte Halbzeit zu Hause ... Wir Söhne haben das natürlich nicht akzeptiert, was dazu führte, dass wir zunehmend weniger mit ihm über Handball gesprochen haben. Man stelle sich vor: Unser Vater hat Heiner noch kritisiert, da war der schon Bundestrainer – und unser Vater glaubte, er könnte da inhaltlich mitmischen. Das war natürlich verwegen und vermessen – das habe ich ja nicht mal gewagt, obwohl ich sicher noch etwas mehr auf Ballhöhe war als er.

Interessant ist: Wir drei, Heiner, Klaus und ich, können ein Handballspiel getrennt von einander sehen und haben nachher die gleiche Meinung, wenn es um die Beurteilung des Spiels, der einzelnen Spieler oder Szenen geht. Wir denken über diesen Sport nahezu identisch. In diesem Punkt bildeten wir sogar in der Familie eine Einheit gegen unseren Vater, der mit seiner Meinung stets dominieren wollte. Er sagte immer: „Ihr wisst ja sowieso alles besser.“ Damit waren die Diskussionen beendet, gleichzeitig aber bis auf Weiteres auch die Stimmung angespannt. Das war manchmal schon ganz schön stressig mit ihm.

Und dennoch: In dieser familiären Konstellation liegen Heiners Wurzeln. Der Handball lag sozusagen in seiner Wiege – den Sachverstand hatte er von seinem Vater und später natürlich auch von uns, seinen Brüdern. Heiner weiß, wo es lang geht. Er ist ein Stratege, wie er ja ohnehin ein kopflastiger Mensch ist – auch abseits des Sports.

Heiner und mir hat unser Vater nachgesagt, auf etwa gleichem handballerischen Niveau zu liegen. Aber: Als ich aufhörte, hat sich Heiner vor allem unter Vlado Stenzel noch erheblich weiterentwickelt. Der Handballverstand war zwar, wie gesagt, schon immer da, aber Athletik, spielerische Reife, Cleverness – das kam dann später. Wir Brand-Brüder pflegten, wenn wir zusammen gespielt haben – Klaus und ich, später Heiner und ich – zwar kein liebevolles Verhältnis, aber wir waren doch immer eine Einheit. Wenn ich von einem Gegenspieler hart ´rangenommen wurde und auf dem Boden lag mit Schmerzen, kam mein großer Bruder Klaus – dass er der größte und stärkste von uns Brand-Brüdern war, hat er auch immer rausgekehrt – zu mir, hatte oftmals Tränen in den Augen und fragte mich nur kurz: „Wer war das?“ Für das, was folgte, braucht man nicht viel Fantasie, oder? Ich will damit zum Ausdruck bringen: Wenn es darum ging, waren wir füreinander da.

Beruflich, familiär, vom Wesen her – überall liegt Heiner zwischen uns Brüdern, Klaus und mir. Ich hatte zu Beginn von Heiners Ära gerade mein Steuerberater-Büro eröffnet und mir meinerseits vorstellen können, dass der Heiner und ich später mal Partner werden könnten. Schließlich hatte er BWL mit Schwerpunkt Steuerwesen und Wirtschaftsprüfung studiert.

Es kam anders. Vielleicht wäre Heiner auch gar nicht der Richtige gewesen für diesen Beruf, denn in diesem Job muss man verbindlich, diplomatisch sein – Eigenschaften, die ich für mich schon in Anspruch nehme. Aber Heiner ist das nicht. Er ist stur wie der Klaus auch. Klaus machte obendrein provokante Dinge, des Provozierens wegen. Er ließ sich nie verformen. Darum haben wir Klaus damals auch zu unserem Spielführer gewählt, weil der Rest der Mannschaft hoffte, so könne man ihn wenigstens ein bisschen in Griff bekommen. Heute ist Klaus viel netter und angenehmer.

Dennoch spielte ich eine bedeutende Rolle für Heiner und seine Laufbahn. Ich möchte das erklären: Als Heiner 1972 in die erste Mannschaft kam, gebührte mir noch eine Führungsrolle. Mein Verhältnis zu Hansi Schmidt, das jahrelang belastet war, hatte sich schon etwas entkrampft, denn ich war fast am Ende meiner aktiven Laufbahn angekommen. Stattdessen musste sich nun Heiner gegen starken internen Widerstand Schmidts durchsetzen. Das war für ihn nicht leicht, aber im Nachhinein war es auch förderlich, denn so lernte er, sich zu behaupten. 1973 wuchs Heiner dann so richtig ins Team und trat in meine Fußstapfen: Er wurde vom Linksaußen zum Mittelmann und spielte eine zunehmend starke, dominierende Rolle.

Hinzu kam Joachim Deckarm, der 1973 ebenfalls nach Gummersbach gewechselt war und der sich mit Heiner auf Anhieb gut verstand –daraus entstand die neue starke Achse beim VfL. Die beiden waren in der Hackordnung plötzlich oben – und hatten zwangsläufig auch Auseinandersetzungen mit Hansi Schmidt, der sah, wie sein Status als Platzhirsch verloren ging. Schmidt wehrte sich freilich, aber zu zweit waren Heiner und Jo zunehmend stärker. Irgendwann war die Lage so angespannt, dass die beiden zu Eugen Haas gingen und sagten: „Wenn der Hansi seine Rolle beibehalten und in dieser Form ausleben will, dann müssen wir uns etwas überlegen." Haas hatte bis dahin Hansi Schmidt stets unterstützt, er sah in ihm fast schon so etwas wie einen Ersatzsohn. Das ging soweit, dass Eugens leiblicher Sohn sich schon wie die Nummer zwei vorgekommen sein muss. Aber als sich die Situation beim VfL zuspitzte, ist Haas, ein Machtmensch, mit fliegenden Fahnen auf die Seite der jungen, aufkommenden Fraktion übergewechselt. Er hatte die Unvermeidbarkeit und Richtigkeit der Neuordnung erkannt und danach gehandelt. Das muss auch für Hansi schwer gewesen sein. 1976 war der Erfolg der Nationalmannschaft gegen die DDR in den Olympia-Qualifikationsspielen der entscheidende Knackpunkt. Das hat Joachim und Heiner zusätzliche Reputation verschafft und in der Rangordnung zu Hause beim VfL noch weiter nach oben abgesetzt. Die Saison 75/76 war irgendwie folgerichtig auch Hansis letzte beim VfL.

Die Spiele gegen die DDR. 17:14 und 8:11. Ich erinnere mich noch gut daran. Da spielte mein kleiner Bruder wie ich einst im Nationaldress, und ich saß vor dem TV-Gerät und habe mitgezittert. Den Jubel damals nach dem gehaltenen Siebenmeter von Manfred Hofmann – das war ein Riesenaugenblick, so ein Jubel. Ich war zu dem Zeitpunkt im Winterurlaub in Südtirol und habe die Übertragung vom Rückspiel im damaligen Karl-Marx-Stadt nur schemenhaft auf dem Bildschirm sehen können, damals war der Empfang deutscher Programme im Ausland über Antenne noch nicht so gut – und das Flimmern machte es schwer, dem Spiel zu folgen. Dann die letzte Szene: Hoppes' (Manfred Hofmann) Knie zuckte, und wir waren bei Olympia – was war das für ein unglaublicher Moment. Das war aus meiner Sicht so etwas wie der Beginn der eigentlichen Ära Heiners, damit kamen all die Erfolge.

Zurück zu unserer Familie: Ich könnte auch überleiten mit: „Die Brands und Gummersbach" – des Handballs wegen blieben wir stets hier. Bis auf unsere Schwester, die arbeitete vorübergehend in Bonn als Lehrerin und lebte auch eine Weile dort, zusammen mit ihrem Mann. Doch dann hat auch sie sich versetzen lassen nach Gummersbach, wo die beiden in der Nähe ein Bauernhaus kauften, weil sie gesagt hat: „Da wo die Geschwister sind, will ich auch sein.“ Das drückt aus, wie stark unser familiärer Zusammenhalt war und ist. Heutzutage haben wir zwar gar nicht so viel miteinander zu tun, wir sitzen gewiss nicht ständig aufeinander – aber es gibt eine intensive Bindung unter uns Brüdern samt ihrer Familien. Die Kinder und Enkelkinder sind untereinander auch alle miteinander befreundet – sie wohnen allesamt am Ort. Von uns ging ja auch niemand weg, um woanders Handball zu spielen. Gut, Klaus hat zum Ende seiner Karriere kurz noch in Derschlag gespielt, aber das ist ja auch in der Nachbarschaft gewesen.

Die Schublade, wonach der jüngste Bruder unter der Dominanz der älteren und erfolgreichen Geschwistern leidet, muss in seinem Fall nicht aufgezogen werden. Ellenbogen gebraucht hat er bei den älteren Brüdern nie: Heiner war ja unser Nesthäkchen. Er hatte nie Probleme mit uns. Das verhielt sich eher umgekehrt: Heiner hat uns ab und an Probleme gemacht. Als ich 18 Jahre alt war und mir hin und wieder das Auto unserer Eltern borgen wollte, hat er, ein Pimpf von zehn Jahren, so lange Rabatz gemacht, bis er mitfahren durfte. Für unsere Freunde oder mal ein Mädchen, das dabei war, war das dann natürlich richtig „gut“, dass der Zehnjährige mit auf Tour ging ...

Nein, Heiner hatte es nicht schwer. Vater und Mutter hatten mehr Zeit für ihn als für die anderen Kinder, er war ja ein Nachkriegskind. Unser Vater hatte 1955 aufgehört, Handball zu spielen und kümmerte sich viel um den Kleinen. Familiär lief das alles in geregelten, behüteten Bahnen für ihn.

Und sportlich? Da war der Name Brand ebenfalls keine Hypothek für ihn. Meinem Vater folgte 1960 Klaus als Spieler beim VfL, als 17-jähriger kam ich dann 1962 nach – das bedeutete, dass in Gummersbach seit den fünfziger Jahren durchgängig ein Brand am Ball war – das war also schon eine jahrzehntelange Ära. Heiner hatte es als Letzter dieser Familiensaga darum schon etwas einfacher. Als er anfing, war der Name Brand schon groß. Und da er das Zeug dazu hatte, konnte er die Erfolgsgeschichte fortsetzen.

Heute schaue ich mir nicht mehr live an, wenn Heiners Mannschaft spielt. Ich bin zu aufgeregt. Obwohl ich den Handball-Stil, den Heiner spielen lässt, toll finde: Schnell, attraktiv – miteinander Taktiken aufbauen und umsetzen. Ich schau's mir aber trotzdem erst auf Video an, wenn sie gewonnen haben. Dann kann ich das mehr genießen. Und dann erfüllt mich das mit Stolz, was er da aufgebaut hat.“

Jochen Brand *ist der zweitälteste Sohn der Brand-Familie. Wie der jüngere Bruder schaffte auch er den Sprung in die Nationalman'nschaft. Für den VfL Gummersbach spielte er 42mal im Europacup, traf in 127 Bundesliga-Einsätzen 182mal ins gegnerische Tor. Sechsmal wurde Jochen Brand Deutscher Meister, gewann viermal den Landesmeister-Cup. Zwischen 1972 und 1975 spielten Jochen und Heiner gemeinsam für den VfL. Dann aber widmete sich Jochen seiner bereits zu aktiven Zeiten begonnenen Karriere als Steuerberater – die bis heute sehr erfolgreich verlaufen ist.*

ER HATTE GAR KEINE WAHL

Klaus Brand

„Heiner hatte eigentlich gar keine Wahl: Seine Entwicklung in Richtung erfolgreiche Trainerkarriere ist gewissermaßen automatisch verlaufen. Heiner war ja schon Mitte zwanzig mal eine Zeit lang Trainer beim TV Strombach, einem kleinen Verein in der Gummersbacher Nachbarschaft – neben seiner aktiven Laufbahn. Da weist unser Werdegang übrigens eine Übereinstimmung auf: Ich hatte ebenfalls beim VfL gespielt und parallel dazu den Zweitligisten TUS Derschlag trainiert. Nach vielen Jahren der Pause vom Handball stand plötzlich Eugen Haas vor meiner Haustür und sagte: „Klaus, Du musst helfen." Und so war ich plötzlich wieder dabei. Als Cheftrainer des VfL, der sportlich Not litt. Zunächst sollte die Zeit auf wenige Monate beschränkt bleiben – daraus wurden dreieinhalb Jahre. An meine Seite holte ich mir dann ab der Saison 84/85 den Heiner. Mein Bruder hat dann später irgendwann einen Punkt erreicht, an dem er sich entschied: „Ich mache das jetzt alles noch professioneller." Schließlich hatte ich nebenher immer noch den Lehrerberuf ausgeübt und er das Versicherungsgeschäft des Vaters weitergeführt. Aber die Trainertätigkeit im Spitzenhandball ist heutzutage ein Fulltimejob. Ich denke, dass es ein sehr guter Schritt war, den Handball zum Beruf zu machen, zumal sein Sohn Markus ja die Versicherungsagentur übernehmen konnte. Da bot sich das geradezu an. Ich selbst hätte mir das nicht vorstellen können, da ich mir auf Jahre hinaus die Unabhängigkeit bewahren wollte, die andere heutzutage nicht mehr haben.

Meine Entscheidung, Heiner nach seinem Laufbahnende 1984 zum Co-Trainer zu machen, war nahe liegend. Gemeint ist damit nicht nur die familiäre Nähe, sondern meine fachliche Überzeugung von Heiner, zumal er eine solche Tätigkeit ja schon unter Simon Schobel bei der Nationalmannschaft ausgeübt hatte. Mein Bruder hatte vor allem bei den jüngeren Spielern eine besondere Position.

Ich hätte sicher nicht irgend jemanden genommen – die Lösung bot sich einfach an. Ich hatte ohnehin ein sehr gutes Verhältnis zu Heiner. Außerdem brauchte ich auch Unterstützung, weil ich in dieser Phase des Gummersbacher Umbruchs teilweise auch Management-Aufgaben mit übernehmen musste, da Eugen Haas sich gesundheitlich bedingt vorübergehend zurückzog. Als wir später, nach dem sehr schweren Start in die Saison, wieder ins Titelrennen zurückkehrten und schließlich sogar Meister wurden, war auch Eugen Haas wieder dabei.

Wie geht man mit einem Co-Trainer um, der zudem der eigene Bruder ist? Es gibt kein Patentrezept, aber in unserem Fall war es ganz einfach, weil wir uns so gut verstanden. Ich habe die Trainingspläne gemacht, Heiner hat bei der Umsetzung entscheidend mitgeholfen. Er trainierte ja auch phasenweise noch mit, war nah an der Mannschaft dran. Wir haben uns immer im Haus meiner Eltern getroffen und dort über die Belange hinsichtlich Training, Taktik und Aufstellung unterhalten – jedenfalls, solange unser Vater nicht gerade in der Nähe war. Der hat Handball ja gelebt und versuchte, uns bis zum letztem Atemzug zu erklären, wie das Spiel wirklich funktioniert. Er konnte sich schon fast nicht mehr bewegen, doch wenn es um Handball ging, stand er plötzlich auf und mischte mit. Sein Urteil über ein Spiel war durchaus in Ordnung, aber wenn Heiner und ich uns ernsthaft unterhalten wollten, sind wir ins Nebenzimmer gegangen. Diese Gespräche waren immer auf Augenhöhe, immer locker. Es war nicht so, dass der große den kleinen Bruder in die Lehre genommen hätte. Dafür war mir Heiners Meinung von Beginn an zu wichtig.

Spannungsvoller – jedenfalls fürs Umfeld – war das Verhältnis schon, als wir gegeneinander spielten. Nach meinem 1971 nicht ganz friedlich verlaufenen Wechsel vom VfL zum TUS Derschlag, mit dem ich vier Jahre später, 1975, nach einem Durchmarsch von der Verbandsliga aus noch einmal in die erste Liga aufgestiegen war, spielten wir in der Bundesliga Nord gegen Gummersbach, und dabei gab es das Aufeinandertreffen der Brüder Heiner und Klaus Brand. Das war natürlich auch für die ansässigen Medien ein gefundenes Fressen: „Das Bruder-Duell". Die Erstauflage in Bergneustadt haben wir Derschlager dann auch gleich 15:14 gewonnen. Dabei ist Heiner in der ersten Hälfte nach einem Zusammenprall mit Ralf Hamann verletzt worden und konnte nicht mehr mitspielen, was vielleicht sogar für den Ausgang der Partie mitentscheidend war. Für mich war das Aufeinandertreffen mit Heiner nicht mit besonderen Emotionen verbunden. In der Familie war das etwas anders, da war die Aufregung schon größer. Zudem hatten wir ja auch dieselbe Stammkneipe, und da traf man sich noch am Vorabend und sagte: „Okay, morgen spielen wir gegeneinander und dann trinken wir anschließend hier wieder ein Bierchen zusammen." Hänseleien nach unserem Sieg gab es später nicht.

Das Rückspiel gewann dann der VfL 13:10, später auch die Deutsche Meisterschaft. Wir wurden Dritter der Nordstaffel, obwohl wir in Derschlag personell eine Supertruppe hatten, aber nicht professionell genug gearbeitet haben. Das war in Gummersbach seit jeher anders. Dort ging es – natürlich vor allem dank Eugen Haas – immer hochprofessionell zu: Frühzeitige Anreise zu Spielen, gute Hotels, gutes Essen, beste Trainingsbedingungen – diesbezüglich fand man als Trainer stets Top-Bedingungen vor. Davon profitierten natürlich auch Heiner und ich in unseren Trainerjahren beim VfL.

Der erste große und mich am meisten prägende Trainer war Dr. Horst Dreischang, übrigens auch einer der erfolgreichsten Trainer, die Gummersbach je hatte. Von ihm konnte man ohne weiteres etliche Dinge übernehmen. Das fing schon bei der professionellen Spielvorbereitung an, auf die wir Brands ja auch immer Wert gelegt haben beziehungsweise Wert legen. Man sieht also: Nahezu jede Ära in Gummersbach, jede bedeutende Figur der Nachkriegsgeschichte des Klubs hatte – direkt oder indirekt – Einfluss auf die Laufbahn meines Bruders. Er genoss einen unglaublichen Input, wenn man so will.

Am Anfang stand das Elternhaus. Der Vater und die Brüder. Heiner hat sein handballerisches Rüstzeug von klein auf entwickelt, ist mit dem Ball groß geworden. Das fing ja schon ganz früh bei uns zu Hause an: Im Flur, in der Küche – in jedem brauchbaren Winkel unseres Zuhauses haben wir trainiert und Handball gespielt. Schon als Jugendlicher deutete er an, dass er einmal ein guter Spieler werden würde. Ein Weltmeister? Nein, das war freilich nicht abzusehen. Aber er hatte etwas, was seine beiden Brüder auch immer verkörperten: Das kämpferische Element, der Wille, den toten Punkt zu überwinden, war sicher immer vorhanden und hat ihm einen Vorsprung gegenüber talentierteren Spielern verschafft. Er war der Inbegriff eines Kämpfers, einer, mit dem man Spiele gewinnen konnte, weil er den unbedingten Willen dazu hatte. Das Spektakuläre hat er anderen überlassen. Ein Schönspieler war sowieso keiner von uns Brands. In Gummersbach haben wir immer für eine nach außen überragend wirkende Figur gespielt, unseren Stil darauf ausgerichtet – ohne aber zum Mitläufer zu werden. Im Gegenteil: Diese Fähigkeit, für Spieler wie Schmidt, Wunderlich oder Neitzel die Knochen hinzuhalten, die Wurfbahn frei zu sperren, aber gleichzeitig auch, diese Spieler zu führen, lässt Heiner eine ganz entscheidende Rolle bei den Erfolgen des VfL zu seiner aktiven Zeit zukommen. Hinzu kamen seine Abwehrqualitäten, die wir beide sicher gemeinsam hatten. Diese Fähigkeit, das Defensivspiel nicht nur als lästiges Übel zu sehen, ist für Kämpfernaturen ja irgendwie auch typisch.

So sehr er auf dem Spielfeld kämpfte, so wenig musste er das im privaten Bereich: Heiner hatte es zu Hause am leichtesten von allen Geschwistern. Das Verhältnis meiner Eltern zu uns Kindern war schon von Unterschieden gekennzeichnet: Ich, das sagen jedenfalls meine Brüder und meine Schwester, hatte eine enge Bindung zu unserer Mutter, wurde angeblich auch von ihr etwas bevorzugt. So durfte ich beispielsweise ein Jahr in Frankreich studieren, was für meine Eltern damals auch ein gehöriger finanzieller Aufwand war. Der Heiner dagegen hatte als kleiner Junge und Schüler einen sehr engen Kontakt zum Vater. Später war dieses Verhältnis – wie auch meines zu unserem Vater – distanzierter, bisweilen sogar etwas angespannt. Der Grund dafür war wohl, dass Heiner und ich uns zunehmend weigerten, von ihm in Fachgespräche über Handball verwickelt zu werden, weil er sich immer reinsteigerte. Womöglich hat er uns beiden das als Besserwisserei oder Verbohrtheit ausgelegt. Züge, die wir Söhne angeblich auch haben sollen. Unsere Kinder sagen ja immer, die drei Brands würden wetteifern, wer denn der Nachfolger vom Opa Cherry würde. Und ich gelte als der Sturste.

Die Frage, ob unser Vater besonders streng war, kann ich verneinen. Streng war er nur, wenn er in seinen selbst vorgegeben Strukturen gestört wurde. Als wir noch zur Schule gingen, gab es für alle drei Söhne natürlich feste Vorgaben, wann wir abends zu Hause zu sein hatten. Unsere Mutter schlief nie ein bis nicht der letzte von uns nach Hause gekommen war. Das war manchmal sehr früh – morgens. Wir wussten, Mutter steht oben am Fenster und guckt. Und wenn unser Vater durch diese Unruhe meiner Mutter wach wurde und nicht mehr einschlafen konnte, dann konnte es schon mal sein, dass er hinter der Tür stand, wenn man rein kam, und einem eine Ohrfeige gab. Aber das passierte vielleicht einmal im Jahr.

Man konnte alles haben von ihm. Auch wenn er meistens etwas knurrig war – worin wir uns etwas ähnlich sein sollen, wie man uns Brand-Brüdern allen nachsagt. Wenn man früher das Auto haben wollte, hat er nie gesagt: „Gut, Du kannst den Wagen haben“, sondern immer geknurrt. Dann aber bekam man den Wagen doch – und zum Schlüssel die Papiere und den Hinweis, der Wagen sei voll getankt. Er war in Wirklichkeit sehr gutmütig.

Grundsätzlich muss ich sagen, dass unser Vater zwar nach außen eine dominierende Person sein konnte, uns aber hinsichtlich unserer sportlichen Ausrichtung niemals zu irgend etwas gezwungen hat oder gegen unseren Willen angehalten hat, im Handball Karriere zu machen. Mit einer großen Ausnahme: Wir hätten alle drei lieber Fußball gespielt, und in meinem Fall war es so, dass ich als Jugendlicher tatsächlich einmal wechseln wollte. Das durfte ich aber nicht, da es eine klare gesellschaftliche Abstufung gab: Handball war angesehener als Fußball. Aber ausleben wollte man diese Leidenschaft ja dennoch irgendwie. Nur: Wenn einer von uns mal bei den Fußballern ausgeholfen hat, durfte das zu Hause keiner wissen. Später hat sich Eugen Haas nicht anders verhalten. Wenn Heiner, Jochen oder ich mal bei den Altherren mitkickten oder ich heimlich in der zweiten Mannschaft irgendwo draußen auf dem Dorf aushalf, durfte er das nicht erfahren. Das war Anfang der 70er ein ganz heikles Thema. Ich weiß noch, dass der damalige Nationaltorwart des VfL,

Klaus Kater, mal bei einem heimlichen Fußballspiel in der Nähe von Köln auf den Kopf fiel und sich eine Gehirnerschütterung zuzog, mit der er in die Uni-Klinik musste. Das durfte aber natürlich auch keiner vom VfL erfahren und wir mussten uns Ausreden überlegen, warum er in den Tagen danach nicht trainieren konnte. So etwas haben wir unserem Vater nie erzählt. Es hätte ihn nur provoziert.

Unser Vater – ursprünglich natürlich ein Feldhandballer – war das erste Idol in Gummersbach namens Brand. Er hat so viele Hebel in Bewegung gesetzt, um Handball zu etablieren. Die Spiele zu seiner Zeit waren Großereignisse in der Region, jedes einzelne ein großes Fest. Da war man von klein an dabei. Auch bei den wöchentlichen Spielersitzungen. Ich erinnere mich noch daran, dass meine Mutter eines Tages mal vorbei kam und mit meinem Vater zu schimpfen begann, weil ich auch nach Ende der Sitzung immer noch mit herumsaß. Zu dem Zeitpunkt war ich als 18-Jähriger schon in die erste Mannschaft aufgerückt, aber gleichzeitig noch Schüler – und als solcher musste ich am nächsten Tag eine Klassenarbeit schreiben. Vater hatte die Prioritäten aber eben anders gesetzt – so lief das damals bei uns ab. Er hat sich weniger um die klassischen Familienangelegenheiten gekümmert, das war vielmehr unsere Mutter, die eine starke Persönlichkeit war.

In Heiners Familie gibt es Parallelen. Auch dort lässt die Ehefrau ihrem Mann die Freiräume, sich zu verwirklichen und hält geschickt den Laden zusammen. Heiners Frau Christel ist sicher nicht mit unserer Mutter zu vergleichen, gleichwohl ist sie für Heiner ein Glückstreffer. Sie muss sehr tolerant sein und verzichten. Wie aber auch bei unserer Mutter und in den anderen Brand-Familien ist die Frau die starke Persönlichkeit im Innenleben und vor allem in der Erziehung der Kinder.

Jochen, Heiner und ich – es gibt in all unseren Familien diese Parallelen, deren Ursprünge natürlich im gemeinsamen Elternhaus liegen. Dabei schlug von uns als Typ eigentlich einer aus der Art: Das war und ist Jochen. Bei ihm lief das Leben immer mehr nach Plan ab als bei Heiner und mir. Er war geordneter, kein Draufgänger wie ich, definierte sich anders, hat sich straffer organisiert als sein jüngerer und älterer Bruder. Nicht zufällig hat Jochen heute den Part übernommen, die Familien zusammenzuhalten. Er organisiert die Weihnachtsfeiern, verwaltet eine Kasse, die aus dem Nachlass unserer Eltern gespeist wurde, mit der gemeinsame festliche Aktivitäten ausgerichtet werden usw. – das macht er sehr gewissenhaft, dafür hat er das nötige Fingerspitzengefühl. Heiner und ich setzen uns eher an den gemachten Tisch. Früher war es eben auch so: Heiner und ich haben viel mehr gefeiert, sind mehr um die Häuser gezogen, allein schon in der Studentenzeit, die Jochen nicht mit uns gemein hat. Wenn wir mit der Mannschaft unterwegs waren, gab's schon mal den ein oder anderen Ausreißer, bei dem Heiner und ich dabei waren – Jochen nicht. Er war stets der Vernünftige. Seine beiden Brüder dagegen haben, vorsichtig formuliert, durchaus die geselligen Aspekte des Mannschaftssports ausgelebt. Das haben wir von unserem Vater, der war auch kein Kind von Traurigkeit."

Auch ***Klaus Brand****, der Älteste der Brand-Brüder, ist ein eingefleischter Gummersbacher – „schon allein des Handballs wegen". Nach seiner Spielerkarriere in Gummersbach (jeweils dreimal Deutscher Meister und Europapokalsieger der Landesmeister) und Derschlag prägte der hauptberufliche Lehrer den oberbergischen Traditionsverein auch von der Trainerbank aus entscheidend mit (1985 Deutscher Meister und Pokalsieger). Auch als man ihn in den 90iger Jahren ein zweites Mal um Hilfe bat, war er zur Stelle. Heute beobachtet er „seinen VfL" aus der Distanz. Der Klub habe sich verändert, sagt er, es sei kein Zufall, dass auch sein Bruder Heiner keinen allzu großen Bezug mehr zu dem Verein habe, der nur noch dem Namen nach an die Legende Gummersbach erinnere. Früher, sagt Klaus Brand .im Interview, habe sich sein Bruder nicht nur gegen ein Angebot Bayer Leverkusens entschieden, weil der extra dafür einberufene Familienrat ihm davon abgeraten habe, „sondern weil seine Bindung nach Gummersbach zu stark war."*

DEN HANDBALL IN DER WIEGE...

Günter Riemer

„Schon in meinen ersten Trainingswochen beim VfL Gummersbach fiel mir ein ruhiger, aber fixer Junge auf. Im Schlepptau seines Vaters Cherry und seiner Brüder Klaus und Jochen lief Heiner Brand auf dem Sportplatz herum. Schon als Sechsjähriger begann er seine Handballkarriere bei den Zehn- bis 12-Jährigen, seine körperliche Unterlegenheit glich Heiner mit Technik, Kampfkraft und Kondition aus. Diese Eigenschaften prägten seine ganze Handballkarriere, sie wurden ihm schon in die Wiege gelegt.

Schließlich hatte er mit seinem Vater und den beiden Brüdern entsprechende Vorbilder zu Hause. Handball war das Hauptthema am Familientisch der Familie Brand und diese Gespräche muss der Heiner regelrecht in sich aufgesogen haben. Heute ist das für mich die Erklärung, warum er schon in seiner Jugend ein ausgeprägtes taktisches Verständnis hatte.

In der Anfangszeit auf dem Großfeld, später auch in der Halle, war er für die Mannschaft wegen seiner hervorragenden Deckungsarbeit ein wertvoller Mitspieler, da hat er auch immer Verantwortung übernommen. Seine kleine Schwäche, die nicht so ausgeprägte Wurfkraft aus dem Rückraum, hat Heiner auf seine Weise kompensiert. Entweder tankte er sich bis zum Kreis durch, oder er nutzte seine Fähigkeiten als Kreisläufer, dabei hat sich Heiner immer in den Dienst der Mannschaft gestellt.

Teamgeist, das war für Heiner immer wichtig, viele seiner Kameraden aus der damaligen Zeit sind noch heute seine Freunde. Der Kader bestand vor allem aus Spielern unserer Region, deshalb reichte es leider nur für einige Mittelrhein-Meisterschaften. Als Heiner dann einmal mit einem gebrochenen Fuß in der westdeutschen Meisterschaftsrunde ausfiel, konnten wir ohne ihn nicht mehr gewinnen.

In der Saison 1971/72 wurde Heiner Seniorenspieler. Er trainierte zwar bei der ersten Mannschaft mit und er hätte dort auch als Auswechselspieler eingesetzt werden können. Doch die erste Aufstellung mit Hansi Schmidt, Helmut Kosmehl, Jochen Feldhoff und seinem Bruder Jochen war noch zu stark. Für die Ersatzbank war er zu schade, deshalb wurde er in der von mir gecoachten Regionalliga-Mannschaft „geparkt“. Für ihn hat sich das letztendlich ausgezahlt, in diesem Jahr hat er körperlich viel zugelegt.

Genau wie bei den anderen Jugendlichen, die ich betreut habe, habe ich mit Interesse seinen weiteren sportlichen Weg verfolgt. Heiner Brand hat seine Möglichkeiten voll ausgenutzt. Im sportlichen Bereich hatte er gute Anlagen, dazu kam das günstige Umfeld aus Familie und Freunden. Zusätzlich hatte Heiner das Glück, dass er von schwierigen Verletzungen verschont geblieben ist. Seine Trainingsmoral war stets vorbildlich, sowohl bei mir als auch bei den offenbar weiteren guten Trainern, die ihn geprägt haben. Ich bewundere ihn für das, was er aus seinem Leben gemacht hat.“

(Aufgezeichnet von Heinz-Peter Kreuzer)

Günter Riemer, *kam 1959 nach Gummersbach. Im Hauptberuf Lehrer spielte er noch bis 1964 in der ersten Mannschaft des VfL Gummersbach. Drei Jahrzehnte lang trainierte der Pädagoge Jugendteams und Reservemannschaften des VfL. 1971, nach dem Weggang von Dr. Horst Dreischang, übernahm Riemer für einige Monate die Betreuung der ersten Mann-schaft, die in dieser Saison zum dritten Mal den Europacup gewann.*

GROSSER GEGNER – GUTER FREUND

Kurt Klühspies

„Auf dem Spielfeld hörte die Freundschaft auf. Da waren unsere Duelle stets ein einziger, großer Kampf. Es wurde ganz schön hingelangt. Heiner sagt noch heute, ich sei der größere Klopper gewesen, hätte ihn mehr malträtiert als umgekehrt. Angeblich wurde ihm das auch nicht selten von seinen Gummersbacher Mitspielern vorgehalten. Nach dem Motto: Du schonst den Kurt und der nimmt Dich erst recht ran. Ich teile diese Auffassung nur bedingt. Ich war eben im rechten Rückraum zu Hause, konnte in den direkten Duellen dem Zweikampf mit Heiner häufiger ausweichen, weil ich eben am Mittelblock, in dem er verteidigte, vorbei-gelaufen bin. Umgekehrt traf er als Mittelspieler eben meistens auf mich, weil ich gleichfalls in der Innenverteidigung deckte. Und er löste ja auch öfter mal zum Kreis auf. Schon allein deshalb hatte ich ihn häufiger in der Mangel als umgekehrt. Wobei ich sagen muss, dass bei aller Härte – die Regeln haben damals mehr zugelassen – von uns nie die Grenze zur Verletzungsgefahr überschritten wurde.

Gummersbach gegen Großwallstadt – was waren das über Jahre hinweg für Highlights. Dramatik pur. Besonders jenes letzte Saisonspiel 1978 – es war die erste Spielzeit der neu gegründeten einteiligen Bundesliga –, als der VfL mit einem Punkt Vorsprung zu uns in die Halle nach Elsenfeld kam. Anfang des Jahres waren wir zusammen Weltmeister geworden – nun ging es gegeneinander. Wir mussten gewinnen, um nach zwei knapp verpassten Meisterschaften endlich mal den Titel zu holen. Dem VfL hätte ein Unentschieden gereicht. Heiner und ich waren die dicksten Freunde, doch in diesen 60 Minuten zählte das nicht. Kontakt im Vorfeld des Spiels gab es keinen. Was hätte man bereden sollen? Über Taktik wurde nichts verraten. Wir haben uns vor dem Anpfiff kurz begrüßt, Shakehands, ein paar nette Worte – das war´s. Als die Nervenschlacht letztlich vorbei war und wir hauchdünn mit 12:11 gewonnen hatten, brachen alle Dämme in unserer Halle. Der Jubel war grenzenlos. Ich erinnere mich daran, dass ich Heiner, der natürlich total niedergeschlagen war, noch kurz die Hand gereicht und ihm ein wenig Trost ausgesprochen habe. Doch für mehr war da kein Platz, um ehrlich zu sein. Der Rest war Jubel, totale Euphorie. Ich weiß nicht einmal mehr, ob Heiner und ich uns dann im Foyer noch mal getroffen haben, dort wo man sonst immer noch zusammenstand und ein Bierchen getrunken hat. Ich glaube nicht, denn – wie bereits geschildert – für Anteilnahme war nicht der richtige Moment. Wir, die Großwallstädter, feierten. Die Gummersbacher sind frustriert abgereist.

Erst einige Tage später haben wir wieder miteinander telefoniert. Damals waren die Zeiten ja noch andere. Handys und Emails – das gab es noch nicht. Allein deshalb hat man nicht so häufig Kontakt miteinander aufnehmen können. Dafür liefen unsere Treffen im Rahmen der Begegnungen zwischen unseren beiden Vereinen sehr harmonisch ab: Meine Frau und ich haben häufig nach Auswärtsspielen in Gummersbach bei den Brands übernachtet. Unsere Familien waren längst befreundet. Heiners Frau Christel und meine Frau Elke verstanden sich immer sehr gut. Sie waren nicht nur die jeweilige Partnerin zweier befreundeter Männer.

Die dritten Halbzeiten in Gummersbach waren immer sehr schön. In Großwallstadt durften damals die Spielerfrauen zu Auswärtsspielen im Bus mitfahren – in Gummersbach war das anders, strenger eben. Ich glaube, Eugen Haas wollte das nicht. Dennoch waren die Gummersbacher und Großwallstädter bei aller – vor allem auch in den Medien heraufbeschworenen – sportlichen Rivalität irgendwie eine große Familie. Schließlich hatten die meisten von uns zusammen bei der WM den Titel geholt. Das schweißt zusammen. Und auch im Bezug auf das jeweilige Umfeld kann man durchaus sagen: Das ist bis heute familiär geblieben. Wir erleben das bei unseren gegenseitigen Besuchen. Wenn Heiner heutzutage beispielsweise in Großwallstadt ist, wird er dort herzlich empfangen. Wir bewegen uns in einem ähnlichen Umfeld, fühlen uns in dem des anderen sehr wohl und schätzen auch, was der andere geschafft hat, welchen Stellenwert er genießt.

Die gemeinsame Zeit in der Nationalmannschaft, die vielen Erlebnisse und dramatischen Spiele – in all den Jahren hat das natürlich Heiners und meine Beziehung enger und reifer werden lassen. Seit 1970 hatte uns die DHB-Auswahl immer wieder zusammengeführt: Erst bei den Junioren, dann in der B-Nationalmannschaft, dann im A-Team. Heiner und ich sahen einander zwischen 1975 und 1978 häufiger als unsere Frauen, glaube ich. All die Lehrgänge, Turniere und Reisen ins Ausland... Wir waren stets auf einem Zimmer. Auch in der Nacht vor dem WM-Finale gegen die Russen. Noch heute sträubt sich Heiner, die Geschichte zuzugeben, die sich damals zugetragen hat. Wahrscheinlich, weil er um seine heutige Autorität als Bundestrainer fürchtet. Dabei bräuchte er sich angesichts seiner Erfolge und seines Charismas darum sicher nicht sorgen. Aber okay, dann erzähle ich diese Geschichte eben:

Bettruhe vor dem großen Finale hatte Vlado Stenzel für 23 Uhr ausgegeben, soweit ich mich erinnere. Doch an Schlaf war ohnehin nicht zu denken – wir waren viel zu aufgeregt. Plötzlich klopfte es an unserer Zimmertür und Wolfgang Böhme, einer der Stars der DDR-Mannschaft, kam hereingeschlichen. In einer Tüte mehrere Dosen dänisches Bier. Böhme riskierte Kopf und Kragen. West-Kontakte waren den Jungs von „drüben“ strengstens untersagt. Dennoch kam Wolfgang, der schon damals sehr westlich orientiert war, zu uns ins Hotel und leerte die ein oder andere Dose Bier mit uns. Warum ausgerechnet in dieser Nacht? Nun, er wollte uns einige Tipps geben. Mit den leeren Bierdosen stellten wir auf dem Boden unseres Hotelzimmers die entscheidenden, taktischen Abläufe der Russen nach – und Wolfgang erklärte uns die Nuancen und Finessen in Abwehr und Angriff des „sozialistischen Bruderteams“. Ob diese Episode letztlich etwas mit unserem Sieg am nächsten Tag zu tun hatte – schwer zu sagen ...

Heiner und ich deckten bei der Nationalmannschaft im Innenblock nebeneinander – das gegenseitige Vertrauen war damals riesengroß. Und ich weiß noch: Wenn nichts mehr ging, haben wir uns auf die Gummersbacher und Großwallstädter Spielzüge und Abläufe zurückgezogen – die kannte ja der überwiegende Teil des Teams aus der Bundesliga schon in- und auswendig.

Der Triumph von Kopenhagen hätte der Startschuss in eine große, lange anhaltende Ära des deutschen Handballs werden können. Doch der Olympiaboykott, der Unfall Joachim Deckarms und die unzureichende Leistung seitens des DHB im Vorfeld der WM 1982 im eigenen Land haben diese Glanzzeit verhindert. Sicher hätten Spieler wie Heiner oder ich noch einmal mitgemacht bei der WM 1982, wenn es die Funktionäre im Verband richtig angepackt hätten. Doch das ist Geschichte. Es kam eben nicht dazu.

An den fortlaufenden gemeinsamen Erlebnissen der Familien Brand und Klühspies hat das nichts geändert. Und die sind genauso wichtig und erinnernswert. Nie vergessen werde ich beispielsweise jene Szene aus dem gemeinsamen, einwöchigen Urlaub an der Ostsee, den wir im Anschluss an die gewonnene Weltmeisterschaft gesponsert bekamen – mit Kind und Kegel, sprich den Familien. Damals war Heiners Sohn Markus noch ganz klein. Wir saßen abends gemütlich beieinander, als Heiner aufstand und ankündigte, er werde Markus jetzt ins Bett bringen. Eine halbe Stunde später kam der Kleine schreiend die Treppe herunter, während der Herr Papa oben im Hotelzimmer eingeschlafen war. Später, bei einem gemeinsamen Strandurlaub in Übersee, hat unser Sohn Tim das Laufen gelernt – im heißen Sand Floridas, um ihn herum die kleine Julia – Heiners und Christels zweites Kind. Das waren wunderschöne Zeiten – und sind noch immer tolle Erinnerungen. Meine Frau Elke ist Julias Patentante, umgekehrt herrscht ein ebenso nahes Verhältnis zwischen den Brands und unserer Tochter Jenny. Das alles dokumentiert die enge Verbindung zwischen uns.

Sportfachlich macht Heiner davon heutzutage übrigens nur wenig Gebrauch – und das ist auch gut so. Er ist der viel akribischere, taktischer denkende Experte und Analytiker als ich. Ich habe stets einen Hang zum Organisatorischen gehabt – auch beruflich. Die Details, die für einen Handballtrainer wichtig sind – das wäre nichts für mich. Dennoch tauschen wir uns hin und wieder aus. Ich schau natürlich noch häufig rein beim TV Großwallstadt, sehe hin und wieder etwas Interessantes für Heiner. Doch das Private steht klar im Vordergrund. Fachsimpeln in Sachen Handball – das können andere besser. Das braucht unsere Freundschaft nicht."

***Kurt Klühspies**, heute Key Account Manager bei adidas, ist für den TV Großwallstadt das, was Heiner Brand für den VfL Gummersbach bedeutet. Als Spieler hat er ähnlich viele Erfolge aufzuweisen. Zusammen holten sie 1978 den Weltmeistertitel, mit Beginn der 70er Jahre entwickelte sich zwischen den beiden Handball-Idolen und ihren Familien eine zunehmend tiefe Freundschaft – dabei waren sie abseits der gemeinsamen Einsätze im Nationaltrikot stets erbitterte Rivalen.*

„DER KANN DOCH NICHTS...“

Meine Spielerkarriere

Es soll bloß keiner auf die Idee kommen und mich fragen, ob ich Rückraum-Mittespieler oder Kreisläufer war. Ich war Rückraumspieler! Auf diese Feststellung lege ich größten Wert. Sicher tauchte ich hin und wieder am Kreis auf, wenn es die Situation oder die Taktik erforderte. Aber: Ich war Mittelmann. Kein besonders torgefährlicher, zugegeben, jedenfalls nicht aus der Distanz, aber in Sachen Durchsetzungsvermögen, Taktik und Räume schaffen für die Kollegen, die den härteren Wurf und eben mehr Torjäger-Qualitäten besaßen. Anders ausgedrückt: Wenn ich statistisch – in Ausnahmefällen – plötzlich unter den erfolgreichsten Torschützen meiner Mannschaft zu finden war, mit drei oder vier Treffern, verhieß das nichts Gutes. Das bedeutete nämlich meistens, dass die anderen, etatmäßigen Torewerfer nicht getroffen hatten. Ich war schlechthin der Abwehrspezialist und Stratege. Ich stellte unsere Defensive, antizipierte die gegnerischen Angriffe, vorne arbeitete ich eher für die anderen. In 279 Bundesligaspielen habe ich 477 Tore geworfen. Das sind durchschnittlich nicht mal zwei pro Spiel. Aber wenn ich einen Treffer erzielte, war er meist wichtig. Ich war Führungsspieler. Und Kämpfer. Zwölf Jahre lang – plus der zwölf Spiele in der Saison 86/87. Ich erlaube mir schon zu behaupten, dass ich die Position des Mittelspielers geprägt habe – nicht auf filigrane Art, aber mit meinen Mitteln durchaus. Heute übrigens wäre ich mit meiner Spielweise auf dieser Position sicher nicht mehr zeitgemäß. Damals aber gab ich dem Spielmacherposten schon eine neue Definition.

Man bescheinigt mir bis heute die typischen Brand'schen Tugenden: Kampfgeist – immer bis zum Limit oder sogar darüber hinaus, Moral, Nervenstärke. 150prozentige Einstellung zu meinen sportlichen Aufgaben. Und meine Bereitschaft, Spiele über die Abwehr zu gewinnen – eine Leidenschaft zu entwickeln für die auf den ersten Blick nicht attraktive Deckungsarbeit. Das sind – mit Blick auf meine beiden Brüder – Familienstärken. Zu diesen Genen kam sicherlich, dass ich mich – bedingt durch mein Umfeld – immer für Taktik und Strategien interessierte. Das setzte sich durch in meinem Spiel. Wer sich inmitten eines handballverrückten Vaters und zweier ähnlich veranlagter Brüder so viel mit diesem Sport befasst, dessen Sinn für das Spiel wird sicher auch geschärft. Rückblickend kann ich sagen, dass dies schon in jungen Jahren der Fall war. Obgleich natürlich meine Wertigkeit innerhalb der Mannschaft erst mit den Jahren zunahm.

Ich war, aus der Jugend des VfL kommend, zunächst in der zweiten Mannschaft

„geparkt" worden. Meine Brüder Klaus und Jochen hatten Gummersbach gemeinsam mit Hansi Schmidt ab Mitte der 60er Jahre entscheidend geprägt – und zu großen Erfolgen, national wie international, geführt. 1966 wurde der VfL erstmals Meister durch einen 14:9-Finalsieg über Leutershausen, ein Jahr später gelang die Titelverteidigung durch ein 23:7 über Hochdorf. 1968 unterlag der VfL der SG Leutershausen 13:20, 1969 schlug man Leutershausen 21:13, 1970 verlor Gummersbach gegen damaligen Rekordmeister Frisch Auf Göppingen 18:22. Fünfmal in Folge hatte Gummersbach das Endspiel erreicht. Das Finale wurde immer auf neutralem Boden ausgetragen und in zunehmender Häufigkeit in der Dortmunder Westfalenhalle – dem „Mekka" des Handballs, wie das riesige Oval noch heute genannt wird – ausgerichtet. 1972 ging das Finale in Böblingen wieder gegen Göppingen verloren: 12:14. Schon damals waren die Duelle zwischen dem VfL und Frisch Auf regelrechte „Schlachten" – auch wenn ich diesen Begriff eigentlich im Zusammenhang mit Handballspielen nicht mag. Doch tatsächlich arteten diese Partien oftmals in körperliche Auseinandersetzungen einer Art aus, die das Regelwerk längst überschritten hatten. Schön jedenfalls waren diese Spiele beileibe nicht. Das 72er Finale war das vorerst letzte Endspiel mit Gummersbacher Beteiligung, welches ich als Zuschauer sah. In den Folgejahren war ich selbst stets einer der Hauptakteure.

Ich würde in naher Zukunft in eine große Mannschaft aufgenommen werden damals. Das war mir bewusst. Der Name Brand allein war indes kein Freifahrtschein. Ich hatte mich durch gute Leistungen in der Reservemannschaft, die seinerzeit in der zweithöchsten Spielklasse antrat, und beim Training mit der „Ersten" kontinuierlich für eine Übernahme in den Bundesligakader empfohlen. Da ich ja kein typischer „Shooter" war – auch nicht eine Klasse unterhalb der Bundesliga – musste ich mir auch zu dieser Zeit die Aufmerksamkeit durch gute Defensivleistungen und möglichst intelligentes Spiel im Angriff erwerben. Ich habe es auch nie als ungerecht empfunden, mich zunächst in der zweiten Mannschaft daran zu gewöhnen, nicht mehr im Jugendbereich zu spielen. Im Nachhinein betrachtet, war die Etappe in der „Zweiten" des VfL keine verlorene Zeit. Okay: Damals hatte ich natürlich schon hin und wieder mit meiner schwindenden Geduld zu kämpfen, obgleich ich akzeptierte, dass nicht alles hoppla hopp ging. Trainer in den Jahren des Gummersbacher Aufstiegs in die Weltspitze – der VfL stand zwischen 1967 und 1972 viermal im Endspiel um den Europapokal der Landesmeister und ging daraus dreimal als Titelgewinner hervor – war Dr. Horst Dreischang. 1971 hatte mein Mentor Günter Riemer den Posten kurzfristig übernommen, ehe in der Saison ´71/72 der Jugoslawe Djordje Vucinic eine neue Ära einleitete. Zunächst hatte 1971 mein älterer Bruder Klaus seinen Abschied vom VfL bekannt gegeben. Das Verhältnis der Brands zu Schmidt war belastet. Zwischenmenschlich war damals längst nicht immer alles so, wie man es angesichts der Erfolge des VfL als Außenstehender hätte vermuten können. Auf dem Spielfeld aber hielt man immer wieder zusammen. Diese Zweckgemeinschaft funktionierte über viele Jahre – bis eben mein Bruder Klaus mit einigen anderen Kameraden, darunter Hans-Gerd Bölter, die Nase voll hatte von den internen Spannungen – unter anderem auch zwischen Schmidt und Dr. Dreischang – und Machtkämpfen, und seine Karriere beim benachbarten und seinerzeit unterklassigen TUS Derschlag fortsetzte. Unter Vucinic war der VfL gleich deutscher Vizemeister geworden und Zweiter im Europapokal. Für die Saison ´72/73 hatte sich der ehemalige jugoslawische Staatstrainer, den Eugen Haas aus Berlin losgeeist hatte, dann den Titelgewinn vorgenommen.

Im Jahr 1972 war es dann soweit. Als inzwischen 20-Jähriger debütierte ich in der ersten Mannschaft. Mein Bruder Jochen war inzwischen in die Rolle von Klaus geschlüpft und war die Schaltzentrale der VfL-Abwehr geworden, als ich in die erste Mannschaft aufrückte. Wie Jochen waren auch viele andere meiner neuen Kollegen wie Schmidt, Klaus Westebbe, Jochen Feldhoff oder Klaus Kater Nationalspieler. Dennoch wurde ich – mit einer großen Ausnahme (dazu aber gleich mehr) – akzeptiert in diesem illustren Kreis. Zum einen, weil ich ein Brand war, zum anderen, weil ich Talent hatte und mich auf diesem nie ausruhte. Soviel jedenfalls hatte ich in der Vorbereitung auf die Saison bereits unter Beweis gestellt.

Zum Auftakt der Saison empfingen wir in der alten Gummersbacher Halle in der Reininghauser Straße den VfL Bad Schwartau. War ich damals aufgeregt? Sicher, obwohl ich noch nicht genau wusste, was auf mich zukommen würde. Als junger, neuer Spieler muss man ja zunächst davon ausgehen, bei Spielbeginn zunächst auf der Bank zu sitzen. Die Aufstellung war noch nicht bekannt. Wir hatten uns in den Stunden vor dem Spiel eingestimmt, es gab wie immer Kaffee und Kuchen, als Trainer Vucinic zur Abschlussbesprechung und Bekanntgabe der Aufstellung bat. Die meisten Positionen waren ja in festen Händen. Nur hinter der Linksaußen-Position stand ein Fragezeichen. „Heiner“, hörte ich Vucinic sagen, „fängt auf Linksaußen an“. Und im nächsten Moment den Einspruch Hansi Schmidts: „Der? Wieso das denn? Der kann doch nichts.“ Diese Worte trafen mich nur bedingt – schließlich wusste ich sie einzuordnen. Schmidt und Brand – das war nun mal problematisch, und Hansi übertrug diese Konfrontation nun eben auf den jüngsten Vertreter der von ihm wenig geschätzten Brand-Familie. Heute würde man vermuten, diese abfällige Bemerkung habe Konsequenzen nach sich gezogen oder für Ärger in der Kabine gesorgt, aber damals war das gar nicht so dramatisch. Natürlich motivierte mich Schmidts Kommentar zusätzlich. Doch Trainer Vucinic machte kein langes Aufheben um diese Entgleisung, was sicher auch richtig war.

Ich spielte solide, erledigte meine taktischen Aufgaben in der Abwehr, Schmidt verweigerte mir keine Abspiele – wie gesagt, auf dem Spielfeld haben wir alle stets miteinander das Beste aus der jeweiligen Situation zu machen versucht – und wir gewannen 17:11 gegen die Schwartauer. Meine Nervosität hielt sich in Grenzen. Schließlich bekam ich auch die moralische Unterstützung der Mitspieler. Ein Tor warf ich in diesem Spiel von linksaußen nicht. Aber das war mir egal, ich war glücklich, aufgestellt worden zu sein. Und ich würde dort mein

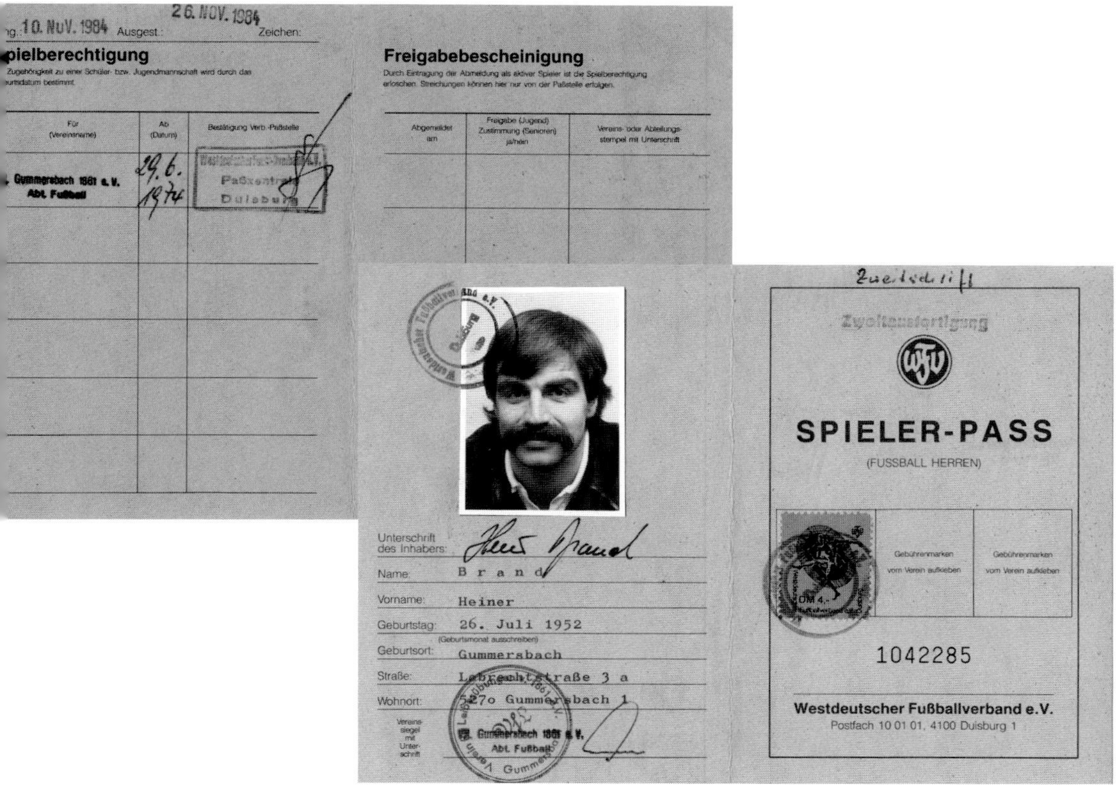

ng.: 10. NuV. 1984 Ausgest.: 26. NOV. 1984 Zeichen:

pielberechtigung

Zugehörigkeit zu einer Schüler- bzw. Jugendmannschaft wird durch das
urtsdatum bestimmt.

Für (Vereinsname)	Ab (Datum)	Bestätigung Verb.-Paßstelle
. Gummersbach 1861 e.V. Abt. Fußball	29.6.1974	Paßzentrale Duisburg

Freigabebescheinigung

Durch Eintragung der Abmeldung als aktiver Spieler ist die Spielberechtigung erloschen. Streichungen können hier nur von der Paßstelle erfolgen.

Abgemeldet am	Freigabe (Jugend) Zustimmung (Senioren) ja/nein	Vereins- oder Abteilungsstempel mit Unterschrift

Zweitschrift

Zweitausfertigung

SPIELER-PASS

(FUSSBALL HERREN)

	Gebührenmarken vom Verein aufkleben	Gebührenmarken vom Verein aufkleben
DM 4,-		

1042285

Westdeutscher Fußballverband e.V.

Postfach 10 01 01, 4100 Duisburg 1

Unterschrift des Inhabers: Heiner Brand

Name: B r a n d

Vorname: Heiner

Geburtstag: 26. Juli 1952 (Geburtsmonat ausschreiben)

Geburtsort: Gummersbach

Straße: Lebrechtstraße 3 a

Wohnort: 527o Gummersbach 1

Vereinssiegel mit Unterschrift: VfL Gummersbach 1861 e.V. Abt. Fußball

Doppelleben: Heiner versuchte sich auch als Fußballer, wie dieses Dokument beweist ...

An einem Strang: Eugen Haas (links) und das Gummersbacher Team von 1975, allen voran Hansi Schmidt. Vierter in der Reihe: Heiner Brand, ganz hinten: Joachim Deckarm

Das Olympia-Team 1976 (links)

Torsicherung: Kurt Klühspies und Heiner Brand beim Länderspiel gegen die CSSR 1975 (unten)

Olympia-Feier: Die Nachbarschaft bereitete Brand nach den Olympischen Spielen 1976 in Montreal einen gebührenden Empfang vor dessen Wohnung in Gummersbach (unten links)

Ehre, wem Ehre gebührt: Gummersbachs damaliger Bürgermeister Hubert Sülzer mit den Olympia-'76-Teilnehmern Jo Deckarm und Heiner Brand (unten Mitte)

Prost nach dem 17:14-Sieg über die damalige DDR: Klühspies und Brand (unten rechts)

Bauchlandung: Unsanft gestoppt wurden Brand und der VfL 1977 im Europacup-Halbfinale von ZSKA Moskau (links)

Europacupschlacht: Heiner Brand gegen Magdeburgs Peter Pysall (links unten). Die Duelle BRD gegen DDR hatten es stets in sich

Bei der Hymne: Heiner Brand (Fünfter von vorne im Mannschaftbild und rechts) vor dem Anpfiff des WM-Spiels

4

10
14

Der Weltmeister: Heiner Brand inmitten seiner Kollegen (unten, 5. von links sitzend), ganz rechts hockend: Vlado Stenzel (links oben)

Nach dem WM-Finale: Triumphzug durch die Kopenhagener Halle: Heiner Brand nach dem Sensationssieg über die UdSSR, vor ihm Arnulf Meffle (ganz oben)

Jubel und ausgelassene Freude nach dem Triumph von Kopenhagen (oben)

Aus dem WM-Finale: Das schuftende Trio am Kreis – Horst Spengler (links), Heiner Brand (Mitte) und der von rechtsaußen eingelaufene Arnulf Meffle (rechts) in Tuchfühlung mit der gefürchteten Abwehrgeraden der Russen (unten links)

Um Weltmeister zu werden, mussten die deutschen Spieler „dahin gehen, wo´s wehtut" und Heiner Brand beherzigte diesen Vorsatz einmal mehr vorbildlich ... (Mitte)

Autogramme zweier Freunde: Kurt Klühspies und Heiner Brand signieren einen Handball. Die Fans durften sich freuen: Da unterzeichneten gerade zwei frischgekürte Weltmeister (unten rechts)

Wille pur: Heiner Brand auf dem Weg zum Torerfolg gegen TUSSEM Essen. Dessen Abwehrspezialisten Thomas Happe (links) und Thomas Springel (rechts) haben das Nachsehen (oben)

Freund und Feind: Heiner Brand und sein Großwallstädter Rivale Kurt Klühspies im Kampf um Ball und Punkte (oben rechts)

Noch ein Pokalsieg: Heiner Brand und Erhard Wunderlich nach dem Gewinn des Supercups gegen SKA Minsk 1983 in der Dortmunder Westfalenhalle (unten rechts)

5
erdgas

2
14
14

Der Abwehrspezialist: Heiner Brand stoppt den Düsseldorfer Walter Schubert (Nr. 2) auf seine Art (links)

Schonungslos: Heiner Brand spielte stets mit vollem Körper-einsatz wie hier gegen den THW Kiel

Abschiedsspiel für Heiner Brand am 16. Juni 1984 in Gummersbach (oben)

„Antje“: zum Abschied bekam Heiner Brand dieses Maskottchen geschenkt in Anspielung auf seinen Schnurrbart und das ehemalige Wahrzeichen des NDR, Seelöwin Antje, deren Ähnlichkeit mit dem Handball-Weltmeister unverkennbar war und die ihm seinen Spitznamen bescherte (oben rechts)

Heiner Brand und Kurt Klühspies beim Abschied des Gummersbachers (unten rechts)

Nostalgische Momente: Brand verfolgt einen Sprungwurf Manfred Freislers bei einem Revival-Spiel der Weltmeister von 1978 (links), zu denen auch Arnulf Meffle gehört, der sich nach der Partie mit Heiner Brand über viele gelungene Aktionen freute (oben). Unten rechts: Strahlende Gesichter bei Andreas Thiel (li.) und Klaus Brand (re.) nach Heiner Brands gelungenem Bundesliga-Comeback

Die Notizen des Lehrmeisters: Petre Ivanescu hielt Stärken und Schwächen seines Führungsspielers beim VfL Gummersbach genau fest. Ein (Zeit-)Zeugnis der besonderen Art...

-3-

Die letzte Spielrunde war seine beste in den letzten drei Jahren, mit konstanten Leistungen und hervorragender Einstellung. Eine kurze Zeit sah es so aus, als ob er physisch an seine Grenzen gelangt sei - dank seiner enormen Willenskraft und positiven Motivatiion überwand er jedoch diese sich anbahnende Leistungskrise. Dadurch daß er mit sehr viel Freude und Lust Handball spielt (an ihm kann man sehr oft erkennen wenn er im "Handballrausch " ist) gelangen ihm auch die meisten seiner Aktionen.
Als Mannschaftskapitän hat er konstruktiv an der beibehaltung der guten Arbeitsathmosphäre beigetragen, indem er mir bei der Lösung der entstandenen Probleme mit seiner logischen Denkensweise zur Seite stand.

ERWARTUNGEN.

- Beibehaltung seiner Qualitäten als Abwehrorganisator.
- Beibehaltung seiner Form im Angriff.
  Im Besondern sollten seine Würfe aus der 2. Reihe viel mehr zur Geltung kommen.
- Die Zusammenarbeit mit dem Trainer in Bezug auf die Lösung von taktischen Problemen während eines Spieles muß verbessert werden.
- Sein unkontrolliertes Anschreien und Zurufen an die Adresse der Bank während eines Spiels sollte völlig weggelassen werden.
  Diese Tatsache könnte nämlich unnötigerweise zu ernsten Konflikten führen.
  In einem Gespräch sollte erörtert werden, ob er 9n der kommenden Saison differenziertem Trainings bedarf.

Bestes geben, wo mich der Trainer in meinen Lehrjahren hinzustellen gedachte, das stand für mich fest. Lehrjahre sind keine Herrenjahre – das hat schon so seine Bedeutung. Jedenfalls war mir das bewusst.

In meiner ersten Bundesligasaison, in der ich meist auf Linksaußen eingesetzt wurde, brachte ich es auf 17 Spiele, das bedeutete eine komplette Saison, – und neun Tore. Nicht, dass ich mir so etwas merken würde oder könnte. So etwas ist festgehalten in den diversen Vereinschroniken. Mein erstes Bundesligator aber habe ich nicht in Erinnerung – und konnte es auch nicht nachlesen. Überhaupt zählte das für mich nicht so viel. In der Hierarchie des Teams rangierten natürlich noch etliche Spieler vor mir, doch ich wusste dies richtig einzuordnen. Ich war damals ja auch erst zwanzig – und spielte eben dort, wo mich der Trainer hinstellte. Parallel zu meiner ersten Saison in der Bundesliga absolvierte ich meine Bundeswehrzeit. Von Juli 1972 bis September 1973 war ich zunächst bei der Luftwaffe in Holland stationiert, später, nach der Grundausbildung, gehörte ich der Sportkompanie in Köln, Porz-Wahn, an. Ich verließ den Bund als Obergefreiter. Die ersten Monate waren sicher hart, später aber genoss ich die Privilegien des Leistungssportlers. In der Regel konnte ich nach dem morgendlichen Appell Sport treiben, also trainieren. Zwischen zehn und zwölf war ich noch für die Geräte-Ausgabe zuständig, danach ging es – von Manövern abgesehen – schon stramm auf Feierabend zu. Für einen Spitzensportler war dies keine schlechte Konstellation. Mein Bruder Jochen war ebenfalls bei der Bundeswehr, Klaus hingegen war ausgemustert worden. Ich fiel als Soldat nicht sonderlich auf. Meinen Ambitionen in Richtung Handball tat der Umstand, den Wehrdienst leisten zu müssen, jedenfalls keinen Abbruch.

Wir gehörten damals in der noch zweigeteilten Bundesliga der Nordstaffel an und verließen diese auch mit 24:4 Punkten vor Grün Weiß Dankersen als Erster in Richtung Endrunde. In den Überkreuzspielen mit dem Zweiten der Südgruppe setzten wir uns gegen Hüttenberg durch: 14:14 und 20:16. Im Endspiel am 10.3.1973 gab es die Revanche für 1972: Göppingen, drei Jahre zuvor in einem brutalen Spiel noch siegreich, wurde diesmal niedergerungen – im wahrsten Sinne des Wortes: 21:18 gewannen wir in der Westfalenhalle, die aufgrund der Nähe Dortmunds zu Gummersbach – dazwischen liegt ja nur ein wenig Sauerland – so etwas wie eine Heimspielstätte für uns war.

In jenem Endspiel gelang mir, übrigens noch ohne Schnurrbart, ein Tor, das 9:5 in der 20. Minute. Doch die Göppinger ließen sich nicht abschütteln. Bis zum 18:18 vier Minuten vor Schluss war alles offen, dann setzten wir uns durch. Hansi Schmidts Tore Nummer zwölf und dreizehn entschieden die Partie vor 12.500 Zuschauern. Wie leider so oft hatte es unschöne Szenen gegeben zwischen den beiden Lagern: Auf dem Feld, aber auch vom Publikum ausgehend. Vor allem Hansi Schmidt hatte sich heftigen Pöbeleien des gegnerischen Anhangs aussetzen müssen, die fast in Handgreiflichkeiten ausarteten. Es war eine hässliche Atmosphäre damals und ein phasenweise hässliches Spiel, das sogar vor dem

Abbruch stand. Skandalöserweise waren Bierdosen und sogar Lebensmittel aufs Spielfeld geflogen. Ein Großteil der Göppinger Fans saß in unmittelbarer Nähe des Spielfelds. Später, beim Versuch einer Ehrenrunde, wurden wir angepöbelt, ja sogar bespuckt und wieder beworfen. Die Emotionen waren ausgeartet. Es fiel mir schwer, den Sieg so ohne weiteres genießen. Wo sonst die Anspannung nach einem gewonnenen Endspiel weicht und sich in Genuss umwandelt, wollten lange Zeit die Beklemmung und Sorge nicht aufhören, dass die Geschehnisse, die man da vor Augen hatte, dem Ruf des Handballsports immensen Schaden zufügen würden. Dabei hätte es ein wunderbarer Moment sein können für mich: Wenige Jahre zuvor noch Zaungast bei solchen Events und der kleine Bruder der Endspiel-Helden Klaus und Jochen Brand, stand ich nun selbst da im Schweiße meines Angesichts, abgekämpft, ausgepowert – aber als Sieger: Ich war gleich in meiner ersten Saison Deutscher Meister geworden. Der triumphale Empfang in Gummersbach, der Autokonvoi durch die Stadt, die jubelnden Fans versöhnten hernach für das skandalöse Finale – und ich war diesmal mit dabei. Im Auto (natürlich fuhren wir trotz der März-Kälte in offenen Cabrios) und auf dem Podest, das auf dem Bismarck-Platz in der Innenstadt aufgebaut worden war: So also fühlte sich das an, am Ende einer Saison Mitglied der besten Mannschaft Deutschlands zu sein.

In den Folgejahren sollte sich dieses Gefühl glücklicherweise noch mehrfach wiederholen. In der Saison ´73/74 wurden wir in der Bundesliga Nord Zweiter hinter dem TUS Wellinghofen. Es war die Saison der WM in der DDR, bei der das westdeutsche Team, in dem auch mein Bruder Jochen spielte, so schlecht abschnitt. Die Nationalspieler – der VfL stellte damals ja schon einige – waren abgekämpft und deprimiert aus Ostdeutschland zurückgekehrt und die Titelverteidigung schien ein schweres Unterfangen zu werden. Inzwischen war Joachim Deckarm aus Saarbrücken zu uns nach Gummersbach gekommen. Mit seiner athletischen Spielweise und Wurfkraft stellte er eine erhebliche Entlastung für unseren „Bomber“ Hansi Schmidt dar. Gleichzeitig aber war Deckarms Hinzukommen der Beginn eines Generationswechsels beim VfL, an dessen Abschluss drei Jahre später Schmidts Abschied stehen sollte. Zunächst aber tauchte „Jo“ überwiegend auf Linksaußen auf, während ich mittlerweile immer häufiger auf der Position meines Bruders Jochen eingesetzt wurde: Auf der Mitte im VfL-Rückraum. Ich trat zunehmend in die Fußstapfen meines Bruders Jochen, der in dieser Saison nur noch auf 13 von 21 möglichen Einsätzen kam. 1974 war auch das Jahr meines ersten Europapokaleinsatzes. Und es ging gleich auf eine exotische Reise: Der VfL musste auf Island gegen Reykjavik antreten. Ein Abenteuer, das in mir die Lust verstärkte, noch möglichst oft mit dem VfL auf Reisen kreuz und quer durch Europa zu gehen. Dafür aber mussten wir zunächst erfolgreich spielen. In der Endrunde setzten wir uns wie im Vorjahr gegen den TV Hüttenberg durch, diesmal 15:10 und 18:16, der TUS Wellinghofen schaltete Göppingen aus. So kam es am 4. Mai 1974 zu einem Duell des in der Dortmunder Westfalenhalle ja seit Jahren heimischen VfL gegen den Dortmunder Stadtteilklub aus Wellinghofen. 13.000 Zuschauer bildeten wie immer einen würdigen Rahmen für das Finale, das wir schließlich relativ souverän mit 19:14 gewannen. Wir waren ausgeglichener besetzt als unser Gegner, bei dem Nationalrechtsaußen Heiner Möller den Ton angab. Wieder waren wir es, die eine Ehrenrunde drehten. Überglücklich. Vierzehn Tage zuvor hatten wir an gleicher Stelle in einem dramatischen Krimi die bärenstarken Sowjethandballer von Mai Moskau im Europapokalendspiel der Landesmeister nach Verlängerung mit 19:17 bezwungen und waren nach drei Jahren Abstinenz wieder auf Europas Thron zurückgekehrt. Auf dem Weg dorthin gelang es uns, Mannschaften wie ZSKA Moskau und Bratislava auszuschalten. Im Endspiel dann schien vor 14.000 Zuschauern durch meinen Treffer zum 16:14 vier Minuten vor Spielende eigentlich schon die Vorentscheidung gefallen, doch die favorisierten Russen (Kravtschov, Maksimov, Klimov und Co.), glichen doch noch aus und zwangen uns in weitere zehn Minuten Nervenschlacht. Dort entscheid ein Deckarm-Tor zu unseren Gunsten. Die Westfalenhalle stand Kopf, Gummersbach rüstete zum großen Siegerfest und wir bei aller Freude zum nächsten Saisonhöhepunkt, dem Spiel gegen Wellinghofen. Es entsprach der Gummersbacher Siegermentalität, dass es uns auch auf nationaler Ebene noch einmal gelang, auf den Punkt genau fit zu sein, am Ende einer für viele VfLer schweren, kräftezehrenden Saison. Trainer in diesem „Double“-Jahr waren Victor Kitza und Heiner Frohwein. Zur kommenden Saison machte Viktor Kitza allein weiter.

In all den Jahren hat Eugen Haas den VfL geführt. Sein Spitzname war „Hasenpapa“, da er für viele Spieler eine Art Vaterfigur war – insbesondere für jene, die nicht aus Gummersbach stammten. Denen schuf er eine Art zweite Heimat. Sie sollten sich wohl fühlen in Gummersbach, Teil der Gemeinschaft sein – oder werden. Insbesondere Hansi Schmidt war jahrelang so eine Art Ziehsohn von Eugen Haas, der unermüdlich für den VfL in Aktion war. „Bei uns zählt ein Handschlag noch“, hat er damals immer gesagt und dieses Motto durchgehalten bis in Zeiten hinein, da Vertragsklauseln und Feilschereien um Geld und „Nebengeräusche“ längst das gesprochene Wort abgelöst hatten. Haas hat immer dafür gesorgt, dass das Umfeld des VfL stimmte, dass es uns Spielern an nichts mangelte – und damit ist nicht das Geld gemeint. Gute Hotels, Anreise zu Auswärtsspielen schon am Tag vorher, bestmögliche medizinische Versorgung, Wohnungssuche für Spieler – er kümmerte sich um alles. Er sorgte sogar dafür, dass im Trainingslager oder vor Spielen das richtige Essen zum richtigen Zeitpunkt auf dem Tisch stand. Eugen Haas schuf eine familiäre Atmosphäre, arbeitete aber hochprofessionell. Er war streng, verlangte Leistung, doch wer diese erbrachte und sich mit dem VfL identifizierte, der stand unter seinem Schutz: Wenn wir Spieler mal um die Häuser zogen, dann gehörte das aus seiner Sicht dazu. In Gummersbach hat man natürlich nicht besonders viele Möglichkeiten, unerkannt irgendwo über die Stränge zu schlagen. Das war früher auch schon so. Erstens gab es nicht sehr viele Lokalitäten, in denen man sich abends aufhalten konnte, zweitens waren die VfL-Spieler natürlich in der ganzen Stadt bekannt.

Ich lebte zwischen September 1973 und Anfang 1975 teilweise in Köln-Buchforst. Gemeinsam mit meinem Mitspieler Manfred Glodde hatte ich eine Studenten-WG aufgemacht. Die Zwei-Zimmer-Wohnung, an die wir über Beziehungen herangekommen waren und für die wir nur rund 70 Mark bezahlten, war ideal für uns und bot die Freiheit, die man als Student manchmal braucht. Dass wir rechtsrheinisch wohnten – wie der Kölner sagen würde: „auf der schäl Sick", also auf der falschen Rheinseite – das war uns egal. Wir hatten es gut getroffen. Viel Zeit habe ich dort zwar nicht verbracht, denn der Handball zog mich ja ständig nach Gummersbach, doch es war trotzdem ein schöner Abschnitt. Manchmal war es eben angenehm, dem Kölner Stadtleben näher zu sein als der „Idylle" Gummersbachs. Mein Pendler-Status wurde indes noch verstärkt durch meine erste Trainertätigkeit. Ja, ich war offenbar noch nicht ausgelastet damals. Mein Bruder Jochen hatte mir zwischen 1973 und ´74 den Job beim unterklassigen TV Strombach vermittelt, den er zuvor selbst mal trainiert hatte.

Dort also machte ich als 21-Jähriger meine ersten Gehversuche als Coach. Einmal pro Woche – immer mittwochs, wenn wir mit dem VfL kein Training hatten – stand ich in Strombach in der Halle. Bei Spielen war ich immer dann dabei, wenn es der VfL-„Terminkalender" am Wochenende zuließ. Bezahlt wurde ich nach Anwesenheit: 40 Mark pro Abend inklusive der Fahrtkosten. Die Mannschaft ist übrigens aufgestiegen – auf dem Feld und in der Halle. Damals aber betrachtete ich die ganze Angelegenheit noch sehr pragmatisch. Eine Trainerlaufbahn hatte ich seinerzeit sicher nicht im Sinn.

In der Spielzeit ´74/75 hat mein Bruder Jochen nur noch hin und wieder ausgeholfen beim VfL. Siebenmal noch trug er das Gummersbacher Trikot, in dem er zahlreiche Triumphe gefeiert hatte. Inzwischen war ich derjenige, der die Ära Brand fortsetzte, die Führungsrolle, die jahrelang in unserer Familie gelegen hatte, verkörperte und auch ausfüllte. Die Gegenwart Jo Deckarms unterstützte und beschleunigte diesen Prozess. Wir waren schnell Freunde geworden, studierten beide in Köln und bald schon sollten wir auch in der Nationalmannschaft gemeinsame Sache machen. Beim VfL aber waren wir schon längst ein eingeschworenes Duo. Hansi Schmidt, Ziehsohn von Eugen Haas, war noch immer der Gegenpol innerhalb des Teams, doch dem Erfolg war dieses anhaltende Spannungsverhältnis nicht abträglich. Wir blieben alle 18 Spiele in der Nordgruppe der Bundesliga unbesiegt. 33:3 Punkte waren Ausdruck unserer Überlegenheit, die wir auch in der Endrunde beim 16:17 und 18:11 über den Südzweiten TSV Rintheim und im Finale durch ein 13:7 gegen GrünWeiß Dankersen dokumentierten. Unsere Dominanz war damals offenkundig derart stark, dass zum Finale nur 7000 Zuschauer in unser Wohnzimmer, die Dortmunder Westfalenhalle, gekommen waren. In jenem Endspiel am 3. Mai 1975 war mein Bruder Jochen noch einmal mit von der Partie – ein krönender Abschluss seiner Laufbahn. Im Europacup allerdings schafften wir es diesmal nur bis ins Halbfinale. Zwar waren die Zeiten, in denen der einst aus Rumänien geflohene Hansi Schmidt zu Europacup-Reisen in den Ostblock aus Sicherheitsgründen nicht mitreiste, inzwischen vorbei, doch auch seine Tore konnten uns im Rückspiel beim DDR-Klub ASK Vorwärts Frankfurt/Oder nicht retten. Zwar gewannen wir nach einem großartigen Spiel in Frankfurt 18:16, doch das Hinspiel in Dortmund hatten wir aufgrund eines Blackouts in der zweiten Hälfte zu deutlich, nämlich mit 18:22 verloren – für die Armee-Handballer von der Oder wie Pietzsch, Engel oder Rose natürlich ein enormer Prestigeerfolg.

Überhaupt: Die Duelle mit den Ostblockmannschaften, insbesondere denen aus der damaligen DDR – die hatten es in sich. Der Welthandball war zum damaligen Zeitpunkt stark osteuropäisch geprägt, vor allem auf der Vereinsebene. Die Spitzenmannschaften aus der Sowjetunion und DDR, Rumäniens Topklubs, die der CSSR, Polens, Jugoslawiens, Ungarns standen auf der einen Seite, der Westen war auf der anderen Seiten in erster Linie vertreten durch den VfL Gummersbach und vereinzelt die eine oder andere skandinavische Mannschaft. Doch Europapokal in den 60er und 70er Jahren – das bedeutete in erster Linie Gummersbach gegen den Ostblock. Erst viel später kamen – begünstigt zudem durch den Zerfall vieler Ostblock-Länder – die Franzosen und Spanier dazu. Natürlich waren die Reisen zu den Auswärtsspielen hinter den „Eisernen Vorhang“ oftmals gleichbedeutend mit vielen Strapazen, Stress und Beklommenheit. Es war schon unbehaglich, in den Osten zu reisen und dort Handball zu spielen. Dabei bewegte sich die sportliche Rivalität meistens im Rahmen. Zum Vergleich der Systeme wurden diese Europacupspiele, natürlich auch die Länderspiele, in erster Linie auf der Funktionärsebene hochstilisiert. Schikanen und Feindseligkeit gingen nur selten von unseren sportlichen Widersachern aus, sondern von viel weiter oben. Natürlich bedeuteten Reisen in die Ostmetropolen bei aller Einengung aber auch zumeist die Erweiterung unseres Horizonts. Im Rahmen unserer Möglichkeiten versuchten wir stets, diese Trips auch touristisch und kulturell zu nutzen. Dazu an anderer Stelle noch einige weitere Gedanken.

Zurück ins Jahr 1975, in dem ich Christel geheiratet habe: Am 29. Juli standesamtlich und am 18. November kirchlich. Ich war also fortan „unter der Haube“. Zwischen diesen beiden Terminen hatten wir Nachwuchs bekommen: Unser Sohn Markus war am 1. Oktober 1975 zur Welt gekommen. An jenem Tag spielte ich mit dem VfL in Wellinghofen. Dass bei der Geburt alles gut verlaufen war, erfuhr ich noch vor dem Anpfiff. Dass ich Vaterfreuden entgegenblicken würde, hatte mir Christel telefonisch neun Monate zuvor in Aussicht gestellt. Ich war gerade im Hotel Westfalenhalle, wo wir uns auf das Europacupspiel gegen Frankfurt/Oder vorbereiteten. Ich weiss noch, dass ich ziemlich sprachlos war, denn diese Aussicht passte damals eigentlich nicht in meine Pläne. Ich musste mir erst klar werden, was das für mich bedeutete: Mein Leben würde sich verändern.

Mein Leben hatte sich verändert. Mit unserer kleinen Familie zogen wir in eine hübsche kleine Wohnung in die Franz-Schubert-Straße schräg unterhalb meines Elternhauses. Als Familienvater und Ehemann hatte ich nun auch außerhalb des Handballspielfeldes viel mehr Verantwortung als zu Junggesellenzeiten. Geschadet hat es mir nicht. Ich habe sogar als Spieler davon profitiert. Als

Titelverteidiger gingen wir in die Saison der Olympiaqualifikation – und nach erfolgreicher Mission in die Saison der Olympischen Spiele. Rolf Jaeger, vormals selbst ein ganz großer Spieler des VfL zu Zeiten meiner Brüder Klaus und Jochen, wurde neuer Trainer. Die Hierarchie innerhalb des Teams hatte sich, nachdem Joachim Deckarm und ich auch im Nationalteam zunehmend erfolgreich spielten, immer mehr verändert. Eugen Haas zog sich aus seiner Rolle als Ziehvater von Hansi Schmidt ein wenig zurück. Auch er hatte wohl erkannt, dass die Zukunft des VfL in den jüngeren Spielern zu suchen sein würde. Mein Bruder Klaus, mittlerweile 34, war auf seine „alten Tage" noch einmal in die Bundesliga aufgestiegen – mit dem Nachbarklub TUS Derschlag, für den neben starken ausländischen Topspielern auch einige ehemalige VfLer am Ball waren. So hatte die Region mit einem Male zwei Erstligisten. Und zweimal pro Saison eine willkommene Schlagzeile: Bruderduell im Hause Brand. Derschlags Truppe war stark genug besetzt, um sogleich in der Spitze mitzumischen – und uns im ersten Lokalderby in Bergneustadt auch gleich mit 15:14 zu besiegen. Allerdings kam es nur zu wenigen direkten Bruder-„Duellen", denn ich verletzte mich schon in der ersten Halbzeit unter dem rechten Auge und konnte nicht weiterspielen. Klaus hat sich in der Halbzeit nach mir erkundigt – bei aller Rivalität war die brüderliche Fürsorge immer noch stärker. Das Rückspiel in Bielstein gewannen wir dann später mit 13:10. Am Ende war Gummersbach Tabellenerster, die Derschlager Truppe um meinen Bruder Klaus immerhin Dritter. Unser mittlerweile verjüngter Kader war auch für die Endrunde nervlich schon gut gerüstet. Nach zwei Siegen, 19:15 und 18:15, über den TUS Hofweier, in dessen Reihen damals zwei künftige Bundestrainer – Simon Schobel und Arno Ehret – standen und gegen den aus Personalmangel heraus auch mein Bruder Jochen nochmal aushalf, waren wir erneut im Finale. Wieder hieß der Gegner Dankersen, diesmal war der Austragungsort die Frankfurter Festhalle.

Das Mannschaftsklima war nicht zum Besten bestellt. Hansi Schmidts Abschied stand zum damaligen Zeitpunkt fest. Joachim Deckarm und ich hatten intern die vorherrschenden Verhältnisse in Frage gestellt. Joachim Deckarms Entwicklung drohte zu stagnieren, da „Bomber" Schmidt ja auch dort spielte, wo Jo am stärksten und wertvollsten für das Team war: Im linken Rückraum. Zudem hatte Hansi Probleme mit dem Verjüngungsprozess, der stattgefunden hatte beim VfL. Vor dem Endspiel hatte sich Hansi vom Rest der Mannschaft zumindest räumlich distanziert und eine andere Umkleidekabine aufgesucht. Dort zog er sich alleine um. Erst später gesellten sich einige Mitspieler zu ihm, und die Mannschaft war auf zwei Umkleidekabinen verteilt. Vielleicht lag es unter anderem an diesen inzwischen doch kaum noch zu ignorierenden Disharmonien, dass wir das Finale 1976 beinahe verloren hätten. Bei unserem ausgezeichneten Torwart Klaus Kater konnten wir uns bedanken, dass es am Ende zu einem hauchdünnen 12:11-Sieg reichte. Die siebte Meisterschaft war unter Dach und Fach. Im Europacup der Landesmeister hingegen war auch in dieser Saison wieder vor dem Finale schon Schluss: Nachdem wir im Viertelfinale nach einer 15:22-Niederlage bei Slask Wroclaw im Rückspiel eine Art „Spiel des Jahres" hingelegt und die Polen mit 20:11 noch aus dem Wettbewerb geworfen hatten, konnten wir im Halbfinale so etwas nicht noch einmal wiederholen. Dem 16:16 gegen Borac Banja Luca folgte im damaligen Jugoslawien ein 13:15. Immerhin schieden wir gegen den späteren Cupsieger aus.

Im Jahr 1976 erhielt ich mein erstes großes Angebot eines anderen Klubs (vom TUS Nettelstedt) das ich letztlich ablehnte, obwohl man mich zu den Vertragsgesprächen mit Nettelstedts Mäzen Hucke per Privatjet bis an seinen Urlaubsort in Spanien einfliegen lassen wollte. Das war schon ungewöhnlich. Doch nicht überzeugend genug. Ich blieb beim VfL, wenngleich es auch dort Veränderungen geben sollte – und musste.

Die Zeit des großen Stars war vorbei: Hansi Schmidt, der in 173 Bundesliga- und Endrundenspielen für den VfL 1066 Tore erzielt hatte, wechselte zum TB Wülfrath in die Oberliga. Außenstehende sprechen noch heute von einer sanften Revolte als Ursache für das damalige Ende der Schmidt-Ära in Gummersbach – und meinen damit primär Joachim Deckarm und mich. In der Tat waren wir damals bereit, den VfL zu verlassen, wenn man den Schritt in die Zukunft nicht nachvollzogen hätte. Dem Vorstand war klar, dass Joachim Deckarm nicht weiter im zweiten Glied stehen wollte und sein Weggang auch meinen Abschied bedingt hätte. Und so war die Vereinsführung gezwungen, sich zu entscheiden. Ich vertrete den Standpunkt, dass der Generationswechsel – 1976 kam der damals blutjunge Erhard Wunderlich aus Augsburg zum VfL – auch vor dem „Denkmal" Hansi Schmidt keinen Halt machen durfte. Bei allen Differenzen zwischen uns zolle ich ihm übrigens noch heute großen Respekt für seine unbestritten exzellenten, ja oft herausragenden Leistungen – insbesondere im VfL-Trikot. Er hat viel einstecken müssen in all den Jahren, ich habe versucht, ihm auf der Mittelposition so viel Raum wie möglich zu verschaffen, denn er war ein unglaublich beeindruckender Torjäger. Unsere persönliche Abneigung hat sich auf dem Spielfeld jahrelang nicht negativ ausgewirkt. Da waren wir beide absolut professionell.

Schmidt ging, Deckarm war schon da und Wunderlich kam neu hinzu: Auf der „Königsposition" hatte der VfL jahrelang prägende Spielerpersönlichkeiten. Auch Rüdiger Neitzel, später Nachfolger Wunderlichs, passt in diese Auflistung. Ich habe mit allen Vieren zusammen gespielt, doch jeder steht für einen bestimmten Abschnitt, eine bestimmte Ära des VfL. Eine neue Ära brach in der Saison ´76/77 auch in Sachen Spielstätte für den VfL an: Die neue Sporthalle Moltkestraße war fertig geworden und fortan das Zuhause des VfL. Djordje Vucinic kam als Trainer zurück, doch auch er konnte nicht die Probleme lösen, die es im Jahr eins nach Schmidt gab: Vor allem die Handbrüche Joachim Deckarms und Klaus Schlaghecks bedeuteten empfindliche Rückschläge für uns. Zudem zog sich in der Saison auch noch Torwart Klaus Kater zurück. Kurzum: Wir durchlebten eine schwere Zeit und verpassten erstmals seit vielen Jahren die Endrunde, die übrigens letztmalig ausgetragen wurde, nachdem der DHB die Gründung einer einteiligen Bundesliga beschlossen hatte, für die wir uns mit Platz drei in der Nord-Staffel qualifizierten. Ein entscheidender Schritt dorthin war übrigens der 14:12-Sieg in unserer neuen Halle gegen den TUS Derschlag. Unser junger „Sepp" Wunderlich hatte meinem Bruder Klaus, Spielertrainer des TUS, und seinem Team neun Tore „eingeschenkt". Deutscher Meister wurde Dankersen. Uns dagegen gelang doch noch ein versöhnlicher Abschluss dieser überwiegend Geduld fordernden Spielzeit. Nachdem wir auch im Europapokal der Landesmeister im Halbfinale ausgeschieden waren (gegen ZSKA Moskau verloren wir in Dortmund 18:20 und gewannen in Moskau beim 16:15 nicht hoch genug), holten wir doch noch einen Titel: Der erstmals ausgespielte DHB-Pokal fiel sogleich in unsere Hände. Gegen den TV Hüttenberg gewannen wir das Endspiel in der – allerdings gähnend leeren – Westfalenhalle mit 16:14.

Die Saison ´77/78 stand ganz unter dem Eindruck der einteiligen Bundesliga – und der gewonnenen WM in Dänemark. Nach dem Übergangsjahr ohne Meisterschafts-Endrunde waren wir nur einer von mehreren Titelkandidaten: Vizemeister TV Großwallstadt, Meister Dankersen und auch der TUS Hofweier waren die anderen. VfL-„Macher" Eugen Haas hatte die Leistungsträger unseres Teams beisammen gehalten und Zlatan Siric für den Trainerposten verpflichtet. Ich wurde Kapitän der Mannschaft. So etwas wurde damals beim VfL bestimmt. Und ich war sicherlich ohnehin so etwas wie die Führungsperson auf dem Spielfeld. Da war es nahe liegend, mir die Kapitänsbinde zu übertragen. Der VfL und der TV Großwallstadt stellten zunehmend einen Großteil der Nationalspieler, und so entwickelte sich folgerichtig auch in der Bundesliga ein Zweikampf dieser beiden Teams. Unterbrochen wurde dieser durch die WM und (aus unserer Sicht) den erstmals ausgetragenen Europapokal der Pokalsieger, den wir ja dank des Vorjahressieges erreicht hatten.

Ja, der Europapokal. Häufig richtete sich der VfL in den internationalen Begegnungen wieder auf, wenn es in der Bundesliga gerade nicht so lief. Natürlich gab es auch bittere Momente im Europapokal, aber oft waren die Cupspiele Balsam für uns. Ich habe es auf 81 Europapokalspiele gebracht, dabei 131 Tore geworfen. Sicher versprühte der Cupsieger-Wettbewerb nicht ganz so viel Glanz wie der Landesmeister-Pokal, das ist ja im Fußball auch damals schon nicht anders gewesen. Doch egal in welchem Wettbewerb man antrat, die internationalen Spiele hatten eben meist ein besonderes Flair, waren Highlights, anders als heute, wo ein Großteil der Spiele nicht die gleiche Atmosphäre verbreitet angesichts der inflationären Zahl an Wettbewerben. Die Bedeutung eines Europacupspiels war – je näher man dem Finale kam – unverändert groß. Und: Auswärtsreisen bedeuteten für uns Handballer, die Welt kennenzulernen. Ich habe dem Handball zu verdanken, dass ich nahezu alle Orte auf der Welt bereisen konnte. Im Rahmen einer Mannschaftstour hatte uns der VfL beispielsweise einmal eine Reise auf die Bahamas spendiert – als Prämie für den Titelgewinn, sozusagen. Aber vor allem die Europacupspiele mit dem VfL waren für mich das Tor zur Welt, ins Abenteuer: Prag, Budapest, Bukarest, Island, Skandinavien, Paris, Madrid,

Barcelona und das riesige Russland, insbesondere natürlich Moskau. Ich habe die Welt gesehen – dank des Handballs.

Die Handballwelt – das war aber auch jenes riesige Rund, das der VfL Gummersbach sein „Wohnzimmer“ nannte: Die Westfalenhalle Dortmund. Für die packendsten Duelle zogen wir natürlich noch immer dorthin um. Dortmund, Standort dieses ehrwürdigen Handball-Tempels, war über Jahrzehnte so etwas wie die Hauptstadt des Europapokals, das angeschlossene Hotel Westfalenhalle Schmelztiegel der internationalen Handballszene. Wurde in Dortmund Europapokal-Handball gespielt oder ein Länderspiel ausgetragen, war das Hotel Westfalenhalle Schauplatz und Treffpunkt der ganzen Branche. Alles, was Rang und Namen hatte damals im Welthandball, kannte diesen Ort, das Restaurant zwischen Hotel und Halle, wo hochrangige Treffen stattgefunden haben und so manches Pils getrunken wurde. Hier wurde auch (zu vorgerückter Stunde) so manche Entscheidung getroffen, die Einfluss hatte auf den Welthandball, auf Vereins- und Verbandsebene. Eugen Haas muss das Hotel Westfalenhalle tatsächlich wie seine „gute Stube“ empfunden haben, den Weg über den Hinterhof, der den Hotelflügel, in dem die Zimmer liegen, und die Katakomben der Halle miteinander verbindet, kannte er wie seinen Hausflur. Die Westfalenhalle war das Nonplusultra im Welthandball – was heute angesichts der vielen Superhallen und Sporttempel, auch hier in Deutschland, vielleicht nicht mehr so nachvollziehbar ist. Von der Sorte und Größe gab es damals ganz wenige Sportstätten.

Im WM-Jahr 1978 trafen wir in Dortmund wieder einmal auf ein DDR-Team im Europacup. Wieder war es ASK Vorwärts Frankfurt/Oder. Diesmal hatten wir das bessere Ende für uns. Nach einer 13:17-Auswärtsniederlage gewannen wir in der Westfalenhalle 15:10 und erreichten das Halbfinale, in dem wir Anilana Lodz ausschalteten. Wieder in Dortmund. Und wieder hatten diese Spiele Magnetwirkung: 13.000 und 12.000 Zuschauer sahen unsere Siege gegen die Ostblockteams. In der Bundesliga lagen wir mit Großwallstadt in einem Kopf-an-Kopf-Rennen um die Meisterschaft gleichauf. Einen Spieltag vor Saisonende führten wir mit einem Zähler Vorsprung auf den TVG die Tabelle an. Dabei hatte uns in der Rückrunde der Kräfteverschleiß durch die WM schon Punkte gekostet, schließlich waren ja fünf von uns in Dänemark dabei und unser Vorsprung auf Großwallstadt war doch zusammengeschmolzen. Der Spielplan bescherte uns allen trotz nicht mehr existierender Endrunde ein regelrechtes Endspiel, denn am letzten Spieltag Anfang Mai mussten wir nach Elsenfeld zu unseren Großwallstädter Freunden, mit denen wir Anfang des Jahres Weltmeister geworden waren, und die wir nun als erbitterte Rivalen im Kampf um die Meisterschale ansehen mussten.

Die Entscheidung um den Titel aber fiel nicht in Elsenfeld, sondern in Dortmund. Zwei Tage zuvor. Dort mussten wir – man stelle sich das vor – trotz unermüdlicher Bemühungen seitens unseres großen und einflussreichen Handballfunktionärs und Diplomaten Eugen Haas das Europapokalendspiel gegen Zeleznicar Nisch austragen. Und innerhalb von 48 Stunden danach noch um die Deutsche Meisterschaft spielen. Eine Verlegung dieser Partie oder der in Großwallstadt wurde dem VfL verwehrt. Nach dem Motto: Selbst schuld, dass Ihr das Finale erreicht habt. Die Verbände hatten kein Einsehen. An sich ein fast schon skandalöser Umstand. Aber eben nicht zu ändern.

Wir gewannen das Pokalsieger-Cupfinale gegen Nisch in der Westfalenhalle nach zähem Kampf mit 15:13. Es war eine schwere Geburt gegen die hartnäckigen Jugoslawen, die ab der 13. Minute bereits mit einem Mann weniger auf dem Feld auskommen mussten, da Dragoslav Pavlovic nach einer Tätlichkeit gegen mich die Rote Karte gesehen hatte und die Schwere des Fouls einen Ausschluss nach sich zog, was bedeutet: Die Mannschaft des „Sünders“ darf ihre Sieben nicht mehr auffüllen. Eine dreiviertel Stunde lang konnten wir in Überzahl spielen und dennoch schafften wir es nicht, uns entscheidend abzusetzen. So etwas erlebt man häufig. Die Mannschaft im numerischen Vorteil bekommt es plötzlich mit der Angst zu tun, womöglich zu versagen, die dezimierte Mannschaft legt noch eine Schippe drauf nach dem Motto: „Jetzt erst recht“. Erst kurz vor Ende der Partie löste sich die Anspannung, als Joachim Deckarm zum 15:12 traf. Doch der Jubel fiel verhalten aus. Erstens waren wir zu abgekämpft und auch etwas irritiert, wie wenig souverän wir den nominellen Vorteil zu nutzen gewusst hatten, zweitens ging es ja schon wenige Stunden danach weiter nach Elsenfeld, zum Schauplatz des Bundesliga-Finales. Ein Schluck Siegersekt, ein, zwei Bierchen auf den Europapokalsieg – das war's. Die Feier im kleinen Kreis – immerhin waren auch die Spielerfrauen und Freundinnen dabei – war zu Ende, bevor sie richtig losging. Jedenfalls haben wir in all den Jahren so manchen Titelgewinn deutlich ausgelassener und ausgiebiger gefeiert. Doch diesmal verbot sich das. Zu nahe war die Entscheidung über den noch größeren, gewichtigeren Titel – die Meisterschaft am Ende einer langen und ereignisreichen Saison. Um 23 Uhr war Zapfenstreich. Am nächsten Morgen ging es zum TV Großwallstadt.

Die Rivalität zwischen Großwallstadt und Gummersbach hatte damals sicher ihren Höhepunkt. Es waren die Jahre des Machtwechsels auf Vereinsebene. Großwallstadt hatte im Jahr zuvor das letzte reguläre Meisterschaftsfinale mit einem Tor gegen Dankersen verloren und war heiß auf den Titel. Diese Partie war ja auch so eine Art Klassentreffen der Weltmeister: In der Mannschaft von Klaus Zöll, damals TVG-Trainer, spielten unter anderem Manfred Hofmann, Kurt Klühspies, Claus Hormel und Manfred Freisler – beim VfL Joachim Deckarm, Claus Fey, Erhard Wunderlich und ich.

Im Vorfeld gab es einige unschöne Begebenheiten. So wurde uns ein Abschlusstraining in der Elsenfelder Harbighalle aus fadenscheinigen Gründen verwehrt – jedenfalls aus unserer Sicht. Wir mussten uns auf einem Bolzplatz mit Fußballspielen auflockern. Zudem herrschte uns gegenüber trotz des Umstandes, dass wir gemeinsam gerade erst Weltmeister geworden waren, eine recht feindliche Atmosphäre in der Halle, die fast aus allen Nähten platzte. Es klingt leider häufig nach Schuldzuweisung, wenn man sich nach verlorenen Spielen über Schiedsrichterleistungen kritisch äußert. Also halte ich mich an dieser Stelle zurück und schreibe nur: Es war nicht leicht, gegen die 3.000 Fans, den starken TV Großwallstadt und sonstige Begleiterscheinungen zu triumphieren. Einige Ordner hatten beispielsweise dafür gesorgt, dass die Fangnetze hinter den Toren unterschiedlich straff gespannt waren, was dazu führte, dass Großwallstädter Fehlwürfe sich zeitraubend im Netz hinter dem VfL-Tor verfingen, während am Großwallstädter Tor vorbeigeworfene Bälle zurückschnellten wie von einer Wand und dem Gastgeber somit das schnelle Umschalten von Abwehr auf Angriff erleichterten. Ein schlauer Trick. Fair? Urteilen Sie selbst.

Am Ende fehlte ein einziges Tor. Wir verloren nach einem emotionalen und hitzigen Spiel mit 11:12. Ein Unentschieden hätte doch schon gereicht. Eine Viertelstunde vor Schluss lagen wir auch noch vorn – 9:7. Doch dann stemmte sich der Gastgeber, angetrieben von meinem Freund Kurt Klühspies, gegen die drohende Niederlage: Innerhalb von zehn Minuten veränderte Großwallstadt den Spielstand zu seinen Gunsten auf 12:9 . Die Halle bebte. Unsere Aufholjagd in diesem Hexenkessel blieb letztlich erfolglos. Der Ausgleich wollte nicht mehr fallen. Mit dem Abpfiff setzte riesige Enttäuschung ein bei uns, wir waren völlig ausgepumpt, hatten alles gegeben, aber es hatte nicht gereicht. Wenn ich mich recht erinnere, gab es einen kurzen Händedruck mit Kurt noch auf dem Spielfeld, danach versank er im Jubelmeer der Großwallstädter. Später, im Foyer, wo wir uns nach Spielen meist noch auf ein paar Bierchen getroffen haben, kam es diesmal nicht zur dritten Halbzeit mit den Großwallstädtern. Geschlagen zogen wir von dannen, als der Gummersbacher Bus vom Parkplatz rollte, herrschte beklemmende Stille. Die Enttäuschung war greifbar, während draußen der TV Großwallstadt samt Anhang das Gefühl auskostete, das ich ja glücklicherweise gut kannte – aber auch an diesem Abend gerne verspürt hätte.

Neben dem Europacupsieg blieb der DHB-Pokal als Trostpreis. Wir gewannen – wieder – gegen den TV Hüttenberg. Diesmal nicht in Dortmund, sondern in Gießen. Diesmal 14:11. Der Schmerz über die verlorene Meisterschaft aber saß tief.

Wie viel schlimmer alles noch kommen kann, erfuhren wir in der darauf folgenden Saison. An mehreren Stellen dieses Buches lande ich immer wieder beim schlimmsten Erlebnis meiner sportlichen Laufbahn, ja bei einem der bittersten Momente meines Lebens: dem schweren Unfall Jo Deckarms. Er relativierte alles. Und macht alles andere so vergleichsweise unwichtig. Die gewonnen Europacupduelle mit Tatra Koprivnice, Mai Moskau und eben Banyasz Tatabanya sowie der Finaltriumph über den SC Magdeburg, gegen den wir mit 15:18 und 15:11 die Oberhand behielten – ohne Jo, aber für Jo. Ich erinnere mich noch an den Moment, als ich den Pokal in Richtung Decke der Westfalenhalle reckte –

und mich einfach nicht so freuen konnte wie in früheren Momenten vergleichbaren Erfolges. Zu sehr vermischten sich die Gefühle mit den Gedanken an unseren verunglückten Mitspieler und Freund. Auch, dass wir den Europapokalsieger der Landesmeister, den TV Großwallstadt, im erstmals veranstalteten Duell um die Klub-EM in Dortmund mit 14:9 besiegten, war Nebensache geworden.

Mittlerweile hatte Petre Ivanescu den Trainerjob in Gummersbach übernommen. Unter Zlatan Siric waren wir in der Saison, in der wir Joachim Deckarm verloren, am Ende Dritter geworden. Hinter Titelverteidiger Großwallstadt und Vizemeister Hofweier. Erhard Wunderlich war nach dem Unglück von Tatabanya in der Saisonschlussphase notgedrungen in die Rolle Deckarms geschlüpft und fortan Distanzschütze Nummer eins beim VfL. Er machte seine Sache sehr gut, zudem hatten wir uns vor der Serie mit den beiden Weltmeistern Gerd Rosendahl und Rudi Rauer noch verstärkt, doch Großwallstadt war in dieser Zeit einfach zu dominant und konstant.

Dies änderte sich auch in der Saison ´79/80 nicht. Mit neun Punkten Rückstand auf Klühspies, Freisler, Meisinger und Co. wurden wir immerhin Vizemeister. Doch unsere Leistungen in dieser Spielzeit waren nicht dazu angetan, in Euphorie auszubrechen. Außerdem befand ich mich bis in den Februar hinein mitten in der Endphase meines Examens, und das kostete mich, neben einigen Verletzungsproblemen, schon etliche Prozentpunkte meines normalen Leistungsvermögens. Auch im DHB-Pokal waren wir wie im Vorjahr nicht ins Finale gekommen. Im Europapokal der Pokalsieger erreichten wir nach einigen beeindruckenden Siegen wie zum Beispiel gegen Slavia Prag oder Borac Banja Luka die Finalspiele gegen den Außenseiter Calpisa Alicante. Teams aus Spanien gehörten damals noch zu den Exoten. Doch was wir in Alicante erlebten, hatten wir nicht erwartet: 15:20 verloren wir dort gegen die heißblütigen Spanier. Und hätte Rudi Rauer nicht noch sieben Strafwürfe abgewehrt, wir hätten uns fürs Rückspiel gar keine Hoffnungen mehr machen müssen. So aber rechneten wir uns aus, diesen Rückstand in Dortmund noch umbiegen zu können. Doch es klappte nicht: Cabanas, Melo, Lopez, Albizu – Spieler, die in den Folgejahren in die Weltklasse aufrücken und noch von sich hören lassen sollten – ließen sich nicht unterkriegen. Ein paar Mal waren wir zwar kurz davor, den Rückstand aus dem Hinspiel egalisieren zu können, doch am Ende brachten die Spanier einen knappen Rückstand clever über die Zeit: Das 18:16 war für uns wie eine Niederlage. Der Cup ging in die Hände des Außenseiters.

Eine Leistungssteigerung gelang uns in der Saison ´80/81. Zwar reichte es wieder nicht zur Meisterschaft, doch ungeachtet der Großwallstädter Überlegenheit kamen wir mit uns selbst inzwischen wieder besser klar, verkürzten den Rückstand auf den inzwischen dreimal hintereinander erstplazierten TVG am Ende auf vier Zähler. Auch bei mir war es wieder bergauf gegangen. Claus Fey, im rechten Rückraum mittlerweile neben Kurt Klühspies stärkster deutscher Linkshänder, indes fiel mit einer Knieverletzung mehrere Monate aus. Stattdessen machten jüngere Spieler wie Thomas Krokowski, Frank Damann oder Dirk Rauin zunehmend von sich reden. Und auch ein junger, schlaksiger Torwart namens Andreas Thiel war seit 1979 bei uns und hatte sogleich seine ganz eigenen Erfahrungen in Sachen Hierarchie beim VfL gemacht. Ohne es zu wissen, hatte Andy seinerzeit meine Dusche in der Sporthalle Moltkestraße benutzen wollen – ein Verstoß gegen die internen Regeln. Ich hatte mir das Privileg herausgenommen, meine eigene Dusche zu haben – die auch kein anderer benutzen durfte. Thiel wurde dies nach ungewollter Missachtung gleich zu Beginn seiner Lehrjahre beim VfL unmissverständlich mitgeteilt: „Weg da, Junge", herrschte ich ihn an, „verdien' dir erst mal ein eigenes Plätzchen hier bei uns." Der junge Schlussmann gehorchte ehrfürchtig. Viele Jahre später sollte er ebenfalls sein Heiligtum in Sachen Dusche gegen die Newcomer und Youngster des VfL verteidigen. So war das eben bei uns. Eine Gummersbacher Tradition. Immerhin konnten wir uns mit der Vizemeisterschaft einen Platz im Europapokal ergattern, denn die Handballer machten es dem großen Bruder Fußball nach und erfanden eine Art UEFA-Pokal, IHF-Cup genannt. Im laufenden Europapokalwettbewerb aber schieden wir im Achtelfinale gegen den SC Magdeburg aus: Dem 12:19-Hinspieldebakel beim ostdeutschen Pokalsieger folgte ein mageres 16:16 zu Hause in der Westfalenhalle. Claus Fey war noch verletzt und im Rückspiel vergaben wir sieben Strafwürfe. Das war zuviel gegen die vielen Olympiasieger von Moskau 1980, die Magdeburg in seinen Reihen hatte.

Ein Erlebnis ganz anderer, viel bedeutenderer Art war die Geburt meiner Tochter Julia, bei der ich dabei war. Am 18.11. 1981 erblickte die Kleine das Licht der Welt und ich habe mich ganz wacker gehalten im Kreissaal. Bezeichnenderweise hatten wir mit dem VfL am nächsten Tag ein Spiel gegen Nettelstedt und Eugen Haas befürchtete, dass ich womöglich nicht dabei sein könnte, weil die Geburt nicht „pünktlich" ablaufen würde. Er hat tatsächlich die Telefonnummer des Kreissaals herausgefunden und mehrmals angerufen, um zu prüfen, „ob es denn schon soweit" sei. Christel und Julia haben ihm den Gefallen getan – ich war gegen Nettelstedt dabei.

Petre Ivanescus harte, bisweilen unerbittliche Arbeit fing Anfang der 80er Jahre an, Früchte zu tragen: Auch auf internationalem Terrain. Im IHF-Cup, von dem viele Zyniker und Kritiker zum Teil bis heute behaupten, er sei nur ins Leben gerufen worden, damit der damals zur Nummer zwei im deutschen Handball degradierte VfL Gummersbach eine internationale Bühne bekäme, spielten wir wieder eine bessere Rolle als im Jahr zuvor. Bis ins Finale dieses in Anlehnung an unseren auch international einflussreichen Obmann und Manager Eugen Haas despektierlich „Eugen-Haas-Cup" genannten Wettbewerbs schafften wir es. Auf dem Weg dorthin hatten wir im Viertelfinale mal wieder ein großes Prestigeduell gegen einen DDR-Klub für uns entschieden. Zwar verloren wir beim SC Leipzig mit 14:16, doch im Rückspiel legten wir ein Tor drauf in der Endabrechnung: 17:14 hieß es am Ende für uns – ein wichtiger Erfolg, vor allem auch, weil er uns ein Stück Selbstbewusstsein zurückgab.

Wir konnten also doch noch besondere Spiele gewinnen. Wie auch das Endspiel in Dortmund. Zwar lockte der IHF-Cup nur etwas mehr als 4000 Zuschauer ins weite Rund der Westfalenhalle, die aber konnten sich wenigstens über einen klaren 23:14-Sieg ihres VfL über Zeljeznicar Nisch freuen. Wir hatten endlich wieder einen Pokal gewonnen, einen internationalen Titel – auch wenn es „nur" der kleinstmögliche, weil gerade erst ins Leben gerufene UEFA-Cup für Handballer, der IHF-Cup, war. Und auch in der Bundesliga meldeten wir uns zurück.

Im Jahr der WM, 1982, versank der Ruhm der deutschen Nationalmannschaft bis auf weiteres in den Niederungen der Zweitklassigkeit. Der siebte Rang beim Weltturnier im eigenen Land kam einem Debakel gleich. Dagegen wurde die Saison ´81/82 für uns, den VfL Gummersbach, eine Art Wiedergeburt. Ich hatte zwei weitere Angebote (erneut aus Nettelstedt und von Bayer Leverkusen) ausgeschlagen, fühlte mich wohl mit der Entscheidung pro Gummersbach und war auch abseits des Handballfeldes einige Schritte vorangekommen: Inzwischen wohnten wir in einem damals noch separaten Teil des Hauses meiner Eltern, ich hatte mein Studium 1980 erfolgreich abgeschlossen und ein Jahr später die Agentur meines Vaters übernommen. Sportlich lief es genauso gut: Es wurde die Renaissance des Traditionsmeisters VfL Gummersbach, die Wachablösung des TV Großwallstadt – all das bedeutete diese Serie, in der wir souverän mit fünf Punkten Vorsprung auf den viermaligen Meister endlich selbst wieder den Titel holen konnten. Petre Ivanescu hatte uns topfit gemacht, taktisch ausgefeilt und immer wieder leistungsfördernde Reizpunkte gesetzt. Nicht selten befanden wir uns im fachlichen Zwist: Ich konnte schon auch meine Meinung kundtun, mitunter auch auf eine Art und Weise, die ich später als Trainer auch nur schwer toleriert hätte. Ich bin ehrlich: Es war sicher nicht immer leicht, mit mir auszukommen. Ich hatte meine Meinung und vertrat sie. Doch untergrub ich die Autorität eines Trainers letztlich nie, weil ich immer alles gegeben habe auf dem Spielfeld, mich immer als Ersten in die Verantwortung nahm und Kritik auch immer konstruktiv anbrachte. Ivanescu vermied es, mit mir auf dauerhaften Konfrontationskurs zu gehen, da er wusste, dass er sich auf mich verlassen konnte. Umgekehrt respektierte ich zutiefst, wie sehr sich Petre in seine Aufgabe verbiss, hineinsteigerte, ja bisweilen verzehrte. Er war ein akribischer Arbeiter. Was er machte, hatte System.

Erhard Wunderlich war auf dem Weg zum absoluten Weltklassespieler. Seine körperliche Verfassung – bis dahin immer der letzte Makel an einem ansonsten fantastischen Angriffs-Handballer – war unter der Ägide des harten Ivanescu besser geworden und Andy Thiel war mittlerweile zu einem Ausnahmetorwart herangereift. Aber einen ganz entscheidenden Moment hatte es während einer Europacupspielreise nach Winterthur gegeben. Dort hatten wir nach dem Spiel gegen Pfadi einen Mannschafts-Grillabend organisiert. Mit Bier und Musik saßen wir trotz noch nicht allzu einladender Temperaturen in Decken eingehüllt um ein Lagerfeuer beisammen, als Erhard Wunderlich und Claus Fey, bis dato höchstens eine Zweckgemeinschaft, gewiss aber keine besonders guten Kumpels, sich zu einem Spaziergang aufrafften, um Brennholz zu holen – ein paar Pilsflaschen in der Hand. Ich weiß nicht mehr, ob sie genügend Brennholz mit zurückbrachten, um das Lagerfeuer in Gang zu halten. Aber sie haben an diesem Abend etwas ganz anderes entfacht. „Sepp" hatte Claus Fey bis dahin nie wirklich akzeptiert als gleichwertigen Partner auf der anderen Halbposition im Rückraum. Darunter litt unser Spiel bisweilen. Doch an diesem Abend haben sich die beiden wohl irgendwie ausgesprochen – zumindest ein paar Biere zusammen getrunken. Und wahrscheinlich hatte der Gerstensaft auch beider Zungen etwas gelockert. Sie waren jedenfalls weit über eine Stunde weg, und als sie zurückkamen, hatten wir alle das Gefühl: Jetzt haben die beiden eine Barriere überwunden, womöglich sich sogar gegenseitig versprochen, in der anstehenden Saison gemeinsam den maximalen Erfolg herausholen zu wollen. Claus Fey spielte eine große Saison, warf wichtige Tore. Und der „Sepp"? Der wuchs in der Folgezeit über sich hinaus.

Den aus gesundheitlichen Gründen unvermeidbaren Abschied von Kreisläufer Klaus Westebbe, lange Jahre einer der besten deutschen Spieler auf dieser Position, kompensierte ein anderes Kraftpaket: Dirk Rauin. Die Meisterschale sicherten wir uns vorzeitig – durch einen Sieg in Großwallstadt, was unserem Triumph noch eine zusätzliche Note verlieh. Nachdem feststand, dass wir endlich zurück waren auf dem Platz an der Sonne, fiel übrigens mein Schnurrbart. „Nackt" ging es auf zum Saisonendspurt: Schließlich war ja noch ein Pott zu holen. Auch im DHB-Pokal hatten wir diesmal gegen unseren Dauerrivalen aus Großwallstadt wieder die besseren Karten: Die 18:19-Niederlage im in Frankfurt ausgetragenen Finalhinspiel beantworteten wir im Rückspiel in Köln mit einem klaren 18:12-Sieg. Das „Double" war geschafft, zudem der IHF-Pokal in unserer Vitrine. Wir urlaubten mit dem Team zur Belohnung auf Mauritius. Doch die Krönung in der Ivanescu-Ära sollte erst noch folgen:

In der Saison ´82/83 räumten wir alles ab, was es zu gewinnen gab. National, wie international. Der Abschied von Torwart-Legende Rudi Rauer war durch Andy Thiel abgefedert worden, „Sepp" Wunderlich, dank Ivanescus Unnachgiebigkeit erstmals auch körperlich wirklich topfit, spielte seine wohl stärkste Saison und auch sonst harmonierte alles in dieser Mannschaft. Mit „Sepp" Wunderlich als Torschützenkönig der Bundesliga hielten wir im Meisterschaftsrennen den THW Kiel, Großwallstadt und auch den neureichen Münchner Emporkömmling aus Schwabing auf Distanz. Eine vorübergehende Auswärtsschwäche in der Rückrunde blieb ohne Folgen, ebenso die einzige mehrwöchige Verletzungspause in meiner Spielerlaufbahn: Ein Muskelfaserriss im Oberschenkel kostete mich vier Bundesligapartien. In dieser Phase gingen zwei Spiele verloren. Aber wir fingen uns rechtzeitig wieder. Allen Wehwehchen zum Trotz – ich war nicht der einzige Spieler im VfL-Team, der Verletzungssorgen hatte – spielten wir relativ konstant auf hohem Niveau. Eine beachtliche Leistung. Nicht vergessen werden darf zudem, dass wir parallel zum Bundesliga-Alltag unglaublich schwere Spiele im Europapokal der Landesmeister zu absolvieren hatten: Im Viertelfinale gab es Anfang Januar zwei hochdramatische Spiele gegen die in Dukla Prags Trikots nahezu komplett versammelte Nationalmannschaft der CSSR: Barda, Winter, Liska, Homolka, Kratochvil, Baumruch, Kotrc, Salivar, Stika, Bartek, Nowak, Cerny und Toma – das war damals eine unglaubliche Truppe. Dank der auswärts mehr erzielten Tore kamen wir nach dem 18:19 in Prag und dem 17:16 in Dortmund eine Runde weiter. Dabei waren wir im Rückspiel in der Westfalenhalle eigentlich schon fast weg vom Fenster: 8:4 führte Dukla nach 20 Minuten. Dann erwachte – wie in besten Tagen – der Mythos Westfalenhalle, drehten wir die Partie mit einem riesigen Kraftakt um, mussten aber dennoch in den Schlusssekunden noch immens zittern. Diese beiden Partien waren nichts für schwache Nerven. Dagegen waren die beiden Halbfinalsiege gegen den FC Barcelona, der kurz darauf die Verpflichtung von Erhard Wunderlich vermeldete, vergleichsweise undramatisch. In Dortmund hatten wir die spanische Startruppe 21:16 besiegt und auch in Barcelona behielten wir nach zeitweise vier Toren Rückstand die Übersicht und gewannen noch 23:22. „Prädikat Weltklasse", lauteten die Schlagzeilen tags darauf. Siebzehn Treffer waren Erhard Wunderlich insgesamt gegen die Katalanen gelungen, wohl deshalb forcierten die reichen Spanier die Verpflichtung unseres „Bombers". Die Verhandlungen sollen zum damaligen Zeitpunkt schon im Gange gewesen sein.

Wunderlichs weiteren Leistungen bis zu seinem Abschied tat dies jedoch keinen Abbruch. Im Finale gegen den favorisierten Armeeklub ZSKA Moskau aber spielten andere VfLer entscheidende Rollen: Unser Rechtsaußen Frank Dammann und Andy Thiel, der sich in diesen denkwürdigen Endspielen den Namen „Hexer" verdiente, wurden im ersten Finale am 24. April 1983 in der russischen Hauptstadt die Hauptdarsteller. Ohne sie hätte sie womöglich nicht stattgefunden, die – wie die Medien sich später überschlugen – „Sternstunde von Moskau": Dammann schaffte innerhalb von fünf Minuten einen Hattrick zur 3:0-Führung in der Moskauer Olympiahalle, Thiel parierte vier Siebenmeter der Sowjetprofis, die zwei weitere am Tor vorbei warfen, weil ihnen der „Hexer" den Mut und die Sicherheit geraubt hatte. Am Ende sollte sogar Thiels russischer Torwartkollege Nikolai Tomin aus purer Verzweiflung zum Siebenmeterduell antreten – und einen von mageren zwei Treffern vom Strafwurfpunkt erzielen. Taktisch waren wir von Ivanescu perfekt eingestellt gegen den besten Verein aus dem Land des Weltmeisters, der bis dahin auf dem Weg ins Endspiel andere Weltklasseteams wie Veszprem, Magdeburg und Metaloplastika Sabac an Ort und Stelle regelrecht deklassiert hatte. Auch gegen uns war ZSKA klarer Favorit gewesen, schien nur die Höhe des Moskauer Sieges eine Frage. Im Gummersbacher Umfeld wurde spekuliert und gerechnet, wie knapp man die Niederlage werde halten müssen, um im Rückspiel in Dortmund noch eine Minimalchance zu haben, ehe Trainer, Mannschaft und auch Eugen Haas sämtliche Spekulationen beendeten und erklärten: Lass uns doch gleich auf Sieg spielen. Was haben wir denn zu verlieren? Geglaubt hatte uns das sicher kaum jemand. Wenn wir selbst es aber nicht verinnerlicht hätten, wäre die Sensation sicher nicht möglich gewesen: 19:15 gewannen wir dieses Spiel. Zur Pause hatten wir ZSKA beim 13:8 bereits demoralisiert. Nicht ein einziges Mal hatten wir zurück gelegen. Nie kam der Gastgeber näher als drei Treffer heran. Statt des Fünf-Tore-Rückstandes, den Statistiker als „gute Ausgangslage“ errechnet hatten, waren wir plötzlich mit vier Treffern im Plus. Fraglos war dieser Sieg einer der Höhepunkte in der an Erfolgen und Ruhm ohnehin reichen Geschichte des VfL – und auch ein Glanzpunkt in meiner Karriere.

Doch noch war der Triumph nicht geschafft. Denn vor dem Rückspiel spielte auch die Psyche – in Partie Nummer eins sicher ein Problem für ZSKA – eine Rolle. Der Vorsprung, der greifbar nahe Erfolg, die nun gestiegenen Erwartungen und Hoffnungen – es war eine schwierige Ausgangslage damals. Zumal ein Teil des russischen Meisters, Rymanow, Wassiljew, Fedjukin, Kidjajew und Co., in der Westfalenhalle zwei Jahre zuvor mit der Nationalmannschaft seinen größten Erfolg – den Gewinn des WM-Titels – hatten feiern dürfen. Wir standen unter enormem Druck, die Leichtigkeit aus dem Hinspiel war völlig abhanden gekommen und die Sowjetstars willens, die Schmach von Moskau vergessen zu lassen. Dreimal scheiterte Erhard Wunderlich in Halbzeit eins vom Siebenmeterpunkt. Auf der anderen Seite hatte ZSKA im baumlangen Baran einen gefährlichen Rückraum- und sicheren Strafwurfschützen dabei, der im Hinspiel nicht mitgewirkt hatte und somit nicht auf unserer Rechnung stand. Zu allem Überfluss zog ich mir an einer auf dem Parkettboden der Westfalenhalle liegenden Glasscherbe auch noch eine schmerzliche, weil tiefe Schnittwunde an der Hand zu: Zum Entsetzen der 13.000 Zuschauer hatten sich die russischen Gäste von 4:4 zur Pause auf 7:4 abgesetzt. Begünstigt durch die Verunsicherung in unserem Team und etliche Holztreffer hatte ein Rollentausch stattgefunden, war der Favorit des Hinspiels dem Favoriten des Rückspiels bis auf einen Treffer nahe gekommen. Das große Zittern hatte begonnen. Doch so kurz vor dem Ziel der Träume wollten wir uns nicht noch abfangen lassen. Petre Ivanescu motivierte uns neu, stellte uns auf Baran besser ein und Wunderlich wuchtete gleich nach Wiederbeginn zwei Bälle über die Moskauer Deckung ins ZSKA-Tor hinein zum 5:7 und 6:7. Das war das Signal, dass wir unsere Hemmungen endlich würden ablegen können: In der Folgezeit traf „Sepp“ auch vom Siebenmeterpunkt und Claus Fey mit seinen gefürchteten, weil verdeckten Würfen aus der Hüfte. Als dann auch noch Thomas „Kroke“ Krokowski in der 48. Minute das 11:10 für uns gelungen war, überwog wohl erstmals wieder der Glaube an den Erfolg: Es wird reichen. Verdammt, es muss einfach reichen. Als Krokowski zum 13:13 in der 56. Minute traf, war es Gewissheit: Es ist geschafft. Das 14:13-Siegtor für die Russen ging im tosenden Jubel der 13.000 Zuschauer unter, denen – wie auch uns – klar war, dass sie gerade ein Stück Handballhistorie miterlebt hatten. Und das ausgerechnet gegen das zunächst übermächtig scheinende Team von ZSKA Moskau.

Eugen Haas, der schon so viel miterlebt hatte, vergoss Freudentränen. Auch der selbstdisziplinierte Petre Ivanescu erlaubte es sich, zu jubeln und ich sehe noch heute den strahlenden Andy Thiel, der auch im Rückspiel wieder super gehalten hatte, mit weit aufgerissenen Augen, Mund und Händen auf mich zukommen. Wir sind uns in die Arme gefallen, der „Hexer" und ich. Und dann alle: Sepp Wunderlich, Franz-Josef Salewski, Claus Fey, Dirk Rauin, Gerd Rosendahl, Frank Dammann, Thomas Krokowski, Markus Hütt, Christian Fitzek und Uli Theis, der zweite Torhüter, der in der Schlussphase einen Siebenmeter abgewehrt hatte. Natürlich hat mir der „Sepp" – wie immer – den Deckel des Europapokals auf den Kopf gesetzt. Er hat daran seine Spaß gehabt, was sich auf zahllosen Fotos nach Europacupsiegen und Pokalerfolgen nachprüfen lässt. Natürlich auch nach dem Gewinn des Supercups über den anderen Europacupsieger, den Gewinner des Pokalsiegerwettbewerbs, SKA Minsk, den wir in der Westfalenhalle mit 17:16 bezwangen. Nun, nach dem zweiten Erfolg über ein Spitzenteam aus dem Weltmeisterland, waren wir also offiziell Europameister der Vereinsmannschaften. Mit diesem Schwung ging es zur Titelverteidigung in der Bundesliga und, trotz aller Unruhen aufgrund des Wechsels von Erhard Wunderlich nach Barcelona zur neuen Saison, zum Gewinn des DHB-Pokals. TUSEM Essen gewann zwar Endspiel Nummer eins in der Grugahalle 15:14, doch beim Rückspiel in Gummersbach machten wir diesen Rückstand durch einen 23:16-Sieg mehr als wett. Der Triumph war total – alle vier Titel hatten wir geholt. Der Abschied Wunderlichs jedoch war schon weit mehr als nur ein Wermutstropfen. Vergeblich hatte Eugen Haas versucht und gehofft, den „Langen" gegen alle finanziellen Verlockungen doch noch zu halten, aber vergebens: Mit „Sepps" Transfer zum FC Barcelona und dem Wechsel Petre Ivanescus zu TUSEM Essen endete wieder einmal eine Ära in Gummersbach.

Für Petre Ivanescu kam, nachdem die Rückkehr von Wunschkandidat Zlatan Siric sich nicht hatte realisieren lassen, Herbert Wittchen aus Emsdetten als neuer Trainer und Rüdiger Neitzel musste in die großen Fußspuren Erhard Wunderlichs treten. Obwohl amtierender Vierfach-Champion, gingen wir in die Saison ´83/84 nicht als Favorit. Das war uns allen bewusst. Ich hatte mich entschlossen, noch ein Jahr dranzuhängen, um den Umbruch nicht zu krass werden zu lassen. Eugen Haas hatte dabei ein Wörtchen mitgeredet und mich um mein Bleiben förmlich gebeten. Per Handschlag – wie immer in all den Jahren – einigten wir uns darauf, dass ich meine Rücktrittsgedanken zunächst zurückstellen würde. So musste ich miterleben, was keinen wirklich überraschen konnte: Bundesliga-Newcomer Herbert Wittchen war der großen Aufgabe VfL Gummersbach nicht gewachsen und wir konnten den Abgang unseres Superstars Erhard Wunderlich längst noch nicht kompensieren. Das Schicksal nahm seinen Lauf. Ich räume ein, dass es mir schwer fiel, den damaligen Trainer zu akzeptieren. Zu verschieden waren unsere Auffassungen, zu wenig Respektsperson stellte er dar. Zu allem Überfluss versuchte er, sich seine Autorität künstlich zu verschaffen, was in einer Mannschaft mit mehreren Weltmeistern und Europacupsiegern freilich schief gehen musste. Die Spannungen zwischen Team und Trainer nahmen zu, Wittchens forsche Sprüche – zu allem Überfluss gerne auch noch in aller Öffentlichkeit zum Besten gegeben – provozierten unsere Ablehnung seiner Methoden mehr als sie uns zu besseren Leistungen anstachelten. Vor Beginn der Rückrunde ging es nicht mehr miteinander: Der Verein löste die wenig erbauliche Verbindung mit Wittchen auf und bat (erfolgreich) meinen Bruder Klaus, zu helfen. Ich begrüßte diese Entwicklung, hatte keine Schwierigkeiten, unter meinem Bruder zu trainieren. Zumal ich ja auch in der Mitverantwortung stand, dass es zu diesem Wechsel gekommen war. In all den Jahren beim VfL hatte ich stets auch eine Antenne für die Belange und Interessen des Vereins. Ich war nie nur der Spieler, der seinen eigenen Interessen folgte und sich nicht um die Ansprüche und Probleme des Klubs kümmerte, nie nur Sprachrohr in eine Richtung. Im Gegenteil: Als Mannschaftsführer sah ich meine Aufgabe auch stets darin, die Interessen des Vereins gegenüber der Mannschaft zu vertreten, ein Bindeglied zu sein. Das lag auch daran, dass der VfL und die Familie Brand so untrennbar miteinander verbunden waren in all den Jahrzehnten. Also stand ich nun in dieser Situation genauso in der Pflicht – nur eben noch auf dem Spielfeld – wie mein Bruder. Mit Klaus auf der Trainerbank wurden wir am Saisonende Fünfter, Großwallstadt kehrte an die Ligaspitze zurück. Zudem deutete sich der Aufschwung TUSEM Essens an. Petre Ivanescu hätte mit den Westfalen beinahe gleich seinen nächsten Meistertitel gewonnen, scheiterte erst am letzten Spieltag in Schwabing.

Im Europapokal verkaufte sich unsere Mannschaft im Jahr eins nach Ivanescu und Wunderlich sehr akzeptabel: Gegen Atletico Madrid schafften wir zwei Siege: 16:11 in der spanischen Hauptstadt und 19:18 in Dortmund. Im Halbfinale scheiterten wir später mit einem Tor an Dukla Prag: Auf das 14:14 in Dortmund folgte ein unglückliches 17:18 in Prag. Und auch im DHB-Pokal reichte es nicht zur Titelverteidigung: Wir verloren im Viertelfinale 12:16 in Essen – gegen unseren Ex-Trainer Ivanescu. So sehr sich die erfahrenen Leistungsträger wie Thiel, Krokowski, Fey, Damman, Rosendahl oder ich auch gegen den Leistungsabfall stemmten – er war nicht zu vermeiden. Dieses Risiko, nicht mehr spitze zu sein im ersten Jahr nach den großen Triumphen, war mir bewusst gewesen. Es musste mir ja auch klar sein. Habe ich diese letzte Saison als eine Art Abschiedstour erlebt? Das letzte Mal in der Ostseehalle Kiel, das letzte Mal in der Hohenstaufenhalle Göppingen, einmal noch in Hofweier, Dankersen und Hüttenberg – nein, für derartige Sentimentalitäten blieb schließlich auch gar keine Zeit. Dennoch habe ich es mal nachgelesen: Mein letztes Bundesligator warf ich in Dankersen, mein letztes Heimspiel absolvierte und gewann ich gegen den MTSV Schwabing und mein letztes Bundesligaspiel bestritt ich – wenn schon nicht in eigener Halle, so war es doch immerhin trotzdem eine angenehme Fügung – in Elsenfeld beim TV Großwallstadt, für den es an jenem Tag auch noch um den Titel ging, was dem Spiel eine zusätzliche Dramaturgie verlieh.

Hätte ich einen erfolgreicheren Abschied, also einen früheren – etwa zusammen mit dem Fortgang Wunderlichs und Ivanescus – wählen sollen, statt mit einem fünften Platz in der Bundesliga am Ende einer Saison, in der ich erstmals und einmalig an einem Trainerwechsel mitgewirkt hatte? Nein, ich sehe das auch heute noch sehr nüchtern und aufgeräumt. Es ging auch in diesem Fall nicht um meine Person und darum, dass ich einen glänzenden, ruhmreichen Abgang haben würde, sondern um den VfL. Ich bereue meinen Entschluss, nicht schon 1983 aufgehört zu haben, keineswegs. Ich hatte die Aufgabe, die Veränderungen im VfL-Team zum damaligen Zeitpunkt noch einige Schritte lang aktiv mit zu begleiten. Wer weiß, wo der VfL in dieser schweren Saison gelandet wäre, hätte ich mich schon zuvor zurückgezogen? Für mich endete die aktive Laufbahn trotz allem harmonisch: Mit einem großen Abschiedsspiel in Gummersbach am 16. Juni 1984 zwischen dem VfL, der damals aktuellen DHB-Auswahl und der Weltmeistermannschaft von 1978. Und mit einem großen Abschiedsfest im Haus Scheda – auf dem ich vier Stunden nach dem offiziellen Ende meiner Handballerlaufbahn bereits meine Karriere in derselben Branche fortsetzte: Simon Schobel hatte mich schon zuvor gefragt, ob ich sein Assistenztrainer bei der Nationalmannschaft werden wolle. Und noch während der Feier konnte er verkünden, dass ich ihm zugesagt hatte. Und: Wer konnte zudem ahnen, dass ich einige Jahre später noch einmal das VfL-Trikot überziehen würde?

ANSICHTSSACHEN

Meine Meinung über...

... meine wichtigsten Trainer

Ich habe viele Trainer erlebt. Beim VfL Gummersbach und in der Nationalmannschaft. Natürlich habe ich mir auch etwas abgeschaut bei ihnen. Die größte Bedeutung auf meine handballerische Laufbahn hatten indes folgende fünf: **Günter Riemer**, der mich als Jugendlicher trainierte und somit ersten prägenden Einfluss ausübte. Er hat mir viel beigebracht, war auch eine Bezugsperson. Später, Anfang der Siebziger, war er kurzfristig auch Cheftrainer der Bundesligamannschaft. Im Erwachsenenbereich aber war der erste einflussreiche Trainer für mich **Djordje Vucinic**, der den VfL von 1971 bis 1973 und von 1976 bis 1977 trainierte und taktisch viele Neuerungen brachte. Auch **Zlatan Siric**, zu dem ich noch heute ein freundschaftliches Verhältnis pflege, war ein guter und wichtiger Coach in meiner Laufbahn. Doch vor allem Vucinic war Vorreiter vieler handballerischer und athletischer Elemente, für die später **Vlado Stenzel** stand. Womit wir bei Trainer Nummer vier wären: Vlado hat meine Laufbahn entscheidend geprägt. Die Härte und Konsequenz, mit der er trainieren ließ und bis zum WM-Gewinn auch die Mannschaft führte, waren bis dahin einmalig für deutsche Verhältnisse. Im athletischen Bereich hat er neue Maßstäbe gesetzt, seine Autorität und Konsequenz, besonders aber sein Geschick,diese Mannschaft damals zusammenzustellen und zueinander zu führen, waren entscheidend für die Erfolge zwischen 1975 und 1978. Erst als er selbst nicht mehr alles dem Erfolg unterordnete und nach der Krönung zum Weltmeistercoach begann, auch seine eigene Person zu vermarkten, ließ seine Aura nach. In mir hatte er vorausblickend seinen Abwehrchef erkannt, mich stets gefördert. Ähnliches kann man auch dem fünften hervorzuhebenden Handballlehrer nachsagen: **Petre Ivanescu**. Auch er legte sein Traineramt streng und unnachgiebig aus, Disziplin in jeder Hinsicht und physische Stärke bzw. Ausbildung waren für ihn Grundvoraussetzungen. Er brachte die rumänische Handballschule mit nach Gummersbach. Zwischen 1979 und 1983 holten wir je zweimal die Meisterschaft und den Pokal, je einmal den IHF-Cup und als Krönung 1983 den Europapokal der Landesmeister. Obwohl ich ja schon unter Vlado Stenzel trainiert hatte, waren die Härte und Bedingungslosigkeit der Trainingsmethoden Ivanescus eine neue Erfahrung. Neben der fachlichen Akzeptanz und dem Respekt, war unser Verhältnis aber auch von Spannungen geprägt, die allerdings nie den Rahmen sprengten. Denn er war vernünftig vorgetragenen Argumenten aufgeschlossen, konnte zuhören und war abseits des Handballs viel weniger Herrscher, sondern auch ein verständnisvoller und obendrein intelligenter Mensch.

DER SANFTE REBELL

Petre Ivanescu

„Wie oft bin ich nach dem Training heimgefahren und habe gedacht: ‚Die schmeißen mich raus? Es gab nämlich oft harte Auseinandersetzungen mit der Mannschaft, vor allem mit Heiner. Ich sagte zu den Spielern: ‘Ich gehe jetzt. Ich möchte eure Gesichter nicht mehr sehen! Dann fuhr ich. Aber es kam doch immer anders. Eugen Haas rief an und sagte: ‚Petre, du bist und bleibst mein Trainer!‘

Heute glaube ich, dass sich Heiner hinter den Kulissen für mich ausgesprochen hat und Haas von mir überzeugte. Heiner hat das für mich getan. Er war der Chef der Mannschaft, ohne Wenn und Aber. Wenn Heiner mit etwas einverstanden war, dann war alles geklärt. Er war den anderen überlegen, er war die Führungsfigur. Er konnte entscheiden, was die Mannschaft macht. Wir lagen fast immer auf der gleichen Wellenlänge. Aber bis dahin war es ein schwieriger, harter Weg. Denn Heiner mußte ich alles erklären. Wir mußten oft stundenlang diskutieren, bis wir einer Meinung waren. Er war eben eine Persönlichkeit, genau wie ich.

Heiner wollte für alles immer überzeugende Argumente haben. Mit blödem Gerede durfte man ihm nicht kommen. Vor allem, wenn es um die Taktik ging. Wenn eines meiner taktischen Mittel nicht gleich erfolgreich war, hatte ich keine Chance. Wir waren nie Feinde, wir haben uns nie angeschrieen, es war immer konstruktiv zwischen uns, doch es gab manche harte Auseinandersetzung. Wenn er einmal etwas während des Spiels sagte, fühlte ich mich sofort beleidigt. Er hatte so einen Blick, so eine Art, das hat mich einfach gestört. Denn ich war sehr autoritär. Aus heutiger Sicht viel zu autoritär. Aber andererseits brauchte ich auch viel Autorität in dieser Mannschaft voller Stars. Ich erlaubte gar nichts. Heiner neigte dazu, der Bank während des Spiels Dinge zuzurufen. Das hat mir gar nicht gepasst. Denn ich erlaubte nicht einmal einen Blick der Spieler in Richtung Bank. Die Spieler sollten sich nur um ihre Sachen scheren, nicht um meine. Aber Heiner hat diese Zurufe nie gelassen. Deswegen habe ich ihn auch als loyalen Rebellen bezeichnet.

Am Ende meiner Zeit in Gummersbach war unsere Beziehung sehr herzlich. Aber der Weg dorthin war wie eine Fahrt über eine nicht asphaltierte Straße – holprig. Im Nachhinein ist es doch aber so: Wenn der Erfolg da ist, vergisst man alles. Nicht vergessen werde ich aber, wie nervös ich war, als ich meine erste Ansprache vor Haas und der Mannschaft hielt. Wir saßen im Klubhaus des VfL. Zuerst sprach Haas, die Spieler saßen da und lauschten. Dann war ich dran. Ich war so nervös! Ich sagte mir: ‚Ich war sogar zweimal Weltmeister, die hier, Brand, Wunderlich, Fey, Rosendahl, doch nur einmal. Geholfen hat es nicht.'

Meiner Meinung nach waren diese Spieler die letzte Generation, in der die Motivation nicht allein im Geld begründet lag. Sie hatten eine enge Bindung zum Verein. Alles war sehr familiär beim VfL, auch und gerade durch Eugen Haas. Aber diese Zeiten kommen nicht wieder.

Ich hätte nicht gedacht, dass Heiner Trainer wird. Er hatte ja seine Ausbildung zum Versicherungskaufmann gemacht. Andererseits bin ich heute froh darüber, dass einer der Weltmeister von 1978 Bundestrainer ist. Das hatte ich den Spielern von 1978 schon gesagt, bevor ich Ende der achtziger Jahre Bundestrainer wurde, obwohl ich gar nicht so gern wollte. Macht ihr das doch, habe ich gesagt. Aber keiner wollte. Dann habe ich es doch gemacht. Zur Entscheidung, Heiner angestellt und jetzt den Vertrag mit ihm verlängert zu haben, muss ich dem DHB gratulieren. Auch wenn Heiner in zwei entscheidenden Situationen Pech hatte, bei einer Welt- und bei einer Europameisterschaft, würde ich mir nie anmaßen, ihn zu kritisieren. Ich war 2003 in Lissabon beim Endspiel gegen Kroatien, wir hatten sogar Blickkontakt kurz vor Ende des Finals. Nach dem Spiel ist es ja immer leicht, etwas zu kritisieren. Das tue ich nicht. Heiner weiß, was er tut! Ich habe vollstes Vertrauen in sein Können. Zu Recht, wie das Jahr 2004 bewies.

Heiners Meinung war mir immer wichtig und wird mir auch wichtig bleiben. Im Winter 2002, als der VfL in der Bundesliga so schlecht stand und einen Trainer suchte, rief Heiner mich an und sagte: 'Wenn Du es nicht machst, wer soll es dann machen? Ich weiß, dass Heiner viel von mir hält. Also habe ich zugesagt beim VfL. Und wir haben den Klassenverbleib dann ja tatsächlich geschafft. Heiners Meinung war für mich in dieser Sache entscheidend. Das liegt einfach daran, dass wir beide am VfL hängen. Die Zeiten waren einfach schön dort."

(Aufgezeichnet von Frank Heike)

Petre Ivanescu *trainierte den VfL Gummersbach in den ganz großen Zeiten des Vereins von 1978 bis 1983. In die Ära des heute 67 Jahre alten Rumänen fiel das erfolgreichste Jahr der Vereinsgeschichte: 1983 gewann der VfL die Meisterschaft, den Pokal und den Europapokal der Landes-meister. Die zwei dramatischen Spiele gegen SKA Moskau (19:15 auswärts und 13:14 daheim) bezeichnet Ivanescu noch heute als größte Genugtuung seiner Trainerlaufbahn.*

MEIN VERLÄNGERTER ARM

Vlado Stenzel

„Bei unserem ersten offiziellen Zusammentreffen – es war im September 1974 in der Dortmunder Westfalenhalle, das erste Trainingslager der Nationalmannschaft mit mir als Trainer begann – kam Heiner gleich zu spät. Mit ihm die anderen Gummersbacher. Ich wusste, dass sie erst spät nachts von einem Europapokalspiel nach Hause gekommen waren. Aber es musste gleich die richtige Disziplin rein. Also sagte ich: ‚Herr Deckarm, Herr Brand, Herr Westebbe, Herr Schlagheck, das kommt nicht wieder vor!' Ich nannte mit Absicht nicht den Namen ‚VfL Gummersbach', ich nannte jeden Einzelnen bei seinem Namen. Es sollte und durfte keine Sonderrechte für die Gummersbacher geben! Sie hatten dann wohl eine Entschuldigung für ihr Zuspätkommen, aber sie respektierten auch meine Rüge.

Heiner hatte ich ja schon fast ein Jahr lang beobachtet, seit ich 1973 nach Deutschland gekommen war. Er war damals so jung, 21 Jahre. Schon in dem Alter habe ich bewundert, wie abgeklärt er war. Besonders in der Abwehr. Er war ein sehr harter Abwehrspieler. Er konnte Schüsse von neun Metern blocken wie kein Zweiter auf der Welt. Er hatte ein sehr gutes Timing. Er war der geborene Abwehrspieler. Das habe ich gleich gesehen. Ich sah sofort, was aus ihm werden würde. Denn am Kreis hatte er ja auch Qualitäten. Er brachte alle Voraussetzungen mit. Und dann natürlich sein enormer Kampfgeist, der ging über normale menschliche Grenzen hinaus. Das hat uns viele Siege eingebracht – sein Kampf, seine schnelle Reaktion, sein schneller Kopf. Zu seinen wenigen Schwächen gehörte, dass er praktisch nie aus der zweiten Reihe geworfen hat. Auch wenn Heiner nicht mein Kapitän war, sondern der Spieler mit den meisten Länderspielen, Horst Spengler, war Heiner eine Führungsperson. Ein Kämpfer ist immer eine gute Führungsperson. Ich habe ja alle sechs Monate soziometrische Tests mit der Nationalmannschaft gemacht. Das waren Tests aus der Psychologie, aus denen man entnehmen konnte, wer mit wem in der Mannschaft gut konnte, wer von den anderen die meisten Stimmen erhielt, wer mit wem zusammenarbeiten wollte. Das war für mich ganz wichtig, damit ich Einfluss nehmen konnte, damit die Mannschaft nicht plötzlich zwei Chefs hatte und in zwei Gruppen zerfiel. Ich habe danach viele Entscheidungen gefällt – wer mit wem aufs Zimmer geht: zum Beispiel zwei Spieler der gleichen Position. So habe ich sie zusammengeschweißt. Sie sollten sich nicht als Konkurrenten sehen. Ich wollte mir keine Feinde machen.

Ich war immer froh, dass ich Heiner hatte. Wenn ein fauler Spieler die führende Person einer Mannschaft ist, ist die Mannschaft auch faul. Hätten wir einen Kapitän gewählt, wäre sicher Heiner es geworden. Aber ich wollte lieber Spengler als erfahrenen Spieler, denn Heiner war ohnehin mein verlängerter Arm, das wusste ich. Heiner hat nie viel gesagt, er war nicht besonders aufgeschlossen. Aber wenn er etwas gesagt hat, waren das klare Worte mit Gehalt. Für ihn ging es um Spiele, um Siege und Taktik. Das waren seine Gedanken, dazu hat er etwas gesagt. Nicht darüber hinaus. Besonders die Taktik hatte es ihm angetan. Da hat er die Übungen immer ganz schnell begriffen. Diese Qualität, eine Taktik gleich zu verstehen und umzusetzen, das ist eine unabdingbare Voraussetzung für einen Trainer. Heiner konnte das schon als Spieler.

Ich habe mich immer gern mit ihm beraten. Überhaupt habe ich die Meinung der Spieler immer geschätzt. Aneinandergeraten sind wir nie, weder ich mit Heiner noch mit anderen Spielern. Wir haben ganz stark zusammengearbeitet und uns gegenseitig akzeptiert. Sonst hätten sie mein hartes Training auch nicht so lange mitgemacht. Denn der Inhalt des Trainings muss die Motivation für die Spieler sein. Nur dann kann man im Spiel auch über 100 Prozent gehen. Wir waren konditionell immer unter den besten Mannschaften. Und alle waren stolz, für Deutschland zu spielen! Andere Motive gab es ja auch gar nicht. Sie bekamen zehn Mark am Tag vom DHB. Für den Weltmeistertitel gab es einen Möbelgutschein über 1000 Mark. Auch als Bundestrainer beobachte ich Heiner ganz genau. Er hat die gute Mannschaft aufgebaut, die wir jetzt haben, obwohl so viele Ausländer in der Bundesliga auf den Hauptpositionen spielen. Das ist eine schwierige Situation für den Trainer einer Nationalmannschaft. Seit Heiner länger mit einer Mannschaft wie dieser zusammenspielen kann, hat er Erfolge. Heiner hat diese gute Mannschaft aufgebaut, die wir jetzt haben. Es ist eben so, dass die fleißigsten Leute es am weitesten schaffen. Insofern habe ich Hochachtung vor Heiner!“

(Aufgezeichnet von Frank Heike)

*Mit dem Namen **Vlado Stenzel** ist bis heute der größte Erfolg einer deutschen Handball-Nationalmannschaft verbunden – der Weltmeister-Titel 1978 in Kopenhagen gegen die Sowjetunion. Stenzel hatte 1972 mit Jugoslawien Olympia-Gold in München geholt, war dann zum DHB gewechselt und bis 1982 Nationalcoach der deutschen Handballer. Als Vereinstrainer blieb er in Deutschland, seine WM-„Krönung“ in Kopenhagen indes blieb auch für ihn unwiederholbar.*

KRIMISERIE(N)

Meine Länderspielkarriere

Zum ersten Lehrgang der A-Nationalmannschaft unter Vlado Stenzel kam ich gleich zu spät. Dazu in Kürze mehr. Ich war zusammen mit einigen anderen jungen Spielern aus Gummersbach zwar mittlerweile Mitglied der B-Mannschaft, hatte aber mit dem enttäuschenden Abschneiden der DHB-Auswahl bei der WM in der DDR Ende Februar, Anfang März 1974 nichts zu tun gehabt. Prof. Horst Käsler hatte nach dem neunten Platz der bundesdeutschen Mannschaft sein Traineramt abgeben müssen. Die Nationalmannschafts-Ära der Lübkings, Schmidts und Munks, also der großen Stars, war vorbei. Mein Bruder Jochen hatte schon 1970 in Frankreich – ebenso wie Herbert Lübking aus Dankersen – seine letzte WM gespielt. Nun forderten die Medien den Umbruch. Den Neuaufbau. Der richtige Mann dafür war nach intensiver Suche und gleichermaßen einer gewissen Skepsis seitens des Verbandes gefunden: Vlado Stenzel, mit Jugoslawien 1972 umjubelter Olympiasieger in München und mittlerweile (vorübergehend als Vereinscoach von Phönix Essen) in Deutschland angekommen.

Adolf Giele betreute zu der Zeit das B-Team, das sich vor allem auf Kurt Klühspies, Joachim Deckarm und mich stützte. Diese Truppe hatte damals zum Ziel, die Kandidaten für das A-Team für höhere Aufgaben vorzubereiten. Eine Junioren-Auswahl gab es seinerzeit noch nicht.Giele sollte in der Übergangsphase, also nach Hotti Käslers Ausscheiden und bis zum Amtsantritt Vlado Stenzels im Sommer ´74, so eine Art kombiniertes Team aus A- und B-Spielern für eine bereits langfristig abgemachte Länderspielreise nach Israel zusammenstellen, berief aber letztlich ausschließlich die Spieler des B-Kaders und ließ sie als A-Nationalmannschaft firmieren. So kamen unter anderem Kurt und ich zu unseren ersten A-Länderspielen. Gegen Israel am 1. und 3. Juli. Beide Partien wurden in Holon ausgetragen, beide Male gewannen wir. Erst 24:15, dann 17:12. Aussagekraft aber hatten diese Spiele freilich nicht. Dennoch waren es statistisch meine ersten beiden offiziellen A-Länderspiele.

Dann übernahm Vlado. Der hatte längst erkannt, dass in der DDR kein Teamgeist in der bundesdeutschen Mannschaft steckte, dass weder die besten Spieler, noch die Spieler, die am besten zusammenspielen könnten, in Magdeburg, Erfurt und Karl-Marx-Stadt nominiert worden waren. Aus Stenzels Sicht war die Zeit der Stars vorbei. Er wollte ein Team bauen, aus dem nur einer sich hervorheben durfte: Er selbst. Also „sichtete" er dutzende junge Spieler und überprüfte ihre Teamtauglichkeit anhand der Kriterien, die ihm wichtig waren: Motiviert musste man sein, diszipliniert, lernwillig, begeistert bei der Sache und – am besten Anfang zwanzig. In einem seiner ersten Interviews als Bundestrainer sagte er, dass man wieder stolz sein müsse, für Deutschland spielen zu dürfen und dass niemand eine Chance hätte, der nicht den unbedingten Leistungswillen mitbrächte. Von der 74er WM-Mannschaft ließ er nur vier Spieler übrig: Heiner Möller, Klaus Westebbe, Joachim Deckarm und Horst Spengler.

Stenzels erste Maßnahme war ein Lehrgang in Dortmund im September 1974. Noch am Vorabend des DHB-Trainingslagers, das für einen Montagmorgen um neun Uhr anberaumt war, befand ich mich mit dem VfL Gummersbach auf einer Freundschaftsspiel-Reise in Bayern: Vier Spiele in drei Tagen: Nürnberg, Fürth, Hof. Und wie es so ist auf solchen Mannschaftstouren, wurde auch gefeiert nach den Spielen. Aus Hof kamen wir – Jo, Klaus Schlagheck, Klaus Westebbe und ich – erst nachts um drei Uhr zurück nach Gummersbach. Und das in der Nacht vor der ersten Begegnung mit Herrn Stenzel, der als knallharter Disziplin-Fanatiker bekannt war. Dennoch waren wir nicht allzu besorgt. Man würde doch dafür Verständnis haben, dass wir, die Gummersbacher, etwas später anreisen, angesichts der vier Spiele in den Tagen zuvor und der nächtlichen Rückkehr.

Ich weiß nicht mehr, wie viel zu spät wir ankamen. Was ich aber noch genau weiß, ist: Vlado hat uns da gleich das erste Mal so richtig zusammengestaucht. Vor versammelter Truppe. Als er fertig war, fauchte er uns an, ob wir jetzt noch was zu sagen hätten. Das hatten wir natürlich nicht. Sein Deutsch reichte bereits aus, um uns fertig zu machen.

Wir haben dann einige Tests gemacht. Vlado stellte verschiedene Mannschaften aus all den angereisten Kandidaten zusammen. Zum Ende des Lehrgangs ließ er untereinander in Turnierform spielen. Den Gummersbacher Block ließ er zusammen in einer Mannschaft spielen, die dieses interne Turnier auch gleich gewann. Obwohl wir noch immer unter den „Nachwehen" unserer Reise in den Süden zu leiden hatten, rissen wir VfL-Spieler uns besonders zusammen.

Vieles, was Stenzel im Training machte, war für uns alle völlig neu. Seine Übungsmethodik, die Unnachgiebigkeit, mit der er trainieren ließ – all das waren wir nicht gewohnt. Er hat uns hart rangenommen. Eine zweite Sichtung folgte einige Tage später in Saarbrücken. 24 Spieler hatte er dorthin eingeladen, doch in Gedanken war Stenzel bereits beim ersten größeren Auftritt seines Teams: Dem Ostsee-Pokal im polnischen Kattowitz in der letzten Septemberwoche. Wir haben uns dort gut verkauft. Gegen die DDR verloren wir achtbar 11:14, den Gastgeber schlugen wir sogar zur Überraschung der Fachleute 19:18. Nur gegen die Russen setzte es ein deftiges 13:21 – ein Resultat, das uns auch aufgrund unserer schwachen Leistung in diesem Spiel sehr deprimierte, nicht aber Vlado Stenzel, der diese Pleite wohl als Lerneffekt verbuchte. Wir schlugen noch Polens B-Team 20:18 und die Schweden 21:13. Nicht schlecht für eine Mannschaft, die es in dieser Zusammensetzung erst knapp einen Monat gab.

Zu aller Überraschung nominierte Stenzel dann vier Wochen später völlig andere Spieler für ein Turnier in er Schweiz. Jetzt hatten wir verstanden: Stenzel wollte alle Kandidaten, rund 50 an der Zahl, unter Wettkampfbedingungen sichten und erst dann seine wahre Mannschaft zusammenbauen. Dabei testete Vlado auch Spieler auf ihnen völlig neuen Positionen: Kurt Klühspies beispielsweise fand sich auf der ihm nicht vertrauten Rechtsaußenposition wieder statt auf halbrechts. Später, 1975, sollte sogar Debütant Arno Ehret, in Hofweier als großartiger Linksaußen unterwegs, auf dem rechten Flügel beginnen – sich „hochdienen" für die ihm angestammten Position auf der anderen Angriffsseite. Stenzels Methoden waren unkonventionell. Immerhin qualifizierte sich Manfred Hofmann bei den Spielen gegen Island, Ungarn und die Schweiz für Vlados Team der Zukunft.

Im November folgte Teil drei der Prüfungsphase. Je zwei Spiele gegen Dänemark und Rumänien. Stenzel legte ein enormes Tempo vor, forderte eine hohe Frequenz an Terminen für die Nationalspieler ein. Nicht ohne Grund: Schließlich stand die Olympiaqualifikation im Jahr 1975 auf dem Programm.

Unnachgiebig regierte Vlado weiter, um später alle Zweifler, Skeptiker und Pessimisten eines Besseren belehren zu können, die uns nicht mehr als die Zaungastrolle in Montreal zutrauten. Heiner Möller, Kapitän unserer Mannschaft, musste seinen Kopf hinhalten, weil wir zwischen den Spielen gegen die Dänen und Rumänen einmal den Zapfenstreich überschritten hatten. Er musste beim nächsten Länderspiel zuschauen. Da machten wir wieder die Erfahrung, wie Stenzel Disziplinlosigkeiten begegnete. Er zog seine harte Linie durch. Auch beim Training. Vor allem in Sachen Athletik und Abwehrarbeit. Was wir an Beinarbeit ableisten mussten, was wir an Kastensprüngen hinter uns bringen mussten – das war bis dahin schon einmalig für uns gewesen. Und meistens war der Medizinball auch noch dabei. So manche Trainingseinheit dauerte über drei Stunden, oft waren die Übungen sehr monoton, brachten uns an den Rand der Erschöpfung. Doch wir machten alles mit, was uns dieser „Derwisch vom Balkan" mit der Aura des Olympiasiegers vorgab. Seine Ausstrahlung war entscheidend. Von ihm ging eine unglaubliche Autorität aus, zudem akzeptierten wir seine Fachkompetenz. Jeder erinnerte sich noch, dass die Jugoslawen unter ihm nicht nur die Goldmedaille in München gewonnen, sondern dabei auch handballerische Maßstäbe gesetzt hatten. Wir glaubten an ihn. Wir waren ja auch noch jung. Und sein Signal, die älteren Leistungsträger aus der Nationalmannschaft rauszuschmeißen und dafür uns zu vertrauen, hatte uns natürlich erreicht und seine Wirkung nicht verfehlt.

Und so waren wir natürlich auch am Neujahrstag 1975 alle wieder angetreten, als Vlado nach Espelkamp nahe Minden „gebeten" hatte, um uns zu schleifen und anschließend in zwei Länderspiele gegen Schweden schickte, in denen wir aber nicht viel zu Stande brachten. Dennoch: In diesen beiden Spielen in Minden und Neumünster, so schrieb Stenzel später einmal in einem Buch, gelangte er endgültig zu dem Entschluss, mich als seinen Abwehrchef aufzubauen. Noch im Januar benannte Vlado jene 16 Spieler, mit denen er die Olympiaqualifikation schaffen wollte. Dabei fiel übrigens mein Gummersbacher Vereinskollege Klaus Westebbe durchs Raster, was für gehöriges Aufsehen und Unruhe, auch innerhalb des DHB sorgte. Doch Stenzel ließ sich nicht beirren.

Ungeachtet einiger Niederlagen machten wir im Jahr ´75 unseren Weg. Das Team wuchs zusehens zusammen und nötigte auch den schärfsten Kritikern mittlerweile das eine oder andere Lob ab. Doch dann platzte nach dem „Fall Westebbe" eine zweite Personalie in unsere Vorbereitungen auf die Qualifikationsspiele: Ausgerechnet Kapitän Heiner Möller sorgte mit seinem Wechsel von Wellinghofen zum damals unterklassigen TUS Nettelstedt für seine Verbannung aus der Ländermannschaft. Stenzel duldete keine Spieler, die sich sportlich freiwillig verschlechterten, egal, wie sehr ihn und uns alle Möllers Verlust auf der Rechtsaußenposition schmerzte.

Doch auch diese Aufregung legte sich. Sie musste in den Hintergrund geraten angesichts der Auslosung der Olympiaqualifikations-Gruppen, die uns Belgien und die vor allem im Osten Deutschlands zum „Klassenkampf" hochstilisierte Auseinandersetzung mit der DDR bescherte. Ja, ausgerechnet die ost-deutschen Cracks wurden uns zugelost. Zum heimlichen Entsetzen vieler DHB-Funktionäre, die nicht an einen Erfolg glauben konnten. Wie auch – angesichts des Zustandes, in dem sich die Nationalmannschaft noch ein Jahr zuvor befunden hatte?

Die DDR war der amtierende Vizeweltmeister. Wir waren nichts. Auf dem Papier. Innerlich aber waren wir schon selbstbewusster, immerhin hatten wir eine Vielzahl an Lehrgängen und Drill hinter uns. Die Trainingslager dauerten bis zu 14 Tage. Stenzel experimentierte, provozierte, bluffte – Ergebnisse waren ihm nicht so wichtig, die Kritik der Presse auf verlorene Spiele wie zum Beispiel das gegen die Schweiz, ignorierte er. Wir passten uns an. Erst im letzten Drittel des Jahres 1975 spielten Ergebnisse aus psychologischen Gründen wieder eine wichtigere Rolle. Vor allem unser 20:18-Sieg gegen die CSSR in Pilsen war gut für unser Selbstvertrauen – und sorgte auch in der DDR für Aufsehen.

Aber natürlich war die Anspannung nicht nur im gegnerischen Lager groß. Für uns als neue und noch so junge Mannschaft war die bevorstehende Aufgabe die erste große Prüfung im Nationaltrikot. Auch für mich, obwohl ich ja bereits mehrmals Deutscher Meister geworden war und einige Europacup-Schlachten geschlagen und Endspiele gewonnen hatte. Aber im Nationaltrikot ging es für uns zum ersten Mal um etwas. Obendrein waren wir ja auch erstmals die Leistungsträger, nicht mehr die erfahrenen Leute wie Hansi Schmidt, Klaus Kater oder Klaus Westebbe, die in Gummersbach ja mit ihrer Erfahrung noch immer dominierten. Nein, wir hatten die Verantwortung: Jo, Kurt und auch ich. Das war schon ein anderes Gefühl.

Auf Seiten der DDR spielten Leute, deren klangvolle Namen ich schon aus Erzählungen meines Bruders Jochen kannte: Ganschow, Lakenmacher, Böhme,

Engel ... – und plötzlich spielte ich gegen diese Ausnahmekönner. Es war schon sehr aufregend.

Wir wussten über die wesentlichen Tricks und Finessen der DDR-Spieler Bescheid. Umgekehrt versuchte Vlado, so wenig wie möglich über unsere Taktik und seine Ideen nach draußen dringen zu lassen. So war später sicher auch überraschend, dass Stenzel Deckarm und Klühspies nach den beiden letzten Testspielen gegen die Rumänen im November beim Abschlusslehrgang von den Außenpositionen, wo sie bis dahin verstärkt zum Einsatz gekommen waren im Nationaltrikot, in den Rückraum beorderte.

Haben wir damals schon Videos von den Gegnern gesehen? Es gab sicher die eine oder andere Aufzeichnung, aber in dieser Intensität wie das heutzutage der Fall ist, wurde damals noch nicht jedes Detail studiert. Es gab auch damals noch nicht derart viele unterschiedliche Spielkonzepte und Abläufe wie in der heutigen Zeit. Und natürlich wurde auch noch nicht so schnell gespielt.

Besonders schwungvoll ging es auch nicht zu in unserem ersten Qualifikationsspiel am 29. November in Eupen gegen die Belgier. Hatte die DDR denselben Gegner drei Wochen zuvor noch mit 27:11 deklassiert, gewannen wir „nur" 21:10. Dabei lief wenig rund in unserem Spiel, doch zunächst war der Quervergleich sekundär. Was zählte, war der 20. Dezember, das Spiel in der Münchner Olympiahalle gegen die Staatsprofis aus dem anderen Teil Deutschlands.

10.500 Zuschauer machten die Olympiahalle zu einem Hexenkessel, heizten die Stimmung zusätzlich auf. Die Atmosphäre war, vorsichtig ausgedrückt, nicht gastfreundschaftlich. Ich erinnere mich noch an die Entschlossenheit, von der wir beseelt waren und mit der wir – zusätzlich angetrieben durch die Anfeuerungen auf den Rängen – uns ins Gefecht stürzten. Dennoch hätte die Routine des DDR-Teams wahrscheinlich gereicht, uns Paroli zu bieten, wären da nicht unser überragender Torwart Manfred Hofmann, der vorne wie hinten überragende Kurt Klühspies und ein Joachim Deckarm gewesen, der in diesem Spiel sich selbst übertraf. Neun Tore gelangen Jo. Egal, was sich das Team von DDR-Coach Heinz Seiler gegen ihn ausgedacht hatte: Härte, Fouls, Spezialbewachung – nichts konnte ihn stoppen. Wenn nichts mehr geht, gib Jo den Ball, haben wir gedacht, obwohl auch Klühspies und Jürgen Hahn je dreimal trafen. Unsere Deckung stand sehr gut und packte entschlossen zu. Keiner der gefürchteten DDR-Scharfschützen brachte es in diesem innerdeutschen Duell zu mehr als zwei Feldtoren. Eine sensationelle Quote. Am Ende gewannen wir 17:14 – zur Halbzeit hatte es bereits 9:6 gestanden und wir ließen uns auch durch einen zwischenzeitlichen 11:12-Rückstand nicht aus der Bahn werfen. Die Presse feierte diesen Sieg als „Sensation". Es war in der Tat eines der besten Länderspiele deutscher Handballer seit Jahren – aber eine Sensation oder gar ein Wunder? Nein. Vielmehr die Folge des gezielten Trainings und unseres Fleißes, aber gewiss kein Zufall. Der Kölner Stadt-Anzeiger hatte errechnet, dass wir 90 Tage in diesem nun abgelaufenen Jahr trainiert hatten – für eben dieses Spiel. Wir feierten den erfolgreichen Abschluss eines harten Jahres gebührend – in einer Münchner Nobeldiskothek. Unsere Freundinnen und Frauen waren ebenfalls dabei – ein weiteres Indiz für den Zusammenhalt, der unser Team mittlerweile auszeichnete.

Am 22. Februar besiegten wir im Rückspiel die Belgier deutlich mit 34:6. Und weil die DDR ihr zweites Spiel gegen den Handball-Zwerg nur 35:18 gewann, waren in Sachen Tordifferenz plötzlich wir in der besseren Ausgangslage: Das Plus von fünf Toren bedeutete, dass wir in der DDR mit drei Treffern Differenz verlieren durften, um das Ticket nach Montreal trotzdem noch zu lösen. Eine Niederlage mit vier Toren Unterschied – und die DDR wäre bei Olympia dabei gewesen.

Drama, Krimi, Wahnsinn – was ist nicht alles geschrieben worden über dieses Spiel am 7. März 1976 in Karl-Marx-Stadt. Dorthin hatte der DDR-Verband das Schicksalsspiel gelegt. Womöglich auch, weil dort zwei Jahre zuvor der westdeutsche Handball bei der WM in die vorübergehende Bedeutungslosigkeit entschwunden war. Keine Frage: Das Rückspiel in Ostdeutschland hatte auch viel mit Psychologie zu tun. In der umfunktionierten Eissporthalle versuchten 4.500 meist linientreue Fanatiker uns mit ihrer feindseligen Haltung einzuschüchtern. Alles, was westdeutsch war, wurde niedergeschrien, erinnerte sich Vlado Stenzel später. Immerhin waren knapp 300 westdeutsche Fans – stets argwöhnisch gemustert von unseren „Gastgebern“ – ins heutige Chemnitz gereist, um uns anzufeuern. Doch sie hatten akustisch keine Chance gegen diese geballte Stimmgewalt des, wie viele bis heute noch sagen, handverlesenen Parteipublikums.

Jener 7. März bedeutete für uns die Rückkehr in die Erstklassigkeit. Für die DDR wurde die Partie zum Alptraum, insbesondere für Hans Engel, der zur tragischen Figur dieses Thrillers wurde. So trivial es auch klingen mag: Ein einziger Reflex, eine Kniespitze, die von Manfred Hofmann nämlich, entschied über ein Jahr harte Arbeit, Training bis an die Grenzen der Belastbarkeit, darüber ob alles richtig oder falsch war und vor allem darüber, wer aus diesem Prestigeduell als Teilnehmer an den Olympischen Spielen in Montreal hervorging. Um den Ablauf dieser zur Abwehrschlacht gewordenen Partie nacherzählen zu können, muss ich mich selbst alter Zeitungsausschnitte bedienen: Nach 26 Minuten lagen wir 2:7 zurück. Die harte Gangart der DDR-Spieler und unsere weichen Knie waren ausschlaggebend. Ja, es hatte den Anschein, als wären wir dem Druck nicht gewachsen. Wieder aber war es Joachim Deckarm, der seine eigenen Ängste, alle Widerstände und nach seinem dritten Treffer zum 3:7 auch noch ein weiteres Mal das komplette Abwehrbollwerk des Gegners überwand. Mit dem Pausenpfiff verwandelte er einen Gewaltwurf zum 4:7. Dieses Tor gab Hoffnung für Hälfte zwei. Und tatsächlich: Wir holten weiter auf. Laut Statistik traf ich zum 6:8. Beim 8:9 durch Jo Deckarm in der 55. Minute hielten wir die Fahrkarte nach Montreal bereits in unseren Händen. Doch aus den fünf verbleibenden Minuten wurden elf – ein Umstand, der später als Skandal eingestuft wurde und Fragen aufwarf nach der Unparteilichkeit des ostdeutschen Kampfgerichts.

In diesen Schlussminuten schwanden unsere Konzentration und die Kraft. Die DDR erhöhte noch einmal auf 11:8 und wir schafften es einfach nicht, im letzten Angriff – weit über die 60. Minute hinaus – dieses Ergebnis zu verwalten. Noch einmal bekam die DDR den Ball in die Hände, noch einmal parierte Hofmann einen Wurf, doch als inzwischen 66 Minuten auf dem hitzigen Spielfeld zugebracht waren, da sollte Horst Spengler ein Foul an Peter Rost begangen haben. Nielsson und Olsson, die schwedischen Schiedsrichter, die von beiden Trainern später stark kritisiert wurden, zeigten auf den Siebenmeterpunkt und bedeuteten, dass die Spielzeit nun endgültig abgelaufen sei. Die Szenen bis dahin habe ich, wie bereits erwähnt, mit Hilfe der Lektüre von Zeitungsberichten erst wieder in Erinnerung rufen müssen, um sie Ihnen hier schildern zu können.

Mit dem Siebenmeterpfiff aber kehrt meine eigene Erinnerung zurück. Ich weiss noch, dass wir alle zu Boden fielen. Wir sind alle umgefallen. Manche haben weggesehen, andere einen Blick riskiert, als Hans Engel, der zuvor mit zwei verwandelten Strafwürfen die DDR-Tore zehn und elf erzielt hatte, zu diesem finalen Duell gegen unseren „Hoppes" antrat. Manfred erzählte später, er habe die Schiedsrichter unmittelbar nach dem verhängnisvollen Pfiff allen Ernstes gefragt: „Musss das jetzt wirklich sein?"

Es musste. Also hat er die Angelegenheit auf seine Weise geregelt. Unglaublich! Ich sehe noch heute sein linkes Knie zucken und den Ball im hohen Bogen ins Seitenaus fliegen. Engel fiel zu Boden, vergrub sein Gesicht minutenlang in seinen Händen. Dieser eine Fehlwurf brachte ihm in der Folge viele Probleme im System der DDR ein, unter denen er zu leiden hatte, wie ich später erfuhr. Zeit für Mitleid aber blieb nicht. Das ist hoffentlich verständlich. Ob dieser unglaublichen Tat unseres Schlussmannes führten wir wahre Tänze auf dem Spielfeld auf. Zu hören war mittlerweile nur noch unser Jubel, ansonsten war das Publikum von Karl-Marx-Stadt verstummt. Geschockt. Kreidebleich und wie versteinert musste Engel später schildern, wie das war mit seinem Fehlversuch, den ihm übrigens wenigstens Trainer Seiler sportlich fair verzieh. Bezeichnend: Auch Seiler wurde unser Sieg, der eine Niederlage für die DDR war, zum Verhängnis. Man setzte ihn ab. Vlado Stenzel gab indes zu, in dieser Sekunde, als der Strafwurf gegen uns verhängt wurde, erstmals Angst gehabt zu haben, dass wir scheitern würden.

Aber es kam ja zum Glück anders. Der Rest war Jubel, Freudentränen und Glückseligkeit. Zu Hause in Westdeutschland hatte eine ganze Nation mitgefiebert. Die Einschaltquoten der Fernseh-Übertragung erreichte Rekordwerte. In meiner Heimat Gummersbach verfolgte meine ganze Familie das dramatische Spiel schweißgebadet am TV-Gerät, was sogar Gegenstand eines Zeitungsartikels wurde. Wie schön, dass es für uns alle ein Happyend gab.

Doch Vlado Stenzel wäre nicht Vlado Stenzel, hätte er nicht auch in den Stunden des großen Triumphes von Karl-Marx-Stadt noch eine Überraschung parat gehabt: In die Siegesfeier hinein ließ er uns zu einer Mannschaftssitzung im Hotel zusammenrufen. Ausgelassen traten wir an, doch die Stimmung änderte sich schlagartig, als Vlado verkündete, dass der Hamburger Peter Pickel, bis dahin zwar kein Stammspieler, aber fester Bestandteil unserer Gemeinschaft, ab sofort nicht mehr zur Nationalmannschaft gehören würde. Ende der Durchsage. Wir konnten es nicht begreifen, einige weinten sogar angesichts dieser Maßnahme, die wir uns später nur damit erklären konnten, dass der Trainer ein Zeichen in unsere Richtung setzen wollte: Fühlt euch nicht zu sicher, glaubt nicht, dass Ihr schon Große seid. Viele Jahre später habe ich Stenzel darauf angesprochen – da wollte er von einer psychologischen Maßnahme aber nichts wissen. Er glaubte einfach, mit diesem Spieler sportlich nicht weiter kommen zu können – und meinte, dies in die Siegesfeier hinein verkünden zu müssen. Dass damit die Stimmung erst einmal völlig down war, mag ihn nicht weiter interessiert haben.

Wir flogen – nach weiteren Wochen harten Trainings – als, sagen wir, hoch gehandelter Außenseiter nach Kanada. Eine Medaille war aufgrund der schweren Gruppenauslosung, die uns Dänemark, Russland und Jugoslawien bescherte, zunächst kein offizielles Thema. Gleichzeitig ging es in Montreal darum, die WM-Qualifikation zu schaffen. Dafür musste man unter die ersten sechs des olympischen Turniers kommen. Montreal waren meine einzigen Olympischen Spiele als Aktiver, aber von meiner Erinnerung her sind sie schon sehr weit weg. Natürlich war es ein erhabenes Gefühl, dabei zu sein – neben all den anderen Sportlern aus der ganzen Welt. Und schließlich hatten wir ja auch viel investiert, um dabei zu sein, das mythenhafte, olympische Flair miterleben zu dürfen. Die Olympiastätten waren großteils noch nicht fertig, als die Spiele begannen. Das Handballturnier wurde davon allerdings nicht beeinträchtigt. Wir spielten an drei Orten: In Sherbrooke, Quebec und Montreal. Vom Olympischen Dorf aus ging es stets mit dem Bus zum Training oder zu den Spielen.

Zum Auftakt gelang uns ein 18:14-Sieg über die Dänen. Es folgten ein zähes 19:16 über Japan und ein lockeres 26:11 über den Gastgeber Kanada. Damit hatten wir die Qualifikation für die WM 1978 bereits im Gepäck. Nun aber war auch eine Olympiamedaille durchaus in Sichtweite. Die routinierten Russen hatten gegen Stenzels Landsleute aus Jugoslawien 18:20 verloren und durften sich gegen uns keine weitere Blöße geben. Auf der anderen Seite wäre uns nach einem Sieg gegen die UdSSR zumindest das kleine Finale um die Bronzemedaille schon kaum mehr zu nehmen gewesen. Doch noch waren wir nicht so weit: Das Spiel gegen die Russen ging – nach hartem Kampf, aber aufgrund mangelnder Cleverness unsererseits – 16:18 verloren, was die Ausgangslage vor dem letzten Spieltag der Gruppenphase dramatisch zuspitzte: Plötzlich hatten drei Mannschaften die Chance auf das Finale – aber auch alle drei konnten leer ausgehen und auf Gruppenplatz drei landen. Bei einem Sieg unsererseits hing alles an ein paar Törchen im Dreiecksvergleich Deutschland – Jugoslawien – UdSSR.

Wir gegen Stenzels Olympiasieger von 1972. Es war sicher auch für unseren Trainer kein normales Spiel, vor allem aber wurde es wieder eines jener dramatischen Duelle, die man als Sportler nicht vergisst, wenn man zurückblickt. Auch diese Begegnung wurde zu einem Krimi. Mitte der zweiten Halbzeit hatten wir uns dank einer wirklich grandiosen Vorstellung bereits auf 17:12 abgesetzt, als wir erneut nervliche Schwächen offenbarten – auch unter dem Eindruck zehn gegen uns verhängter Strafwürfe, bei lediglich zwei Siebenmetern für uns. Kurz vor Spielende hatten die Jugoslawen, diese große Mannschaft mit dem genialen Horvat an der Spitze, den Rückstand auf ein Tor verkürzt: 18.17 hieß es nur noch für uns, als wir 24 Sekunden vor Spielende einen Siebenmeter zugesprochen bekamen. Ausgerechnet Jo Deckarm aber vergab diese Chance, doch auch der Olympiasieger brachte im Gegenzug keinen Treffer mehr zu Stande – Jugoslawien, wie die Sowjets und wir mit 8:2 Punkten aus fünf Spielen hervorgegangen, war aus dem Medaillenrennen. Doch weil auch die Russen parallel zu unserem Sieg ihr letztes Gruppenspiel gewannen und das bessere Torverhältnis uns gegenüber hatten, blieb uns „nur" das Spiel um Platz drei, um die Bronzemedaille. Wir wussten nicht recht, ob wir uns freuen oder ärgern sollten. Wir wussten allerdings, dass wir uns schon jetzt mehr als achtbar aus der Affäre gezogen hatten. Wer hätte einer deutschen Handballnationalmannschaft zwei Jahre nach der WM-Schmach in der DDR schon zugetraut, um eine Olympiamedaille zu spielen?

Das Spiel um Bronze mussten wir gegen die in der anderen Vorrundengruppe nur von Weltmeister Rumänien übertroffenen Polen mit ihrem Wurfwunder Jerzey Klempel bestreiten. Es war ein außergewöhnliches Ereignis, das sicher auch noch einmal neue Kräfte in uns freisetzte. Anders hätten wir in der Schlussphase des Spiels sicher nicht noch in den letzten drei Spielminuten ein 14:17 ausgeglichen und die Verlängerung erzwungen. 17:17 lautete das Ergebnis nach der regulären Spielzeit, doch am Ende war die Aufholjagd vergeblich: Mit 18:21 mussten wir uns nach der Zusatzzeit geschlagen geben. Nichts war es mit der Medaille, die zwar in der Planung des Verbandes ohnehin noch nicht in Montreal, sondern erst in Moskau 1980 vorgesehen, die aber doch plötzlich so greifbar gewesen war.

Gott, war ich nach diesem Spiel fertig. Ich musste zu allem Überfluss auch noch zur Dopingkontrolle. Zusammen mit meinem Gummersbacher Vereinskollegen Rudi Rauer. Dort haben wir fürchterlich einen getrunken. So haben wir weder von Stenzels abschließender Ansprache, noch vom Finale, welches die Russen gegen die Rumänen gewannen, etwas mitbekommen. Von den Polen musste unter anderem Alfred Kaluzinski, der später mal in Nürnberg spielen sollte, zum Dopingtest. Was haben wir drei einen über den Durst getrunken. Ich weiss noch, dass Rudi den Arzt, nachdem er sein „Soll" erfüllt hatte, fragte, ob er sich wieder mit dazu setzen dürfe. So gesellig war es zugegangen. Über den Fernsehbildschirm flackerten die Bilder vom Finale, während wir unterdessen anfingen, Lieder zu singen. Polnische, deutsche ... Dabei war das kanadische Bier ja gar nicht besonders stark. Doch die Menge machte es – in Verbindung mit unserer körperlichen Erschöpfung.

Peinlich, peinlich: Kaluzinski musste dann zur Siegerehrung. Wir haben gar nicht mehr realisiert, dass wir Vierter geworden waren und sangen noch, als unsere Mitspieler ganz niedergeschlagen von der Ehrung zurückkamen. Doch natürlich holte auch uns der Frust am nächsten Tag ein. Dennoch war Olympia ein tolles Erlebnis.

Nach Montreal war bereits vor Dänemark. Vlado Stenzel testete – ungeachtet von Niederlagen und entsprechender Medien- und Funktionärsschelte – neue Spieler, ließ bewährte Kräfte außen vor und bezog vor allem die von der Junioren-WM 1977 in Schweden immerhin als Fünfte zurückgekehrten und ebenfalls von ihm betreuten Nachwuchstalente mit in seine Personalpläne ein. Statt Hahn, Böttcher, Becker, Jaschke oder Busch hieß es nun neuerdings Meffle, Rosendahl, Freisler, Wunderlich, Stulle und Hormel. Stenzel mischte das Team neu – ohne den Kern der Mannschaft zu verändern. Hofmann, Rauer, Klühspies, Deckarm, Spengler, Ehret und mich nämlich ließ er als sein Gerüst bei den Umbauten stehen.

Auch nach der Rückkehr in die Weltspitze, die zunehmend von den Teams aus dem Ostblock dominiert wurde, hörten wir nicht auf zu lernen. Es waren durchaus zum Teil schmerzliche Erfahrungen und Lernprozesse, denn so manches Länderspiel ging wie bereits erwähnt verloren. Doch Stenzel ließ sich nicht beirren. Aber natürlich brauchten nicht nur die Presse, sondern auch wir wieder Erfolge, um unser Selbstvertrauen zu stärken. Ein viertel Jahr vor der WM war es endlich soweit: Im Oktober 1977 hatte sich das Team, zusammengestellt aus den Olympiavierten von Montreal und den Fünften der Junioren-WM in Schweden, im Grunde gefunden. Wir gewannen das Vierländerturnier in Ljubljana, dem Ort, der 26 Jahre später Schauplatz meines größten Erfolges als Trainer bislang werden sollte. Dem 20:19 über die Tschechoslowaken folgte ein 21:17 über Dänemark und selbst das vom Gastgeber zur Olympiarevanche hoch getrimmte Abschlussspiel gegen die Jugoslawen endete 17:16 für uns. Das bedeutete nicht nur den Turniersieg, sondern obendrein den Beginn einer Erfolgsserie von 18 Spielen ohne Niederlage, die wir später durch die WM hindurch aufrecht erhalten konnten. Vor allem zwei Unentschieden gegen Rumänien und der 29:19-Sieg über Polen waren so etwas wie Ausrufezeichen. Wir wussten, alle wussten: Diese deutsche Mannschaft ist gerüstet für die WM.

Unter dem Eindruck des Wissens um unsere Möglichkeiten und des gestiegenen Selbstbewusstseins habe ich dann das bereits geschilderte Interview gegeben, in dem ich sagte, ich wüsste nicht, wer uns schlagen solle, wenn wir unsere Leistung abrufen würden. Natürlich spielte auch eine Rolle, dass wir bereits die Erfahrung gemacht hatten, dass sich das harte, wochenlange Training und die bedingungslose Vorbereitung auf eine große Aufgabe auszahlen kann. Und wir haben uns geschunden. Zuletzt, vor der Weiterreise nach Dänemark, wo wir zunächst in Odense auf der Insel Fünen zur Vorrunde Quartier bezogen, hatten wir uns in „Damp 2000“, einer damals futuristisch anmutenden Ferienanlage an der Ostsee, zum Trainingslager eingefunden und waren zum Abschluss noch einmal nach Duisburg–Wedau zurückgekehrt, weil wir im Westen noch zwei Länderspiele gegen Spanien absolvieren mussten.

Stenzel hatte uns nicht nur in der Trainingshalle getriezt, sondern auch mit seinen eigenen Methoden und Ansichten abseits des Spielfeldes. Er legte viel Wert auf Kleinigkeiten, legte großen Wert auf Kontrolle – wie zum Beispiel darauf, dass wir beim Mannschaftsessen auch unseren Nachtisch zu uns nehmen würden. Ich will gar nicht näher darauf eingehen, dass man unter heutigen Gesichtspunkten in puncto Ernährung sicher über das eine oder andere trefflich diskutieren, ja gar streiten könnte. So empfahl er uns bei einem Spiel in Jugoslawien Würstchen, die sicher sehr fettig waren, und pries sie als optimale Sportlernahrung an. Vorboten seiner späteren Tätigkeit als Mitarbeiter eines Wurstfabrikanten? Vielleicht. Oder die Geschichte mit dem Nachtisch bei der WM, die ja auch an anderer Stelle beschrieben wird. Ich will es mal so zusammenfassen: Er hatte seine eigenen Vorstellungen.

Warum ich das erwähne? Weil diese Hinweise wichtig sind, um verstehen zu können, welchen Stellenwert Heinz Jacobsen als Obmann des Teams und ständiger Diplomat zwischen Mannschaft und Trainer einnahm. Immer wieder waren es seine (zum Teil sogar versteckten) Einflussnahmen, die zur Stabilisierung der guten Stimmung innerhalb des Teams, vor allem aber auch zwischen Spielern und Trainer beitrugen. Der Mann aus Kiel, später einer der ganz großen Funktionäre im deutschen Handball, war ein wichtiger Faktor für den Erfolg Stenzels. Er war Kumpel und Seelsorger, ohne jemals die eigene Autorität aufgegeben oder gar die Stenzels unterwandert zu haben. Das war schon 1976 in Montreal so – und natürlich auch in Dänemark, wie Heinz in diesem Buch persönlich beschreibt.

Vor der Abreise nach Odense haben wir – ohne Vlado, der einen Abstecher zu einem Länderspiel der Jugoslawen in Kiel gemacht hatte – die harten Tage und Wochen der Vorbereitung (deren sechs) in „Paulsens Gasthof“ in Fockbek, einem urigen Fischlokal. Es war ein zünftiges Fest, auf Jacobsens Initiative hin letztlich auch von Stenzel gebilligt, bei dem die ohnehin schon gute Kameradschaft noch intensiver wurde. Nicht wenige unter den WM-Teilnehmern sind noch heute davon überzeugt, dass der erste entscheidende Schritt auf dem Weg zum WM-Erfolg an jenem Abend bei Horst Timm, dem Inhaber und Wirt des Gasthofes, gemacht wurde. Übrigens meint das auch Heinz Jacobsen.

In Odense, Geburtsort des dänischen Märchendichters Hans Christian Andersen, angekommen, wartete bereits die erste, schwere Aufgabe auf uns: Das Team der CSSR. Ich hatte in einem Zeitungsinterview noch vor dem WM-Start erklärt, wir hätten durchaus Medaillenchancen. Außerdem konnte ich mir einen Seitenhieb auf unsere Fußball spielenden Kollegen nicht verkneifen, die in der Vorrunde der WM in Argentinien eine leichte Gruppe mit Polen, Mexiko und Tunesien erwischt hatten, während es das Los mit uns nicht so gut gemeint hatte: Neben den Tschechoslowaken mussten wir – von den Kanadiern mal abgesehen – immerhin schon wieder gegen Jugoslawien ran. Im kleinen, etwas angestaubten und dennoch charmanten Hotel „Windsor“, wo übrigens alle vier Mannschaften unserer Gruppe untergebracht waren, herrschte WM-Stimmung. Überall: An der Rezeption, im Speisesaal und auf den Fluren. Dass die Betten für uns Handballer, meist überdurchschnittlich groß, in vielen Fällen zu kurz waren, ist heute eine Anekdote, damals war es weniger lustig.

Wie wichtig ein Auftaktsieg gegen die CSSR sein würde, war allen klar: Einen weiteren Sieg über Kanada vorausgesetzt, wäre bereits vor dem Spiel gegen Jugoslawien das Erreichen der Zwischenrunde gesichert. Und der Domino-Effekt eines Auftaktsieges bei einem Turnier ist ja ohnehin bekannt – und war es auch damals schon. Am 26. Januar ging es los: 2.700 Zuschauer in Odense wurden Zeugen unseres 16:13-Sieges – und einer Weltklasseleistung von Manfred Hofmann. Den 8:5-Pausenvorsprung verteidigten wir im zweiten Durchgang vor allem dank seiner Paraden und unserer Ausgeglichenheit beim Erzielen der Tore: Auch ich war zweimal dabei. An unserem Jubel nach dem Schlusspfiff ließ sich ermessen, wie erleichtert wir alle waren, diesen Gegner zu Beginn der WM überwunden zu haben.

Der Held aus dem Spiel gegen die CSSR, Manfred Hofmann, blieb gegen Kanada draußen. Warum? Weil er sich lieber die Jugoslawen und deren Wurfrepertoire im Duell mit den Tschechoslowaken ansehen und studieren sollte, als in Ringe gegen die Underdogs aus Kanada womöglich Langeweile zu verspüren. Die verordnete Spionagetour sollte sich später auszahlen, doch die Partie gegen die Kanadier wurde viel weniger langweilig als es uns lieb war. Aus dem Selbstgänger wurde aufgrund einer seltsamen Mischung aus Überheblichkeit und Nervosität eine sehr zähe Angelegenheit: Nach 15 Minuten stand es nur 2:1, nach 30 war ebenfalls kein standesgemäßes Resultat erreicht: 7:3. Am Ende gewannen wir 20:10 – und hakten diese schwache Vorstellung lieber gleich ab. Die obligatorischen zwei Gläschen Bier durften wir immerhin auch nach diesem Spiel trinken. Die brauchten wir auch, hatte es doch zum Frühstück angesichts der ungewohnten Anwurfzeit, 15.00 Uhr, bereits Steaks zur Stärkung gegeben. Eine weitere eigenwillige Maßnahme des Chefs...

Das Spiel gegen Jugoslawien – wieder in Odense – war neben dem Finale unser vielleicht bestes der WM: Nach dem besseren Start für Horvat, Radjenovic, Fejzula und Co. machten wir binnen einer Viertelstunde aus einem 2:4-Rückstand ein 7:4. Jo Deckarm hatte bis dahin schon viermal getroffen, doch zum Mann des Tages sollte – neben dem bestens vorbereiteten und aufgelegten Manfred Hofmann – der junge Arnulf Meffle aus Hofweier werden, dessen sieben Tore die am Ende entnervten Jugoslawen nicht auf der Rechnung hatten. Zdravko Radjenovic ließ sich zu einer Tätlichkeit gegen Horst Spengler hinreissen und wurde wegen seines Faustschlages beim Stand von 14:9 für uns ausgeschlossen. Mit permanent einem Feldspieler mehr auf dem Parkett hatten wir den Gegner noch sicherer im Griff. Am Ende hieß es 18:13 für uns – das kam einer Handball-Demonstration gleich. Zur Belohnung durften wir einer Einladung der in Odense Station machenden Bundesmarine folgen, die uns auch bei den Spielen angefeuert hatte und uns nun bis 23.00 Uhr ein prima Gastgeber war. Besser konnte die Vorrunde für uns gar nicht enden.

Gut war, dass Mannschaftskapitän Horst Spengler noch, wie Stenzel es gerne umschrieb, weitere Chefs neben sich hatte, auf die sich die Verantwortung bei diesem Turnier verteilte – auch im Innenleben des Teams: Ich gehörte dazu, Kurt Klühspies, Manfred Hofmann und natürlich auch Joachim Deckarm.

Natürlich war nicht nur alles eitel Sonnenschein. Wir waren mit 16 Spielern nach Dänemark angereist, doch nur zwölf durften damals pro Spiel eingesetzt werden. Dass dabei auch Gefühle wie Unzufriedenheit und Ärger aufkommen, ist nicht abwegig. Nur sind diese Spannungen nicht so zu Tage getreten. Jimmy Waltke sollte ja gar bis zum Endspiel keine einzige Sekunde spielen und wollte bereits die Koffer packen. Eine Geschichte, die aber sicher in meinen Schilderungen des Endspiels besser aufgehoben ist. Und auch der Ausblick auf die Hauptrunde diente nicht gerade der Entspannung: Wieder bekamen wir es mit der DDR zu tun, die sich in einer dramatischen Dreier-Auseinandersetzung mit Rumänien und Ungarn qualifiziert hatte. Beide deutschen Teams starteten also mit 2:0 Punkten, weil die Niederlage der DDR gegen die Ungarn aus der Wertung fiel, denn nicht die Magyaren, sondern die Rumänen schafften ebenfalls das Weiterkommen. Wir nahmen den Sieg gegen Jugoslawien mit, denn die hatten wiederum die CSSR aus dem Turnier geworfen.

Das erneute Aufeinandertreffen mit der DDR hatte in puncto Gruppensieg also so etwas wie Endspiel-Charakter. Einen Favoriten gab es nicht, gleichwohl stand da ja noch der dramatische Erfolg der „BRD“ über die „DDR“ im Rahmen der Olympiaqualifikation 1975 und ´76 im Raum. Niemand von uns konnte es verhindern, konnte sich dem entziehen: Mit dem Umzug nach Kopenhagen und dem bevorstehenden deutsch-deutschen Duell kehrte auch die nervliche Anspannung zu uns zurück. Von der Leichtigkeit, die wir noch kurz nach dem Abpfiff des Sieges über Jugoslawien verspürten, hatten wir uns ebenso wie vom idyllischen Odense verabschiedet.

Auch in Kopenhagen bewohnten die Gruppengegner zunächst das gleiche Hotel – und so trafen sich west- und ostdeutsche Spieler zwangsläufig auch auf dem Flur. Miteinander reden aber konnten wir nicht, darauf wurde seitens der DDR-Führungsriege strikt geachtet.

Wer geglaubt hatte, ähnliche Dramatik wie einst in Karl-Marx-Stadt könne es nicht noch einmal geben, wurde eines Besseren belehrt: Wieder war die Auseinandersetzung mit der DDR Dramatik pur. Wieder war das Spiel von ausnehmender Härte geprägt – und wieder schien sich vor der Halbzeit ein Sieg für die Ostdeutschen abzuzeichnen. 9:7 führte das Team von DDR-Coach Tiedemann. Wieland Schmidt auf Seiten des Gegners zeigte sich in einer derart überragenden Form, die wir normalerweise von unserem „Hoppes" Hofmann gewohnt waren, doch der hatte diesmal keinen guten Tag erwischt. Zum Glück hatten wir ja noch Rudi Rauer, den Stenzel ins Spiel schickte und der ganz hervorragend hielt. An unserer Nervosität aber änderte auch seine Leistung nur wenig. So stand es in der Schlussphase 14:12 für die DDR, die bereits 12:9 vorne gelegen hatte, ehe Erhard Wunderlich im Nachwurf Wieland Schmidt beim Siebenmeter-Duell überwinden konnte. Was folgte, war die 57. Spielminute und eines der wohl wichtigsten Tore meiner Laufbahn – wenngleich auch eines, das sehr umstritten war, jedenfalls auf Seiten der DDR.

In einer unachtsamen Sekunde hatte Hartmut Krüger nach einer Freiwurf-Entscheidung für die DDR durch das dänische Schiedsrichtergespann Svensson/Christensen den bereits wieder freigegeben Ball über den Hallenboden rollen wollen – was ich ausnutzte, um die Kugel aufzuschnappen und an den verdutzten Gegenspielern vorbei aufs gegnerische Tor zu stürmen. Hatten sie darauf gewartet, dass man mich „zurückpfeifen" und ihnen den Ball wiedergeben würde? Wie auch immer: Zum Glück behielt ich vor dem Teufelskerl Schmidt die Nerven und wuchtete den Ball zum 14:14 ins Netz. Nach weiteren drei dramatischen Minuten war das Spiel vorbei und wir hatten eher einen Punkt gewonnen als verloren. Für die DDR aber war dieses Remis fast schon eine Niederlage. Am nächsten Tag jedenfalls waren die Zeitungen in beiden Teilen Deutschlands voll mit großen Berichten Analysen und Rechenspielen, wer wann wie das Finale erreichen würde. Immer wieder aber wurde im Osten betont, mein Ausgleichstor sei regelwidrig gewesen. Sei´s drum. Vlado Stenzel nannte mich einen „alten Fuchs" – und so möchte ich das stehen lassen.

Wer aber würde nun ins Finale kommen? Die Jugoslawen spielten abschließend gegen die DDR, die neben uns immer noch die besten Chancen aufs Endspiel hatte. Wir bekamen es mit Ex-Weltmeister Rumänien zu tun, der den Jugoslawen knapp unterlegen war. Die Ausgangslage errechnete sich folgendermaßen: Würden wir bei letztlich gleicher Punktzahl im Vergleich mit der DDR unser um drei Tore besseres Torverhältnis verteidigen können, wäre das Endspiel erreicht. Sogar die Jugoslawen hatten noch eine Chance, in die deutsch-deutsche Hierarchie einzubrechen – mit einem Sieg über die DDR.

Wir waren Favorit gegen die Rumänen. Insofern hatten wir die beste Ausgangsposition. Aber: Nachdem bereits zuvor einige Spieler sich mit grippalem Infekten hatten herumschlagen müssen, lag nun Jo Deckarm flach. Ein heftiger Grippe-Anfall schien ihn daran zu hindern, gegen die Rumänen zu spielen.

Ausgerechnet jetzt. Am Abend aber schleppte sich Jo dann doch in die Halle, trotz Schüttelfrost. Er stellte sich für Kurzeinsätze zur Verfügung. Wie wichtig das später für uns noch werden sollte, war in der Anfangsphase der Partie gar nicht abzusehen. Nach einer Viertelstunde führten wir gegen den großen Stefan Birtalan und seine Teamkollegen bereits mit 7:2. Alles lief nach Wunsch, doch dann geriet unser Spiel ins Stocken und die Rumänen holten Tor um Tor auf. Zur Pause stand es nur noch 8:6. Beim 9:9 kurz nach der Halbzeit war der schöne Vorsprung futsch. Immerhin gelang es uns – auch dank dreier Tore von Jo Deckarm, unserem vom Fieber geschüttelten Rückraumschützen, den aufgrund seiner Kopfschmerzen schon das Abspielen der Hymnen quälte – immer wieder in Führung zu gehen, doch abschütteln ließen sich die aufopferungsvoll kämpfenden Rumänen nicht mehr. Dafür waren besonders unsere jüngeren Spieler zu aufgeregt, schienen bisweilen gar zu unerfahren. Mit Ausnahme von Erhard Wunderlich. Der „Sepp" erreichte mit vier Treffern eine überdurchschnittlich gute Quote. Er war bis zu einer Spezialbewachung gegen ihn so etwas wie der Joker in diesem Spiel, das schließlich – nach Nerven aufreibenden Schlussminuten – 17:17 endete. Ein Ergebnis, mit dem wir zunächst nichts anfangen konnten, denn nun schien es nahe liegend, dass die DDR noch an uns vorbeiziehen würde. Die Unruhe, die uns nach dem 7:2 auch noch eine 15:12-Führung im Spiel gekostet hatte, konnte auch nach dem Schlusspfiff nicht weichen. Wir waren völlig fertig und warteten gespannt auf das Resultat aus dem 100 Kilometer entfernten Kalundborg. Dort war zeitgleich mit dem letzten von uns abgewehrten Angriff der Rumänen ein DDR-Wurf beim Stand von 16:16 in der jugoslawischen Abwehr hängen geblieben. Weil man uns aber zunächst einen Sieg der DDR übermittelte, wähnten wir uns für einen kurzen Moment im Nichts. Dann aber kam das richtige Ergebnis in Kopenhagen an: Die beiden Unentschieden bedeuteten, dass wir ins Endspiel eingezogen waren. Wir waren zwar punktgleich mit der DDR, aber um drei Tore besser. Unbeschreiblicher Jubel brach aus. Einige weinten hemmungslos, hatten sie doch gerade ein unglaubliches Wechselbad der Gefühle durchlebt, ehe die Gewissheit herrschte, dass wir es geschafft hatten. In der Kabine, das weiß ich noch, gab es anschließend Bier statt Sekt. Wenn ich mich recht entsinne, brachte Vlado höchstpersönlich den ersten Kasten herein. Erst jetzt löste sich all die Anspannung.

Nicht weniger dramatisch und ebenfalls nur aufgrund des besseren Torverhältnisses gegenüber Gastgeber Dänemark erreichte die Sowjetunion das Finale. Für viele unter uns war dieser Gegner sogar der angenehmere Konkurrent, schließlich wären wir gegen die Dänen sicher nicht in der uns durchaus willkommenen Außenseiterrolle gewesen – und hätten zudem noch eine ganze Halle gegen uns gehabt. Doch jetzt hofften wir auf die lautstarke Unterstützung des dänischen Publikums und tausender deutscher Fans, die (wie wir erfuhren) zum Finale in das kleine Nachbarland einreisten.

Der Rest ist Geschichte – und ein eigenes Kapitel in diesem Buch.

Es ist ja bereits mehrfach in diesem Buch angeklungen: Wer harte Arbeit abliefert, kann auch feiern. Natürlich gab es nach dem WM-Triumph von Kopenhagen kein Halten mehr. Dass die Deutsche Sporthilfe für den Titel 5.500 Mark ausgelobt hatte, war ein sehr angenehmes Zubrot, allein: Daran hat in diesen Momenten ganz bestimmt niemand gedacht. Was folgte, war eine Fete, die lange andauern sollte, zumal ja in der Heimat auch noch – wie treffend – Karnevalszeit war. Unsere Rückkehr fiel auf den Rosenmontag.

Doch noch waren wir nicht wieder zurück in Deutschland. Eine Reise mit der Fähre von Kopenhagen nach Puttgarden und eine Fahrt im VfL-Bus durch die ganze Nacht trennten uns von den Jubelempfängen in Gummersbach, Hüttenberg, Großwallstadt und wo immer auch meine Kameraden herkamen. Die Feierlichkeiten hatten natürlich in der Kabine begonnen, waren beim Weltmeister-Bankett in der Tuborg-Brauerei weitergegangen und hörten freilich auch auf der Fähre über die Ostsee nicht auf. Morgens um drei kamen wir im Fehmarnschen Fährhafen an – und der „Bahnhof" war im wahrsten Sinne des Wortes überwältigend. Hunderte von Fans waren trotz der Kälte zum Empfang erschienen, Blumen wohin man sah und sogar eine Blaskapelle spielte zu unseren Ehren. Da wusste ich: Wir hatten tatsächlich viele Menschen bei uns zu Hause mit dieser WM erreicht. Dieser Eindruck bestätigte sich erst recht, als wir, die Spieler des VfL und Horst Spengler, der sich ins Oberbergische „verirrt" hatte, in Gummersbach ankamen.

Während in Köln der Karneval „tobte", war in Gummersbach großes „Hallo" wegen uns Weltmeistern. Hunderte Fans waren gekommen, um uns einen gebührenden Empfang zu bereiten, darunter natürlich auch der damalige Bürgermeister der Stadt, Hubert Sülzer. Das Einkaufszentrum war zur Bühne für uns Heimkehrer geworden. Das Freibier floss in Strömen und mein Sohn Markus begrüßte mich mit den Worten: „Hallo Weltmeister". Ich weiß noch, dass ich ihn auf den Armen hielt, während ich versuchte, mich durch die Menge zu kämpfen. „Lasst den Kölnern ihren Rosenmontagszug", skandierte der zweite Vorsitzende des VfL, Hans Schröder, nach unserem Eintreffen in der Mittagszeit, „wir feiern unsere Weltmeister": Claus Fey, Jo Deckarm, Erhard Wunderlich und meine Wenigkeit.

Tags darauf übrigens waren wir wieder am Ball. Mit dem VfL begannen wir uns auf die Rückrunde der Bundesliga vorzubereiten. Erster Gegner war der TV Hüttenberg, dessen Aushängeschild und Kapitän Horst Spengler eben noch mit uns gefeiert hatte und gemeinsam mit uns auch in Gummersbach bejubelt wurde.

In der Folgezeit gab es – neben zwei gemeinsamen und gesponserten Urlaubsreisen nach Damp und Israel im Sommer ´78 – Ehrung auf Ehrung, Laudatio auf Laudatio, zahllose Empfänge – das volle Programm. Die größte Auszeichnung war gewiss die Wahl zur „Mannschaft des Jahres"am Jahresende. Zu diesem Zeitpunkt wurden wir als Favorit auf die olympische Goldmedaille gehandelt. Eine Bürde, die wir bereit waren, zu tragen, zumal wir beim ersten wichtigen Auftritt nach dem WM-Gewinn, einer Länderspielserie gegen drei starke Mannschaften im Oktober ´78, erneut unsere Stärke demonstrierten: In Dortmund schlugen wir die Jugoslawen, in Hannover die Dänen und in Hamburg gewannen wir gegen die CSSR. Das Unternehmen Gold in Moskau lief zunächst wie geplant.

Dass sich Vlado Stenzel zunehmend selbst vermarktete und ihm dam Ende diese letzte Konsequenz abhanden gekommen war, die ihn zuvor so erfolgreich und berühmt gemacht hatte, war eine Art schleichender Prozess, der auch auf Seiten der Spieler mit Verzögerung registriert wurde.

Die entscheidenden Einschnitte aber sollten erst noch folgen. Eine der härtesten Phasen in meiner Karriere als Aktiver stand mir (und allen anderen Nationalspielern) bevor. Mit ihr endete der Traum vom Olympiasieg – und der Höhenflug des deutschen Handballs. Menschlich am schwersten wog die fürchterliche Verletzung Jo Deckarms, die nicht nur unseren besten Spieler aus unserer Mitte riss. Ähnlich hart aber traf uns der Olympiaboykott des Westens als Reaktion auf den sowjetischen Einmarsch in Afghanistan. Die Politik hatte über den Sport gesiegt. Ein Traum zerplatzte, der Höhepunkt in der Karriere eines Spitzensportlers fiel höherer Gewalt zum Opfer. Später einmal wurden wir, also diejenigen, die 1980 in Moskau hätten spielen sollen, von NOK und DSB als Silbermedaillengewinner eingestuft. Entsprechende Dekorationen haben wir dafür auch noch erhalten. Eine Urkunde ... Doch was zählt das schon?

Die politische Lage in der Welt hatte sich seit 1979 stark verändert, zwischen den USA und Russland herrschte Eiseskälte, nachdem die Sowjets gegen Afghanistan in den Krieg gezogen waren. Die Rede von diplomatischen Konsequenzen machte die Runde und damit einhergehend auch die Gerüchte um einen Olympiaboykott der westlichen Staaten. Ich weiß noch, dass ich vom Entscheid des deutschen NOKs während einer Kutschfahrt durchs Oberbergische, die der VfL Gummersbach nach Saisonende organisiert hatte, erfuhr. Es war am Himmelfahrtstag 1980. Das Gerücht war Wirklichkeit geworden – ein unbeschreiblicher Schlag.

Noch an diesem Tag reifte in mir der Entschluss, dass hiermit auch meine Länderspielkarriere enden würde. Der Traum von der Goldmedaille bei Olympia war ausgeträumt – wofür sich weiterhin dieser Doppelbelastung aussetzen, fragte ich mich. Ich war zu dieser Zeit aufgrund meines Examens und des damit verbundenen Lern- und Prüfungsstresses ziemlich ausgepowert – und irgendwie leer. Die WM 1982 im eigenen Land als neue Option, als neues Ziel nahm ich in dieser Phase gar nicht wahr. Mir war auch mein beruflicher Werdegang abseits des Handballs einfach wichtig. Hinzu kam die Erschöpfung der Dreifachbelastung. Nur so kann ich mir im Nachhinein diese Perspektivlosigkeit erklären, die ich damals meinte, zu verspüren. Mit 28 Jahren aber kam dieser Rücktritt eigentlich viel zu früh. Dazu gleich mehr.

Mein Rücktritt und auch der von Kurt Klühspies und Manfred Hofmann wurde womöglich gar nicht so wahrgenommen in all der Aufregung um den Olympiaboykott. Dabei bedeuteten diese Personalien schon einen erheblichen Einschnitt für den deutschen Handball, was die Nationalmannschaft angeht. Allein von der Historie her – mit uns wurden irgendwie die Wurzeln ausgerissen. Und da die Zahl der Nationalspieler auch nicht so hoch war wie heute und insofern nicht allzu häufig adäquate Alternativen um die Ecke kamen, wog unser Abschied schon schwer. Das muss man schon so sagen dürfen. Bis zu unserem EM-Sieg in Slowenien ist die Weltmeistermannschaft von 1978 immer der Maßstab geblieben, seltener die Olympiateams der DDR von 1980 und der BRD von 1984, die bei den jeweiligen Boykottspielen in Moskau und Los Angeles Gold beziehungsweise immerhin Silber geholt hatten. Die Truppe von 1978 aber blieb eben ein Mythos, das große Vorbild – bis heute, da wir wieder eine „Sieger"-Mannschaft haben.

Zurück ins Jahr 1980 – eine Zeit der verpassten Chancen. Gemeint ist damit auch mein Rücktritt. Die WM im eigenen Land war ja schließlich trotz der geschilderten Rückschläge durchaus noch einmal eine große Chance für diesen Sport hier zu Lande. Doch leider lief vieles schief und als es soweit war, spielte eben nicht die stärkste deutsche Mannschaft bei der WM. Noch heute behauptet Vlado zwar, er habe uns gefragt, ob wir nicht wieder mitmachen wollten – gerade wegen der Weltmeisterschaft im eigenen Land und deren Stellenwert, aber weder Kurt Klühspies noch ich können uns daran erinnern. Dass Vlado hingegen Arno Ehret und Jimmy Waltke mehr oder weniger aus dem Team warf, dass sogar Horst Spengler auf der Kippe stand – all das waren in der Zwischenzeit Indizien dafür geworden, dass die DHB-Auswahl von unserem, besser: ihrem, Idealweg abgekommen waren. Vlado hatte das Erfolgsteam zusätzlich durcheinander gewirbelt. Zudem trennte sich Stenzel sogar von Heinz Jacobsen, was er – wie ich weiss – später ziemlich bereute.

Dies ändert nichts an meiner Einsicht, dass es ein Fehler war, damals zurückzutreten. Das würde ich in der gleichen Situation heute anders entscheiden. Bis heute hätte ich diesen Entschluss gerne korrigiert. Nun gut, heute betreibt man Sport auf diesem Niveau ja auch nicht mehr nur so nebenher wie damals. Ich habe mich zwar nicht kaputt studiert, dennoch war mein BWL-Studium schon anspruchsvoll. Der Zeitaufwand und die Doppelbelastung waren schon da – das lässt sich nicht wegdiskutieren. Ich stand damals erheblich unter Druck. Heutzutage haben die Spieler zwar eine ungleich höhere körperliche Belastung, aber sie haben auch meistens mehr Zeit, sich zu pflegen und sich professioneller um die richtigen Rahmenbedingungen und ihre Fitness zu kümmern.

Als ich 1984 – das kurzes Comeback einige Jahre später mal außen vor gelassen – auch meine aktive Laufbahn beim VfL Gummersbach beendete, da war es der richtige Zeitpunkt. Da war ich auch körperlich soweit, sagen zu können: Ja, nun ist es der richtige Moment. Die Knochen sind müde. Hinzu kam mein Beruf. Das war okay. Aber 1980 ... – da war ich noch fit. Wohl deshalb würde ich heute jedem Spieler raten, so lange dabei zu bleiben, wie es möglich ist. Denn so eine schöne Zeit wie im aktiven Spitzensport kriegt man nicht wieder. Der Umgang mit anderen, jungen Menschen, die Reisen, die Erlebnisse – es ist wunderbar, trotz aller Entbehrungen. Zumal man ja heute damit auch noch richtig Geld verdienen kann. Oftmals mehr als im späteren Berufsleben.

Nach der WM in Deutschland und dem enttäuschenden siebten Platz der deutschen Mannschaft unter Vlado Stenzel – vielen ist sicher noch dieses dramatische 16:16 gegen die Schweiz in der Dortmunder Westfalenhalle in Erinnerung, das die BRD-Auswahl um das „kleine Finale" brachte, musste der „Magier" gehen. Ihm folgte Simon Schobel, vormals Spieler und Trainer des TUS Hofweier. „Simi" musste mit der Nationalmannschaft zur B-WM nach Holland, um sich dort für die Olympischen Spiele in Los Angeles zu qualifizieren. Er fragte mich, ob ich wieder mitmachen wolle und eröffnete mir, dass ich in seinen Plänen eine tragende Rolle spielen würde. Bei mir lief es zu diesem Zeitpunkt im Verein sehr gut, wir waren gerade Meister und Pokalsieger geworden, hatten den Europacup gewonnen und ich verspürte plötzlich neue Motivation, dieser Mannschaft zur Qualifikation zu verhelfen. Ich hatte wieder ein Ziel. Ich willigte ein – aus reinem Spaß an der Sache, nicht etwa, weil ich der Meinung war, am deutschen Handball angesichts meines Rücktritts 1980 etwas gutmachen zu müssen.

Lassen wir die vielen Vorbereitungsmaßnahmen beiseite. Das Übliche. Erwähnt werden muss allerdings, dass es irgendwie alles seltsam lief. Mit dem Feeling und der Mannschaft von 1978 hatte dieses Team nicht viel gemeinsam, als wir am 25. Februar zum Auftakt in Boxmeer gegen die damals tatsächlich noch zweitklassigen Franzosen 22:18 gewannen. Auch die Siege gegen den Gastgeber Holland, 19:10, und die starke CSSR, 17:16, konnten den Eindruck nicht verwischen, dass hier eine improvisierte Truppe am Werke war. Wir alle hatten die Situation wohl falsch eingeschätzt. Es waren zwar die besten Spieler dabei, aber sie passten nicht ideal zusammen. Man hätte sich mehr auf die Gruppendynamik konzentrieren müssen, wie sich später herausstellte.

Wir waren mit drei Mittelleuten, also Spielmachern, angereist: Peter Meisinger aus Großwallstadt, Karl-Heinz, „Charly" Schulz aus Günzburg und ich. Meisinger spielte in der Mitte, ich oft am Kreis und Charly auf Linksaußen. Zwischen Meisinger und Erhard Wunderlich im halblinken Rückraum war keine allzu große Harmonie im Spiel. Zu Wunderlich gruppierte sich da schon eher Klaus Voik aus Hofweier, der im rechten Rückraum spielte, während „Sepps" Gummersbacher Teamkollege Claus Fey auf dieser Position auch nicht recht akzeptiert wurde zum damaligen Zeitpunkt. Es stimmte nicht in der Mannschaft. Ungeachtet dessen zogen wir verlustpunktfrei in die Hauptrunde ein. Zusammen mit der CSSR.

Dort aber traten die spielerischen Bruchstellen zutage: Gegen die Schweiz reichte es erneut nur zu einem 16:16. Die Schweden – damals noch nicht mit der Ausnahmestellung im Welthandball, die sie später einnehmen sollten – wurden immerhin 18:15 geschlagen. Spanien aber trotzte uns schon wieder einen Punkt ab – 18:18 hieß es am Ende einer weiteren Nervenschlacht. Damit war vor dem letzten Spiel klar, dass wir abschließend die Ungarn um ihren Superstar Peter Kovac würden schlagen müssen, um das Ticket nach L.A. zu lösen. Dieser 6. März 1983 in Amsterdam wurde zu meinem schwärzesten Tag als Spieler.

In einem qualitativ sehr wohl, an Dramatik aber nicht mehr zu überbietenden Spiel gelang mir Sekunden vor Schluss vom Kreis das 12:11. Während der Ball noch im Netz zappelte, sprintete ich zurück, um mich in der Abwehr für die letzten Sekündchen aufzustellen, doch die Schiedsrichter hielten die Uhr an, was den Ungarn noch einmal acht Sekunden Zeit einbrachte. Bei fortlaufender Uhr hätten sie es sicher nicht mehr geschafft, sich noch einmal in eine ausreichende Wurfposition vor unserem Tor zu bringen. Nach dem Spiel sollte es die ersten Diskussionen um das sogenannte Time Out geben, zumal dieses bis dahin – und oft auch noch heute – nur in der Schlussphase eines „engen" Spiels herangezogen wurde. Eine zweite Diskussion sollte sich gleich anschließen, denn der ungarische Linksaußen Josef Kenyeres nutzte eine Unachtsamkeit in unserer Abwehr und traf tatsächlich noch zum 12:12. Andy Thiel, inzwischen Nationalkeeper, konnte nichts ausrichten. Doch fiel der Treffer in der Spielzeit? Eine Schluss-Sirene war nicht zu hören, eine Zeitanzeige gab es nicht. Die Uhr am Kampfgericht war der einzige Zeitmesser.

Das Ausgleichstor der Ungarn wurde gegeben – wir waren raus und die Ungarn als Gruppensieger gemeinsam mit den Tschechoslowaken hatten die Qualifikation geschafft. Deutschland landete durch dieses Tor in allerletzter Sekunde auf Platz drei. In mir brach eine Handballwelt zusammen. Immerhin hatte ich mein ganzes persönliches Engagement in dieses Turnier, dieses Vorhaben gesteckt. Wenn man ein Comeback gibt, zurückkehrt für ein ganz bestimmtes Ziel, dann will man ja auch was bewegen und nicht am Ende mit einem Misserfolg dastehen. Ich kauerte auf dem Hallenboden. Oder saß ich apathisch auf der Bank? Ich weiss es nicht mehr. Aber es ist, als könnte ich es heute noch spüren: Dieses Gefühl der Niedergeschlagenheit. Es war schon sehr, sehr bitter. Noch in der Halle war klar für mich, dass es das nun endgültig war mit der Nationalmannschaft. Schluss, Ende. Ohnehin hatten „Simi" Schobel und ich nur eine Abmachung für die B-WM, aber ich hätte mich sicher dazu bewegen lassen, auch noch in L.A. zu spielen, wenn wir es geschafft hätten.

Dass wir dann aufgrund des Olympiaboykotts der Ostblock-Staaten doch noch nach Los Angeles fahren würden, eine neu formierte deutsche Mannschaft mit mir als Co-Trainer Schobels, dass ahnte ich natürlich in diesem Moment noch nicht – und ist ein anderes Kapitel.

ANSICHTSSACHEN

Meine Meinung über…

… meine größten Rivalen auf dem Spielfeld

In meiner aktiven Laufbahn sind mir zwischen 1972 und 1984 nahezu alle Weltklassespieler in der Bundesliga, im Europacup und in der Nationalmannschaft begegnet. Gegen viele musste ich selbst spielen, da ich als Abwehrchef im Zentrum natürlich oftmals gegen die Spielmacher oder Haupttorschützen des Gegners stand. Ich möchte niemanden vergessen, kann aber auch nicht alle Ausnahmespieler aufzählen. Darum beschränke ich mich auf eine kleine Auswahl besonders prägnanter Gegenspieler:

- Im Rückblick auf die gegnerischen Torhüter hatte ich als Werfer sicher am meisten Respekt vor Großwallstadts **Manfred Hofmann**, der ja im Nationalteam ein Kollege war und mit dem ich gemeinsam Weltmeister wurde. „Hoppes", wie er als Aktiver genannt wurde, stand mir in all den Jahren der großen, nationalen Rivalität zum TV Großwallstadt immer wieder gegenüber. Es gab packende, dramatische Duelle, Siege, Niederlagen. Vor seiner Klasse hatte ich Respekt. Gegen ihn zum Torerfolg zu kommen, war schwierig. Ebenso verhielt es sich mit dem Magdeburger Wieland Schmidt, dem Weltklasse-Torwart des großen Europacup-Widersachers aus dem anderen Teil Deutschlands. Auch gegen ihn mochte ich nicht gerne spielen, es war immer unangenehm, da seine Reflexe und sein Stellungsspiel zu seiner Zeit überragend waren. Zum Glück war es ja nicht meine Rolle, viel aufs Tor zu werfen. Für so manchen Kollegen war Wieland aber eine Art Angstgegner.

Aus dem Kreise der Feldspieler möchte ich hervorheben:

- **Kurt Klühspies**, großer Widersacher und enger Freund zugleich. Was haben wir uns für direkte Duelle geliefert, wenn der VfL gegen Großwallstadt spielte. Es ging zur Sache, zumal wir auch meistens direkt gegeneinander spielen mussten. Er war extrem ausgebufft und clever – Eigenschaften, die ich an ihm natürlich nicht nur fürchtete, sondern auch schätzte, da wir in der Nationalmannschaft ja Kollegen waren, das Zimmer teilten und meistens auch nebeneinander in der Abwehr standen. Doch im Vereinstrikot ging es bis ans Äußerste. Unserer Freundschaft hat dies, wie auch an anderer Stelle in diesem Buch geschildert, nie einen Abbruch getan.
- Von seiner handballerischen Klasse her war der Jugoslawe **Hrvoje Horvat**, später auch mal Trainer in Gummersbach, eine Ausnahme. Anfang der Siebziger war er auf der Mittelposition weltweit das Maß aller Dinge – ein filigraner,

präziser und intelligenter Spielmacher, torgefährlich obendrein. Kurzum: Ein Regisseur und Spielmacher von Weltklasseformat. Gegen ihn zu spielen war etwas ganz Besonderes, da ich seinen Handballstil sehr bewunderte, ja auch versucht habe, gewisse Dinge auf der Mittelposition selbst umzusetzen.

- **Vladimir Kravtschov** von Mai Moskau war schon aufgrund seiner Physis und seines körperbetonten Spiels Furcht einflössend. Er war so breit wie hoch und wäre mit einem von uns auf dem Buckel noch abgesprungen – und zwar genauso hoch ... Wenn man bei den Athleten aus der Sowjetunion von „russischen Bären" sprechen mochte – er war der Inbegriff dessen. Dennoch habe ich ihn zweimal bezwingen können: 1974 gewann der VfL das Europacupfinale gegen Moskau und auch im WM-Finale 1978 war er zweiter Sieger. Beide Partien waren enorm dramatisch. Ebenso wie das Olympiaspiel 1976 in Montreal, in dem dann Vladimir als Sieger vom Platz ging.
- Der Pole **Jerzy Klempel**, den deutschen Fans aus seiner Zeit bei FA Göppingen sicher ein Begriff, war der vielleicht gefährlichste und außergewöhnlichste Torjäger seiner Zeit. Seine Torquote ist auch heute noch einzigartig. Als Linkshänder im rechten Rückraum setzte er Maßstäbe. Er brauchte nur einen Schritt Anlauf, hatte eine enorme Sprungkraft und überwarf alle aus einem langen Arm. Jahrelang beherrschte er die Torjägerlisten – auch auf internationaler Bühne. Vierzehn, fünfzehn, manchmal auch achtzehn Treffer in einem Spiel – bei Klempel musste man auf alles gefasst sein. Nicht nur seine Wurfgewalt, sondern auch seine Variationen waren beeindruckend. Ich habe nahezu jeden Rückraum-„Bomber" auf der Welt blocken können – nur Jerzys Würfe nicht. Es ist mir einfach nicht gelungen ... Doch er war auch ein sehr dominanter Spieler, trotz seiner überragenden Torgefährlichkeit, besonders aus Freiwürfen, blieb zum Beispiel der polnischen Nationalmannschaft ein ganz großer Titel verwehrt. Zu viel hing von seinen Würfen und seiner Tagesform ab. Stopp: Zweimal immerhin, 1976 bei Olympia und 1982 bei der WM, gewann er Bronze. Jerzy verstarb viel zu früh im Mai 2004.

... meine wichtigsten Mitspieler

Die gesamte Weltmeistermannschaft 1978 war natürlich eine große Einheit, jeder Einzelne wichtig. Ebenso verhielt es sich bei meinen Erfolgen auf Vereinsebene – jeder Spieler des VfL hatte auf seine Art Anteil an den Erfolgen. Dennoch gibt es natürlich auch in diesem Punkt Spieler, die hervorzuheben sind. Joachim Deckarm gebührt in diesem Buch ein eigenes Kapitel, er sei hier nur kurz aufgeführt, einige andere Kameraden möchte ich erwähnen:

- **Kurt Klühspies** war in der Nationalmannschaft unverzichtbar. Wir haben uns ideal ergänzt. Sein Gespür für die Situation, sein Auge und die Fähigkeit, wichtige Tore zu werfen, sprich Verantwortung zu übernehmen, machten ihn zu einem Führungsspieler. Hinzu kam seine Defensivqualität. Kurt war ein Super-Spieler!

- **Andreas Thiel**, der „Hexer" – Ohne ihn und seine Torwartleistungen wären viele Erfolge beim VfL Gummersbach in den Achtzigern unmöglich gewesen. Ohne Zweifel war er über Jahre ein Weltklassemann – und er hat diese Leistung im Vergleich zu vielen anderen Torleuten mit großartigen Qualitäten auch sehr oft abgerufen. Zu seiner eigentlichen Stärke zwischen den Pfosten kam im Laufe der Jahre natürlich auch seine Aura, vor der die Gegenspieler schon von vornherein großen Respekt hatten. Andy zeigte unglaubliche Reflexe, aber er konnte aufgrund seiner Intelligenz die gegnerischen Werfer auch ausrechnen, ihre Wurfbewegungen „lesen" und vorausahnen.
- **Erhard Wunderlich** schaffte es nach seinem Wechsel zum VfL Gummersbach, die Lücke zu schließen, die Joachim Deckarm hinterlassen hatte. Er führte die Tradition außergewöhnlicher Rückraumspieler und Torjäger im linken Rückraum fort, die mit Hansi Schmidt in Gummersbach begonnen hatte. „Sepp" war ein überragender Werfer und auch Anspieler, schlicht ein Vollbluthandballer. Er hat das nicht nur im Verein, sondern auch in der Nationalmannschaft unter Beweis gestellt und damit Hansi Schmidt sogar noch etwas voraus. Dafür stand Hansi auch in der Deckung seinen Mann, was Erhards Part nicht unbedingt war. Dort profitierte er ja oftmals vom so genannten Spezialistenwechsel. In der Deckung kam ein Mitspieler für ihn, er griff dann erst wieder im Angriff ins Geschehen ein – das allerdings umso effektiver. Okay: Er war kein Paradeathlet, nicht immer der Trainingsfleißigste. Aber er hatte enormes Talent, das sich nicht nur auf seine Körpergröße beschränkte. In der Saison ´82/83 war er körperlich obendrein topfit, dynamisch wie nie zuvor – und auf dem Höhepunkt seines Könnens. In dieser Phase gab es keinen anderen vergleichbaren Handballer.
- **Joachim Deckarm** war bis zu seiner Verletzung ein kompletter Spieler, athletisch toll ausgebildet und im Angriff variabel einsetzbar. Auch er fing auf Linksaußen an in Gummersbach, doch zur Weltklasse reifte er im linken Rückraum. „Jos" Unfall war ein bedeutender Einschnitt für uns alle, besonders auch in meiner Gefühlswelt. Zunächst bereitete mir die veränderte Situation viel Schmerz, dann wurde sie zwangsläufig zur Gewohnheit. Jo war, ist und bleibt einer der besten Handballer aller Zeiten.
- **Jochen Feldhoff** ist mir in all den Jahren unserer gemeinsamen Zeit beim VfL Gummersbach ebenso sehr ans Herz gewachsen wie unsere Kameraden Klaus Westebbe, Thomas Krokowski, Christian Fitzek, Rudi Rauer oder Gerd Rosendahl. Jochen war ein wichtiger Akteur in der Gummersbacher Ära zwischen den Jahren 1966 und 1977. Er war auf Rechtsaußen „zu Hause" und als Teamspieler unverzichtbar. Wie ich bestach Jochen zahlenmäßig nicht als Shooter, aber er übernahm unter anderem in zahlreichen Europapokal-„Schlachten" Verantwortung. Das blieb den Fachleuten freilich nicht verborgen – Jochen bestritt 67 Länderspiele.

100 PROZENT UND MEHR

Heinz Jacobsen

„Der Spieler Heiner Brand war immer bereit, 100 Prozent und mehr zu geben. Was ihn auszeichnete, waren seine absolut professionelle Einstellung, sein großer Ehrgeiz und die Eigenschaft, nie aufzugeben. Dabei war er auch rücksichtslos gegen sich selbst. Ich erinnere mich an einen Vorbereitungslehrgang auf Olympia 1976, als Heiner an einer Knochenhautentzündung litt, die ihn jedoch nicht davon abhielt, immer weiter zu trainieren. Seine Disziplin und sein Kameradschaftssinn waren ausnehmend. Das machte ihn auch abseits des Spielfeldes so wertvoll für das Mannschaftsgefüge. Er war eine Integrationsfigur, ein Leader – unabhängig von seinem Alter. Der Bundestrainer Vlado Stenzel konnte sich uneingeschränkt auf Heiner verlassen, was nicht bedeutete, dass sein Verhältnis zu Brand nicht auch von Reibungspunkten geprägt war. Heiner scheute sich nie, Stenzel die Meinung zu sagen – unter vier Augen. Aber selbst das war ganz sicher nicht selbstverständlich angesichts der hohen Autorität, die von Vlado ausging.

Manchmal aber bedurfte es dennoch zusätzlicher Diplomatie – und für die war damals ich zuständig. Ich war sozusagen der Puffer zwischen Stenzel und den Jungs. Heute, im Nachhinein, freue ich mich, dass meine Rolle damals offenbar entsprechend wahrgenommen und auch gewürdigt wurde. Unvergesslich wird es mir immer bleiben, als Vlado bei der WM 1978 nach dem Spiel gegen die DDR beim Abendessen anordnete, den Pudding zu essen, den es zum Nachtisch gab, den aber so gut wie niemand mehr essen wollte. Die Stimmung war extrem angespannt. Wegen eines Puddings! Das Dessert aber war und blieb trotz zunehmender Proteste einfach Pflicht. Bevor die Stimmung vor dem nächsten Spiel gänzlich kippen konnte, trommelte ich die ganze Truppe abends dann ohne Vlados Wissen auf meinem Hotelzimmer zusammen und wir haben den Frust mit ein paar Bierchen, die ich extra dafür organisiert hatte, runtergespült. Danach waren die Jungs wieder viel lockerer. Ich glaube, so etwas kann für einen Turnierverlauf eminent wichtig sein. Viele Spieler haben damals auch darauf geachtet, wie Heiner sich denn verhalten würde, aber er war bei aller Loyalität dem Trainer gegenüber natürlich einer von ihnen und brauchte das Bierchen ebenso dringend wie seine Kollegen. Heiner war und ist eben ein fröhlicher Typ.

Einem gepflegten Pils nach erledigter Arbeit war er nicht abgeneigt. Die Geselligkeit gehörte schon dazu aus seiner Sicht, sie schaffte die entsprechende Balance – auch für den ehrgeizigen Heiner. Ich erinnere mich beispielsweise auch an den Abend vor unserer Abreise zur WM nach sechswöchigem Trainingslager im Ostseebad Damp. Stenzel war unterwegs, schaute sich ein Länderspiel Jugoslawiens an und wir machten eine Feier ohne ihn - sehr ausgelassen, um es mal so zu formulieren. Meinen Segen hatten die Jungs. Ich sage nur: Dieser Abend war extrem wichtig und eine Nuance auf dem Weg zum Gewinn der Weltmeisterschaft.

Dann war da beispielsweise auch noch jene Zimmer-Kontrolle Stenzels während eines Länderspiels im norwegischen Drammen. An jenem Abend im DHB-Quartier erwischte der Bundestrainer Heiner und seinen Zimmergenossen Kurt Klühspies nach der Bettruhe um 22 Uhr noch ziemlich munter. Was war geschehen? Laut Aussage der beiden hatten sie plötzlich noch großen Hunger bekommen und deshalb sowieso nicht schlafen können. Also hatten sie sich Hühnchen und Pommes mit Ketchup und Mayo bestellt. Naja, und runterspühlen musste man das ja auch irgendwie ... So etwas war irgendwie entwaffnend, zumal man den beiden sportlich ja nie etwas nachsagen konnte.

Auf dem Spielfeld war Heiner sehr diszipliniert, er verrichtete die Drecksarbeit für den Rückraum – und war sich dafür auch nie zu schade. Er war ein Handball-Arbeiter, der selbstlos Lücken riss für die Torjäger, selbstlos dahin ging, wo es weh tat, damit sich seine Nebenleute entfalten und profilieren konnten. Als Mittelspieler war er der Vorbereiter für die Werfer auf den Halbpositionen, aber man konnte sich in der Deckung auch nie darauf verlassen, dass er nicht überraschend doch auch seine eigene Lücke zum Torwurf suchte. Griff man ihn nicht an, tankte er sich bis zum Kreis durch und suchte den Abschluss. Absolute Weltklasse war er aber vor allem in der Abwehr, was ja auch Vlado schon früh erkannt hatte. Da war er absoluter Stratege, aber auch Feuerwehrmann, wenn es erforderlich war. Er zog seine Nebenleute mit, stellte sie richtig und stopfte nebenbei selbst Löcher wie niemand sonst. Er spielte einen sehr physischen Handball – vorne wie hinten.

Aber: So sehr er seine Ellenbogen auch auf dem Spielfeld benutzte, so wenig kam das für ihn außerhalb des Platzes und im Privat- oder Berufsleben in Frage. Er war stets geradlinig, aber keiner, der nur auf seinen eigenen Erfolg aus ist. Auch da konnte und wollte er den Teamspieler nicht ablegen. Auf dem Spielfeld gab es keinen absoluteren Profi als Heiner Brand, außerhalb jedoch sicher viele vermeintlich cleverere, professionellere Handballer in wirtschaftlichen Fragen oder hinsichtlich der „Verkaufe“ der eigenen Person. Er war dafür viel zu solide, zu treu und loyal seinem Umfeld gegenüber, mit dem er bis heute verwurzelt ist. Er hat sich neben dem Handball eine berufliche Unabhängigkeit geschaffen und als Spieler den VfL Gummersbach nie verlassen. Das mutet heutzutage ja fast schon unspektakulär an, ist jedenfalls gegenwärtig eher untypisch. Überhaupt sind Typen wie Heiner Brand in der heutigen Ellenbogen- und Selbstversorgergesellschaft nur noch schwer zu finden. Treue und Geradlinigkeitsind längst nicht mehr so ausgeprägt. Ich wurde im Rahmen der Recherchen zu diesem Buch gefragt, ob man einen wie Heiner Brand heute noch finden würde und ob er sich heute überhaupt als Spieler noch zurechtfände. Nun, alle Menschen sind Unikate, vielleicht aber kommt ihm in seiner Einstellung zu Spitzensport, Teamwork und auch in der Art des Spiels Klaus-Dieter Petersen, heute Nationalspieler und Deckungsspezialist bei Heiner, vom THW Kiel noch am nächsten. Typisch sind die Charakteristika Brands in der heutigen Zeit sicherlich nicht mehr.

Mein Verhältnis zu Heiner ist bis heute gut. Die Interessenskonflikte zwischen DHB, sprich Nationalteam, und Bundesliga, deren Vorsitzender ich seit Jahren bin, haben unseren Kontakt nie ernsthaft belastet. Insbesondere die Terminproblematik birgt natürlich Konfliktpotentzial, doch ich versuche, Brand so gut es geht, entgegenzukommen – und er umgekehrt auch. Als Nationaltrainer ist er zudem auch verbindlicher geworden. Sicher: Er war immer ein kantiger Typ, doch er wird zunehmend gelassener. Sein Verhalten auf der Bank bewundere ich sehr. Ich finde, er ist ein großer Taktiker, beweist sehr viel Geschick im Umgang mit seinen Spielern. Wie er es zum Beispiel schafft, dem Team „zu verkaufen“, dass Volker Zerbe trotz deutlich geringerem Zeitaufwand und ohne viel Vorbereitungszeit zu den großen Turnieren immer wieder dazu stößt und ja auch Stammspieler ist, verdient Bewunderung und Respekt. Vor allem erfordert diese Handhabung neben der unabdingbaren Akzeptanz seitens seines Teams viel Fingerspitzengefühl und diplomatisches Gespür – und das kann ich mit Blick auf die Stenzel-Jahre und meine Rolle damals nun wirklich beurteilen.“

***Heinz Jacobsen** ist seit über 30 Jahren Insider der Handballszene. Jahrelang stand der ehemalige Manager des THW Kiel der Bundesliga vor. Neuerdings ist er Top-Funktionär des HSV. Die Interessen der Liga mit denen der von Heiner Brand trainierten Nationalmannschaft zu vereinbaren, war nicht immer einfach. Nur gut, dass Jacobsen den Bundestrainer gut kennt. 1978 war er Teambetreuer und „Mädchen für alles“, als Vlado Stenzel Deutschland zum WM-Titel führte. Ohne den geschickten Jacobsen wäre der Triumph von Kopenhagen kaum möglich gewesen, das bekräftigen noch heute viele, die dabei waren. Intimus Jacobsen jedenfalls ist in puncto Brands Karriere ein Zeitzeuge wie nur wenige außer ihm.*

KALTER KRIEG, HEISSE DUELLE

Die Duelle mit dem Ostblock

Wenn man mit einem Sportkameraden an der Hotelbar steht und sich bei einem Bierchen nett unterhält, dann ist das einer jener Momente, die das Sportlerleben ausmachen. Wenn es sich dann bei dem Gesprächspartner auch noch um einen Sportler aus dem Ausland handelt, ist die ganze Angelegenheit mitunter noch spannender. Insbesondere mit den Handballern aus der DDR waren derartige Begegnungen etwas Außergewöhnliches, weil naturgemäß sehr selten. Zwar sprachen wir dieselbe Sprache, aber dennoch konnten wir uns kaum ferner sein. Es war schon immer ein etwas beklemmendes Gefühl, wenn man sich mit den Spielern aus dem anderen Teil Deutschlands unterhielt, denn ihre Unsicherheit und Angst, dabei gesehen, ja regelrecht entdeckt zu werden, war spürbar. Westkontakte waren den Jungs ja verboten. Und dennoch fanden sie statt – aller Kontrolle, allem Argwohn seitens der Funktionäre und Politiker von „drüben" zum Trotz. Ich erinnere mich an eben solch eine Szene, wie ich sie eingangs geschildert habe. Dabei handelte es sich um Hans Engel aus Frankfurt an der Oder. Wieder einmal waren wir im Europapokal auf ein Team der DDR getroffen, wieder einmal hatte es zwei denkwürdige Spiele gegeben. Im Viertelfinale des Pokalsieger-Cups 1978 mussten wir gegen den ASK Frankfurt/Oder antreten. Im Osten verloren wir 13:17, doch in Dortmund erreichten wir durch ein 15:10 noch das Halbfinale. Natürlich war die Halle mit 13.000 Zuschauern ausverkauft. Spiele gegen die starken DDR-Klubs waren Kassenschlager zu Zeiten, in denen man politisch noch vom „Kalten Krieg" sprach. Hans Engel, der DDR-Auswahlspieler, der zwei Jahre zuvor den entscheidenden Siebenmeter im Olympiaqualifikationsspiel an Manfred Hofmann nicht vorbei gebracht hatte und seitdem – wie ich später erfuhr – enorm darunter zu leiden hatte, und ich standen nach dem Bankett beim Hinspiel beieinander im Hotel. Das hatte sich so ergeben und wir kannten uns ja bereits aus früheren „Duellen". Wir wollten einfach ein wenig Klönen, als zwei DDR-Offizielle konsequenten Schrittes angerauscht kamen und ihn zwangen, das unerlaubte Gespräch mit dem Klassenfeind abzubrechen und ihnen zu folgen. In Dortmund, nach dem Rückspiel, hatten wir keine Gelegenheit mehr, uns zu treffen. Wenn man so etwas erlebt, fragt man sich natürlich, wie es ihm wohl hernach ergangen sein mag.

Ich erfuhr später einmal, dass seine Karriere – in welcher Form vermag ich nicht zu sagen – im Armeeklub ASK Frankfurt / Oder unter dem Fehlwurf von Karl-Marx-Stadt durchaus zu leiden hatte. Noch am Abend des Dramas von

Karl-Marx-Stadt soll Engel angeblich zum Verhör gebeten worden sein. Die Wahrheit darüber kenne ich allerdings nicht. Uns „West"-Sportlern ist nicht selten zu Ohren gekommen, dass DDR-Athleten sich auch gegenüber der Stasi zu rechtfertigen hatten, wurden sie im Rahmen von sportlichen Veranstaltungen mit Vertretern der BRD gesichtet.

Jahrzehntelang waren die Spiele gegen die Teams aus der DDR für beide Seiten verbunden mit besonderen Gefühlen. Wobei der Druck des Gewinnenmüssens meist im Osten sehr viel höher war als bei uns. Natürlich ging es ums Prestige, natürlich ging es um den Erfolg, doch im Ostblock passten sportliche Niederlagen gegen die Kapitalisten aus der BRD nicht ins System. Wir haben mehrmals erlebt, wie aufgeheizt und abweisend die Atmosphäre in den Hallen der DDR sein konnte, wenn der VfL Gummersbach – oder auch die Nationalmannschaft – dort auftauchten. Dabei waren die meisten DDR-Bürger durchaus freundlich eingestellt, die vergiftete Stimmung ging in der Regel von den Politbonzen aus, die dafür sorgten, dass auf den Rängen der Sportpaläste der DDR linientreue Fanatiker saßen, die den Gegner aus dem Westen niederbuhten und auspfiffen. Natürlich erging es den DDR-Mannschaften in der Westfalenhalle nicht besser. Auch dort war die Atmosphäre gegen diese Teams extrem aufgeheizt. Auf der anderen Seite haben wir immer wieder erlebt, wie DDR-Bürger zu Europacupspielen des VfL mit ihren Trabis in die damalige CSSR oder nach Polen geknattert kamen, um uns anzufeuern. Auch auf Seiten der Spieler war die Aversion weit geringer als oftmals angenommen. Es ging um die sportliche Auseinandersetzung, nicht um Politik. Ich jedenfalls habe nie für ein System gegen ein anderes System gespielt – und ich weiß, dass es nicht nur meinen westlichen Mitspielern genauso gegangen ist in all den Jahren, sondern auch unseren Gegnern aus der DDR. Ja, es gab sogar heimliche, gemeinsame Feten, zu denen sich die Spieler aus dem Osten im Anschluss an die Europacup-Auswärtsspiele im Westen regelrecht davon geschlichen hatten wie nach unserem dramatischen IHF-Pokalviertelfinale gegen den SC Magdeburg in Köln. Die Magdeburger waren damals im oberbergischen Wiehl untergebracht. Als ich von einem Auftritt im Sportstudio aus Mainz zurückkam, traf ich beide Teams bei einer inoffiziellen Spielerparty vereint an. Ich kann versichern: Feiern konnten wir damals schon gemeinsam – über Politik wurde da nicht gesprochen. Sport verbindet – man muss die Sportler nur lassen ...

Die Ostreisen standen auf der anderen Seite viele Jahre natürlich unter besonderen Vorzeichen: Visumpflicht, strikte Kontrollen und Schikanen an den Grenzübergängen, in den ausgewählten Hotels, bisweilen sogar noch in der Halle – man musste immer vorbereitet sein, dass es etwas gab, was nicht planmäßig vonstatten ging in den Ländern der Planwirtschaft. Besonders exotisch waren natürlich die Trips nach Russland, in die damalige Sowjetunion: Allein mit dem VfL spielte ich viermal in Moskau – je zweimal gegen Mai und ZSKA. Dazu kamen Reisen nach Kaunas. Zwar entspannte sich auf der diplomatischen Schiene das Verhältnis zwischen Ost und West allmählich etwas, doch vorbei waren die Zeiten der beklemmenden Begebenheiten hinter dem „Eisernen Vorhang“ noch lange nicht. Wie ein Beispiel aus dem Jahr 1987 vielleicht veranschaulichen mag: Ich war VfL-Trainer und in Sachen Europapokal unterwegs, als mir auf dem Weg nach Kaunas im heutigen Litauen bei der Durchreise in Moskau ein Videoband mit aufgezeichneten Spielen unseres nächsten Gegners zum Verhängnis wurden. Ich wurde von zwei Beamten des Moskauer Zolls, die in der aufgespürten Kassette offenkundig Spionage-Material zu erkennen glaubten, oder aber mich einfach nur schikanieren wollten, abgeführt und in ein Vernehmungszimmer gebracht. Meine Versuche, den wenig umgänglichen Herrschaften zu erklären, dass ich Handballtrainer bin und das Videomaterial nur meiner Spielvorbereitung diene, blieben völlig ergebnislos. In einem kargen Raum hinter einer Stahltür verbrachte ich mehrere Ewigkeiten ohne irgendeinen Hinweis darauf, was man mir vorwarf oder wie es weitergehen würde. Meine Spieler und die übrigen Offiziellen unseres Trosses hatten mir nur hinterherschauen können. Auch sie waren natürlich extrem verunsichert. Es war wie in einem James-Bond- oder sonstigem Spionagefilm: Nackte Wände, kein Fenster, ein grelles Schreibtischlampenlicht, das mir in mein völlig verängstigtes Gesicht schien, und diverse Beamte, die immer wieder mal in den Raum schauten, ohne aber auch nur das Geringste zu sagen. Nach ungefähr zwei Stunden durfte ich zu meinem Team zurückkehren. Auch Spielern, Betreuern und Funktionären stand der Schrecken ins Gesicht geschrieben, jedoch muss – so Augenzeugen – ich am blassesten von allen ausgesehen haben. Und ich habe keine Veranlassung, diese Schilderungen nicht zu glauben.

Eher lustig mutet dagegen schon jene Anekdote an, die es aus meiner Zeit als B-Nationalspieler zu berichten gab. Damals, es muss Anfang 1975 gewesen sein, sollten wir zu einer Länderspiel-Maßnahme in die Tschechoslowakei mit der Bahn reisen. In meinem Reisepass war ein Foto, auf dem ich noch keinen Schnurrbart trug. Mittlerweile aber hatte ich mir einen Schnäuzer wachsen lassen. Nachdem wir bereits die deutsch-tschechische Grenze zwischen Selb und Cheb überquert hatten, kamen die Grenzsoldaten zwecks Passkontrolle durch den Zug. Mich wollten sie beim Vergleich mit dem Passbild nicht wiedererkennen. Und mit mir einige meiner anderen Kollegen, Uli Schaus und Arno Böckling, auch nicht. Ja, diese Geschichte endete tatsächlich damit, dass man uns hat aussteigen lassen und nach mehreren Stunden Schikane zurück nach Deutschland chauffierte. Zuvor hatten wir mehrere Stunden in einem abgesperrten Raum im Bahnhofsgebäude von Cheb zubringen müssen, ehe wir in einem Omnibus, vollbesetzt mit tschechischen Arbeitern auf dem Weg zu ihren Betrieben, wieder zur tschechischen Grenzstation gebracht wurden. Von dort aus mussten wir die letzten Kilometer durchs Niemandsland bis zum deutschen Grenzposten laufen – es war bitterkalt. Unterdessen war der Rest des deutschen Trosses weiter gereist. Um eine Chance auf die Einreise zu haben, mussten wir uns unsere Bärte abrasieren. Derart „nackt“ ging es dann mit einem anderen Zug wieder zurück in die Tschechoslowakei, wo der Rest der Mannschaft schon sehnsüchtig auf uns gewartet hatte. Auf diplomatischem Weg hatte keine Chance bestanden, uns mit in die CSSR zu bringen, das Spiel hätte ohne uns stattgefunden.

Zurück zum Thema: VfL Gummersbach gegen die Elite des Ostblocks – so hätte man dieses Kapitel auch überschreiben können. Gleichzeitig bedeutete das Kräftemessen mit den Spitzenteams des Sozialismus und Kommunismus, sich immer wieder vor Augen zu führen, wie privilegiert doch das Leben im Westen war. Bukarest, Budapest, Tatabanya, Prag, Zagreb, Nisch, Banjaluka, Bratislava, Koprnice, Breslau, Lodz, Kaunas, dazu die Reisen ins andere Deutschland: Frankfurt an der Oder, Magdeburg und Leipzig. Handball auf internationalem Niveau spielen bedeutete: Sich auseinandersetzen mit den Umständen, unter welchen die Sportler dort zu leben hatten.

Natürlich waren die Reisen in die Ostblockländer nicht minder erlebenswert: Auf dem Roten Platz in Moskau zu stehen, das herrliche Budapest zu sehen oder Prag, die goldene Stadt – das hat schon unter touristischen Gesichtspunkten eine Menge. Unvergesslich dabei ist mir das Bild, auf dem Gerd Rosendahl während einer Europacupreise in der Nähe des Kremls mit einer Palette Dosenbier an den verdutzten Moskowitern vorbeispaziert. Auch während dieser Reisen, auf denen man sich nie ganz frei fühlen konnte, wurde einem doch immer wieder bewusst, welches Privileg es war – nein, ist – durch den Spitzensport Orte und Länder kennen zu lernen, die man ansonsten womöglich nie gesehen hätte. Dies wurde übrigens auch seitens des VfL gefördert, der – wenn es die Umstände und der Terminplan zuließen – immer darauf aus war, mehr zu sehen auf diesen Reisen als nur die Sporthalle und das Hotel. Keine Frage: Ohne diese Erlebnisse, ohne die immer wieder außergewöhnlichen Spiele gegen den damaligen Ostblock, ob nun auf Vereinsebene oder mit der Nationalmannschaft, wäre meine Karriere sicher um zahlreiche Erfahrungen und große, wichtige Momente – sportlich wie menschlich – ärmer.

ANSICHTSSACHEN

Meine Meinung über...

... meine größten Siege als Spieler

Natürlich war der größte sportliche Triumph der Gewinn der Weltmeisterschaft 1978. Ähnlich großartig war unser Erfolg mit dem VfL Gummersbach im Europapokal der Landesmeister über ZSKA Moskau 1983.

... meine größte Niederlage und die schwerste sportliche Enttäuschung als Spieler

Neben dem Olympiaboykott 1980 schmerzte sicherlich die verpasste Olympiaqualifikation bei der B-WM 1983 in Holland am meisten. Ich war extra in die Nationalmannschaft zurückgekehrt, um mitzuhelfen, das Ticket nach Los Angeles zu lösen, doch dann verlief das Turnier äußerst schwierig – und gipfelte in jenem 12:12 gegen die Ungarn, das uns nicht reichte. Dabei hatte ich noch kurz vor dem Abpfiff das 12:11 geworfen. Doch im Gegenzug war mit dem Schlusspfiff plötzlich alles vorbei. In diesem Moment verspürte ich eine große Leere und enorme Frustration. Später durfte ich mit der Mannschaft ja dann aufgrund des Olympiaboykotts der Ostblockländer doch noch mit Simon Schobels Team in L.A. dabei sein – als Co-Trainer.

ÜBER EINEN AUSSERGEWÖHNLICHEN MENSCHEN

Meine Freundschaft zu Joachim Deckarm

Über den Ausnahme Handballer Joachim Deckarm zu schreiben, fällt mir nicht schwer. Nicht wenige hielten ihn seinerzeit für den weltbesten Handballer. Sicher zu Recht. Er war in seiner Spielweise sehr intelligent, dynamisch, athletisch – klar, er kam ja schließlich vom Zehnkampf – und außergewöhnlich variabel. Dass nach der Ära Hansi Schmidt gleich wieder ein Halblinker aus Gummersbach für derart Furore sorgen würde, war schon erstaunlich. Seiner unnachahmlichen, immensen Sprungkraft verdankte Joachim seine Torgefährlichkeit. Die spektakulären Bilder von Jo haben sicherlich viele noch vor Augen: Er hoch oben mit dem Ball in der Wurfhand in der Luft, die gegnerische Abwehr überragend – ja, manchmal sogar auf sie herab schauend. Nicht selten suchte und fand er „da unten" mich als Anspielstation. Wir haben gegenseitig voneinander profitiert, waren über die Jahre hinweg ein eingespieltes Duo, wobei ihm freilich die Rolle des Rückraumschützen zuteil wurde, während ich der Vorbereiter war. In so manch anderem Kapitel dieses Buches spielt Joachim eine entscheidende Rolle. Dennoch möchte und muss ich auch an dieser Stelle an jene Momente erinnern, in denen er neben all seinen Toren für den VfL Gummersbach Überragendes für den deutschen Handball geleistet hat: Im Nationaltrikot. 1975 beispielsweise, in jenem Olympia-Qualifikationsspiel gegen die DDR in München kurz vor Weihnachten, das wir 17:14 gewannen. Was für ein Auftritt von Joachim! Vielleicht war München die Geburtsstunde des Weltklassespielers Deckarm. Ich erinnere mich noch daran, wie wir ab einem bestimmten Zeitpunkt in diesem hart umkämpften Spiel alle nur noch dachten: „Vorne hilft uns nichts mehr – außer Jo". Und wie: Er traf in diesem von vielen zum Jahrhundertspiel hochstilisierten Prestigeduell aus allen Lagen, hielt uns im Spiel und war maßgeblich für den Drei-Tore-Vorsprung am Ende verantwortlich: Neun Treffer gelangen ihm, keiner spielend leicht, nein, jedes Tor war das Ergebnis einer unglaublichen Energieleistung. Trotz Fouls seitens des Gegners, trotz Sonderbewachung. Jo war nicht zu stoppen. Einfach fantastisch. Auch im legendären Rückspiel gelangen ihm fünf unserer insgesamt nur acht Tore.

Diesen Highlights folgten weitere Ausnahmemomente, an denen Joachim großen Anteil hatte: Unser Auftritt bei den Olympischen Spielen in Montreal, der Gewinn der Weltmeisterschaft in Dänemark – Erfolge, an die ich mich natürlich immer wieder gern erinnere. Aber auch wehmütig. Denn – und ab hier fällt es mir nicht mehr so leicht, über Joachim und mich zu schreiben – Joachims Leben veränderte sich von einer Sekunde auf die andere. Um es vorweg zu nehmen: Unser aller Leben war nach dem 30. März 1979 nicht mehr so wie vorher. Heute ist sicherlich eine gewisse Gewöhnung eingekehrt, doch das Bewusstsein über den damaligen Einschnitt ist unauslöschbar.

Von Joachims schwerem Unfall während des Europapokalspiels bei Banyasz Tatabanya aus Ungarn zu berichten, berührt mich auch heute noch. Er und der Ungar Lajos Panovic prallten in der 22. Minute unglücklich in der Luft zusammen. Lajos war völlig schuldlos, dennoch litt er jahrelang unter dem Unglück. Jo verlor schon in der Luft das Bewusstsein und konnte sich somit vor dem Aufprall auf den nur mit einer dünnen PVC-Schicht überzogenen Zementboden nicht mehr schützen. Er trug schwere Kopfverletzungen, Gehirnquetschungen und eine Beschädigung der Hirnhaut (wie sich später herausstellen sollte) davon, deren Ausmaße uns im ersten Moment gar nicht klar wurden. Nicht alle hatten den ungebremsten Aufprall Jo´s mit angesehen. „Der Jo ist hart im Nehmen," dachten wir uns, „der steht gleich wieder auf."

Doch er stand nicht auf. Erst anhand der Reaktion Klaus Westebbes und Valentin Marksers sowie unseres damaligen Masseurs Günter Wrona, die zu ihm geeilt waren, realisierten wir, dass es schlimm um Joachim stehen musste. Wie oft sind die tragischen nächsten Minuten und Stunden schon rekapituliert worden. Entsetzen, Verzweiflung, Ohnmacht, Angst um Joachim – die Gefühle in diesen Augenblicken waren erdrückend. Viele von uns haben sie möglicherweise bis heute verdrängt – aus Selbstschutz. Dass Joachim keine adäquate Erstversorgung bekam, dass wir ihn aus der Halle tragen mussten, weil keine Sanitäter zur Stelle waren, ehe eine ungarische Ärztin, die das Spiel und den Unfall live im Fernsehen miterlebt hatte, zur Halle geeilt kam und sich um ihn kümmerte, dass er noch in derselben Nacht im 60 Kilometer entfernten Budapest nach einer Fahrt im Krankenwagen und nicht nach einem Flug in einem Unfallhelikopter (es war keiner aufzutreiben) von einem eilig herbeigeholten Spezialisten aus Wien notoperiert wurde – all das mutet manchmal noch heute wie ein Szenario an, das nicht wahr sein durfte. Unwirklich. Unfassbar. Auch, dass wir die verbleibenden 38 Minuten noch weitergespielt haben. Wen interessierte schon der Ausgang dieser Partie? Ich glaube, wir haben auch für Jo weitergemacht. Über diesen begrenzten Zeitraum sich noch einmal zu konzentrieren, das funktionierte. Irgendwie. Trotz des Schocks, unter dem sicher alle von uns standen. Die Nacht nach dem Spiel waren wir in Gedanken alle bei Joachim, über dessen Zustand es immer wieder Gerüchte und Fehlinformationen gab – bis hin zu der Nachricht, er sei gestorben, was sich kurze Zeit später zum Glück als Falschmeldung entpuppte. An Schlaf war natürlich nicht zu denken. Wir, die Mannschaft, Trainer und Betreuer, wollten nur weg von diesem an diesem Abend grauenvollen Ort – aber ohne Joachim? Keiner wusste, wie es weitergehen sollte. Bis dann nach stundenlangen Verhandlungen und diplomatischen Anstrengungen unser Rückflug nach Deutschland am Nachmittag nach dem Spiel organisiert war. Valentin Markser und Claus Fey blieben stellvertretend für die Mannschaft in Ungarn, Eugen Haas, Uli Strombach und Peter Kaup als Vertreter des VfL ebenso – allein schon deshalb, um sich kurz darauf Joachims Eltern, die mittlerweile in Tatabanya eingetroffen waren, anzunehmen. Unterstützt wurden sie von vielen ungarischen Sportlern und Kollegen. Die Anteilnahme war groß. Überwältigend.

Zurück in Gummersbach hatten wir eine Mannschaftssitzung. Wir mussten besprechen, ob und wie es unter diesen Umständen weitergehen sollte. Ich erinnere mich daran, dass ich als Mannschaftsführer dafür plädierte, das Training wieder aufzunehmen, gegen diese Ohnmacht, die uns nahezu paralysierte, anzukämpfen: „Es muss weitergehen – das ist sicher auch im Sinne von Jo“, sagte ich.

131 Tage lang lag Joachim im Koma. Zunächst in Budapest, später in den Unikliniken Köln und Bad Homburg. In dieser schier endlosen Zeit hatten wir uns alle gezwungen, mit dem Geschehenen fertig zu werden, irgendwie klar zu kommen, obgleich wir praktisch bei jedem Training, bei jedem Spiel zwangsläufig daran erinnert wurden, dass Jo nicht mehr dabei war. Ich werde nie vergessen, wie wir die Nachricht bekamen, dass Joachim aus dem Koma erwacht sei. Die Emotionen übermannten einen damals, wir wussten ja auch nicht wirklich einzuordnen, was das bedeuten würde und wie Joachims Gesundheitszustand wirklich war. Mit einem von Jo bevorzugten Gesellschaftsspiel unter dem Arm machten sich Claus Fey und ich auf den Weg zu ihm ins Krankenhaus nach Bad Homburg. In unserer Freude über sein Erwachen hatten wir uns nicht ausreichend vorbereitet auf diesen ersten, lang ersehnten Besuch und das Wiedersehen. Joachim war nicht nur irgendein Patient, der bald wieder der alte sein würde. An seinem Krankenbett angekommen, mussten wir uns von einem Moment auf den nächsten darüber klar werden, dass sich die Uhr nicht zurückdrehen lassen würde. Draußen auf dem Flur hatten Claus und ich mit unseren Gefühlen und mit unserer Enttäuschung zu kämpfen. Wir haben geweint. Hatten wir geglaubt, Jo gleich wieder mit nach Hause, mit zum Training nehmen zu können?

Joachims Rehabilitation bedeutete einen langen, schwierigen Weg. Physisch wie mental. Man denke an all die Bahnen, die Joachim im Schwimmbecken zurückgelegt hat, an all die Stunden Gedächtnistraining, die er absolviert hat. Er ist diesen Weg mit einem Ehrgeiz und einer Geduld angetreten, wie es vielleicht nur Menschen tun, die dazu gezwungen werden, wenn sie ein möglichst normales Leben nach einem alles andere als normalen Einschnitt ins eigene Dasein führen wollen. Und er geht diesen Weg noch immer. „Ich will, ich kann, ich muss“ – diese Maxime begleitet Joachim seit damals, wenige

Tage nachdem er aus dem Koma erwacht war. Seine Eltern hatten ihm diese Formel auf ein Schild geschrieben und in seinem Zimmer angebracht. Sie waren Tag und Nacht für ihren Sohn da.

„Ich will, ich kann, ich muss“: Das Schicksal hatte Joachim neue, schwere Aufgaben gestellt: Nichts fiel ihm leicht, alles hat er sich erkämpft, hat dabei oft genug seinem Umfeld mehr Mut gemacht als umgekehrt. Es ist nicht einfach, sich mit Veränderungen dieser Art zu arrangieren, sie zu akzeptieren. Das war es sicher auch für uns nicht, die wir Anteilnehmende waren – und doch eben manchmal nur Außenstehende. Joachim aber hat es geschafft, dass ich mich nicht lange verstellen musste vor ihm. Unsere Freundschaft hatte im Zuge dieser Veränderungen auch eine neue, andere Ebene erreicht. So normal und offen wie möglich mit ihm umzugehen, das brauchte er, das machte er mir aber auch leicht. Ob bewusst oder nicht. Obwohl er nahezu alles neu erlernen musste und auch das Sprechen anfangs nur sehr mühsam ging, steckte er sein Umfeld oft an mit seinen Witzen, mit seiner Lebenslust.

Natürlich war ich aufgeregt, als Joachim das erste Mal nach seiner Entlassung aus dem Krankenhaus zu Besuch nach Gummersbach und zu uns nach Hause kam. Selbstverständlich mussten damals entsprechende Vorbereitungen getroffen werden für einen reibungslosen Ablauf. Joachim, der ehemalige Topathlet brauchte nun Hilfe – auch bei alltäglichen Dingen, doch er nahm einem die Befangenheit auf seine Art: Mit Charme, Humor – und einem Kampfgeist, der keinen Platz ließ für Zweifel oder Unbehagen. Vor einigen Jahren traf er sich mit Lajos Panovic, der nach dem Unfall nie wieder Handball spielte und Jahre brauchte, mit seinen daraus resultierenden Depressionen fertig zu werden. Jo und Lajos sprachen unter vier Augen – und seitdem ist Panovic, wie ich hörte, befreit von der Last, die auf ihm lag. Joachim hat sie ihm offenbar genommen.

Mitleid wollte er nie. Im Gegenteil: Wer ihm auf diese Art begegnet, hat es nicht leicht mit Jo. Wer gegen ihn beim Schachspiel verliert, wird verstehen, warum das so ist. Mobilität war und ist sicher ein entscheidender Punkt in Joachims Leben nach dem Unfall von Tatabanya. Er wollte unter Leute, sich nicht zurückziehen aus dem normalen Leben, sich so gut es geht selbst versorgen und nicht dauerhaft gepflegt und umgarnt werden. Das wäre auch nicht ganz leicht, denn natürlich hat auch Joachim unterschiedliche Launen und Tagesformen.

Ohne sein familiäres Umfeld, seine Eltern, aber natürlich auch seine Betreuer, die ein beachtliches Maß an Selbstlosigkeit und Treue zu Joachim an den Tag legten (und dies noch tun), hätte er es sicherlich schwerer gehabt. Durch meine Besuche und unsere Treffen aber weiß ich auch, dass Joachim über Jahre ein streng angelegtes Trainingsprogramm absolviert hat – nahezu täglich. Disziplin und Willenskraft sind ihm nicht abhanden gekommen. Mit einer Spezialschreibmaschine begann er beispielsweise schon früh, seine Post selbst zu beantworten. Und wenn er doch einmal etwas mit Müdigkeit und Trägheit zu kämpfen hatte, half sein Umfeld durch neue Motivationsschübe nach.

Mit Blick auf meine Freundschaft zu Joachim kann ich sagen, dass ich stets versucht habe, so gut es geht mitzuhelfen, da zu sein, wenn es nötig war. Überhaupt hatte er viele Jahre ein zweite Familie neben der eigenen: Die Handball-Familie, seine Mitspieler von damals, Heinz Jacobsen, den VfL Gummersbach, allen voran Eugen Haas zu dessen Lebzeiten. Aber natürlich hat jeder auch viele Aufgaben in seinem eigenen Leben zu bewältigen, ist nicht immer so viel Zeit für Joachim übrig, wie man sie gerne aufbringen würde. Mir hat er jedoch noch nie etwas Ähnliches wie Schuldgefühle vermittelt, wenn ich mal mehrere Wochen rar machen musste – in keiner Phase unserer Freundschaft.

Von Verbandsseite her wurde Jo so oft wie möglich wieder einbezogen in Handball-Events, Revival-Treffen und andere Veranstaltungen. Er war und ist immer ein gern gesehener Gast und ich weiß, dass auch er diese Form der Abwechslung genießt. Die finanziellen Mittel, damit es in Joachims Leben möglichst keinen Stillstand oder gar Rückschritt gibt, sollen aus einem damals kurzerhand eigens nach ihm benannten Fond geschöpft werden. Denn natürlich sind auch heute noch kostspielige Reha-Maßnahmen notwendig, um Joachim zu fordern und zu fördern. Dennoch: Hilfe jedweder Art kann ihm gar nicht genug widerfahren.

Inzwischen lebt Joachim im Haus der Parität in Saarbrücken, wo er ein eigenes, seinen Bedürfnissen angepasstes Appartement bewohnt. Ich habe ihn dort natürlich schon besucht. Die Abnabelung von seiner Mutter, bei der er zuvor gelebt hatte, ist ein weiterer Einschnitt in seinem Leben. Man kann nur erahnen, dass ihm das alles nicht leicht fällt. Aber: Mit diesem Schritt soll es Joachim auf Sicht gelingen, noch unabhängiger zu werden, ohne auf Pflege und Versorgung verzichten zu müssen, wenn es erforderlich ist. Ein mutiger Entschluss, aber einer, der zu Joachim passt. Herausforderungen hat er sich stets gestellt. Vor allem nach seinem Unfall. Zu meinen Aufgaben und Herzensangelegenheiten zähle ich es, egal, was ich ansonsten beruflich machen werde, ihm stets ein Freund und für ihn im Rahmen meiner Möglichkeiten da zu sein, wenn er mich braucht. Er wäre, nein, er ist es umgekehrt auch.

ANSICHTSSACHEN

Meine Meinung über...

... sportliche Großleistungen Anderer

In vielen Sportarten gibt es außergewöhnliche Athletinnen und Athleten, die außergewöhnliche Leistungen brachten oder bringen. Mein Respekt gebührt grundsätzlich allen sportlichen Leistungen. Ich bin ein Fan komplexer Sportarten, darum auch meine Liebe zum Handball. Der US-Basketballer Michael „Air" Jordan beispielsweise war für mich ein überragender Athlet, ebenso bewundernswert finde ich Zehnkämpfer, die zur Weltspitze zählen, die sind nicht so eindimensional. Lässt man den Doping-Aspekt außer Acht, ringen mir auch die Topfahrer der Tour de France riesigen Aspekt ab. Das sind schon einmalige physische und zum Teil auch psychische Höchstleistungen – und dann auch noch über einen so langen Zeitraum hinweg.

MEIN FREUND IN ALL DEN JAHREN

Joachim Deckarm

„Mein Telefon klingelt. Reinhard Peters, einer aus dem Team, das mich in meiner stetigen Rehabilitation seit über 20 Jahren unterstützt, hebt für mich ab. Heiner ist am Telefon. Er ruft aus seinem Urlaub an und möchte wissen, ob ich in den kommenden Tagen in meiner neuen Wohnung im Haus der Parität bin. Er möchte mich besuchen, da er in Saarbrücken, dort, wo ich zu Hause bin, zu tun hat.

Erinnerungen werden wach.

Ich habe Heiner 1973 bei meinem Wechsel von Saarbrücken nach Gummersbach kennen gelernt. Und zum Glück auch bald näher kennen lernen dürfen. Er war mir von Anfang an sympathisch. Aus dem Kontakt entwickelte sich eine Freundschaft, die bis heute besteht. Heiner, zwei Jahre älter als ich, wurde für mich ein Vorbild im Training wie in der Freizeit. Ich erkannte, dass er vor allem durch seinen Vater, aber auch durch seine Brüder geformt und geprägt war. Weder im Verein noch in der Nationalmannschaft waren wir Zimmerkollegen. Trotzdem haben wir in unserer Freizeit vieles gemeinsam unternommen. Die Rolle des Vaters hat in meiner Gummersbacher Zeit Eugen Haas übernommen. Er führte uns im Verein, im Privaten und auch in der Nationalmannschaft war er irgendwie bei uns. Sein Tod vor zehn Jahren hat uns schwer mitgenommen.

Nachdem ich nach Köln umgezogen war, blieben unsere freundschaftlichen Kontakte bestehen, sie vertieften sich durch die Erfolge, die wir mit dem VfL Gummersbach und der Nationalmannschaft in den Jahren 1973 bis 1979 hatten. Höhepunkt war natürlich der Gewinn der Weltmeisterschaft 1978 in Dänemark. Es war ein Erfolg der Mannschaft und ein Verdienst von Vlado Stenzel, dass er aus den damals dominierenden Mannschaften des VfL Gummersbach und des TV Großwallstadt als Kern eine Mannschaft formte, die diesen bis heute einmaligen Erfolg errungen hat.

Von den Berichten meiner Eltern weiß ich, dass Heiner mich nach meinem Unfall in Tatabanya öfters bei meinen Reha-Maßnahmen besucht hat, vor allem in den Zeiten, in denen mir dies nicht so bewusst war. Es ist heute sehr schwer für mich, die Jahre 1973 bis 1979 als Spieler, die Jahre 1980 bis 1990 und auch die danach folgenden richtig einzuordnen. Erinnerungen an gemeinsam Erlebtes werden aber immer dann wach, wenn ich mich mit Heiner oder meinen anderen Kameraden treffe. Das ist auch gut so. Alles andere belastet mich und führt nur zu unnötigen Grübeleien. Wichtig war und ist nur, dass Freunde wie Heiner für einen da sind. Ohne sie, ohne ihn, wäre für mich sicher vieles schwerer geworden auf dem Weg zurück zu einem möglichst normalen Leben. Ich freue mich jedes Mal, wenn ich bei Handballspielen dabei sein kann. Wie oft schon hat Heiner dafür gesorgt, dass mir das möglich ist.

Stolz bin ich, dass Heiner im Verwaltungsausschuss meines Fonds bei der Stiftung Deutsche Sporthilfe die Nachfolge von Eugen Haas übernommen hat. Er verfolgt und beeinflusst durch sein Engagement meinen weiteren Lebensweg. Ich bin froh, dass Heiner heute Bundestrainer ist. Er hat es in den letzten Jahren verstanden, aus vielen Individualisten eine Mannschaft zu formen und die Entwicklung gibt mir Recht. Die Verlängerung seines Vertrages als Bundestrainer beim Deutschen Handballbund wird langfristig dazu führen, dass Deutschland konstant bei den großen Nationen der Welt mitspielen wird. Ich hoffe, dass sich bei Europa-, Weltmeisterschaften und Olympischen Spielen der ganz große Erfolg einstellen wird, auch nach einem möglichen Generationswechsel. Dies wünsche ich Heiner von ganzem Herzen. Er ist der richtige Mann am richtigen Ort. Für den deutschen Handball. Und in meinem Leben.“

(Aufgezeichnet von Reinhard Peters und Frank Schneller)

***Joachim Deckarm**, im Januar 2004 50 Jahre alt geworden, galt bis zu seiner schweren Verletzung im ungarischen Tatabanya 1979 als weltbester Handballer seiner Zeit. Heute lebt der Weltmeister von 1978 in Saarbrücken und ist auf Hilfe angewiesen. Heiner Brand ist in all den Jahren Deckarms bester Freund geblieben. Mit großem Eifer und spürbarer Freude verfasste er ein Kapitel für das Buch seines ehemaligen Gummersbacher Weggefährten, dem er heute – oftmals live vor Ort, zumindest aber vor dem Fernseher – immer die Daumen drückt, wenn die Nationalmannschaft spielt.*

ADJUTANT, GESELLE – MEISTER

Meine Co-Trainerjahre in Gummersbach

Es gibt Fernsehaufzeichnungen von jenem Spiel im Frühling 1985. Unten am Spielfeldrand tobt einer mit dickem schwarzen Schnurrbart wie Rumpelstilzchen herum, springt ins Spielfeld, ballt die Faust, ist kurz vor davor, restlos auszuflippen. Es war ein Samstag im Mai. Mein VfL Gummersbach musste am letzten Spieltag der Bundesligasaison ´85/86, dem Jahr eins nach der Ära des Spielers Heiner Brand, bei TURU Düsseldorf antreten. Trainer des Teams war mein Bruder Klaus. Nach einem Saisonauftakt, der damals – durchaus zu Recht – als Fehlstart bezeichnet werden konnte und wurde, hatte er die Mannschaft um die neue Rückraumachse Rüdiger Neitzel, Erik Veje Rasmussen und Thomas Krokowski unaufhaltsam nach oben geführt. Allen Abgängen (neben mir hatten auch wichtige Spieler wie Claus Fey, Dirk Rauin oder Gerd Rosendahl den VfL verlassen) und Verletzungsproblemen zu Saisonbeginn zum Trotz, marschierte die Mannschaft nach zunächst 5:7 Punkten Richtung Tabellenspitze. Und seit dem 25:20-Triumph in der Kieler Ostseehalle war ich als Co-Trainer mit dabei. „Vier Augen sehen mehr als zwei“, hatte Klaus gemeint und mich gebeten, ihn zu unterstützen. In Kiel fehlte erstmals Eugen Haas aus Krankheitsgründen auf der VfL-Bank. Statt seiner saß ich neben meinem Bruder. Und fortan immer. Spiel um Spiel, Sieg um Sieg hatte das neue VfL-Team aufgeholt und rangierte am 19. Spieltag erstmals auf Platz eins. Zwei Niederlagen hatte es in 19 Spielen nur gegeben, unser monatelanges Überholmanöver hatte vor dem letzten Spieltag zu folgender Konstellation geführt: Wir waren Erster, der THW Kiel mit einem Punkt Rückstand Zweiter, spielte aber zu Hause gegen den feststehenden Absteiger Wallau-Massenheim. TUSEM Essen, die einzige Mannschaft, die den VfL in der Rückrunde geschlagen hatte, konnte als Dritter nicht mehr ins Titelrennen eingreifen. Die Düsseldorfer waren zwar ein Aufsteiger, jedoch ein enorm starker. Personell waren sie kaum schwächer als der VfL. Die Phillipshalle war voll und TURU-Mäzen Wolfgang Struck, ein ehemaliger Kieler, hatte zugesagt, dass TURU einen Sieg gegen uns landen würde. Übersetzt: TURU werde uns schlagen – und der THW triumphieren. Struck hatte die Atmosphäre zusätzlich angeheizt, indem er für jedes Tor gegen uns 1000 Mark für einen guten Zweck auslobte – und bei einem Düsseldorfer Sieg gleich noch mal das Doppelte.

Es war wie zu besten Endspielzeiten. Nur, dass diesmal die Meisterschaft in einem Fernduell entschieden werden musste. Dass die Kieler mit ihrem glänzenden Spielmacher Marek Panas gegen Wallau gewinnen würden, daran bestand kein Zweifel. Und die Zwischenstände aus der Ostseehalle, in der man eine Meisterschale aus Pappmaché für den Fall der Fälle bereit hielt, bestätigten diese Vermutung: Das Spiel in Kiel war Formsache. Am Ende hatte der THW 30:20 gewonnen. In Sachen Torverhältnis war der THW uns nun insgesamt um elf Treffer voraus.

Nun aber zurück zu Rumpelstilzchen in die Düsseldorfer Phillipshalle, in der ich an jenem Nachmittag am eigenen Leibe erfahren musste, wie groß die Nervenbelastung auf der Bank ist und wie wenig man ihr ein Ventil verschaffen kann. Die Dramatik war nicht mehr zu überbieten. Ich hatte so etwas bislang nicht erlebt. Als Spieler ja – unzählige Mal. Doch so vergleichsweise hilflos am Spielfeldrand – nein. Die letzten Sekunden der Partie wurden zu gefühlten Minuten, ja Stunden ... Was war geschehen: TURU hatte uns in den vorangegangenen 60 Minuten mehrmals am Rande der Niederlage. Nicht nur beim 9:12 aus unserer Sicht, das kollektives Entsetzen und Haareraufen unter den rund 1500 mitgereisten Gummersbacher Fans auslöste. Auch mein Bruder Klaus stand natürlich unter Hochspannung, doch er war ja der Erfahrenere von uns beiden. Und dieses Ultimative des letzten Spieltages war dann doch noch einmal etwas anderes als die vielen knappen und hauchdünnen Schlussphasen in den Wochen zuvor. Das 13:12 in Großwallstadt oder die knappen Siege in Lemgo, Dankersen und Bergkamen – alles schön und gut. Dieses Finale aber war die Steigerung aller Dramatik.

Die Nervenbelastung war freilich auch für die Spieler immens. Zumal es sich in dieser Saison ja um überwiegend junge Leute handelte, die für den VfL aufliefen: Rüdiger Neitzel, Christian Fitzek, Markus Hütt – das waren ja alles noch junge Kerle. Obendrein hatte sich in der Endphase der Meisterschaft auch noch der erfahrene Frank Damann den Fuß gebrochen und war nicht mehr dabei. Er saß, nein er stand, mit Gips und an Krücken neben der Bank und hatte an diesem hitzigen Nachmittag einen durchaus mit meinem vergleichbaren Aktionsradius. Daran erinnere ich mich noch. Auf dem Spielfeld vertrat ihn der junge Markus Hütt, wie „Fränkie" ein Linkshänder.

Aus dem 9:12 hatten unsere Jungs mit unglaublichem Kampfgeist wieder ein Unentschieden gemacht, das Spiel wogte hin und her, bis Neitzel beim Stand von 16:16 in der Abwehr einen Ball abfing, ihn an den auch in diesem Spiel überragenden Erik Veje Rasmussen weitergab und der den nach vorne gestürmten Fitzek anspielte. Christian flog beinahe mit dem Ball ins Düsseldorfer Tor – eine Szene, die an Horst Spenglers berühmten Gegenstoßtreffer zum 20:16 im WM-Finale erinnerte. 17:16 lautete das Resultat. 134 Sekunden vor dem Ende. Immer wieder gab es Unterbrechungen, wurden von uns eroberte Bälle per Schiedsrichter-Beschluss wieder an die Düsseldorfer zurückgegeben, immer wieder vereitelte unsere Abwehr einen Durchbruch TURU's an den Kreis. Dann, eine Sekunde vor dem Schlusspfiff, wehrte Andy Thiel mit dem

Fuß einen Gewaltwurf des Jugoslawen Pavicevic ab. Dieser Reflex bedeutete den Sieg, 41:11 Punkte gegenüber 40:12 des THW Kiel und somit die Meisterschaft. Der Ball sprang ins Seitenaus – und kam nicht mehr zurück ins Spiel. Der Abpfiff ging in unserem Jubel unter. Freudensprünge, grenzenlose Begeisterung, der ganze Druck entlud sich mit einem Mal.

Heute sehe ich die eingangs dieses Kapitels beschriebenen Bilder vom herum springenden Derwisch Heiner Brand natürlich mit gehöriger Distanz. Einerseits muss man als Trainer – und sei es nur als „zweiter Mann" – auch mal Emotionen zeigen dürfen, andererseits sollte man sich schon bewusst sein, dass man eine Art Führungsfunktion hat und souverän bleiben muss. Das hat ja auch eine Signalwirkung auf die Spieler. Mein damaliges Verhalten ist sicher kein Paradebeispiel aus dem Trainerlehrbuch. Oder vielleicht doch – als abschreckendes Exempel. Nun gut. Es liegen ja auch fast zwanzig Jahre dazwischen. Aber es war eben so, dass ich mich damals gerade damit auseinanderzusetzen hatte, die Anspannung nicht mehr auf dem Spielfeld abbauen zu können, indem man ins Geschehen aktiv eingriff, sondern mehr oder weniger hilflos – wobei ich diesen Begriff natürlich heute relativiere – von draußen zuschauen musste. Beruhigt hatte ich mich erst viel später, im Hubschrauber auf dem Weg zum ZDF-Sportstudio, wo ich zusammen mit unserem großartigen Dänen Erik Veje Rasmussen zu Gast war, während der Rest der Truppe zu Hause in Scheda Anlauf nahm, eine weitere Meisterfeier des VfL zu veranstalten.

Es war unglaublich: Der VfL war im Jahr eins nach Brand, Fey, Rosendahl und Rauin tatsächlich Deutscher Meister geworden. Und mit ihm mein Bruder Klaus als Cheftrainer – und ich als sein Assistenzcoach, wenn man so will. Dabei hatte ich doch gerade erst aufgehört, um Abstand zu bekommen zum Handball. Parallel dazu war ich ja auch Simon Schobels „Co" bei der Nationalmannschaft – und so hatte mich der Handball wieder vollends in seinen Bann gezogen. Kurz nach dem Milimeterfinale um den Titel gewann der VfL dann auch noch den Pokal: In der vierten Runde hatten wir uns erneut hauchdünn gegen den THW Kiel durchgesetzt. Nur eine Woche nach dem Sieg im Fernduell um die Meisterschaft waren wir vor allem dank Andy Thiel wieder um das eine, entscheidende Tor besser als die „Zebras". Deutlich leichter als der 20:19-Heimsieg gegen den THW fielen uns der Halbfinalerfolg zu Hause über den designierten Erstliga-Aufsteiger und Noch-Zweitligisten TSV Milbertshofen, der mit seinem Superstar, dem aus Barcelona zurückgeholten Ex-Gummersbacher Erhard Wunderlich, angetreten war, der jedoch das 28:21 für den VfL nicht verhindern konnte. Locker und leicht, erstaunlich einfach, wurden dann auch die beiden Endspiele gegen den Erzrivalen Großwallstadt gewonnen: 20:16 in Elsenfeld, 26:19 in Gummersbach. Da war es, das Double. Wie Phönix aus der Asche – so und ähnlich lauteten natürlich die Schlagzeilen den überraschenden Erfolg des VfL betreffend. Da war es sogar zu verschmerzen, dass der VfL erstmals seit elf Jahren nicht im Europapokal dabei war – eine Folge der durchwachsenen Saison zuvor, die ja meine letzte als Spieler und die erste nach der Ära Erhard Wunderlich gewesen war. Doch nun waren wir wieder da. So schnell hatte den VfL wohl kaum jemand an der nationalen Spitze zurückerwartet.

Im Training hatte ich da angepackt, wo ich gebraucht wurde. Mein Bruder und ich zogen uns stets gemeinsam zu fachlichen Beratungen und Gesprächen ins Haus unserer Eltern zurück. Zuhause wurde stets die Taktik für das nächste Spiel festgelegt, die Gespräche fanden stets auf Augenhöhe statt. Dass er der Chef und dazu auch noch der große Bruder war, das spielte im persönlichen Gespräch nie eine Rolle. Im Trainingsbetrieb war ich natürlich auch selbst noch oft mit am Ball – für mich zugleich eine willkommene Gelegenheit, nicht so abrupt aufzuhören und sanft abzutrainieren, wie wir Leistungssportler den Prozess nach Ende der aktiven Laufbahn nennen, in dem man seinen Körper auf eine andere, geringere sportliche Belastung gewöhnt. Ein wunderbarer Nebenaspekt war natürlich auch, dass ich mit den Jungs zum Aufwärmen weiterhin Kicken konnte. Das wollte ich nun wirklich nicht missen.

Freilich waren andere Gründe als das große, runde Spielgerät dafür ausschlaggebend, dass Klaus und ich auch in der nächsten Saison wieder als Trainergespann an den Start gingen. Wir hatten konkrete Ziele. Natürlich stand die Titelverteidigung auf dem Plan. Personell hatte es zunächst keine einschneidenden Veränderungen gegeben, jedenfalls nicht in der Form, dass der Kader schwächer geworden wäre. So kam zum Beispiel der hochtalentierte Michael Lehnertz aus Leverkusen zu uns, der über Jahre auf rechtsaußen eine feste Größe werden sollte. Doch dann ereilte uns extremes Verletzungspech. Zunächst fiel monatelang Spielmacher Thomas Krokowski mit einem Wadenbeinbruch aus, dann erwischte es mit der gleichen Verletzung Rüdiger Neitzel. Dennoch hielten wir in der Vorrunde recht achtbar mit, ohne jedoch verhindern zu können, dass andere Mannschaften die Meisterschaft mit zunehmender Distanz auf den VfL in Angriff nahmen. Essen, Schwabing, Großwallstadt hießen die Kandidaten. Immerhin holten wir (in der Rückrunde dann endlich auch wieder vollzählig) noch Großwallstadt ein und wurden hinter TUSEM Essen und den Schwabingern sogar Dritter. Eine schwere Saison war doch noch zufrieden stellend zu Ende gegangen ... – wäre da nicht das unrühmliche zweite Finale um den DHB-Pokal gewesen, das leider als Skandalspiel in die Pokalgeschichte einging. Nach einer 29:32-Heimniederlage hatten wir beim Rückspiel in der Münchner Sedelmayr-Halle trotz einiger „exklusiver" Entscheidungen der Schiedsrichter acht Minuten vor Spielende eine 18:14-Führung und somit in der Gesamtrechnung einen Vorsprung von einem Treffer herausgeworfen. Der Rest des Spiels mutierte zum Ringkampf. Unschöne Szenen und Fouls reihten sich aneinander und das Ganze endete in zwei Feldverweisen für den Münchner Kofler und unseren Rüdiger Neitzel. Zwei Tore der Schwabinger zum 15:18 und 16:18 bedeuteten zu allem Überfluss auch noch den Gesamtsieg für unseren Gastgeber. Auch die Titelverteidigung im DHB-Pokal war somit gescheitert. Ein Tiefschlag, denn es war – abgesehen von der nachvollziehbar verloren gegangenen Meisterschaft – bereits die zweite bittere Enttäuschung dieser Saison.

Immerhin hatte sich der VfL in diesem Jahr ja auf der internationalen Bühne zurückgemeldet. Im Europapokal der Landesmeister schaffte es unsere Mannschaft allerdings auch nur bis ins Achtelfinale. Dort wartete die mit der rumänischen Nationalmannschaft nahezu identische Startruppe von Steaua Bukarest. Ohne den seinerzeit noch verletzten Krokowski waren wir nur Außenseiter gegen diese Eliteauswahl, in der Weltklasseleute spielten wie Stinga, Dumitru oder Berbece. Wider Erwarten aber spielte unsere Truppe gegen die Handballsoldaten aus Bukarest beim Hinspiel in Rumänien trotz eines beängstigenden Fehlstarts ab Mitte der ersten Halbzeit plötzlich mutig und geradezu aufmüpfig. Frech wie Oskar hatten wir ein 3:9 zwischenzeitlich aufgeholt und beim 15:15 Mitte der zweiten Hälfte die 6000 Zuschauern im Kultur- und Sportzentrum der Hauptstadt Rumäniens geschockt. Dass auf der anderen Seite viel Routine am Ball war, sollte sich dann aber doch noch bemerkbar machen. Mein Bruder Klaus und ich mussten zusehen, wie Steaua einen 20:16-Endstand vorlegte. Dennoch ungebrochen und hoffnungsvoll kehrte unser Tross vom Balkan zurück, wohl wissend, dass der VfL in seiner Europacup-Historie schon so manchen Rückstand noch umgebogen hatte. So war es auch diesmal. Nachdem die Partie bis zur 40. Minute völlig offen gewesen war, setzten wir uns unter dem tosenden Jubel in der ausverkauften Gummersbacher Sporthalle an der Moltkestraße auf 17:12 ab – und lagen somit in der Addition aller Tore erstmals vorn. Weitere fünf Mal war das noch so, ehe wir beim Stand von 23:19 in unserem letzten Angriff zunächst am Pfosten und dann nach einem ausbleibenden Siebenmeterpfiff scheiterten. Erst traf Neitzel das Holz, dann wurde Salewski am Nachwurf gehindert, wofür uns das schwedische Schiedsrichter-Duo lediglich einen aussichtslosen Freiwurf zusprach, der nichts mehr einbrachte. Das 23:19 war zwar ein großartiges Resultat gegen einen solch starken und dazu auch noch überhart agierenden Gegner, doch es reichte eben aufgrund der Auswärtstor-Regelung nicht aus. Wir waren draußen und ich erinnere mich noch daran, dass in der Kabine minutenlang kein Wort gesprochen wurde. Die Enttäuschung war riesig und auch für mich, obwohl nicht mehr selbst aktiv, sehr schmerzhaft. Ich war doch noch so nah dran an den Jungs – und an den Gefühlen, die Siege, aber auch Niederlagen auszulösen vermögen.

Die Saison 85/86 war eine harte für den VfL – auch für uns Trainer. Und dennoch war sie eine lehrreiche, eine, die mich Erfahrungen machen ließ, die zur Entwicklung eines Trainers ebenso dazu gehören, wie das berühmte Fingerspitzengefühl, Erfolge richtig einzuordnen: Mit Niederlagen umgehen können. Dass ich „nur" Co-Trainer war, ändert an der Intensität dieser Erfahrungen nicht viel. Sie waren enorm wichtig für mich. Parallel dazu nämlich hatte ich ja auch mit der Nationalmannschaft bei der WM 1986 in der Schweiz lernen müssen, wie sich Misserfolg anfühlt. Dass ich dennoch längst im Begriff gewesen war, eine Trainerkarriere zu starten, das hatte ich damals schon gespürt.

Zunächst aber kehrte ich noch einmal aufs Spielfeld zurück. Ja, tatsächlich. In der Saison ´86/87 vertauschte ich meinen Platz auf der Bank wieder mit dem im Deckungszentrum und als Kreisläufer der Mannschaft. Recht fit war ich ja wie gesagt aufgrund meines aktiven Mitwirkens während der Trainingseinheiten in den vergangenen zwei Jahren noch immer. Und so war es angesichts der erneuten Verletzungsmisere, die unser Team ereilt hatte nahe liegend, dass ich meinem Bruder derart helfen würde, indem ich noch einmal ins VfL-Trikot schlüpfte. Trotz der zweieinhalb Jahre Pause war dieser Schritt aufgrund des Ausfalls von Christian Fitzek, der sich einen Knieschaden zugezogen hatte, notwendig geworden. Meine kurzfristigen Bedenken hatten mir zuvor sämtliche Spieler ausgeredet. Also versuchte ich zu helfen. Immerhin: Mein Kampfgewicht – gute 90 Kilo – hatte ich noch, den Instinkt für das Spiel verliert man in dieser Zeit auch nicht. Und dass ich mir meinen guten Namen beschädigen würde, das nahm ich in Wirklichkeit und nach kurzer Überlegung weder ernsthaft an, noch hätte es mich interessiert. Es ging nicht um mich, sondern um den VfL.

Mein Comeback war durchaus erfolgreich: Nach der schwachen Vorrunde holte der VfL aus den zwölf Spielen, in denen ich dabei war, immerhin 20 Punkte. Zum Auftakt gewannen wir zu Hause gegen Schutterwald 20:14. Mein Einstands-Törchen war weit weniger wichtig als die Erkenntnis, dass ich der Mannschaft durchaus noch hatte helfen können, was mir vor allem Torwart Andy Thiel nach dem Spiel freudestrahlend bescheinigte. Mehr noch: Die ganze Sache machte mir sogar großen Spaß. Der Druck war nicht mehr so groß wie früher. Ich fühlte mich gut – und wusste ja auch, dass meine Rückkehr nicht von Dauer sein würde. Und auch die Mannschaft trug diese Maßnahme hervorragend mit. Christian Arason war mehr und mehr in die Rolle seines Vorgängers Erik Veje Rasmussen gewachsen und das Selbstvertrauen aller war nach und nach zurückgekehrt. Für die Meisterschaft allerdings reichte es nicht mehr. Die gewann erneut TUSEM Essen, aber wir wurden immerhin noch Dritter – inklusive eines Sieges in der Essener Grugahalle. Platz drei bedeutete zudem auch noch die Teilnahme am so wichtigen Europapokal – dem IHF-Cup. Meine Mission als Spieler indes war da nach der Rückkehr Fitzeks bereits wieder beendet. Die einzige Essener Heimniederlage erlebte ich bereits wieder von der Trainerbank aus.

Sehr wohl hautnah indes erlebte ich während meines Revivals als Spieler die Europacup-Krimis gegen Magdeburg und Kaunas. Das Viertelfinalduell im IHF-Pokal gegen den SC Magdeburg war wie eine Rückkehr mit der Zeitmaschine in die Vergangenheit. Dieselbe Spannung, dasselbe Prickeln – dieselbe Dramatik. Dem 24:19-Sieg in der Kölner Sporthalle folgte nach einer unglaublichen Aufholjagd in Magdeburg ein in der Endabrechnung ausreichendes 14:18. Zur Pause hatten wir 5:12 zurückgelegen, doch in den zweiten 30 Minuten die Nerven bewahrt. Im Hinspiel traf ich zweimal, im Rückspiel einmal – wie immer also nicht oft, aber mit großer Wirkung. Routine ist eben doch ein wichtiger Faktor, wenn es zwischen zwei gleich starken Mannschaften um Nuancen geht. Gegen Granitas Kaunas allerdings stand auch ich auf verlorenem Posten. In Litauen verloren wir das erste Halbfinalspiel sang- und klanglos 12:22. Okay, dachte ich mir, du hast dich zum Comeback entschlossen, nun musst du auch solche Niederlagen erdulden. Die Hypothek von zehn Toren Rückstand erwies sich dann im Rückspiel in Köln als zu erdrückend, obgleich wir das Wunder fast noch geschafft hätten. Beim 24:15 fünf Minuten vor Spielende waren wir bis auf zwei Tore an das schier unerreichbar scheinende Ziel herangekommen, am Ende aber hatten die körperlich unglaublich starken Sowjethandballer zwar mit 17:26 verloren, doch in der Gesamtrechnung ein Tor mehr erzielt als wir. Dennoch: Nach einem solchen Spiel konnte ich erhobenen Hauptes auch die Europacup-Bühne als Spieler endgültig verlassen.

Ich hatte die ursprüngliche Funktion als Co-Trainer in jenen Wochen meines erneuten Spielerdaseins übrigens weiter beibehalten. Das war angesichts der gewachsenen Mannschaftsstruktur und der guten Atmosphäre innerhalb des Teams kein Problem. Die Akzeptanz seitens der Spieler war unverändert – insbesondere die Reputation und Anerkennung bei Leistungsträgern wie Andy Thiel, Christian Arason oder Rüdiger Neitzel machte mir diese Doppelrolle leicht. Dass im Elternhaus mein Vater gerne noch als unser beider Übertrainer aufgetreten wäre und mitmischen wollte bei den Fachgesprächen zwischen Klaus und mir, das war da schon schwerer. Aber das wird ja in einem anderen Kapitel ausführlicher behandelt. Wie dem auch gewesen sein mag: Der Weg war zu diesem Zeitpunkt schon geebnet, meinen in puncto Trainerdasein allmählich müde gewordenen Bruder als hauptverantwortlichen Coach des VfL ab der neuen Saison, der Spielzeit ´87/88, zu beerben.

Eine Geschichte aus dieser Zeit aber muss an dieser Stelle noch erzählt werden: Unsere Theater-Aufführung im Rahmen des 125jährigen Jubiläums des VfL im Sommer 1986. Der VfL-„Olymp" hieß das Stück, welches Dr. Uli Fleischhut, Lehrer am Gymnasium Bergneustadt, extra aus diesem Anlass (um)geschrieben hatte und das vom Göttertreffen auf dem Olymp handelte. Alle VfL-er hatten ihren Part in dieser Aufführung: Eugen Haas war Zeus, der Göttervater, dessen Stimme allerdings vom Band eingespielt wurde, ich war Poseidon und mein Bruder der griechische Philosoph Diogenes.

Ob der Charakter des Poseidon mir auf den Leib geschneidert war? Ich zitiere aus der griechischen Mythologie: „Poseidon war Sohn des Kronos und der Rhea und damit der Bruder der Göttin Hera. Nachdem sein Bruder Zeus den Thron bestiegen hatte, machte dieser ihn zum Herrscher über Meere, Flüsse, Seen und Quellen. Sein Attribut war der Dreizack, der zugleich auch eine furchtbare Waffe darstellte. Er kämpfte mit diesem Dreizack gegen seine Gegner und wühlte damit das Meer auf. Poseidon war für seinen jähzornigen Charakter bekannt, weshalb sowohl die Sterblichen als auch die Unsterblichen ihn fürchteten ..."

Nun, die Spieler brauchten keinen Poseidon, um „Bammel“ zu verspüren. Auch wenn man mir attestierte, dass ich vorzüglich ausgesehen hatte in meiner Verkleidung. Die Spieler waren aber auch ohne mich ganz schön nervös, schließlich spielten wir vor mehreren hundert Leuten im Bühnenhaus Gummersbach. Und das war etwas anderes als vor 12.000 Leuten in der Westfalenhalle, denn die Bühnenkunst war ja schließlich nicht gerade das Terrain, auf dem wir uns zu Hause fühlten. Die Vorführung dauerte fast zwei Stunden. Wochenlang wurde geprobt, ein Umstand übrigens, der uns Trainern in der Vorbereitung auf die neue Saison nicht immer besonders gut gefiel, denn die Spieler nahmen die Proben schon ganz schön in Anspruch. Jeder musste seinen Text wissen, je näher Generalprobe und Aufführung rückten, desto nervöser wurden die Jungs. Ich übrigens auch. Mein Bruder Klaus hatte einen Weg gefunden, dem Abhilfe zu schaffen: Er saß während der Generalprobe in „seinem“ Fass und hatte einen Kasten Bier darin versteckt. Nach jedem „Auftritt“ zog er sich in seine Tonne zurück und trank sich Mut an. Am Ende war der Kasten Bier aufgebraucht und er konnte seinen Text nicht mehr sprechen. Konnte er überhaupt noch sprechen? Später aber ging dann alles glatt, wir haben eine tolle Show hingelegt und die Leute waren wirklich begeistert. Eine Herausforderung der ganz anderen Art war das, aber ein viel besseres Theater als so manches, was sich viele Jahre später im und um den VfL zutragen sollte.

MEISTERPRÜFUNG(EN)

Meine Trainerjahre in Gummersbach

Mit dem Beginn meiner Tätigkeit als Chefcoach in Gummersbach vollzog sich eine Entwicklung, die sich bereits in den Jahren zuvor angedeutet hatte: Wurde ich zu aktiven Zeiten aufgrund meines Betriebswirtschaftsstudiums vor allem mit Tätigkeiten im Management-Bereich des VfL, also etwa mit der Nachfolge von Eugen Haas in Verbindung gebracht, um den Handball beim VfL im Griff zu halten, war nun klar, dass ich auf der Trainerschiene weiterfahren würde und mich auf diese Art und Weise – zunächst – in Gummersbach einbringen würde. Meine Co-Trainertätigkeit bei der Nationalmannschaft unter Simon Schobel war damals schon eine Ehre, die gleiche Tätigkeit neben meinem Bruder Klaus beim VfL eine Art Eingewöhnungsphase auf Vereinsebene. Und nun wurde ich also der erste Mann auf der Gummersbacher Bank. Eine Trainerlaufbahn hatte ich wie gesagt zunächst gar nicht einschlagen wollen. Es war zunächst kein Lebensplan. Man kann sagen, ich bin eher zufällig auf diesen Weg geraten. Auf der Feier nach meinem Abschiedsspiel in Scheda hatte mich Schobel ja angesprochen – und damit meine Karriere (wenn man so will) auf der Trainerbank eingeleitet.

Hier also war ich nun, drei Jahre später. Beim VfL hatte man mich nach Bekanntwerden des Rückzuges meines Bruders schnell in die Verantwortung genommen. Ich wollte diese Aufgabe einerseits auch anpacken. Der Reiz war da, keine Frage. Auf der anderen Seite wollte ich nun nicht unbedingt gleich Nachfolger von Klaus werden, der es in seiner letzten Saison nicht leicht gehabt hatte. Letztlich wollte ich aber unbedingt Erfahrungen auf Vereinsebene sammeln. Und da war der VfL dann eben die erste Adresse – und auch die greifbarste Lösung. Natürlich wurde das im Familienkreis alles sehr offen behandelt, haben Klaus und ich darüber gesprochen, wie es wäre, wenn ich den Job irgendwann mal übernehmen würde, lange bevor seine Entscheidung anstand.

Ich habe als Vereinstrainer zwischen 1987 und 1996 viele Erfahrungen gemacht. In puncto Erfolg und Misserfolg ging es dabei nicht immer kontinuierlich zu, wohl aber, was die Erweiterung meines fachlichen Horizonts und die Entwicklung meiner Trainerpersönlichkeit betrifft. Da wird es in der Folge um Miss- und Vertrauen gehen, um Verkniffenheit und Lockerheit, um Experimentierfreudigkeit, Intuition und vieles mehr. Ich bin nicht immer mit den gleichen Methoden erfolgreich gewesen – vor allem nicht auf Vereinsebene. Das war ein Prozess, der 1984 begonnen hatte und dessen Fortsetzung ich im Moment der Jobübernahme als hauptverantwortlicher VfL-Trainer nur noch viel intensiver erlebte.

Ich galt zu aktiven Zeiten ja bekanntlich als leidenschaftlicher Fußballer im Training. Und so mancher Trainer hatte so seine Not, sich gegen die von mir angeführte Fußballer-Fraktion durchzusetzen, wenn es um die Inhalte der Aufwärmphase einer Übungseinheit ging. Nun also war ich der Coach – doch wer geglaubt hatte, dass ich als Trainer nur der verkleidete Spieler Brand sein würde, musste schnell einsehen, dass er sich getäuscht hatte. Schon in meiner ersten Trainingseinheit habe ich unmissverständlich zum Ausdruck gebracht, dass die Spieler den größeren Ball nur noch selten zu sehen bekommen würden, was vor allem Andy Thiel, in puncto Fußball in gemeinsamen Spielerzeiten mein Bruder im Geiste, sicher schwer geschockt haben musste.

Es war doch klar: Ich musste einerseits authentisch bleiben, ich selbst, andererseits aber die leicht angedeutete Linie, die schon als Co-Trainer zwischen mir und den Jungs gezogen werden musste, noch deutlicher machen. Autorität war ganz entscheidend. Vor allem, weil ich mit einigen der Spieler ja noch selbst auf dem Feld gestanden hatte – Andy Thiel, Rüdiger Neitzel, Frank Damann, Thomas Krokowski und Christian Fitzek – und nun war ich definitiv ihr Vorgesetzter, nicht mehr das vermittelnde Bindeglied zwischen Chef und Team, sondern der Chef. Und als solcher musste ich uneingeschränkte Souveränität und Autorität vermitteln – und besitzen. Teilweise habe ich schon darauf vertraut, dass ich die natürlich rüberbringe, aber dennoch habe ich natürlich einige Umgangsformen und Vorgehensweisen bewusst verändert, um die neue Grenze zwischen mir und dem Team aufzuzeigen. Mit „Sie“ oder „Du“ hatte das nichts zu tun. Aber der Fußball war schon ein Instrument, das ich einsetzte, um zu dokumentieren: Jetzt beginnt ein neuer Abschnitt.

Als Spieler habe ich mich beim Kicken immer voll reingehängt, richtig ausgepowert. Zum Fußballspielen im Handballtraining gehört, dass die Jungs trainingswillig sind. Und ich war es immer. Wenn wir Fußball gespielt haben, bin ich gelaufen bis zum Umfallen und habe mich verausgabt. Das kann nicht jeder von sich in Anspruch nehmen, allein schon deshalb, weil nicht jeder mit der gleichen Begeisterung dabei ist. Da wollte ich nicht kostbare Zeit vergeuden, die ich in den Ausdauerbereich oder in spielerische Elemente investieren mochte. Also flog der Fußball aus dem Programm – mit wenigen Ausnahmen. Es gibt Spieler, die behaupten noch heute, ich hätte damals den Fußball sogar hochgehalten und gesagt: „Schaut ihn Euch noch mal gut an, den seht ihr so schnell nicht wieder.“

Ein weiterer, wichtiger Aspekt in Bezug auf meine Vereinstrainerzeit ist die Erfahrung, dass die älteren Spieler – vorausgesetzt, ihre Grundeinstellung stimmt – durchaus abwägen können, welche Intensität sie bei manchen Übungsformen an den Tag legen – und wo sie manchmal vielleicht einsparen, ohne, dass es ihrer Leistung abträglich ist. Mal ehrlich: Dass die so genannten „Älteren“ nicht immer Volldampf im Training geben, ist doch ganz normal. Muss man aber reifere Leistungsträger nicht genauso behandeln wie die jungen Spieler? Ich behaupte – und halte es auch so: Nein. Das macht, wenn man es richtig anpackt und die

Betroffenen es einem dann mit Topeinstellung und Leistung im Spiel zurückzahlen, die gesunde Hierarchie innerhalb einer Truppe aus. Leistungsträger können in bestimmten Situationen einen anderen Status haben als Nachwuchsleute. So war und ist das jedenfalls bei mir stets gewesen. Das habe ich aus meiner Spielerzeit mit in die Trainerlaufbahn genommen – ich konnte mich gegebenenfalls ja auch als Beispiel selbst anführen. Möglich, dass sich womöglich jüngere Spieler hin und wieder zurückgesetzt fühlten bei mir. Doch das gehört zur harten Schule dazu: Dahin kommen, wo andere schon sind. Eine Mannschaft muss so funktionieren. Da müssen sich junge Spieler ihren Platz eben erst erkämpfen. Das war bei mir früher nicht anders. Und das ist etwas, was auch heute noch gilt.

Grundsätzlich habe ich in meiner Trainerlaufbahn immer ein Herz für junge Spieler gehabt, sofern sie mich nicht persönlich enttäuscht haben. Damit meine ich nicht die sportliche Leistung, die habe ich zu verantworten, sondern Attribute wie Einsatz, Einstellung, Bereitschaft. Wenn es daran mangelt, kriegen die Leute von mir einen vor den Koffer. Auf so etwas reagiere ich sehr empfindlich. Sportliche Fehler darf bei mir jeder machen.

Auch in meinen Trainerjahren in Gummersbach haben sich einige Jungs zurückgesetzt gefühlt, das ist mir schon mal zu Ohren gekommen. Ich habe in Gespräche eben auch immer die Leistungsträger und erfahrenen Spieler einbezogen, nicht die Nachwuchsleute, erachte das aber auch als ganz normal aufgrund der etwas weiter oben angesprochenen Hierarchie und aufgrund der Tatsache, dass diese erfahrenen Kräfte ja auch die Verantwortung auf dem Spielfeld tragen. Das heißt aber nicht, dass ich nicht auch mit den Älteren mal eine Konfrontationen hatte. Andy Thiel habe ich zum Beispiel mal aus dem Tor geworfen und durch einen Feldspieler ersetzt, weil er es aus meiner Sicht im Training darauf angelegt hatte. Heute kann man darüber streiten, wer nun wann wie richtig oder falsch reagiert hat und ob nicht beide Seiten Gründe für ihr Verhalten hatten. Ich jedenfalls habe damals meine Gründe gehabt – er hatte mich in dieser Trainingseinheit eben derart provoziert. Natürlich hat meine Reaktion dann auch ihn getroffen, weil er zur damaligen Zeit *der* deutsche Torwart war. Das wird er mir vielleicht nie verzeihen. Aber ich habe ihm schon seine Freiheiten gelassen. Man muss als Trainer Fingerspitzengefühl haben, es zumindest entwickeln. Andy und ich hatten da mit zunehmender Zeit unsere Basis gefunden. Ich ließ hin und wieder etwas lockerer bei ihm, er bedankte sich dafür mit Spitzenleistungen – vor allem in den ganz wichtigen Spielen. Nur, wenn es so funktioniert, ist das machbar. Aber in diesem Fall hat es eben in der Regel immer geklappt. In der Saison ´90/91 brauchte er eben so seine Pausen – das konnte er dann ja selbst am besten einschätzen. Ich habe ihn auch persönlich etwas in Deckung genommen, weil er abseits des Handballtores zu diesem Zeitpunkt eine schwere Phase durchmachte. Im Torwarttraining hat er aber immer voll durchgezogen. Und auch beim Wurftraining war er stets hoch motiviert. Dann aber hat er eben hin und wieder mal ein Training etwas ruhiger angehen lassen, dienstags beispielsweise ein paar Minuten länger in der neuesten Ausgabe der Handballwoche geblättert, während sein jüngerer Kollege ein paar Minuten länger als sonst im Tor stand und eingeworfen wurde.

Die Mannschaft hat das aber auch akzeptiert. Andy Thiel war ja immer noch ein herausragender Torwart, ein Mythos sozusagen. Wenn ihm mal einer was gesagt hat, hat er den Kollegen dann schon zurecht gewiesen. Das war in Gummersbach immer so – Andy kriegte, als er jung und neu beim VfL war, ja auch immer Druck von uns. Diese Begleiterscheinungen einer Mannschafts-Hierarchie hat er auch miterlebt. Ich bin vor ihm herumgesprungen, wenn er als junger Keeper in der falschen Ecke stand bei Rückraumwürfen. Oder das Beispiel mit meiner ganz persönlichen Dusche, das er am eigenen Leibe erlebt hatte: Das war nun mal Gesetz, mein Hausrecht, dass ich meine eigene Dusche hatte. Da durfte keiner drunter, das musste er als Neuling eben erfahren. Er hat das aber sogar noch immer akzeptiert, als er schon mehr Länderspiele hatte als ich.

In Gummersbach war das Tagesordnung, ein ungeschriebenes Gesetz: Es wird weitergegeben, was man als Jüngerer selbst erlebt hat. Auch Andy Thiel hat sich dann „seine" eigene Dusche genommen – und wehe, ein Neuling stellte sich nichts ahnend darunter ...

Ich habe den Älteren also unter Umständen gewisse Freiräume gelassen – das habe ich später in Wallau auch gemacht. Dort habe ich natürlich auch versucht, so manches rüberzubringen aus der Gummersbacher Ordnung, aber: Da musste ich schon auch Kompromisse machen. Ich hatte es dort schließlich mit vielen reifen Spielern wie Mikael Källman, Stefan Schöne, Peter Hofmann, Martin Schwalb zu tun. Denen konnte man nicht so kommen wie einer viel jüngeren Mannschaft, die ich ja zunächst in Gummersbach trainiert hatte. Ich konnte dort nicht eins zu eins Dinge machen wie mit der VfL-Truppe. Da musste ich mich schon ein- und umstellen.

Zunächst aber zurück zu meiner Premiere als Cheftrainer in Gummersbach – in die Saison ´87/88. Wir zählten zum erweiterten Kreis der Favoriten. Höher eingestuft wurden zunächst der TV Großwallstadt und Titelverteidiger TUSEM Essen. Aber auch der THW Kiel meldete Ansprüche an, ebenso der TSV Milbertshofen – all diese Teams hatten sich immens verstärkt. Und noch war ja auch die Frage nicht beantwortet, ob mir mein Einstand gelingen würde. Zwar hatte mir mein unmittelbares Umfeld, meine Freunde und Ex-Trainer, stets nachgesagt, dass aus mir ein guter Trainer würde, aber in der Öffentlichkeit galt ich ja zunächst als Newcomer unter vielen renommierten Kollegen. In der Vorbereitung betonte ich die Physis, also überwiegend das Grundausdauertraining. Natürlich habe ich in dieser Zeit auch von meinen Vorgängern profitiert: Die Fitness als Grundlage für Erfolg – von dieser Formel brauchte mich niemand mehr zu überzeugen. Als Novum in der Bundesliga führte ich Laktattests ein und ließ die Ergebnisse ins Ausdauerprogramm einfließen.

Meine Jungs waren, als die Saison begann, fit – um es kurz zu fassen. Mit 16:0 Punkten legten wir einen Traumstart hin, die Konkurrenz hatte Mühe, zu folgen. Unter anderem auch, weil der Isländer Christian Arason zunehmend stärker wurde in seiner zweiten Saison beim VfL. Nach einem Zwischentief stabilisierte sich die Mannschaft wieder und einen Spieltag vor Saisonende lagen wir mit einem Punkt Vorsprung auf TURU Düsseldorf und zwei Punkte vor Kiel an der Tabellenspitze. Ein Trio also spielte um den Titel: Wir mussten in die uns vertraute Westfalenhalle, wo der OSC Dortmund sein Heimspiel gegen uns austrug, Kiel war zu Gast in Großwallstadt und Düsseldorf beim Tabellenvierten in Essen.

Der Druck, in der Rolle des Verfolgten zu stecken, lastete offenkundig schwer auf den Schultern meiner Spieler. Zur Pause führten wir nur 9:8 gegen das Team um den ungarischen Ausnahmekönner Peter Kovacs. Doch auch TURU und Kiel lagen in ihren Auswärtsspielen vorn. Ich hatte nicht ahnen können, dass mir im Debütantenjahr als VfL-Trainer gleich ein solches Herzschlagfinale beschert werden würde. Wieder, wie drei Jahre zuvor beim dramatischen Fotofinish in Düsseldorf, waren die Nerven bis zum Reißen angespannt, nur diesmal war ich der Hauptverantwortliche auf der Bank, nicht mein Bruder Klaus. Nach 50 Minuten ging Dortmund mit 16:15 in Führung. Zum Glück war die Westfalenhalle akustisch in VfL-Hand. Mit der Unterstützung der Fans schoben wir uns wieder nach vorn: 17:16. Am Ende hieß es 18:18 – ein Zitterergebnis. Dass in Großwallstadt sowie Essen unsere Verfolger Kiel und Düsseldorf zum Schluss noch auf die Verliererstraße geraten waren, hatte uns den Druck bis zum Abpfiff nicht nehmen können. Alles war so knapp zugegangen. Nun aber waren wir tatsächlich Meister. Es war ein herrliches Gefühl, wenngleich es sich erst so richtig einstellte, als die Anspannung von mir abfiel. Man kann als Trainer in einem solchen Spiel kaum noch eingreifen auf das Geschehen, welches ungemein von der Frage geprägt wird, wie es um das Nervenkostüm der Jungs bestellt ist. Eugen Haas umarmte mich, sprach vom Beginn einer neuen VfL-Ära und von einem der schönsten Titel der Vereinsgeschichte: „Die allererste und diese Meisterschaft“, gestand er mir noch auf dem Spielfeld. Ich sah Christian Arason und Frank Damann jubelnd auf- und abspringen. Unser Isländer verabschiedete sich also mit dem Titel aus Gummersbach.

Dass es in dieser Saison nicht zwei Titel wurden, lag an der 19:23-Niederlage in der ersten Pokalhauptrunde in Leverkusen. Und woran diese Pleite beim damaligen Zweitligisten unter anderem lag, steht im Kapitel von Andreas Thiel. Auch im Europapokal kam das vorzeitige Aus: Bereits im Achtelfinale des IHF-Cups mussten wir erneut gegen Granitas Kaunas antreten. Und wieder schaffte es der VfL nicht. Zwar verloren wir diesmal das Hinspiel in Litauen nur 10:14, dafür gelang uns zu Hause nicht wieder so ein Kraftakt wie im Jahr zuvor, als ich ja noch einmal als Spieler ausgeholfen hatte. Das 18:18 (nach 15:10-Führung) im Rückspiel in Köln gehörte zu den Tiefpunkten der Saison, den wir aber, wie der Gewinn des Meistertitels dokumentiert, im Stile einer Spitzenmannschaft überwunden haben. Mein Einstand also war alles in allem geglückt.

Vor der darauf folgenden Saison blieben meine zurückhaltenden Äußerungen in puncto Meisterschaft zunächst ungehört – vor allem im eigenen Umfeld, wo nicht nur von der Titelverteidigung, sondern gar vom Gewinn des Europapokals gesprochen wurde. Für Christian Arason war Andreas Dörhöfer gekommen und mit ihm sein Schwabinger Teamkollege Alfred Zlattinger, ein guter Allrounder. Von der Papierform also schienen wir noch stärker als im Vorjahr, doch die Konkurrenz hatte ebenfalls enorm aufgerüstet. Vor allem TUSEM Essen hatte sich noch einmal enorm verstärkt und war aus meiner Sicht der hohe Favorit auf den Titel.

Ich sollte Recht behalten: Lästiges Gefeilsche um die Freigabe von Dörhöfer und Zlattinger, großes Verletzungspech, Examensstress einiger Leistungsträger, die verkorkste B-WM, unter der meine Nationalspieler zu leiden hatten – es gab viele Gründe dafür, warum wir keine Rolle bei der Vergabe der Meisterschaft in diesem Jahr spielten. Irgendwie passte in der Saison ´88/89 nichts so recht zusammen. Die Essener gewannen den Titel mit haushohem Vorsprung vor Kiel und uns. Im Europapokal scheiterten wir im Achtelfinale am großen FC Barcelona, dessen Starteam wir allerdings am Rande der Niederlage hatten. 15:9 führten meine Jungs nach 44 Minuten des Hinspiels in der Dortmunder Westfalenhalle gegen die Uria, Vujovic, Serrano, de la Puente und Co. – doch schon am Ende dieser Partie war uns allen klar, dass es ganz eng werden würde: Der 17:15-Sieg war nicht gerade das erhoffte Polster, wobei man so einen Gegner überhaupt erst einmal besiegen muss. Bis kurz vor Schluss des Rückspiels hatten wir dann die Hoffnung, die Sensation vielleicht doch zu schaffen. Doch Barcelona zog von 18:15 auf 20:15 davon und raubte meinen Spielern damit die Hoffnungen auf den ganz großen Wurf im Landesmeister-Pokal. Wir waren draußen.

Im DHB-Pokal schafften wir es bis ins Finale, doch auch in diesem Wettbewerb blieb uns ein Triumph versagt. Der alte Schlager Gummersbach gegen Großwallstadt – er endete in Hin- und Rückspiel 21:18 und 21:21 für unseren Rivalen aus alten Tagen. Eine Saison ohne Titel – für mich nun wirklich kein Weltuntergang, galt es doch, daraus Schlüsse zu ziehen und im dritten Jahr wieder neu anzugreifen.

Das jedoch war nach den Abgängen von Rüdiger Neitzel, Christian Fitzek und Thomas Krokowski eine – vorsichtig ausgedrückt – anspruchsvolle Aufgabe. Neitzel ging nach Milbertshofen, Fitzek nach Wallau und „Kroke“ zu Bayer Leverkusen. Wenigstens warf Andy Thiel seine Entscheidung, zum TV Niederwürzbach zu wechseln, doch noch einmal über den Haufen und blieb. Uli Derad, werdender Nationalspieler, kam auf der bis dato nicht adäquat besetzten Linksaußenposition, für Fitzek kam Klaus-Dieter Petersen aus Dankersen und auf der Suche nach einer Lösung für den linken Rückraum bewiesen wir Mut mit der Verpflichtung des erst 20 Jahre alten Norwegers Rune Erland. Ein solch junger Kerl als Nummer eins auf der Königsposition? Wenn schon Neuaufbau – dann richtig, dachte ich mir. Und mein „Kindergarten" sorgte in der Saison dann schließlich auch für Furore: Hinter TUSEM Essen wurden wir achtbarer Zweiter – ein großer Erfolg nach einem derartigen Aderlass. Wir stellten die beste Abwehr aller 14 Erstligisten, wurden sogar stärkste Heimmannschaft der Liga, blieben zu Hause als einziges Team ungeschlagen. Nur auswärts mussten meine Jungs ihrer Unerfahrenheit so manchen Tribut zollen. Immerhin gelang uns als einziger Mannschaft ein Sieg in der Essener Grugahalle. „Unglaublich", habe ich damals auf die Frage eines Journalisten geantwortet, wie ich denn diese unverhoffte Leistung der jungen Truppe fände, „der Beweis dafür, dass sich harte Arbeit lohnt." Ich hatte das Gefühl, mit diesem jungen Kader eine neue Euphorie in Gummersbach entfacht, ein Team geboren zu haben, mit dem sich das ja nicht gerade unkritische Publikum Gummersbachs wieder voll identifizieren kann.

Es war die Saison der erstmals ausgetragenen Play-Off-Runde. Mit dieser Maßnahme sollten Zuschauerzahlen und Einnahmen, Spannung und Medienpräsenz gesteigert werden. Ein System, das nicht nur Freunde fand. Ich stand der Idee auch etwas skeptisch, aber letztlich eher aufgeschlossen gegenüber. Man kann sich neuen Ideen nicht immer kategorisch verschließen. Die ersten acht Teams der herkömmlichen Punkterunde spielten um die Meisterschaft, die letzten sechs Mannschaften machten derweil die drei Absteiger aus. Für uns bedeutete dies in Runde eins der Play-Off-Serie (Modus: wer zweimal gewinnt, ist weiter, der in der Liga besser platzierte Klub hat gegebenenfalls ein zweites Mal Heimrecht) ein Aufeinandertreffen mit dem TV Niederwürzbach und unserem, meinem, Ex-Trainer Petre Ivanescu. In zwei dramatischen Partien setzten wir uns jeweils nach zweimaliger Verlängerung durch. 23:21 und 16:15 gewann der Schüler über seinen Lehrmeister – so jedenfalls schrieben es die Zeitungen. In Wirklichkeit war das Duell Brand gegen Ivanescu nicht so entscheidend, wie die Tatsache, dass wir als Zweiter der Liga gegenüber dem Siebten natürlich die Favoritenrolle inne hatten – und uns mit dieser enorm schwer taten. Ein Wiedersehen mit Petre auf der anderen Seite hatte es ja zuvor schon gegeben, schließlich war er ja auch mit Dormagen und Essen zuvor schon Gegner des VfL gewesen.

Auch in Runde zwei ging es gleich im ersten Spiel wieder in die Verlängerung – jedoch aus unserer Sicht höchst deprimierend: Gegen den TSV Milbertshofen und Rüdiger Neitzel hatten wir nach Ablauf der 60 Minuten 16:15 geführt. Doch der Münchner Hendrik Ochel setzte uns noch einen direkt auszuführenden Freiwurf ins Netz. Von diesem Schock konnten sich meine Jungs nicht mehr erholen – wir verloren 17:19. Übrigens bedeutete auch diese Paarung ein pikantes Trainerduell: Auf der Milbertshofener Bank nämlich hatte mittlerweile ein weiterer meiner „Ausbilder" Platz genommen: Vlado Stenzel. Seine Milbertshofener gewannen auch das Rückspiel – diesmal sogar deutlich mit 19:13. Uns fehlte die Cleverness. Aber es würde nur eine Frage der Zeit sein, bis sich auch dieses Defizit würde abbauen lassen können, das spürte ich bereits. Jedenfalls hatte ich großen Spaß an der Ausbildung dieser Truppe. Gemeinsam reiften wir von Spiel zu Spiel. Die Mischung aus Jung und Alt stimmte, folglich auch die Stimmung. Die überraschende Heimniederlage im Pokal-Viertelfinale gegen den TBV Lemgo und auch das schmerzliche Halbfinal-Aus im Europapokal der Pokalsieger gegen die schwedische Mannschaft Drott Halmstad konnten an dieser Grundtendenz nichts ändern. Im Gegenteil: Solche Erfahrungen gehörten ganz sicher dazu auf dem Weg zur nächsten Meisterschaft, die der VfL anstrebte, von der man aber zum damaligen Zeitpunkt noch nicht wissen konnte, wann sie fällig sein würde. Immerhin hatte der Europacup noch ein Highlight für uns parat: Den 22:16-Auswärtstriumph bei den Riesen von Dynamo Astrachan. In diesem Spiel in Moskau weckte mein junges Team Erinnerungen an den Finalsieg von 1983, als wir mit dem VfL ebenfalls in Moskau die Hünen von ZSKA mit 19:15 geschlagen hatten. Diesmal aber war es zudem der Erfolg der Jugend über die Routine: Das Bild von der Manndeckung des kleinen Uli Derad gegen den riesigen Torjäger Atawin, den Uli im Hinspiel völlig abmeldete, habe ich noch heute vor Augen.

Die Saison ´90/91 stand im Zeichen der großen politischen Veränderung. Die Mauer war gefallen, die Grenzen waren offen und somit auch der Weg war frei für die vielen starken Handballprofis der vormaligen DDR in Richtung Westen. Nahezu alle namhaften Spieler aus dem Osten wechselten zu den Klubs der westdeutschen Bundesliga. Manche Vereine statteten sich gleich mit einer ganzen Reihe von DDR-Stars aus. Nur (zunächst jedenfalls) der VfL Gummersbach nicht. Sicher haben auch wir damals mit dem einen oder anderen Spieler verhandelt und uns umgesehen, aber letztlich kam kein Transfer zu Stande. So behielt ich im Großen und Ganzen meine junge Mannschaft aus der Vorsaison, nur ergänzt um zwei Talente aus der zweiten Liga. Während die Konkurrenz durch die Grenzöffnung und die Spielerschwemme aus dem Osten zum Teil damit beschäftigt war, alles umzukrempeln, reihenweise neue Spieler einbauen musste, sah ich letztlich ein, dass es auch von Vorteil sein könnte, kontinuierlich mit dem gleichen, jungen Spielermaterial weiterzuarbeiten. Zumal uns auf diese Weise auch niemand mit irgendwelchen Titelerwartungen unter Druck setzen konnte. Mit den jungen Leuten, gestützt von Routiniers wie Andy Thiel und Andy Dörhöfer, ging es an die Arbeit – eine durchaus dankbare Aufgabe, auch ohne Stars. Die Jungs haben umgesetzt, was man als Trainer von ihnen verlangte und was man sich als Trainer vorgenommen hatte. Auch dieser Mannschaft konnte ich vermitteln, dass man Handballspiele in der Deckung gewinnt. Das Team war willig, spielerisch eher einfach strukturiert, aber konsequent, kampfstark und verschworen. Es herrschte eine sehr gute Stimmung innerhalb des Kaders. Darauf basierend entstand dann eine Eigendynamik im Laufe der Saison, die mich irgendwann anfangen ließ, an die Meisterschaft zu denken. Die Erfahrung hatte mich schließlich gelehrt: Wenn die Mischung im Team stimmt und man große Harmonie hat, dann gewinnt man auch enge Spiele. Das war bei uns der Fall – und das machte mir Mut. Zum Ende der Vorrunde lagen wir hinter der SG Wallau-Massenheim auf Rang zwei. 19:7 Punkte waren eine respektable Bilanz. Auch Nieder-

Mit Simon Schobel (links) holte sich Heiner Brand erste Erfahrungen beim Coaching und die Silbermedaille bei den Olympischen Spielen in Los Angeles 1984 (unten)

Heiner Brand und Kurt Klühspies

Hitzköpfe: Der junge Trainer Brand im Streitgespräch mit dem damaligen Düsseldorfer Coach Horst „Hotti" Bredemeier. Heute sind sie beide beim DHB beschäftigt (oben)

Heiner und Klaus Brand als Trainergespann auf der Gummersbacher Bank (unten)

Beschwört den Gummersbacher Geist oder schreit er ihn gar herbei? Heiner Brand auf der VfL-Bank (großes Bild)

Kaum zu halten: Der erste Titel auf der Gummersbacher Bank – Heiner Brand als Co-Trainer seines Bruders Klaus in dem Moment, als der VfL bei TURU Düsseldorf die Meisterschaft 1985 gewann (links)

Zwei, ohne die der VfL Gummersbach nicht denkbar gewesen wäre: Eugen Haas (links) und Heiner Brand als Coach der Oberbergischen

Nicht immer sitzt Heiner Brand so ruhig auf der Bank wie hier während seiner ersten „Amtsperiode“ beim VFL Gummersbach

Vor allem in der Deckung boten die Gummersbacher unter Trainer Heiner Brand herausragende Leistungen, allen voran Torwart Andreas Thiel (unten)

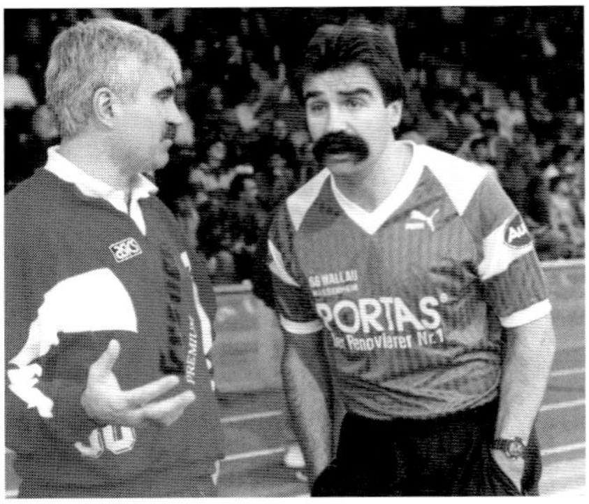

Momentaufnahmen aus Brands Trainerzeit in Wallau. Große Aufnahme: Sein Team beim – wie sollte es anders sein – Verrichten konsequenter Abwehrarbeit gegen Leutershausen

lagen warfen uns nicht um, konnten das Gebilde, das diese Mannschaft zunehmend darstellte, nicht mehr aus den Angeln heben. Auch die erneuten Abwanderungsgedanken Andy Thiels, die dann letztlich auch in der Ankündigung, ab der kommenden Saison in Dormagen spielen und bei Bayer beruflich Fuß fassen zu wollen, gipfelte, konnte den Prozess nicht aufhalten: Eine im Vergleich zur hochkarätigen Konkurrenz individuell sicher nicht überragende Mannschaft stellte sich als Team gleich um ein Vielfaches stärker dar, als es die Summe der Namen zunächst vermuten ließ. Mit 35:17 Zählern erreichten wir als Erster der Punkterunde die Play-Offs. Nicht ganz unwichtig war in dieser Zeit sicher auch, dass neben seinen Kameraden auch ich Andy Dörhöfer aus einem Leistungstief holte, indem ich ihm immer wieder mein Vertrauen schenkte – und ihm seines einredete. Die Play-Off-Runde überstanden wir diesmal bis zum Finale. Der TBV Lemgo wurde 17:15, 19:21 und 20:18 überwunden, TUSEM Essen 14:11, 13:20 und 17:15. In den beiden Endspielen erwarteten wir den THW Kiel, der überraschend Wallau-Massenheim in zwei Partien ausgeschaltet hatte.

Doch wie haben wir es geschafft, mit unserer aufgrund der eben doch überschaubaren Zahl überdurchschnittlicher Spieler zunehmenden Belastung der Leistungsträger fertig zu werden? Die dünne Spielerdecke musste doch irgendwann ihren Tribut einfordern ... In der Tat waren am Ende der Ligaserie alle mit ihren Kräften ziemlich am Ende, was ein von mir durchgeführter Laktattest auch bestätigte. Der Akku war leer, die Werte im Keller. So entschloss ich mich kurzerhand, die Zeit bis zu Beginn der K.o.-Runde dafür zu nutzen, der Mannschaft wieder zu Kraft und Frische zu verhelfen. Auf meine Art: Während eines einwöchigen Trainingslagers im Hotel Schwarzbauernhof im Schwarzwald, einem rustikalen Gasthof, in dem später auch die Fußball-Nationalmannschaft absteigen sollte, gab es ein Alternativ-Programm – ganz ohne Handball: Vormittags Laufen, danach wurde locker Fußball gespielt, zwischendrin ausgeruht, gemeinsam etwas unternommen ... fernab jeglichen Handballtrainings. Dieses Recht nahm ich mir einfach heraus. Alles andere – das spürte ich – hatte keinen Zweck. Und ich war schon damals jemand, der auch mal etwas ausprobierte, was nicht der Norm entsprach. Ein Beispiel: In puncto Beinarbeit habe ich mir von Leverkusens Box-Amateurtrainer Valentin Silaghi Anregungen eingeholt, der aufzeigte, welche spezifischen Übungen man mit dem Sprungseil machen kann. Es hat mir immer schon Spaß gemacht, alternative Dinge herzunehmen und auszuprobieren – sich nicht nur auf handballerische Elemente zu versteifen. Damals war dieser Entschluss ganz bestimmt richtig – er war auch gut für den Kopf. Es gehört zu einer meiner elementaren Erfahrungen im Laufe der Jahre, dass einige Kontraste manchmal wichtiger sein können als Handballtraining – das hat sich in meinen Vorbereitungen immer wieder mal ausgedrückt – auch als Nationalcoach: Spaß, neue Lust am Spiel entfachen, Zusammengehörigkeitsgefühl fördern. Am Anfang meiner Karriere hätte ich so etwas sicher nicht gemacht, da hätte ich sicher gesagt: Wir müssen trainieren!

Auch in diesem Punkt bin ich lockerer geworden. Früher hätte und habe ich vielleicht ab und zu gesagt: Wir hören heut´ mal früher auf – und dann habe ich doch konsequent zwei Stunden durchgezogen. Wenn's hochkam, ging es mal um zwei, drei Minuten. Da hab´ ich dann auch noch gesagt: Ich schenk euch die Zeit. Das war natürlich ein Witz. Doch in meinem dritten Jahr habe ich da schon eine etwas andere Linie verfolgt, auch auf die Balance noch mehr geachtet. Manchmal ist eben weniger letztlich mehr, obwohl andere Teams damals von Haus aus mehr trainiert haben als wir, zweimal täglich beispielsweise. Das war in Gummersbach nicht der Fall – auch, weil es dort nicht so professionell zuging. Wir hatten Studenten oder Berufstätige, die konnten gar nicht zweimal pro Tag antreten. Zudem hatten wir ja auch keine Legionäre, die meistens ja ausschließlich Handball spielen. In anderen Klubs ging das sehr wohl, da spielten schon damals mehr Profis. Und dennoch haben wir es mit unseren Mitteln und meinen Methoden geschafft: Wir standen im Finale. Im westdeutschen Finale wohlgemerkt, denn die Wiedervereinigung hatte auch im Handball stattgefunden: Der westdeutsche Meister würde gegen den Meister der im letzten Jahr bestehenden Oberliga der vormaligen DDR zum gesamtdeutschen Finale antreten. Das allerdings war noch weit weg, denn auf uns wartete zunächst der THW Kiel. Zum Glück hatten wir aufgrund der besseren Platzierung in der Punkterunde gegenüber dem THW einen Heimrecht-Vorteil von zwei zu eins. Das schien immens wichtig, denn wer konnte schon auf einen Sieg in der gefürchteten Ostseehalle spekulieren?

Am 12. Mai 1991 bezwangen wir in der Sporthalle an der Moltke-Straße die starken Kieler für viele überraschend deutlich mit 22:14. Der Schwarzwald-Trip hatte sich ausgezahlt. Mein Team sprühte vor Energie und Spiellaune, bewegte sich gut und man konnte den Jungs anmerken, dass sie es wissen wollten: Wislander, der frisch gekürte Weltmeister und Welthandballer 1990, Schwenker, Schwenke, Gersch, Krieter und Co. hatten nach einer ausgeglichenen Anfangs-Viertelstunde keine Chance mehr. Die 2.400 Zuschauer feierten diesen Auftaktsieg ausgelassen – doch insgeheim rechneten wohl viele unter ihnen damit, den THW in Spiel Nummer drei schon wenige Tage später wiederzusehen. Dazu aber sollte es nicht mehr kommen, denn nur drei Tage später gelang uns das nicht für möglich gehaltene Husarenstück in der Ostseehalle: Erneut verrichtete unsere Abwehr vor dem überragenden Andy Thiel eine unglaubliche Energieleistung – meine Philosophie von guter Deckungsarbeit wurde von diesen Jungs wirklich gelebt. Von der 22. bis zur 30. Minute ließen wir vor den damals obligatorischen 7.000 Zuschauern keinen THW-Treffer zu, holten ein 3:6 auf und auch das Tor zum 6:7-Pausenstand aus unserer Sicht erschütterte keinen in unseren Reihen.

Okay. Schön war's nicht, was sich auf dem ehrwürdigen Parkett der Ostseehalle zutrug, es war der reine Kampf, mitunter auch Krampf. Nichts für Handball-Ästheten. Dies wurde in der zweiten Halbzeit nicht anders: Bis zum 11:11 sieben Minuten vor Spielschluss war eine Verlängerung dieser Partie, vor allem aber eben auch in Form eines dritten Spiels durchaus nahe liegend. Doch meine Spieler waren beseelt von dem Gedanken, die Entscheidung schon in der Ostseehalle herbeizuführen. Andy Thiel vor allem, der sich im Duell mit seinem Gegenüber Michael Krieter noch einmal hochschaukelte zu Meisterleistungen, wollte vor seinem Abschied aus Gummersbach unbedingt in der Kieler Ostseehalle triumphieren. Das hatte er schon vorher verkündet. Und so hielt er dann auch. Mit ihm im Rücken traf Rune Erland in der Schlussphase zum 12:11 und der wegen einer Verletzung von Rechtsaußen Michael Lehnertz reaktivierte Frank Damann per Gegenstoß zum 13:11 für uns. Dabei bleib es – es war vollbracht: In Hin- und Rückspiel hatten wir den THW Kiel bezwungen. Zwar stand uns das gesamtdeutsche Finale noch bevor, doch schon jetzt war das Erreichte ein großer Triumph für dieses Team, das wie wenige andere zuvor und danach diese Bezeichnung verdiente, denn wie gesagt: Besser besetzt waren in dieser Saison sicher mehrere Mannschaften. Doch besser harmoniert und zusammengehalten hatte offenkundig niemand: Die überschwängliche Freude war berechtigt. Die obligatorische Biertaufe, die ich über mich ergehen lassen musste, nahm ich gerne in Kauf. So etwas trägt man in einem solchen Moment natürlich mit Fassung. Ich fühlte mich durchaus als eine Art Architekt dieses Werkes und war sehr, sehr stolz – schon in diesem Moment.

Mittlerweile hatte ich den Entschluss gefasst, am Ende dieser Serie eine Pause vom Trainerdasein einzulegen und mich wieder meiner Versicherungsagentur und vor allem auch der Familie mehr zuzuwenden. Obendrein brauchte auch ich einfach mal eine Pause vom Handball. Mein Entschluss wurde von den VfL-Verantwortlichen Eugen Haas und Uli Strombach akzeptiert und respektiert. Frühzeitig konnten sie sich nach einem Nachfolger umsehen und fanden ihn schließlich in dem ehemaligen Weltklassespieler Hrvoje Horvat.

Doch noch immer war nicht Schluss mit dieser endlos scheinenden, Kräfte raubenden und Nerven kostenden Spielzeit. Zwischen west- und gesamtdeutscher Meisterschaft aber räumte ich noch einen weiteren Titel ab: In den 14 Tagen Pause bis zum Gipfeltreffen mit dem SC Magdeburg bin ich nämlich auch noch Schützenkönig in Gummersbach geworden, was in der Stadt von großer Bedeutung ist. Das Schützenfest ist etwas Besonderes, die Stadt im Ausnahmezustand, wie Karneval in Köln – ein bisschen jedenfalls. Dieses Schützenfest ist schwer zu beschreiben – das können Nicht-Gummersbacher nicht verstehen. Da wird gefeiert und gebechert – und zwar alles organisiert. Gummersbachs Handballer waren eigentlich immer Mitglied im Schützenverein Gummersbachs – früher jedenfalls. Heute ist das , glaube ich, nicht mehr so.

Ich kam zu diesem Titel völlig unvorbereitet. Ein Freund von mir, der ehemalige Handballer Uwe Braunschweig, wollte eigentlich Schützenkönig werden. Ich schoss nach dem feucht-fröhlichen Frühschoppen nur aus Spaß mit, traf überraschend und war auf einmal Schützenkönig. Man hat manchmal den Eindruck, das zählt in der Stadt mehr als jeder sportliche Titel. Meine Frau hat anschließend gesagt, sie wäre noch nie so oft gegrüßt worden wie in dieser Zeit als Schützenkönigin. Das ist eben in Gummersbach ein gesellschaftliches Ereignis. Natürlich auch für meine Spieler. Was für ein verrückter Tag: Montag morgens habe ich noch trainieren lassen. Vor dem Frühschoppen. Um acht haben wir uns getroffen. Sind gelaufen, zehn Kilometer. Um halbzehn ging's dann los ...

Tags darauf aber nahm ich schon wieder die Arbeit auf: Die Vorbereitung auf den SC Magdeburg. Auf das Traumfinale, wie viele es angesichts dieser beiden Traditionsklubs nannten.

Das erste und einzige gesamtdeutsche Finale hatte damals noch starken Ost-West-Charakter. Es gab noch Diskussionen um die Ansetzungen der Schiedsrichter für Hin- und Rückspiel: Beide Male waren westdeutsche Unparteiische angesetzt worden, was in Magdeburg freilich nicht gut ankam. Während der beiden Spiele – diesmal war wieder die Addition beider Ergebnisse ausschlaggebend, also kein drittes Spiel geplant, ging es auf den Rängen heiß her – sowohl in Gummersbach als auch in Magdeburg. Ich hab das als Trainer nicht so mitgekriegt, aber die Rivalität wurde rund um diese Finalpaarung schon noch sehr ausgelebt. Und auch auf dem Spielfeld wurde es hitzig – und wie immer bei diesen Duellen dramatisch. Der SC hatte ein erstklassiges Team: Schimrock, Winselmann, Jankevicius, Michel, Liesegang – um nur einige Spieler zu nennen. Da war schon klar, dass wir wieder ans Limit gehen müssten.

Die Emotionen schlugen hoch, als die Magdeburger im Hinspiel unseren zwischenzeitlich herausgeworfenen 10:4-Vorsprung Tor um Tor verkürzten. 10:9, 14:13 – uns schienen nun doch die Kräfte zu verlassen, denn der „Ostmeister" hatte nicht durch eine derartige Knochenmühle namens Play-Off gemusst. Noch einmal ging mein Team ans Limit, die beiden Andys – Thiel und Dörhöfer – lieferten erneut Höchstleistungen ab und so gewannen wir ein hitziges Spiel am Ende mit 18:15. Das 18. Tor durch Lehnertz fiel mit dem Abpfiff und wurde erst nach einer minutenlangen, tumultartigen Unterbrechung anerkannt. Offenbar hatten alle Beteiligten bereits geahnt, wie wichtig dieser Treffer noch werden würde ...

Die denkwürdige Hermann-Gieseler-Halle, Schauplatz so vieler Europacup-Schlachten – auch zwischen dem SC und Gummersbach – war Austragungsort des Rückspiels eine Woche später. Und tatsächlich herrschte auch diesmal jene knisternde Atmosphäre, wie wir sie aus alten Zeiten kannten, als weniger die Spieler sondern vielmehr irgendwelche Funktionäre die Duelle gegen Westmannschaften zum Klassenkampf ausgerufen hatten. Bis zur 20. Minute führten wir mit zwei Toren Vorsprung, dann drehte der Gastgeber auf seinem eng umrandeten, heimischen Boden die Begegnung um, führte zur Pause 8:6. In der Endabrechnung lagen wir also nur noch ein Tor vorn – und im Handball kann man solch einen Vorsprung ohnehin nicht planbar verteidigen. Wie schon gegen Kiel bestimmten die Deckungsreihen auf beiden Seiten das Geschehen. Die Dramaturgie der zweiten Halbzeit nahm Europacup-Ausmaße an. Aus unserer Sicht stand es 7:9, 9:9, 11:13 und fünf Minuten vor Schluss 14:14. Da waren sie wieder – die drei Treffer Differenz. Das musste doch reichen. Andy Thiel hatte sich noch einmal selbst übertroffen, von deplazierten Äußerungen seitens des Publikums und des Magdeburger Hallensprechers zusätzlich angestachelt, vernagelte er sein Tor förmlich, hielt mehrere „Unhaltbare" – darunter auch drei Siebenmeter. So hielt uns der „Hexer" im Spiel. Und vorne wuchs Rune Erland über sich hinaus, obwohl er wie schon im Hinspiel am Knöchel lädiert war und sich auch durch diesen Krimi hindurchquälen musste. Dennoch schaffte Magdeburg eine erneute 16:14-Führung – und hatte neun Sekunden vor Schluss Ballbesitz. Ein letzter Freiwurf des gefährlichen Thomas Michel verfehlte unser Tor um Haaresbreite und bedeutete den Gewinn der gesamtdeutschen Meisterschaft.

Nun müsste ich eigentlich wieder schreiben vom Jubel, von den damaligen Emotionen und der danach einsetzenden Wehmut, aber auch von der Erleichterung, aufzuhören – und das auch noch mit dem Titel. Wieder waren meine Jungs bis ans Limit gegangen. Doch die eigentliche Krönung hatte für mich bereits zwei Wochen zuvor stattgefunden – in Form des Gewinns der ursprünglichen Deutschen Meisterschaft. Dieser Titel war für mich der Saisonhöhepunkt. Der Erfolg über Magdeburg war nur noch die Dreingabe.

Diese Saison war für mich mit die schönste Erfahrung meiner Sportlerlaufbahn. Ich war unglaublich stolz auf die Mannschaft, die individuell sicher nicht das Topteam der Liga war. Aber sie war eine fantastische Einheit, es hat Riesenspaß gemacht, mit ihr zu arbeiten.

Eine Ära ging (zunächst) zu Ende. Brand und Gummersbach – das sollte zwar für immer verbunden sein und ist auch für immer verbunden, doch damals musste man beim VfL schon eine neue Zeitrechnung beginnen, denn neben meiner Wenigkeit verließ ja auch Andy Thiel den Verein. Übrigens fiel im Rahmen der folgenden Meister- und Abschiedsfeierlichkeiten sein Schnurrbart. Meiner dagegen blieb dran. Ich war froh und stolz, das Kapitel Gummersbach vorerst mit einem solch schönen Erfolg schließen zu können.

FÜR FUSSBALL PLÖTZLICH KEINE ZEIT MEHR

Andreas Thiel

„Es ist irgendwie eigenartig. Ich soll über einen der ganz Großen des Handballs schreiben – und ein Fußball spielt dabei eine entscheidende Rolle. Dazu später mehr. Einiges hat sich nicht geändert im Zuge des Wandels vom Spieler zum Trainer, den Heiner Brand im Laufe seiner Karriere vollzogen hat. Der Typ, den Heiner verkörpert, ist der gleiche geblieben. Er war immer schon der sture Oberberger, eine Eigenschaft, die man ja auch mir nachsagt. Und er war immer ein Chef. Er hatte immer Autorität. Schon als Spieler. Von ihm stammt eine Aussage, die ich im Laufe der Jahre verstehen lernen musste – und dies auch tat, weil ich später, nach Heiners Karriereende als Spieler, selbst Kapitän beim VfL Gummersbach wurde: „Man muss auch mal den Mut haben, sich unbeliebt zu machen.“ Das war ein prägnanter und prägender Satz. Auch für mich. Denn ich selbst konnte gegen alle stänkern – Trainer, Vorstand und so weiter. Nur nicht gegen die Jungs aus der Mannschaft. Doch Heiner hat(te) Recht: Der Mut zu unpopulären Standpunkten im Kreise der Kollegen ist enorm wichtig für einen, der das Team anführen will.

Der Spieler Brand war stets einer, der voranging. Ihm waren Trainerstandpunkte oft schon damals näher als die Ansichten der Spieler. Aber natürlich konnte Heiner auch mal locker lassen. Als wir einmal zu einem letzten Saisonspiel nach München gereist sind – in dieser Partie ging es um nichts mehr, Milbertshofen stand als Absteiger, wir als Vizemeister fest – fing die Abschlussfeier eigentlich schon auf der Hinfahrt im Bus an. Ganz zum Entsetzen unseres damaligen Trainers Petre Ivanescu. Der hatte für derartige Disziplinlosigkeiten null komma null Verständnis. Auch, dass Heiner bei dieser Kirmesfahrt wahrlich keine Ausnahme bildete, störte den strengen Coach. Ich glaube nicht, dass es dem Trainer Heiner Brand heute anders ergehen würde als Petre Ivanescu damals. Er hätte Probleme damit, so etwas zu dulden. Zudem ging Heiner immer voll zur Sache, wenn es um etwas ging. Er war ein Vorbild, ein Charakter-Spieler – und in der Hierarchie natürlich längst ganz oben, als ich nach Gummersbach kam. Er hat sich immer über Leistung definiert, nur wer etwas erreicht hatte und stets leistungsbereit war, hatte in seinen Augen das Recht, sich auch mal Nischen zu suchen. Wer noch nichts vorweisen konnte, der hatte sich hochzukämpfen. Das war alte Gummersbacher Schule – und die verkörperte er. Ich erinnere mich noch daran, wie ich Anfang der 80er zum VfL kam und unwissend nach dem Training ausgerechnet jene Dusche benutzen wollte, die Heiner Brand gehörte – was außer mir alle wussten. Er hat mich deutlich darauf hingewiesen, dass dies seine Dusche sei und ich mir gefälligst eine andere suchen solle. Ich stand regelrecht stramm und tat, was mir gesagt wurde. Jahre später hatte ich dieses Selbstverständnis selbst verinnerlicht – auch ich hatte meinen „heiligen Platz" in der Kabine, von der Dusche ganz zu schweigen.

Und dennoch folgte später dieser für mich kaum fassbare Wandel Heiners, als er Chefcoach beim VfL wurde. Zuvor, bei Simon Schobel im Nationalteam und seinem Bruder Klaus in Gummersbach, war er einige Jahre als Co-Trainer tätig. In dieser Zeit – besonders bewusst sind mir noch die Olympischen Spiele 1984 in Los Angeles – war Heiner am verbindlichsten. In dieser Phase hatte er die Vermittlerrolle inne zwischen Trainer und Spielern. Man kann sogar davon sprechen, dass er in dieser Position Sympathien und Verständnis für die Spieler hatte und weniger stur war. Gleichwohl war er zu wesentlichen Teilen mitverantwortlich dafür, dass wir in Los Angeles Silber holten. Seine Intuition, sein taktisches Geschick waren die ideale Ergänzung zu Schobels Führungsstil. Heiner füllte seinen Part wie auch später als Assistent beim VfL durchaus dezent und geschickt aus.

1987 dann übernahm Heiner den Job seines Bruders Klaus beim VfL. Und schlagartig mutierte er zum autoritären Knochen. Mit einem Mal zog er eine total harte Linie durch. Es hing wohl auch damit zusammen, dass er mit einigen Spielern wie Thomas Krokowski, Rüdiger Neitzel oder mir noch zusammen aktiv war und er deshalb glaubte, dies wäre seiner Autorität abträglich. Wie dem auch sei: Was der Spieler Brand selbst am liebsten machte – nämlich zum Aufwärmen Fußball spielen – wurde nahezu vollständig aus dem Trainingsprogramm gestrichen. Der Fußball ward so gut wie nie wieder gesehen. Ich konnte es nicht fassen. Mittlerweile war ich ja selbst Wortführer bei uns und mir war es völlig unerklärlich, was Heiner da abzog. Weil wir einen neuen Halbrechten verpflichtet hatten, den Isländer Christian Arason, müssten wir mehr trainieren, um ihn zu integrieren. Da sei für Fußball keine Zeit mehr, hat er gesagt. Ich habe es damals nicht geglaubt und tue das bis heute nicht. Unser Saisonstart mit 14:0 Punkten aber gab ihm alle und mir keinerlei Argumente an die Hand. Dies traf auch auf andere Maßnahmen der Marke Heiner Brand zu.

Ich schaltete auf stur, umgekehrt entzog mir Heiner die Zuneigung, die zwischen uns neben dem Respekt und der Anerkennung vor des anderen Leistung stets herrschte. Das konnte er gut. Er war mittlerweile noch deutlich autoritärer als zu aktiven Zeiten. Und einer wie ich, sicher ein durchaus eigenwilliger Spieler und gerne auch mal genauso schnell beleidigt wie er, hatte damit so seine Schwierigkeiten. Es hat oft gerummst, auch vor der Truppe. Als er einmal im Trainingslager in der Schweiz am Ende einer zweistündigen Übungseinheit der Meinung war, ich würde bei den abschließenden Tempogegenstößen nicht mehr mit dem nötigen Einsatz versuchen, die Bälle aus der Nahwurfzone abzuwehren, sprich mich nicht mit dem nötigen Enthusiasmus abschießen lassen, schickte der große Herrscher mich aus dem Kasten und stellte Kreisläufer Christian Fitzek ins Tor. Ich dachte erst, Heiner scherzt. Ihm aber war es total ernst. Ich musste aus dem Tor raus und ein Feldspieler an meiner Stelle rein. Ich kündige, ich wechsle den Verein, dachte ich – außer mir vor Wut.

Nun, ich blieb natürlich – und zum Ende meiner Gummersbacher Zeit wurden wir 1991 gesamtdeutscher Meister, was einer Sensation gleichkam angesichts eines eher unspektakulären Kaders. Aber: Wir waren topfit und taktisch immer exzellent eingestellt. Das war Heiners Handschrift. Nie, bei keinem anderen Trainer, war ich körperlich in besserer Verfassung als bei Heiner.

In unseren gemeinsamen Jahren beim VfL hat er mich als Trainer immer und immer wieder ge- und herausgefordert. Stets habe ich mir Dinge herausgenommen bei den Trainern, die ich hatte, konnte mir angesichts meiner Verlässlichkeit am Spieltag doch einiges leisten. Am wenigsten jedoch bei Heiner. Der hat immer verlangt, dass ich eine Vorbildfunktion ausübe. Es gab ständig Reibungspunkte, aber auch diese Momente und Situationen, wegen derer ich mich doch immer wieder darauf einließ, zu bleiben – und zwar aus Überzeugung. Trotz Heiner? Nein, wegen Heiner. So stur er sein konnte, so viel Fingerspitzengefühl konnte er auch beweisen – gerade im Umgang mit mir, dem Querkopf und Zyniker.

Da war zum Beispiel jenes Pokalspiel beim Zweitligisten Leverkusen. Ich war am Abend zuvor zum Ball des Sports eingeladen, wovon ich Heiner im Vorfeld unterrichtete. Er sagte, das sei angesichts eines solchen Anlasses der Moment, mal eine Ausnahme zu machen und ließ mich gehen – wahrlich keine optimale Vorbereitung auf das Spiel am kommenden Tag. Naja, es war feucht-fröhlich. Ich hatte noch am Abend des Spiels Sehstörungen, so wurde auf der Gala in Wiesbaden gebechert. Und so habe ich dann auch gehalten. Besser gesagt: Nichts gehalten. Nach 15 Minuten ließ ich mich auswechseln, kam später nochmal wieder – ohne auch nur einen Tick frischer oder gar besser geworden zu sein in der Zwischenzeit. Der Zweitligist warf uns aus dem Pokal – ein empfindlicher Schlag in einer kritischen Phase für uns, da wir zudem gerade aus dem Europapokal ausgeschieden waren und uns in eine Krise hineinbewegten. Heiner hat nie, bis heute, eine Silbe darüber verloren, dass und warum es vor allem an mir lag, dort ausgeschieden zu sein. Ja, er hat mich regelrecht gedeckt. Ebenso hatte er Verständnis für private Sorgen und Probleme, von denen ich gegen Ende meiner Gummersbacher Zeit und vor meinem Wechsel nach Dormagen durchaus einige hatte. Er tolerierte das, machte Abstriche bei mir, weil er wusste, ich würde mich am Wochenende durch gute Leistungen revanchieren. Das erwartete er auch. Solange ich dieser Erwartung entsprach, hatte er keine Probleme damit, mir gewisse Privilegien zuzugestehen. Das ist keine Schwäche, sondern eine Stärke als Trainer.

Heute sind Heiner und ich uns wieder viel näher. So wie einst als Mannschaftskollegen, nur eben an einem anderen Punkt unseres Lebens und unserer Laufbahnen. Nicht selten beurteilt man uns ähnlich: Verschlossen, mürrisch, ja sogar arrogant. Und das nur, weil wir nicht immer ein Zahnpastalächeln aufsetzen. Vor allem die Einschätzung, wir seien arrogant, wird uns deshalb nicht gerecht. Was aber durchaus zutreffend ist: Er und ich – da sind damals zwei Sturköpfe aufeinander getroffen, zwei eigenwillige Persönlichkeiten und Typen. Doch er war einen Tick resoluter als ich. Er hat sich durchgesetzt. Das muss und kann ich gerne zugeben. Nur das mit dem Fußball, den ausgerechnet er aus dem Training verbannte, wird voraussichtlich für immer zwischen uns stehen."

*Man nennt ihn den Hexer. Noch immer: **Andreas Thiel**, jahrelang weltbester Torwart und Ikone beim VfL Gummersbach, kann wie kaum ein Zweiter davon berichten, ob und wie sich Heiner Brand, mit dem er zahlreiche Titel zusammen holte, wandelte, als er vom Spieler zum Trainer wurde. Nicht selten stand dabei sogar die Freundschaft der beiden auf dem Spiel. Mittlerweile ist dem ehemaligen Ausnahmetorhüter und heutigen Rechtsanwalt bewusst, was in Brand vorgegangen sein muss, als der die Rollen vertauschte und vor allem seinen Leistungsträger Nummer eins immer wieder provozierte ...*

GUTE ZEITEN, SCHWERE ZEITEN

Meine Trainerjahre in Wallau, die Rückkehr nach Gummersbach

Zum Zeitpunkt der gesamtdeutschen Finalspiele zwischen Gummersbach und Magdeburg hatte mein Entschluss, ein Jahr Pause zu machen, bereits festgestanden. Ich spürte damals einfach, dass ich einen Break brauchte, um Luft zu holen. Ohne feste Vorsätze. Meine Agentur, damals ja schließlich mein berufliches Standbein Nummer eins, erforderte noch mehr Engagement, stand zudem ja auch noch im Vordergrund, und mir war die Doppelbelastung zuviel geworden. Ich fühlte mich ausgebrannt. Wie lange diese Pause dauern sollte – damit habe ich mich zunächst gar nicht so sehr beschäftigt. Zumal ja auch meine Familie mal davon profitieren sollte, dass ich mich aus dem Handball-Geschäft zurückziehe. Ich hatte damals keine Pläne, wie viel Zeit vergehen sollte, um wieder einzusteigen: Ein Jahr, zwei Jahre – alles war offen. Bis dahin hatte ich mir auch nicht vorstellen können, einen anderen Verein zu trainieren, allein weil es dann auch normal gewesen wäre, den Wohnort zu wechseln. Das wollten wir nicht – darüber waren wir uns in der Familie einig. Später sollten mir meine Frau und meine Kinder bescheinigen, dass ich ohne Handball zunehmend unausgeglichener und als Familienoberhaupt, das erstmals mehr Zeit zu Hause verbrachte, nicht gerade umgänglicher wurde. Dabei lag es schon in meiner Absicht, mit diesem Entschluss auch das Familienleben zu intensivieren. Auch, wenn es irgendwie für alle Beteiligten – vor allem zu Hause – komisch gewesen sein muss. Eben ganz anders.

Alleine, den VfL zu verlassen, war schon zwiespältige Angelegenheit genug. Ich habe durchaus mitbekommen, dass in Gummersbach auch hintenrum gesprochen wurde über meinen Weggang. Für mich war es ja auch komisch. Hrvoje Horvath wurde als mein Nachfolger verpflichtet – ein Mann, der für seine brillante Handball-Auffassung und sein attraktives Spiel zu aktiven Zeiten bereits berühmt gewesen war.

Man braucht in einer so intensiven und ereignisreichen Laufbahn auch mal Zeit, um Erlebtes zu verarbeiten, wieder zu sich zu finden und sich neu zu orientieren. Einer wollte mir dazu keine Zeit lassen: Bodo Ströhmann, der „Macher" der SG Wallau-Massenheim. Als er hörte, dass ich in Gummersbach Schluss machen würde, hat er mich sofort angerufen – aber ich wollte einfach eine Pause, ich brauchte eine Pause. Am Telefon habe ich ihm gesagt: „Ruf mich Ende des Jahres noch mal an. Dann sehen wir weiter." Er hat das damals wohl wörtlich genommen. Sylvester ´91/92 hat er prompt wieder angerufen. Zu diesem Zeitpunkt war Velimir Kljaic Trainer in Wallau. Bodo lockte erneut – und wieder hab´ ich abgesagt. Ströhmann aber ließ nicht locker. Beim dritten Gespräch, Ende März, Anfang April, hat er mir wieder ein Angebot gemacht – und diesmal war mir danach, zuzusagen.

Bodo Ströhmanns Beharrlichkeit war beeindruckend. Der Mann, der die SG Wallau-Massenheim auf der Funktionärsebene verkörperte wie Eugen Haas seinerzeit den VfL Gummersbach, Heinz Jacobsen den THW Kiel oder Klaus Schorn TUSEM Essen, baute wie ein (im positiven Sinne) Verrückter an seinem Lebenswerk: Den hessischen Dorfverein zu einer der führenden europäischen Adressen zu machen. In den Gesprächen mit ihm hatte ich von Anfang an allerdings darauf bestanden, dass ich grundsätzlich in Gummersbach wohnen bleiben dürfte. Das war für mich eine Voraussetzung, die er zum damaligen Zeitpunkt, im Frühjahr 1992, auch akzeptierte. Gedanklich hatte ich mich damals schon vom VfL lösen können, wenngleich es – als die Entscheidung, nach Wallau zu gehen, feststand – doch ein sehr merkwürdiges Gefühl war, plötzlich in einem und für einen anderen Klub zu arbeiten.

In Wallau war vieles anders. Bodo Ströhmann hatte mir ein Zimmer dort besorgt, damit ich im Falle nah beieinander liegender Termine dort übernachten konnte. Wenn wir spät von einem Auswärtsspiel zurückkamen und dann für den nächsten Vormittag Training angesetzt war beispielsweise, dann verbrachte ich die wenigen Stunden dazwischen in Wallau. Doch das waren nur Ausnahmefälle. Die Abende verbrachte ich dann entweder in meinem Zimmer oder in der Dorfkneipe „Grüner Baum" um die Ecke, aber erbaulich war das nicht. In diesen Momenten fehlte mir mein Zuhause. Mein Bierchen schmeckte mir in vertrauter Umgebung eben doch besser als alleine im Wirtshaus, in einem alles in allem eben doch fremden Umfeld. Ein Umzug kam jedoch nie in Betracht. Ich hatte ja auch einen Zweijahresvertrag mit Ströhmann geschlossen – eine zunächst überschaubare Zeitspanne für einen Trainer.

Um meine Agentur konnte ich mich natürlich nur noch halbtags kümmern. Voraussetzung dafür war, einige Vormittags-Übungseinheiten – Wallau trainierte damals schon häufig zweimal am Tag – von meinem Co-Trainer Burkhard Keller durchführen zu lassen.

Geprägt war diese Zeit natürlich aber dennoch von dem Umstand, viele, viele Stunden im Auto verbracht zu haben. Ich war zum Pendler geworden zwischen Job und Zu Hause. Nahezu täglich fuhr ich die Strecke Gummersbach – Wallau hin und zurück. Ich wollte mein privates Umfeld wie gesagt nicht aufgeben, ich brauchte mein Zuhause als Rückzugsmöglichkeit, als Platz der Geborgenheit. Das späte, gemeinsame Abendessen, wenn ich dann meist weit nach 22 Uhr nach Hause gekommen war, mit meiner Frau und die dazu gehörenden

Gespräche an unserem Esstisch waren für mich von großer Wichtigkeit. Ich brauchte das als Balance. Dafür nahm ich in Kauf, im Monat tausende von Kilometern zwischen Wohn- und Arbeitsplatz hin- und herzufahren. 160 km – eine Strecke, wenn wir in Wallau trainierten. Bis zu 200 km, wenn wir in Rüsselsheim oder Hoechst trainierten beziehungsweise spielten. Eine ziemliche Tortur einerseits, auf der anderen Seite aber habe ich die Zeit im Auto auch genossen, denn währenddessen hatte ich Ruhe und Zeit, mir viele Dinge durch den Kopf gehen zu lassen – meistens hatten die natürlich mit Handball zu tun. Mindestens eineinhalb Stunden war ich nahezu ungestört und konnte beispielsweise auch in Ruhe telefonieren. Wer so viel Zeit auf der Straße verbringt, muss ja erreichbar sein – gerade als Trainer. Damals, 1992, war die große Zeit der Handys noch nicht angebrochen. Ich hatte zwar ein Autotelefon, aber das war ein Riesengerät, enorm schwer, eines der ersten Exemplare. Ein Einbausatz, den konnte ich aus dem Auto mit in die Wohnung nehmen. Mit einer Tragetasche – das hat damals noch alles richtig Geld gekostet. Ich habe das selbst bezahlt. Schließlich musste ich ja mobil sein. Immer und immer wieder: Über die A4 Richtung Olpe, dann die A45 Richtung Frankfurt, dann die A5 Richtung Basel, Frankfurt, Wiesbaden und dann ein kurzes Stück auf der A66 Richtung Hoechst, oder von der A45, Abfahrt Haiger, auf die Landstraße B49 bis Limburg und dann auf der A3 weiter bis Kreuz Wiesbaden und von dort weiter nach Wallau oder Rüsselsheim ... Und abends zurück. Irgendwann fuhr ich die Strecke nahezu automatisch, manchmal habe ich gar nicht mitbekommen, dass ich schon da war und dachte nur: „Das hast du gar nicht bewusst miterlebt, wie du jetzt hierher gefahren bist“. Pendler und Vielfahrer, die immer wieder die gleiche Strecke abreißen, werden dieses Phänomen kennen.

Um ehrlich zu sein, habe ich auf bestimmten Teilstrecken damals schon ganz schön Gas gegeben. Man bekommt ja mit der Zeit ein Gefühl dafür, wie lange man von einem zum nächsten Ort braucht, wenn alles glatt läuft, keine unvorhergesehenen Staus einem einen Strich durch die Rechnung machen. „Jetzt brauchst du noch 41 oder 42 Minuten“, habe ich mir dann immer sagen können, wenn ich an gewissen Wiedererkennungspunkten vorbei kam. Ich glaube, ich bin in all der Zeit nur einmal geblitzt worden wegen überhöhter Geschwindigkeit. Auf der Landstraße – weil ich einmal eine Abkürzung nehmen wollte. Einmal. Dennoch: Keine schlechte Bilanz.

Solange der Erfolg da ist, kommt einem die Fahrerei nicht so lang vor. Als aber dann Probleme auftraten, konnten die Entfernungen einem schon ganz schön zusetzen. Alles in allem war diese Zeit sehr anstrengend. Zur damaligen Zeit haben mir auch einige Freunde und Familienmitglieder das „Kompliment“ gemacht, dass ich wirklich schlecht aussehen würde. Die Strapazen zeichneten sich schon in meinem Gesicht ab.

Zugegebenermaßen war mir anfangs gar nicht so wohl, als ich nach Wallau kam. Die SG war in der Saison vor meinem Amtsantritt erstmals Deutscher

Meister geworden. Ein Erfolg, der unerwartet kam, nachdem zu Saisonbeginn dort nicht alles optimal gelaufen war und Ströhmanns Werben um mich sicher auch damit zu tun gehabt hatte, dass er glaubte, ausgerechnet meine Verpflichtung wäre Voraussetzung dafür, dass die Wallauer endlich mal irgend etwas gewännen bei all ihren Bemühungen, die unternommen worden waren. Und dann schafft mein Kollege Velimir Kljaic den lang ersehnten Titelgewinn doch noch. Er und das Team hatten trotz Verletzungspechs einen regelrechten Lauf bekommen und am Ende der Play-Offs nach zwei Finalsiegen über Leutershausen die Meistertrophäe in den Händen. Doch damit nicht genug: Wallau gewann obendrein auch noch den Pokal und den IHF-Cup gegen Minsk. Nicht, dass ich allen Beteiligten diese Erfolge nicht gegönnt hätte, aber: Ich dachte mir schon, dass dieser Umstand für mich persönlich nicht der optimale Einstieg sein würde. Die hatten mich ja geholt, weil sie dachten, sie würden ohne mich nie Meister. Und dann kommt man da als Neuer hin und trifft auf eine Mannschaft, die gerade in Hochstimmung ist. So etwas ist eine schwere Konstellation. Denn es erleichtert einem die Arbeit gewiss nicht. Man begeht in einer solchen Situation als Trainer einen schmalen Grad. Mir war bewusst: Ich musste und wollte zwar meine Gedanken, Vorstellungen und Ideen in diesem neuen Betätigungsfeld einbringen, konnte aber auch nicht alle Strukturen aufreißen, da diese gerade erst zum Erfolg geführt hatten. Man erzähle mal einem Kreis von erfolgreichen Stars, dass sie etwas anders machen sollen als zu Zeiten, in denen sie Meister geworden sind. Das ist schwer, zumal ein Umbruch ja nicht stattfand. Es gab keinen Neuaufbau, weil die Mannschaft in dieser Zusammensetzung weitest gehend weitermachen sollte. Andererseits galt es ja auch für mich, meine Philosophie umzusetzen, eine eigene Identität einfließen zu lassen in die Zusammenarbeit.

Im ersten Jahr klappte dies insgesamt auch sehr gut. Anders als in Gummersbach hatte ich eine fertige Mannschaft vor mir, die es auch namentlich in sich hatte: Peter Hofmann im Tor, Martin Schwalb, Mikael Källman und Stephan Schöne als Rückraum-Trio, dazu Christian Stoschek, Martin Baumann, Ralf Heckmann, Mike Fuhrig, Dirk Beuchler, Henry Kaufmann, Olaf Oster – um nur einige Spieler zu nennen. Die Wallauer Aufgabe war mit der Gummersbacher nicht zu vergleichen: Der VfL gewann den Titel als Kollektiv, bei der SG mussten viele Einzelkönner addiert werden. Mit Gummersbach gewann die stärkste Abwehr den Titel, mit der SG holte ich die Meisterschale über den stärksten Angriff der Liga. Vor allem der unglaublich dynamische Finne Mikael Källman und Martin Schwalb prägten unser Offensivspiel. Källman hatte unglaublichen Zug zum gegnerischen Tor und war immer bereit, dahin zu gehen, wo es „wehtut“, wie wir Handballer sagen. „Schwalbe“ bestach durch sein Spielverständnis und sein gutes Auge für die Situation.

Die Bundesliga war auf 18 Vereine aufgestockt worden, nachdem die schrittweise Wiedervereinigung mit den ostdeutschen Teams nach zwei Jahren der zweigeteilten Erstliga-Staffeln nun abgeschlossen war. 34 Spiele in einer Saison – ich erinnere mich noch gut daran, dass auch das eine sehr kräftezehrende Angelegenheit war. Mit 48:20 Punkten und sieben Zählern Vorsprung auf Niederwürzbach schafften wir die Titelverteidigung. Auch den DHB-Pokal holten wir. Finalgegner war Bayer Dormagen. Wir gewannen 24:21.

Der komplette Triumph blieb uns indes versagt – und das vergegenwärtigte mir wieder einmal, dass im Sport Freud und Leid, Glück und Pech, Jubel und Schmerz eben doch so nahe beieinander liegen. Im Europapokal der Landesmeister waren wir bis ins Finale vorgedrungen und hatten damit nicht nur eine Euphorie im „Ländle", wie die Gegend um die Mainmetropole Frankfurt genannt wird, entfacht, sondern waren eben auch der Erfüllung von Bodo Ströhmanns Wunschtraum mit einem Mal sehr nahe gekommen. Im Wege stand „nur" noch RK Zagreb. Um es kurz zu machen: Nach der 17:22-Hinspielniederlage in Zagreb, bei der Martin Schwalb verletzt fehlte, lautete im Rückspiel in der Ballsporthalle Frankfurt-Hoechst der Spielstand kurz vor dem Abpfiff 22:17 für uns. Die Dramatik war wieder einmal ausgesprochen groß – typisch Europapokal eben. Mit dem letzten Wurf dann versetzte uns Iztok Puc den K.O.-Schlag. Sein Treffer zum 22:18 riss uns aus allen Europacup-Träumen. Es wäre die Krönung einer ansonsten erneut sehr erfolgreichen Saison gewesen, doch ging der Titel nach Kroatien. Lange zuvor und lange Zeit danach war keine deutsche Mannschaft mehr so nahe am Gewinn der Landesmeister-Trophäe wie wir in jenem Jahr. Am Ende war RK Zagreb ein Tor besser als wir. Das war bitter, bedeutete aber sicherlich keinen Bruch zwischen Verein, Mannschaft und mir.

Die Probleme fingen an, als Bodo Ströhmann – wie es seinem Naturell entspricht – sich im Rahmen der Wallauer Saisoneröffnungsfeier auf den Marktplatz von Massenheim stellte und unter dem Jubel der Fans verkündete: „So, jetzt holen wir alles!" Die Zielsetzung, alle Titel zu holen – das war schon eine ziemliche Last, zumal ein solcher Ausspruch natürlich nicht mit mir vorher abgesprochen worden war und man so etwas nicht einfach so hoppla hopp planen kann.

Es lief nicht rund in der Saison ´92/93. Zudem begann in dieser Spielzeit die Renaissance des THW Kiel, der sehr stark wurde. Auch die Teams aus Hameln, Niederwürzbach und Flensburg waren gut drauf. Unserer Favoritenrolle jedenfalls wurden wir nicht so gerecht wie im Jahr zuvor. Die Enttäuschung darüber, dass die hochgesteckten Ziele inzwischen weiter und weiter in die Ferne gerückt waren, nahm zu. Nebenkriegsschauplätze wurden eröffnet. Plötzlich war es doch ein Thema, dass ich nicht in der unmittelbaren Umgebung des Klubs wohnte. Nach einer Niederlage in Magdeburg gab es ein Gespräch bei Bodo Ströhmann zu Hause. Ich sollte nach Wallau ziehen, sagte er, um näher an der Mannschaft zu sein – was in der Nachbetrachtung gar nicht so verkehrt gewesen wäre. Damals aber beharrte ich auf unserer Abmachung diese Frage betreffend. Und ich erwiderte, dass das Gerede auch nicht aufhören würde, wenn wir mal wieder ein Spiel verlieren würden, obwohl ich dort wohne. Problematisch war, dass Bodo Ströhmann sich stark beeinflussen ließ von der Stimmungslage in der Dorf- und Vereinskneipe „Grüner Baum“ . Wenn dort jemand irgend etwas zu ihm sagten, kam er zu mir und sagte: „Wir müssen was unternehmen – die Leute in der Kneipe meinen das auch.“ Da wurde schon Politik gemacht – und davon konnte sich Bodo nicht immer freimachen. Bei diesem Gespräch spürte ich schon, dass uns die gemeinsame Basis zur Fortsetzung meiner Tätigkeit bei der SG abhanden gekommen war. Um einer Entlassung vorzubeugen, sagte ich: „Bodo, bevor wir jetzt anfangen, darüber zu diskutieren, wie oft ich hier bin, lass es uns beenden.“

Der Mediendruck zum damaligen Zeitpunkt wäre sicher noch ertragbar gewesen, das hielt sich alles in Grenzen. Nur das Gerede und der Druck im Ort waren zunehmend hinderlich, um in Ruhe weiterarbeiten zu können. Und dazu hat eben leider auch Bodo Ströhmann beigetragen durch so manche Äußerung. Bewusst oder unbewusst. Plötzlich redete auch ein späterer Sponsor mit in der Frage, ob und warum ich Stephan Schöne nicht mehr Einsatzzeiten eingeräumt habe, was daran lag, dass ich etwas andere Vorstellungen davon hatte, Handball zu spielen: Ich wollte Källman auf halblinks und Mike Fuhrig in der Mitte spielen lassen und dort auch den damals sehr jungen Markus Baur in seinem ersten Jahr bei der SG als Spielmacher aufbauen. Das passte einigen Leuten im Umfeld aber nicht. All diese Faktoren haben die Stimmung beeinträchtigt – auch meine natürlich. Es machte immer weniger Spaß, das Vertrauensverhältnis war angeknackst – was für mich nur bedeuten konnte, entsprechende Konsequenzen zu ziehen, mit denen ich dem Verein nur zuvorgekommen bin. Die Trennung in der Weihnachtspause ging dann auch schnell und ohne Streit über die Bühne. Nach 14 Spielen war Schluss, Burkhard Keller übernahm meinen Job. In dem Moment, als es vorbei war, stellte sich bei mir eine spürbare Erleichterung ein. Die Pendler-Konstellation war ja auch nicht ideal, das war von Anfang an klar. Und es ist auch möglich, dass dieser Umstand zusätzlich Kraft und Energie gekostet hat, die ich als Trainer womöglich gut hätte gebrauchen können. Sicher eine Rolle spielte, dass ich nicht immer am Puls des Geschehens war – also tatsächlich dort, wo die Vereinspolitik betrieben wurde. Daran aber hatte ich ja auch kein Interesse. Heute weiß ich, dass ich mich auf eine solche Konstellation nicht mehr einlassen würde. Alles, was weiter vom Tätigkeitsbereich entfernt liegt als eine Stunde Autofahrt, ist sicher keine gute Lösung. Meinem Selbstbewusstsein hat diese Trennung nicht geschadet, ich konnte ja sachlich und nüchtern für mich selbst herleiten, woran es gelegen hatte. Außerdem gehört eine solche Erfahrung wohl auch zur Entwicklung eines Trainers dazu. Und dass ich außerhalb des vertrauten Wirkungskreises Gummersbach ebenfalls Erfolg haben kann, hatte ich mit dem Gewinn des Doubles im ersten Jahr bei Wallau-Massenheim ja auch nachgewiesen.

Zeit zur Erholung und zum Regenerieren hatte ich wieder nicht viel. Kurz nach meiner Trennung von Wallau war auch der VfL schon wieder an mir dran. In der Zwischenzeit hatte mein Heimatverein den Kontakt zur Ligaspitze verloren. Horvath musste, nachdem er meine Nachfolge angetreten hatte, bereits vor dem neunten Spieltag wieder gehen und mein Bruder Klaus war noch einmal eingesprungen als Trainer. Ihn wiederum beerbte im Jahr darauf Josip Milkovic, der auch vorzeitig gehen musste. Erneut spielte mein Bruder Klaus den Feuerwehrmann für einige Monate. Seine dritte Amtszeit startete übrigens nur wenige Wochen nach meiner Demission in Wallau. Doch da war bereits klar, dass ich – wenn überhaupt – erst zur folgenden Spielzeit wieder zur Verfügung stehen würde. Die Plätze zehn bis zwölf bedeuteten Neuland für die vom Erfolg verwöhnten Gummersbacher.

Zur Saison ´94/95 übernahm ich dann also ein zweites Mal den Trainerposten beim VfL von meinem Bruder. Es sollte meine letzte Station vor Aufnahme meiner Tätigkeit als Bundestrainer sein. Und die schwierigste, ja, ich möchte es fast schon so formulieren: Meine schlimmste Zeit als Trainer. In dieser Phase stimmte sehr wenig. Das war bisweilen fürchterlich. Die Mannschaft war – bei aller Vorsicht in der Ausdrucksweise – zum Teil chaotisch, hatte eine völlig neue Struktur – genauer gesagt: Sie hatte eigentlich keine.

Stefan Kretzschmar war inzwischen im Oberbergischen gelandet. Der junge, flippige und aufmüpfige Berliner passte dorthin wie die Faust aufs Auge. Seine Art war es, zu provozieren. Das gelang ihm in einem konservativen Örtchen wie Gummersbach natürlich auch oft genug – nicht nur mit seinem eigenwilligen Äußeren. Auch wenn er nicht der Inbegriff der Gummersbacher Problematik zum damaligen Zeitpunkt war – „Kretzsche" verursachte mir schon häufiger Kopfzerbrechen und brachte mich als Trainer auch in grenzwertige Situationen, was die Grundeinstellung zum Leistungssport und den Respekt vor meiner Person anging. Einmal ermahnte ich ihn und Stefan Steinke zu mehr Leistungswillen, sonst könnten sie alleine trainieren. „Darüber könnt ihr mal nachdenken", sagte ich den beiden – was dieses Duo dazu veranlasste, mir nach kurzer Bedenkzeit mitzuteilen, dass sie von dem Angebot, alleine und nicht mit der Mannschaft trainieren zu dürfen, Gebrauch machen würden. Das muss man sich mal vorstellen! Ich war fertig mit der Welt. So etwas hatte ich noch nie erlebt. In diesem Moment standen diese beiden Spieler unmittelbar vor dem Rauswurf. Ich zog den Mannschaftsführer Frank Löhr zu Rate und der vermittelte dann ein letztes Mal. Frank war ein sehr guter Kapitän in dieser ansonsten disziplinarisch schwierigen Truppe. In jener Zeit habe ich das einzige Mal in meiner Trainerlaufbahn abends Kontrollanrufe gemacht, um festzustellen, ob die Spieler wieder „auf Jück" oder pünktlich zu Hause waren. Das ging mir immens gegen den Strich. So eine Art Trainer wollte ich nie sein. Und es war auch sonst nie nötig. Dass man mit Trainer und Mannschaft nach dem Spiel mal zusammen losgeht – das kannte ich. Aber jetzt war da nur noch Misstrauen. Mir wurden immer wieder Informationen zugetragen über angebliche Disziplinlosigkeiten meiner Spieler, die mich dazu nötigten, Maßnahmen wie zum Beispiel Kontrollanrufe auf die Tagesordnung zu nehmen. Eigentlich ist das ja schon Ausdruck dessen, dass eine vernünftige Basis für ein Miteinander nicht gegeben ist. Nur blieb mir – außer die Brocken hinzuschmeißen – nichts anderes übrig, als das Beste aus diesen Umständen zu machen.

Eine Rolle spielte dabei sicherlich, dass wir damals mittlerweile viele junge Spieler aus den neuen Bundesländern hatten – und die genossen es verständlicherweise, im Vergleich zur ehemaligen DDR endlich mal ohne Druck zu arbeiten, Freiheiten zu haben – und sich eben entsprechend zu verhalten. Nicht nur aufgrund meiner in dieser Beziehung eben doch recht konservativen Auffassung in puncto Einstellung, Disziplin und Auftreten führte dies zwangsläufig zu Schwierigkeiten einer für mich völlig neuen Qualität, besser gesagt: Dimension.

Ich erinnere mich daran, dass ich schon im ersten Trainingslager Erfahrungen machte, die ich nur schwer einordnen, geschweige denn akzeptieren konnte. Das fing bei den Essgewohnheiten mancher Spieler an, die mich schon am zweiten Tag dazu veranlassten, mit dem Rücken zum Rest der Mannschaft zu sitzen und zu essen. Einige hielten sich nicht mal an die Reihenfolge. Die gingen ans Büffet und fingen mit dem Nachtisch an, dann aßen sie ihr Hauptgericht und anschließend die Suppe. Der Nächste stand bei der Essensausgabe in der Reihe und stapelte die noch verbliebenen vier Schnitzel, die es gab, übereinander auf seinen Teller und ging weg. Dass die Kollegen nach ihm nichts hatten, bis nachgereicht wurde, interessierte den überhaupt nicht. Sozialverhalten gleich null. Auch in Sachen Hygiene und Benehmen der Spieler musste ich zum Teil sprachlos machende Erfahrungen erleben, die hier zu schildern ich uns allen ersparen möchte. All das geschah zudem im Namen des VfL Gummersbach. Und was das für mich bedeutete, muss ich sicher keinem Leser an dieser Stelle noch erklären. Das war ein Schlag ins Gesicht. Ich war fassungslos. Zwar hatte ich das Team so nicht zusammengestellt – aber arbeiten musste ich mit diesem Spielermaterial ja dennoch.

Als ich damals aus dem besagten Trainingslager zurück nach Gummersbach kam, konnte ich meine Enttäuschung und Wut über das Erlebte nicht verbergen. Ich war richtig genervt. Meiner Frau war das natürlich sofort aufgefallen und ich berichtete ihr, was mir in den vergangenen Tagen widerfahren war – auch sie konnte nur mit dem Kopf schütteln. Sie kannte mich gut genug, um zu wissen, dass solche Dinge mich mindestens genauso störten wie handballspezifische Probleme, da derartige Verhaltensmuster und Missstände im Innenleben eines Teams und insofern auch auf dem Spielfeld ja vor allem Schwierigkeiten bedingen.

Gebührend reagieren auf die Probleme konnte ich noch nicht einmal, da wir zu allem Überfluss noch ziemlich viele Verletzungssorgen hatten und ich von daher auch keine Spieler wegschicken konnte. Unter diesen Umständen war es kaum verwunderlich, dass wir am Saisonende nur Zwölfter wurden. Andere Mannschaften waren doch deutlich homogener und auch stärker besetzt. Der VfL Gummersbach war mittlerweile mehr Mythos als eine erste Adresse im deutschen Handball. Die Machtverhältnisse hatten sich verschoben – daran konnte auch ich nichts ändern. Es fehlte die Kontinuität im Team. Zwischenzeitlichen Überraschungserfolgen folgten immer wieder Rückschläge. Die Musik spielte in Lemgo und ganz oben im Norden: In Kiel und Flensburg. Vor allem der THW hatte über Jahre eine Mannschaft beieinander, über die jede Saison der Titel führte. In Gummersbach mussten wir dagegen zusehen, Abstand zwischen uns und die Abstiegszone zu bekommen. Eine ganz neue Erfahrung – auch für mich.

In der Saison ´95/96 ging es dann vorübergehend etwas aufwärts. Das lag auch an der Entwicklung des im Jahr zuvor verpflichteten Isländers Julius Jonasson, der im Rückraum variabel einsetzbar war und auch dem Mannschaftsgefüge sehr gut tat. Zum damaligen Zeitpunkt galt der Koreaner Kyung-Shin Yoon als einer der weltbesten Torjäger. Ein exzellenter Einzelkönner, der plötzlich mit dem VfL Gummersbach in Verbindung gebracht wurde, da ein Sponsor des VfL sich danach sehnte, einen Weltstar in den Ort zu holen, um dem VfL wieder zu mehr Glamour zu verhelfen. Man wollte den bei der WM auf Island als Goalgetter herausragenden Yoon aus Seoul zum VfL bringen – und das klappte dann auch.

Natürlich sorgte dieser Transfer für enormen Wirbel und positive Schlagzeilen. Doch ich war gar nicht so begeistert, auch wenn Yoon natürlich ein überragender Individualist war. Denn das bedeutete für mich, eine Mannschaft, die gerade in ihrer Entwicklung endlich einige Schritte nach vorne zu machen begann, mitten in der Saison wieder auseinander zu reißen. Denn mit der Verpflichtung Yoons musste Jonasson, obendrein ein Super-Typ und guter Abwehrspieler, gehen – und unsere variable Spielweise auf einen Distanzschützen umgestellt werden. Ich war im Glauben, mich aus Loyalität gegen diesen Transfer nicht stellen zu können. Meine Aufbauarbeit, die ganze spielerische Ausrichtung, die wir uns in der Vorbereitung angeeignet hatten, war jedoch merklich gestört. Yoon musste sich auf eine völlig neue Kultur einstellen, auf ungewohntes Essen und sprach natürlich obendrein kein Wort deutsch, was die Verständigung doch entscheidend behinderte.

Sich seiner anzunehmen und sich mit Yoons Problemen auseinander zu setzen, blieb, nachdem er in Gummersbach eingetroffen war, unter andererem mir überlassen. Ich bin mit ihm nach Winterthur in die Schweiz gefahren, wo sein Landsmann Kang schon einige Jahre als Handballprofi spielte und die schwere Phase des Eingewöhnens hinter sich gebracht hatte. Dort hatte er wenigstens einen Ansprechpartner, mit dem er über seine Probleme sprechen konnte. Im gleichen Jahr hatten wir ihn und seine Mutter, die ihren Sohn in der

Anfangszeit nicht allein lassen wollte, auch an Heiligabend zu uns nach Hause eingeladen, damit sie so etwas wie familiäre Atmosphäre miterleben konnten und nicht alleine blieben über Weihnachten. Meine Frau Christel hat dann für uns alle gekocht – meine Kinder waren auch da – und wir haben uns mit Händen und Füssen verständigt. Zu allem Überfluss nickte er aufgrund seiner Sprachmängel auch immer, um freundlich zu sein. Daher sein Spitzname „Nick". Doch bedeutete sein Nicken längst nicht immer ein „Ja" auf die Fragen, die man ihm versuchte, zu stellen. Es war zunächst Verlegenheit und Höflichkeit. Diese sprachlichen Barrieren mussten wir bei jenem Weihnachtsfest aber nun mal überwinden. Und natürlich auch im sonstigen, alltäglichen Umgang miteinander. Er war, glaube ich, sehr dankbar, dass wir versuchten, ihn in dieser Form zu integrieren. Es war ein unglaublich langer Prozess.

Yoon ist ein feiner Sportler und Mensch. Er half natürlich entscheidend mit, die geschilderten Probleme so gut es ging zu bewältigen. Seine Torjägerqualitäten standen ohnehin außer Frage. Nicht von ungefähr ist er bis heute ja mehrmals Torschützenkönig der Bundesliga geworden. In die Nähe irgendwelcher Meisterschaften oder Titelgewinne konnte uns „Nick" aber freilich auch nicht im Alleingang werfen. Erneut war ein Platz im oberen Tabellendrittel nur aus weiter Ferne zu sehen. Vom großen VfL Gummersbach war einfach nur noch der Name übrig geblieben. Auch für mich ein zunehmend schwer erträglicher Zustand, zumal die Reputation des Klubs zusätzlich unter den immer wieder ans Tageslicht gezerrten Finanzproblemen zu leiden hatte. Missmanagement im Verein, vor allem aber auch ausbleibende Unterstützung aus dem Gummersbacher Einzugsgebiet und die Gehaltsexplosionen in der Bundesliga ließen uns einfach nicht mehr in Ruhe. Ich habe in diesen zweieinhalb Jahren sehr gelitten. Und das lag nur nebenbei daran, dass wir auch in der Saison ´95/96 wieder nur Platz zwölf belegten.

Die finanziellen Probleme des Klubs führten ferner dazu, dass ich zu allem Überfluss mehr als ein Jahr ohne Gehalt gearbeitet habe. Die Unruhen im und um den Verein herum nahmen stetig zu, das Thema Gehaltsverzicht der Spieler war mehr als nur einmal Gegenstand der Berichterstattung der Medien – nur dass ich schon über viele Monate hinweg quasi zum Nulltarif meinen Trainerjob ausgeübt hatte, wurde nirgends wirklich registriert. Hausieren gehen wollte ich damit aber natürlich auch nicht.

Dennoch: Ich vermisste in dieser Phase zunehmend die Anerkennung und den Respekt vor meiner Arbeit. Kaum jemand hat mal nachgefragt, wie schwer es war, den Laden überhaupt zusammenzuhalten. Auch hatte längst eine gewisse Perspektivlosigkeit in mir über meinen ursprünglichen Optimismus und Kampfgeist gesiegt. Das Angebot von DHB-Präsident Bernd Steinhauser kam mir in jener Zeit also gerade recht. Ich führte damals mehrere Gespräche mit Arno Ehret, der ja mein Vorgänger war und fortan als Sportdirektor des Verbandes neben mir fungieren sollte. Schon eine etwas eigenwillige Konstellation, doch an Ehrets Loyalität gab es nie irgendwelche Zweifel. Mein Entschluss, nach der Saison das Bundestraineramt anzunehmen und meine Tätigkeit in Gummersbach zu beenden, war diesmal jedenfalls reif. Nach der WM in Japan, genauer am 1. Juli 1997, sollte ich Arno Ehret dann ablösen. So die Abmachung, die auch entsprechend am 24. September 1996 veröffentlicht wurde, um für Klarheit zu sorgen.

Dann aber ging alles schneller. Im Dezember 1996 schon wurde ich DHB-Coach. Die Nationalmannschaft hatte die WM-Qualifikation verpasst. Mit dem Umbruch noch künstlich mehrere Monate zu warten, war demnach nicht sehr schlüssig. Meine Amtsübernahme sollte vorgezogen werden, was aus Sicht der DHB-Verantwortlichen ja auch sinnvoll war, denn nun ging es darum, sich mit einer neu formierten Truppe wenigstens für die EM 1998 zu qualifizieren.

Zudem entwickelte sich auch die Lage in Gummersbach immer mehr in die falsche Richtung: Wir kamen nicht besonders gut aus den Startlöchern. Einer Heimniederlage gegen den späteren Meister TBV Lemgo folgte gegen den TUS Schutterwald eine Pleite im DHB-Pokal – wieder in eigener Halle. Zu diesem Zeitpunkt war die Stimmung regelrecht vergiftet. Nicht selten kam mir zu Ohren, ich sei in Gedanken ja schon längst Bundestrainer und würde mich auf den VfL gar nicht mehr richtig konzentrieren. Erstmals gab es von den Zuschauerrängen „Brand raus“-Rufe. Das hat mich damals unheimlich getroffen, denn ich konnte nicht einsehen, dass die üblichen Mechanismen auch in Bezug auf meine Person – und dann auch noch an dem Ort, an dem ich über Jahrzehnte alles für meinen Verein getan hatte – derart greifen würden. Musste ich mir das noch antun? Ich hatte ja in den Monaten zuvor sogar noch Geld reingesteckt in meine Tätigkeit beim VfL, gewiss viele Opfer gebracht. Es war mir vor diesem Hintergrund schlicht zuviel geworden, mich in meiner eigenen Stadt anpfeifen lassen zu müssen. Und so habe ich im Oktober 1996, nach nur fünf Bundesligaspieltagen, gesagt: „So, jetzt ist Schluss.“ Selbst diese Konsequenz aber wurde mir dann von so manchem Schlaumeier noch negativ ausgelegt. Nun hieß es plötzlich, ich hätte den Verein in Stich gelassen und das könne man doch nicht machen. Erst im Nachhinein – Michael Biegler hatte inzwischen den Trainerjob beim VfL übernommen – habe ich dann den einen oder anderen darüber aufgeklärt, wie meine persönliche Situation beim VfL tatsächlich ausgesehen hatte. Das glättete die Wogen etwas. Aber: Die Trainerära Brand in Gummersbach war damit vorbei. Nicht gerade ruhmreich, doch kann ich rückblickend sagen, dass ich mit dieser Zeit abgeschlossen habe und im Reinen bin. Damit meine ich nicht die Enttäuschung in mir über das damals Erlebte, sondern in erster Linie meine Einordnung der Geschehnisse: Dieses Kapitel gehört zu meiner Vita – ohne Wenn und Aber. Bleibenden Schaden hat es mir nicht zugefügt. Immerhin habe ich in dieser Phase wieder Erfahrungen im Umgang mit Spielern gemacht, die sich im weiteren Verlauf meiner Bundestrainerzeit auswirken sollten.

In dieser Zeit manifestierte sich auch meine Auffassung, dass man langfristig nur mit gegenseitigem Vertrauen erfolgreich zusammenarbeiten kann – und dass man einen solchen Zustand nicht herbeireden kann, sondern dafür viele entsprechende Maßnahmen – zum Teil auch personeller Art – ergreifen muss. Eine Nationalmannschaft ist natürlich etwas anderes als eine Vereinsmannschaft, doch gewisse Mechanismen innerhalb des Teams laufen vergleichbar ab. In Gummersbach konnte ich während meiner zweiten Trainerzeit nie das hundertprozentige Vertrauen in meine Spieler aufbringen. Als Bundestrainer ist es mir Schritt für Schritt gelungen. Und dafür habe ich auch die Rahmenbedingungen geschaffen. Das unmittelbare Umfeld der DHB-Auswahl ist ein funktionierendes Gebilde, familiär – eben doch fast wie bei einer Klubmannschaft, in der und um die herum es harmonisch zugeht. Die letzten Seiten dokumentieren sicher, dass dies beim VfL damals nicht mehr der Fall war.

Der VfL Gummersbach hatte auch in den Folgejahren immer wieder die gleichen Schwierigkeiten, an denen sich noch eine Vielzahl anderer Kollegen regelrecht die Zähne ausgebissen haben. Darunter auch Arno Ehret, Thomas Happe – und sogar der noch einmal als Feuerwehrmann zurückgeholte Petre Ivanescu. Einmal stand man ja sogar schon fast mit beiden Beinen im Bankrott, ehe ein Gegentrend durch den sich schrittweise vollziehenden Wechsel nach Köln und in die dortige Arena mit ihrem Event-Charakter einsetzte. Kalt gelassen haben mich die Probleme des VfL nie. Nun scheint ja der Weg geebnet für eine Renaissance des Klubs, auch wenn Traditionalisten behaupten, der Verein habe durch die Orientierung Richtung Köln seine Identität aufgegeben. Doch das ist eben auch immer eine Frage der Alternativen. Die Möglichkeiten des VfL am eigenen Hof waren ausgereizt, das Limit erreicht und oft genug überschritten. Und so mancher Dauerkritiker sollte sich zunächst hinterfragen, ob er nicht mehr hätte tun können, um den VfL am heimischen Standort zu stützen und mitzuhelfen, dass der Klub auch ohne Großstadt-Attitüde konkurrenzfähig bleibt. Es kommt also auch immer darauf an, wer kritische Gedanken äußert und worauf diese beruhen. Ich persönlich habe längst die nötige Distanz aufgebaut, die ein Bundestrainer zu diesen Themen haben muss. Dass ich in Gummersbach wohne, spielt keine Rolle. Ich sehe noch nicht einmal mehr Spiele des VfL als andere Partien, bin ständig unterwegs. Fast mein ganzes Leben lang war mir der VfL eine Herzensangelegenheit. Nun aber bin ich DHB-Coach – und neutral. Vereinsmeierei steht mir nicht zu – und zählte noch nie zu meinen Interessen, geschweige denn zu meinen Stärken.

ANSICHTSSACHEN

Meine Meinung über...

... meinen größten Sieg als Trainer

Der gesamtdeutsche Titel mit dem VfL Gummersbach 1991 war der größte Augenblick für mich als Vereinstrainer, vielleicht in meiner gesamten Trainerlaufbahn. Erstens war der Erfolg so unerwartet, zweitens war es ja auch historisch eine ganz besondere Angelegenheit, in zwei Endspielen nach der Grenzöffnung den Meister auszuspielen – und dann noch gegen den SC Magdeburg. Das war ja auch für die Medien eine Traumpaarung.

... meine bitterste(n) Niederlage(n) als Trainer

Das verlorene EM-Finale in und gegen Schweden nach Verlängerung war hart. Zum einen aufgrund des Zustandekommens, der Umstände der Niederlage, die ja in einem anderen Kapitel auch beschrieben sind, und zum anderen, weil wir es verdient gehabt hätten den EM-Titel zu holen und so nahe dran waren. Ich hatte durchaus große Schwierigkeiten mit der Verarbeitung dieses Spiels. Auch das Ausscheiden im Viertelfinale der Olympischen Spiele von Sydney gegen die Spanier war schmerzlich und enttäuschend. 26:27 – auch in diesem Spiel waren wir so nahe dran an einer Medaille. Weit mehr übrigens als beim verlorenen WM-Finale gegen Kroatien im Jahr 2003.

FAMILY-AFFAIRS, TEIL 1

Die Familie im Dialog

Zu Hause bei Brands. Das Familienoberhaupt ist unterwegs auf Dienstreise. Mal wieder. Mehrere tausend Kilometer legt Heiner Brand monatlich zurück, um beruflich auf Ballhöhe zu sein. Daheim in Gummersbach ist an diesem Herbsttag seine Frau Christel gerade von der Schule zurückgekehrt, Sohn Markus nimmt sich ein wenig von seiner ebenfalls knapp bemessenen Zeit und Tochter Julia, Studentin in Hagen, hat im Terminkalender ebenfalls eine Lücke für einen Abstecher ins Elternhaus gefunden. Am großen Esstisch zwischen Küche und Wohnzimmer mit Blick in den Garten, dort wo Heiner Brand morgens mit der Zeitung bewaffnet am liebsten frühstückt, haben sich die drei versammelt, um über den Ehegatten und Vater zu sprechen. Dass der Betreffende nicht dabei ist, muss nicht als Zufall gewertet werden. Dass er sich per Handy von unterwegs meldet – „das macht er immer, wenn er auf Reisen ist, jeden Tag", verrät Ehefrau Christel –, kommt allerdings auch nicht von ungefähr. Natürlich weiß Heiner Brand um das Treffen seiner Familie mit dem Co-Autoren. „Alles okay bei euch", will er wissen – und Tochter Julia ruft in den Hörer: „Ja, klar. Noch kannst du uns das Schweigegeld überweisen." Was wohl zum Vorschein kommen mag, wenn die Familie über ihren vermeintlichen Chef spricht?

Julia, Markus, besteht aus Sicht Ihres Vaters Grund zur Unruhe, wenn wir dieses Gespräch über ihn führen?

Markus: Eigentlich nicht, denn zwischen uns ist alles ausgesprochen. Es gibt keine Geheimnisse. Ich weiß, dass bei meinem Vater latent ein schlechtes Gewissen vorherrscht, weil zwischen uns in meinen Kindheitsjahren keine besonders enge Bindung bestand. Doch das ist bei uns kein Tabuthema mehr. Gespannt sein, was bei diesem Interview heraus- und alles zum Vorschein kommt, dürfte unser Herr Papa natürlich trotzdem sein.

Er war immer unterwegs, der Handball bestimmte sein Leben ...

Markus: ... Ja. Er konnte für mich sicher nicht in dem Umfang da sein, wie er es vielleicht selbst wollte. Das Verhältnis war von Anfang an belastet, mir fehlte der Bezug zu meinem Vater, ich war sehr fixiert auf meine Mutter, fühlte mich ihr auch allein deshalb schon näher, weil sie immer für mich da war – während mein Vater das räumlich nicht sein konnte.

Aber Sie räumen schon ein, dass zu diesem Verhältnis, wie Sie es beschreiben, zwei gehörten?

Markus: Ja, natürlich. Es ist keine Schuldzuweisung.

Eine nahe liegende Frage: War es ein Problem für Ihren Vater, dass Sie eben keinen Hang zum Handball hatten und ganz andere Interessen entwickelten?

Markus: Eine nahe liegende und wichtige Frage, um solchen Interpretationen gleich zuvor zu kommen: Nein, dass ich nicht der fünfte Handballer der Brand-Dynastie wurde, war für meinen Vater kein Problem, kein Grund, enttäuscht zu sein. Dieses Gefühl hatte ich nie – und das sagt auch er deutlich.

Christel: Markus orientierte sich von Anfang an in meine Richtung. Es war für mich als Mutter und Ehefrau oftmals nicht leicht, zu versuchen, das Verhältnis der beiden auszubalancieren. Ich wusste, dass Heiner seinen Sohn liebt, aber es tat dennoch weh zu sehen, dass die emotionale Bindung zwischen den beiden einfach fehlte. Ich habe auch immer versucht, zu vermitteln, ihre Distanz abzubauen und für den einen beim anderen zu werben. Das war nicht leicht, oftmals sogar sehr belastend. Ich war stets darauf bedacht, die Familie zusammenzuhalten, von meinem ganz eigenen Harmoniebedürfnis mal abgesehen.

Demnach hat nicht nur Markus – bewusst oder unbewusst – darunter gelitten, dass das Vater-Sohn-Verhältnis belastet war ...

Christel: Ja, sicher. Es war schon schwer, beiden gerecht zu werden. Natürlich bekam ich auch mit, dass Heiner, wenn er nach Hause kam, darunter zu leiden hatte, dass ihm der rechte Zugang zu Markus verwehrt blieb.

Markus: Als kleiner Junge war mir natürlich nicht so bewusst, dass nicht nur ich mit dieser Situation so meine Schwierigkeiten hatte. Natürlich hat sich das im Laufe der Zeit geändert. Vater hat versucht, seinen Beitrag zur Erziehung in die Zeit unterzubringen, die ihm blieb, wenn er mal zu Hause war. Das war sicher auch oft problematisch. Er hatte wohl eine Art Nachholbedürfnis.

Ist das eine Erfahrung, die Sie teilen, Julia?

Julia: Das kann man durchaus so sehen, obwohl mein Verhältnis zu meinem Vater von Anfang an sicher weniger belastet war als das meines Bruders zu ihm.

Christel: Heiner hat gewisse Vorstellungen, wie das Familienleben abzulaufen hat. Wenn sich das dann in einer relativ limitierten Zeit, die man dann tatsächlich in und mit der Familie verbringt, abzuspielen hat, ist das oft nicht leicht für alle Beteiligten. Aus seiner Sicht waren die Strukturen innerhalb seiner Familie in etwa vergleichbar mit denen beim Handball. Geradlinig und in geordneten Bahnen sollte es zugehen.

Disziplin, Ordnung, Hierarchien, Schutz – hört sich übrigens auch nach einer klassischen Rollenverteilung innerhalb der Familie an ...

Julia und Markus: Ja, das ist durchaus richtig beschrieben.

Kontrollierte er?

Markus: Ab und zu schon, ja. Er versuchte eben, an der Erziehung auch teilzunehmen, seine Werte durchzusetzen – die übrigens auch aus meiner Sicht grundsätzlich die richtigen Werte sind. Ehrlichkeit war ihm schon immer wichtig – und darum prüfte er sie eben auch schon mal nach. Ich erinnere mich daran, dass ich, nachdem ich meinen Führerschein gemacht hatte, beim Auftanken des Wagens, was zu meinen Aufgaben gehörte, oftmals die Gelegenheit genutzt habe, mir heimlich Zigaretten an der Tankstelle zu kaufen. Mein Vater ist dann misstrauisch geworden und hat einfach die Quittungen als Belege eingefordert. Da war es vorbei mit dem heimlichen Zigarettenkonsum.

Julia: Ja, so eine ähnliche Geschichte kann ich auch erzählen. Ich weiss noch, dass ihm irgendwann zu Hause die Telefonrechnungen auffällig hoch vorkamen. Natürlich hatte er mich in Verdacht, doch ich versuchte ihm zu erklären, dass einfach sehr hohe Telefonkosten aus dem Büro auflaufen würden, das sich ja auch unter unserem Dach befindet. Die Konsequenz waren Einzelgesprächsnachweise – meine Anrufe schön säuberlich mit grünem Textmarker angestrichen ...

Und was passierte dann?

Christel: Es sollten Nachzahlungen getätigt werden ...

Markus: ... die aber meiner Erinnerung nach dann nie geleistet wurden. Stattdessen wurden wir mit unserem vermeintlich schlechten Gewissen zurückgelassen. Das war aber auch eine wirksame Handhabung.

War beziehungsweise ist Ihr Vater nun ein strenger Vater, oder nicht?

Julia: Schon, ja.

Markus: Ja, ich würde schon sagen, dass er streng sein konnte – und es auch oft war. Zumindest unverbindlich.

Hängt die Tatsache, dass das Vater-Tochter-Verhältnis unbelasteter blieb, damit zusammen, dass Eltern beim zweiten Kind Fehler aus der Erziehung des ersten Kindes nicht mehr machen?

Christel: Sicher spielte das bei Heiner im Unterbewusstsein eine Rolle. Wenngleich auch die Vorzeichen andere, etwas günstigere waren, als Julia geboren wurde. Bei Markus steckte mein Mann im Studium, seine Handballkarriere vereinnahmte ihn, es ging darum, der Familie eine Existenz aufzubauen. Er hatte damals, 1975, als er erfuhr, dass ich schwanger war, so seine Schwierigkeiten, sich damit vertraut zu machen, dass wir ein Kind haben würden. Markus war ja zum damaligen Zeitpunkt kein Wunschkind, wobei das nicht so interpretiert werden darf, als habe Heiner dann nicht dazu gestanden. Nur war es ein enormer Einschnitt in unser beider, vor allem in seinem Leben. Die familiären und beruflichen Strukturen waren in Julias Kindheit dann ja schon gegeben. Als sie 1981 zur Welt kam, war die Situation insgesamt entspannter – auch zeitlich.

Julia: In meiner Kindheit hatte unser Vater sicher etwas mehr Zeit, sich mit mir auseinander zu setzen, als es bei Markus der Fall war. Die beiden haben sich schon öfter in der Wolle gehabt.

Wie würden Sie das eigene Verhältnis zu Ihrem Vater beschreiben?

Julia: Ich hatte keine großen Probleme mit ihm. Aber er lässt schon klar erkennen, wer der ... (Denkpause) ... Mann im Hause ist. Womöglich bin ich aber auch etwas weniger stur als es mein Bruder ist - das hat er nämlich mit meinem Vater gemeinsam - und suche seltener die Konfrontation mit ihm. Ich habe zwar großen Respekt vor meinem Vater, aber ...

... aber Sie lassen ihn manchmal glauben, Sie würden machen, was und wie er es will ...

Julia (grinsend): ... ja, so kann man es sagen. Wobei ich gerade früher schon auch klar meine Grenzen aufgezeigt bekam. Das hat mich von meinem Bruder sicher nicht besonders unterschieden. Ich habe zum Beispiel schon Druck bekommen, als es in der Schule mal eine Zeit lang nicht besonders lief bei mir.

Suchten Sie dann in diesem Fall, Ihre Mutter auf Ihre Seite zu bekommen – sozusagen als ausgleichende Kraft?

Christel: Das war meist schwer, denn bei aller Strenge, die Heiner an den Tag legen konnte, ging ich in den elementaren Ansichten mit meinem Mann konform. Uns gegeneinander auszuspielen, wäre sicher schwierig gewesen. In der Ansprache an unsere Kinder, insbesondere bei der Vermittlung von Inhalten, waren wir uns fast immer einig. Allerdings war ich auch diplomatischer, was ja allein das Verhältnis meines Mannes zu Markus verlangte und mit sich brachte.

Julia, Sie waren, so hatte es jedenfalls den Anschein, eben in der Beschreibung Ihres Vaters kurz davor, das Wort „Herrscher“oder zumindest einen vergleichbaren Begriff zu verwenden. Wäre das denn treffend?

Julia: Nein, das wäre letztlich ungerecht. Denn Herrscher sind ja nicht nachgiebig.

Mit anderen Worten: Er ist es schon?

Christel: Ja, wenn man Ruhe und Zeit hat, mit ihm Dinge noch einmal aufzuarbeiten und zu besprechen, dann kehrt bei ihm oftmals Einsicht und eine gewisse Verbindlichkeit ein. Mein Mann ist schon offen für Argumente und andere Standpunkte und durchaus auch nachgiebig ...

Julia: ... wobei er es dann ungern zeigt, sondern es über unsere Mutter ausrichten lässt. Er macht auf stur, lässt aber über sie dann doch die Zügel locker, wenn er glaubt, dass es angemessen ist.

Gesteht er Fehler ein?

Alle drei (grinsend): Nicht direkt, nicht wörtlich.

Julia: Ich kann mich nicht daran erinnern, dass er sich schon mal entschuldigt hätte. Aber man kann schon merken, wenn er sich eines Fehlers bewusst geworden ist.

Markus: Wir kriegen es dann über unsere Mutter mit, dass er hier und da seine Meinung geändert, Fehler eingestanden hat. Es ist sicherlich eine seiner Schwächen, keine Fehler zugeben zu wollen, weil er fürchtet, das würde seiner Autorität nicht gut tun.

Wenn man Ihnen so zuhört, wird deutlich, dass Sie alle nicht wenige Kompromisse haben machen müssen, oder womöglich auch noch machen, damit das Leben des Heiner Brand so funktionieren kann wie es funktioniert. Gab es viele Momente, in denen Sie den Handball am liebsten zum Teufel geworfen hätten?

Julia (lacht): Nie.

Markus (lacht noch lauter): Nein, wie kommen Sie darauf?

Christel (lacht ebenfalls): Wir haben uns das schon so eingerichtet und akzeptiert, was ihm Handball bedeutet.

Demnach profitiert er ungemein von der Einsicht und dem Verständnis seiner Familie dafür, dass er in Sachen Handball stets zur rechten Zeit am rechten Ort war und ist? Dass das, womit er einen Grossteil seiner Zeit verbringt, das ist, was er am besten kann.

Christel Brand: Schon, ja.

Julia: Es gab mal ein Jahr, in dem er mit dem Handball aussetzte – nach seiner Wallauer und vor seiner zweiten Gummersbacher Trainerzeit. Ich erinnere mich noch lebhaft daran: In dieser Phase war er überwiegend zu Hause. Uns kam dieses Jahr extrem lang vor. Damals war der Umgang mit ihm oft sehr schwer und insgeheim wünschte sich wohl jeder von uns, dass er bald wieder auf die Trainerbank zurückkehren würde.

Markus: Stimmt, in dieser Zeit hat unser Vater offenbar versucht, zu Hause die versäumten Jahre in der Kurzversion nachzuholen. Da war dann natürlich plötzlich viel mehr Raum und Gelegenheit für Reibungspunkte. Mit einmal war er in viele Abläufe involviert, bekam viel mit, was bis dahin unsere Mutter und wir unter uns ausgemacht oder geklärt hatten – und meinte natürlich auch, sich entscheidend einmischen zu müssen. Das war oft anstrengend für uns alle hier zu Hause. Regeln und erzieherische Maßnahmen im Schnelldurchlauf sozusagen. Plötzlich mussten beispielsweise die Schuhe zu Hause wieder ausgezogen werden. Eine Regel, die mittlerweile übrigens nicht mehr so strikt gehandhabt wird ...

Haben wir es hier etwa mit einem Pascha zu tun?

Markus: So ganz abstreiten lässt sich das wohl nicht – wenn es um die häuslichen Dinge geht. Er lässt sich schon gerne bedienen, weil er es auch so mit auf den Weg bekommen hat. In manchen Dingen fehlt ihm bestimmt eine gewisse Selbständigkeit. Kochen zum Beispiel kann er gar nicht. Ich bin mir noch nicht einmal sicher, ob er wüsste, wie man die Küchengeräte hier bei uns zu Hause bedient.

Julia: Sich das Frühstück machen – das kriegt er mittlerweile hin. Aber wenn unsere Mutter ihm etwas zu Essen vorbereitet, weil sie unterwegs oder länger in der Schule ist, wird es schon beim Aufwärmen problematisch. Das müsste sie ihm sicher ein zweites Mal erklären – und das ist ihm eigentlich schon zu viel. Da geht er dann lieber in die Pizzeria.

Christel: Tja, mit den Haushaltsapparaten hat es euer Vater eben nicht so. Nur unseren Handsauger bedient er ab und zu ganz gerne. Das ist sein Lieblingsgerät.

Markus: Doch bei allem anderen wäre er aufgeschmissen.

Aber ein unordentlicher Mensch ist er doch in keinem Fall, oder?

Markus: Absolut nicht. Er mag es ordentlich. Nur möchte er, dass seine Umwelt ihm das Feld bestellt.

Christel: Er sagt zum Beispiel: „Wir müssen mal wieder den Rasen mähen." Meint damit aber natürlich: „Einer von euch müsste mal wieder den Rasen mähen." Und dann erwartet er insgeheim, dass das erledigt wird. Allerdings kommt bei diesen Verhaltensmustern letztlich doch auch seine Nachgiebigkeit wieder zum Vorschein. Zeitvorgaben setzt er dann nicht wirklich durch. Das ist wie bei seinem Vater: Der hat auch immer gesagt: Der Rasen muss bis morgen gemäht sein – und dann hatten es seine Söhne auch drei Tage später noch nicht erledigt, ohne, dass er daraufhin wirklich böse geworden wäre.

Das könnte man ihm ja schon fast als Inkonsequenz auslegen ... – gibt es dafür noch weitere Beispiele?

Markus (zieht an einer Zigarette – nicht seine erste, nicht als Einziger): Da wäre das generelle Rauchverbot hier bei uns zu Hause. Wäre er jetzt hier, müssten wir alle auf der Terrasse rauchen. Wenn aber Besuch hier ist, gilt dieses Verbot nicht – auch nicht für uns. Da ist er viel zu sehr darauf bedacht, ein guter und höflicher Gastgeber zu sein. Würde man ihm nachsagen, dass er nicht gastfreundlich sei, käme er damit überhaupt nicht klar.

Ist er ein traditioneller Mensch?

Markus: Ja, das ist er sicher. Zum Beispiel Weihnachten im Kreise der ganzen Familie zu verbringen – dazu gehören dann auch gewisse Sitzordnungen und Rituale - das ist für ihn wichtig. Darauf legt er Wert. Tradition hat gerade im Zusammenhang mit dem Begriff „Familientradition" schon eine große Bedeutung für ihn. Die Familienbande, der Zusammenhalt hat einen großen Stellenwert für ihn – und für uns übrigens auch. Diesbezüglich muss sich keiner von uns anpassen, das ist Gefühls- und Überzeugungssache.

Gibt er weiter, was er selbst in der Erziehung erfahren und mitbekommen hat?

Christel: Sicherlich versucht er Werte weiter zu vermitteln, die ihm beigebracht wurden. Inhaltlich einerseits, andererseits hinsichtlich der Art und Weise des Umgangs miteinander. Da gibt es schon Parallelen. Oft kommt sein Vater durch.

... der ja offenbar bei allen äußerlichen Autoritätsmerkmalen ein gutmütiger Mensch und nie nachtragend war.

Markus: Das trifft auf unseren Vater auch zu. Wenn etwas ausgesprochen wurde, ist´s auch erledigt.

Julia: Zumindest innerhalb der Familie ist das so, ist seine Bereitschaft zu verzeihen, sehr groß, weil er keineswegs streitsüchtig ist, sondern eher harmoniebedürftig. Ein Familienmensch eben. Außerhalb der Familie können persönliche Enttäuschungen sicher längere Auswirkungen haben.

Ist Ihr Vater besonders fürsorglich, Ihnen eine Freund?

Julia und Christel Brand: Ja.

Markus: Wie gesagt: Diese Beschützer-Rolle hat er schon immer angenommen. Man kann sich auf ihn verlassen. Wenn man ihn braucht, wenn es wirklich wichtig ist, ist er für einen da.

Hat Ihr Vater innerhalb der Familie den Interessen der anderen eine ähnliche Bedeutung zugestanden wie seinem Handball – oder sich damit gar in ähnlichem Umfang auseinandergesetzt?

Julia: Schule war schon immer ein Thema. Aber sonst? Ich glaube beispielsweise, dass er wenige meiner Freunde beim Namen kennt.

Markus: Das verhält sich in Bezug auf meine Person ähnlich. Schulische Angelegenheiten interessierten ihn immer, private Belange eher weniger. Bis zu einem gewissen Punkt.

Christel: Mit mir bespricht er schon auch sämtliche Dinge außerhalb seines Wirkungskreises – aus meinem Umfeld, meinem Alltag. Wir sitzen abends gemeinsam beim Essen und diskutieren über alles, da nimmt er schon großen Anteil. Das sind sehr wichtige, innige Momente unseres Zusammenseins.

Markus, Sie haben mittlerweile selbst zwei Kinder. Würde sich Ihr Vater in deren Erziehung einmischen?

Markus: Wenn ich ihn um Rat fragen würde, sonst eher nicht. Mein Vater liebt seine Rolle als Opa. Er ist stolz darauf, das kann man schon spüren und mitbekommen. Das ist auch etwas, was mich sehr freut. Zu Lukas und Emely hat mein Vater schon ein intensives Verhältnis. Mit denen krabbelt er auch schon mal über den Fußboden. Ich denke, auch damit kompensiert er zum Teil Versäumtes – wobei ich das nicht negativ meine. Es ist einfach schön, obwohl er sich auf die beiden Kleinen auch immer nur für einen überschaubaren Zeitraum konzentrieren kann. Dann gibt er sie samt der Verantwortung auch gerne wieder ab. Aber so ist mein Vater eben, das ist okay und steht nicht zwischen uns.

Ihre Schilderungen beschreiben schon, dass Heiner Brand bei allen Nuancen Wert darauf legt, als starker Mensch angesehen und respektiert zu werden. Ist er stark genug, in Ihrer Gegenwart Schwächen zu zeigen, zum Beispiel zu weinen?

Markus: Ich habe ihn noch nicht weinen sehen.

Julia: Ich auch nicht.

Christel: Ich habe ihn einmal erlebt, als er losgelassen und geweint hat und auch mal nicht mehr den Starken abgeben wollte. Das war beim Tod seiner Mutter. Mehr möchte ich dazu auch nicht sagen, denn das ist sehr persönlich.

Sie, Frau Brand, identifizieren sich schon stark mit dem Beruf Ihres Mannes, tauschen sich auch mit ihm aus, wenn es um zwischenmenschliche Teamfragen und nicht handball-spezifische Belange geht, die beiden Kinder indes weniger. Wie stolz sind Sie, Markus, auf das, was Ihr Vater geschafft hat?

Markus: Sehr. Allerdings erst mit vielen Jahren Verspätung. Mich hat das ja alles jahrelang nicht sonderlich interessiert und beschäftigt. Mir war nicht bewusst, welchen Stellenwert mein Vater im deutschen Sport im Verlauf all der Jahre gewonnen hat. Erst in den letzten Jahren ist mir das klar geworden. Als mein Vater 50 wurde und ich mitbekam, was er auf seinem Weg bis zu diesem Tage alles geschafft hat, habe ich schon eine andere Wahrnehmung seiner sportlichen Leistungen bekommen. Wenn ich ihn heute im Fernsehen sehe oder mir vergegenwärtige, was er alles gewonnen hat, dann kann ich unumwunden sagen: Ja, ich bin sehr stolz auf das, was mein Vater da erreicht hat.

Haben Sie das WM-Finale von 1978 eigentlich mal in voller Länge gesehen?

Markus: Die komplette Aufzeichnung? Nein, nie. Nur Ausschnitte, die gezeigt wurden, als Deutschland zuletzt wieder im EM-Finale stand und die deshalb zur Erinnerung im Vorfeld des Endspiels gezeigt wurden.

Julia: Mehr habe ich auch nicht gesehen. Mal einzelne Tore und Szenen, mehr nicht. Und vom WM-Finale mal abgesehen: Ich habe das alles auch über Jahre nicht so wahrgenommen. All die Deutschen Meisterschaften – das war ja ein Szenario, eine Art Normalität, in die ich da hinein geboren wurde und mit der ich aufgewachsen bin. Was das extern für einen Stellenwert hatte, wurde mir nicht klar. Mit zunehmendem Alter verändert sich natürlich auch die persönliche Wahrnehmung dessen, was unser Vater tut. Wenn man darauf angesprochen wird, erlebt man das heute anders.

Markus: Richtig, wobei das bei mir auch zwiespältige Gefühle hervorgerufen hat. Man hat leider schnell das Gefühl, darauf reduziert zu werden, das Kind eines berühmten Vaters zu sein und auch entsprechend behandelt zu werden. Das passierte zwar nicht oft, zumal nicht im unmittelbaren Freundeskreis, aber im erweiterten Umfeld, beispielsweise in der Schule schon mal. Das war nicht immer angenehm, wenn es zum Beispiel Gleichaltrigen nicht mehr um Markus Brand ging, sondern um den in der Öffentlichkeit bekannten Vater.

Julia: In Gummersbach lebt man ja ohnehin mit dem VfL, mit dem Handball und seit Generationen mit den Brands – ich kenne es nicht anders, kann keine Vergleiche anstellen.

Christel: Ich kann nicht leugnen, dass es für mich eine Umstellung war, eine Brand zu sein – plötzlich kannte mich jeder im Ort. Das war gewöhnungsbedürftig.

Dennoch ist Ihr Mann ja von seiner Art her nicht gerade der typische Platzhirsch, seine Lobby in Gummersbach nicht zu vergleichen mit der eines Kurt Klühspies in Großwallstadt ...

Christel: Ja, dafür ist er – im Vergleich zu Kurt – zu wenig offen, zu wenig kontaktfreudig.

Markus: Dennoch kennt ihn jeder und wenn man ihm nachsagt, er wäre mürrisch oder unhöflich, weil er auf der Straße nicht jeden grüßt, dann ist das eigentlich nicht sehr fair. Alle kennen ihn, was aber nicht bedeutet, dass umgekehrt auch er alle kennt.

Bei dem Nachnamen – ist es für Sie, die Kinder, von Vorteil, dass Sie sich nicht in der Handballszene bewegen, weil womöglich die großen

Fußspuren des Vaters eine schwere Bürde wären. Man denke nur an die Beckenbauer-Söhne ...

Julia: Würden wir Handball spielen, wäre das sicherlich ein Problem, ja. Aber ich hatte einfach gar kein Talent dazu. Wenn wir im Schulsport Handball spielten, wurde ich immer in die schwächere Mannschaft gesteckt, damit letztlich beide Teams ebenbürtig sein würden – wegen meines Namens. Das war aber völlig sinnlos.

Markus: In Sachen Schulsport konnte ich froh sein, Brand zu heißen. Mein Sportlehrer hat sich nie getraut, mir eine Fünf zu geben – „wie soll ich", hat er oft gefragt, „bei dem Nachnamen" – aber verdient gehabt hätte ich sie ...

Christel: Ich musste sogar einmal zur Sprechstunde aufgrund schlechter schulischer Leistungen meines Sohnes. Wegen Sport! Der Lehrer sagte mir damals, es müsse doch etwas geben, was Markus gut könne – so unsportlich könne er doch nicht ein, bei der Familie ...

Markus: Irgendwann aber hat er es dann aufgegeben und mich Spielberichte schreiben lassen, weil er meinte, das hätte auch etwas mit Sport zu tun. Eine Fünf habe ich dann auch nie bekommen.

Machen Sie denn gar keinen Sport? Schwimmen, Tennis, Joggen, Golf?

Markus: Alles mal probiert – auch Handball. Drei Jahre lang. Aber richtig Talent hatte ich für nichts. Schon gar nicht beim Handball. Und es gab wie gesagt auch keinen Zwang, unbedingt ebenfalls etwas im Sport leisten zu müssen. Mag sein, dass mein Vater es schon ganz okay gefunden hätte, wenn ich es ebenfalls zu etwas gebracht hätte im Handball, aber darauf abgesehen hatte er es nicht.

Christel: Nein, er hätte nie verlangt, dass Du das weitermachst gegen Deinen Willen.

Julia: Ich habe einige Zeit lang, dreieinhalb Jahre, Tennis gespielt - und das auch ganz gerne getan. Doch mir fehlte letztlich der nötige Ehrgeiz, das durchzuziehen. So habe ich es mit zwölf drangegeben. Das hat meiner Mutter übrigens weniger gefallen als meinem Vater.

Christel Brand: Ja, weil ich die Auffassung vertrete, dass man etwas, das man anfängt auch eine Zeit lang durchhält, nicht vorschnell wieder aufgibt.

Julia: Du warst immer der Meinung, wir Kinder würden es später mal bereuen, wenn wir etwas anfangen und dann nicht durchziehen. Als kleines

Mädchen wollte ich sogar mal Handball spielen – aber das fand mein Vater gar nicht so toll.

Christel Brand: Weder er noch ich hätten irgendeinen Druck in dieser Hinsicht ausgeübt, oder auch nur die Richtung vorgegeben – das haben wir schon alles den Kindern überlassen.

Julia: Sicher, ich wurde als kleines Mädchen von Euch mal gefragt, ob ich zum Ballett gehen wolle ...

Christel: ... aber auch das hättest du dann mal eine Weile lang ernsthaft ausprobieren müssen. Da wäre ich schon hinterher gewesen, Heiner hat sich damit weniger befasst. Ich war ja auch diejenige, die die Kinder immer hin- und herkutschieren musste. Ich hätte es mir leicht machen und sagen können: „Ich habe keine Zeit und Lust, euch ständig zu fahren," aber ich wollte den Kindern schon zunächst alle Chancen ermöglichen, sich zu entfalten. Fernab des Handballs, der ja zwangsläufig ein Mittelpunkt unseres Familienlebens war und ist.

Ist das ein vorstellbares Szenario: Sie alle drei zusammen vor dem Fernseh-Gerät, bei einem Spiel der deutschen Mannschaft mitfiebernd?

Christel: Ja, sicher. Ab und zu schauen wir schon Spiele zusammen – die wichtigen, wenn es die gemeinsame Zeit und Terminplanung erlauben. Aber Julia und Markus sagen ja immer, ich wäre dabei so ein Nervenbündel ...

Markus: Stimmt doch auch. Du machst alle noch nervöser als sie es ohnehin schon sind.

Julia: Ja, wenn es unentschieden steht, rutschst Du völlig aufgeregt auf dem Sofa hin und her und sagst immer: „Das schaffen die nie, das schaffen die nie"...

Markus: Oder wenn Vaters Mannschaft schon mit fünf Toren Vorsprung kurz vor Schluss führt: „Ihr schafft es, ihr schafft es". Und sitzen tust du ja dann eher nicht mehr. Mutter steht meistens vor dem Fernseher ...

Julia: ... und drückt ganz angespannt die Daumen.

Christel (lacht): Irgendeiner muss ja mitfiebern.

Julia: Ich war schon auch extrem nervös beim letzten WM-Endspiel. Da bin ich vor Aufregung auch fast vor dem Fernseher gestorben.

Sind Sie bei jeder Gelegenheit vor dem TV-Gerät?

Julia: Wenn es sich einrichten lässt.

Markus: Sagen wir mal, bei den wichtigen Spielen schon. Je weiter ein Turnier wie EM, WM oder Olympia fortgeschritten ist, desto mehr bin ich auch bei der Sache. Ein Vorrundenspiel gegen einen schwächeren Gegner lasse ich schon mal aus. Oder wenn ich zu tun habe, läuft der Fernseher so nebenbei.

Julia: Wir schauen uns die Spiele auch gerne und oft mit Freunden an.

Christel: Ja, auch wenn das manchmal peinlich wird, weil ich wie gesagt so ein Nervenbündel bin. Wenn ich an das EM-Endspiel in Schweden denke, diese Verlängerung. Das habe ich bei Freunden geschaut und die haben dann immer gesagt: „Bleib ganz ruhig". Das kann ich schlecht haben, wenn man mich dann irgendwie beobachtet oder auf mich einwirken will. Seitdem ist mir endgültig klar, ich schaue so etwas lieber alleine, mache das alles lieber mit mir alleine aus.

Markus: Dieses Spiel gegen Schweden habe ich damals bei Freunden in Süddeutschland, in Fürth, miterlebt. Die hatten mich eingeladen und wussten zu dem Zeitpunkt nicht, wer mein Vater war. Ich habe ihnen gesagt, ich würde kommen, müsste aber da ein Handballspiel im TV ansehen – das wäre Voraussetzung, um ihre Einladung anzunehmen. Die hatten wohl noch nie ein Handballspiel gesehen und dachten, ich wäre grundsätzlich an diesem Sport interessiert und würde das Spiel deshalb anschauen wollen. Ich bin da bei denen dann ähnlich ´rumgehüpft wie meine Mutter sonst – anfangs zur Verwunderung meiner Gastgeber. Die haben sich dann im Verlaufe des Spiels gewundert, dass der deutsche Trainer mit Nachnamen genauso heisst wie ich und dann erst verstanden, dass es da um meinen Vater ging.

ANSICHTSSACHEN

Meine Meinung über...

... Kunst, Musik, Filme und Literatur

Ich bin wohl nicht besonders musisch veranlagt, obwohl wir eine Heimorgel besitzen, von der ich glaube, dass ich mich irgendwann auch noch mal vor sie setzen werde. Der Rest der Familie ist da skeptisch. In Sachen Musik bekomme ich seitens der Spieler oder aber auch meiner Kinder ab und zu zwar mal etwas mit, doch ich bin sicher nicht up to date, lasse mich einfach berieseln. Ich mag die „Höhner“, allein schon aufgrund einer persönlichen Verbindung zu Bandmitglied Janus Fröhlich, dem Schlagzeuger. Von denen kenne ich auch die Texte auswendig. Die kann ich mitsingen. Eine CD-Sammlung aber habe ich mir nie zugelegt. Das Bücherregal ist schon voller – ich bevorzuge allerdings eher leicht verdauliche Werke. Gut fand ich das Buch „Warum Männer nicht zuhören und Frauen schlecht einparken“ – mitten aus dem wahren Leben. Auch in Sachen Filme oder Kino bin ich sicher kein Trendsetter. Zu Hause lasse ich mich schon mal von einem Film im Fernsehen berieseln – nicht selten schlafe ich dabei dann ein, weil ich mich dabei so gut entspannen kann. Ins Kino gehe ich so gut wie nie. Zuletzt war ich wohl mal mit meiner Tochter im Kino. Wie hieß der Film? Bodyguard, glaube ich.

AN DER SEITE DES BUNDESTRAINERS

Meine Co-Trainerjahre beim DHB

Sommer 1984. Ich hatte gerade meine aktive Laufbahn beendet und zum Abschiedspiel in die Sporthalle Gummersbach eingeladen, wo ich am 16. Juni mit der aktuellen Nationalmannschaft und dem Team von 1979 gemeinsam feierte. Meiner Familie hatte ich in Aussicht gestellt, fortan endlich mehr Zeit für sie zu haben, öfter zu Hause zu sein und erst einmal Abstand zum Handball zu gewinnen. Zudem wollte ich mich auch mehr auf den Beruf konzentrieren, die eigene Versicherungsagentur erfolgreich weiterführen. Also: Karriereende. Das habe ich noch richtig großspurig verkündet. Doch zwei Wochen später war ich wieder dabei. Vier Jahre nach dem West-Boykott 1980 antwortete diesmal der Ostblock und verbot seinen Sportlern die Teilnahme an den Olympischen Spielen in Los Angeles. Deutschland war plötzlich wieder dabei – trotz der Pleite von Holland, die ich noch in schmerzlicher Erinnerung hatte. Simon Schobel hatte zwischenzeitlich die Mannschaft umstrukturiert und fragte mich wenige Tage nach meinem Abschiedsfest in Gummersbach, ob ich Interesse hätte, mit nach L.A. zu reisen – nicht als Spieler, sondern als eine Art Assistenztrainer.

Ich sollte so etwas wie das dritte und vierte Auge für Schobel sein, Verbindungsfigur zu den Spielern, um auf diese Mannschaft, die gerade den Generationswechsel hinter sich hatte, mit Einfluss zu nehmen. Kurzum: Zwei Wochen nach meinem Abschied vom Handball war ich wieder dabei. Ich habe bei den Trainingseinheiten mitgemacht, die Videovorbereitungen gemacht. Die Akzeptanz von Schobels Seite war von Anfang an da – wir haben viel miteinander gesprochen. Auf der Bank konnte ich dann auch etwas Einfluss auf die Spieler nehmen, mit dem ein oder anderen sprechen, Erfahrungen weitergeben.

Heute habe ich beruflich bedingt nur noch sporadisch Kontakt zu „Simi“. Anders als zum Beispiel Vlado Stenzel, der mir bis heute am liebsten permanent Ratschläge geben würde, gibt es handballerisch aber keine Berührungspunkte mehr zu Schobel. Natürlich habe ich mir verschiedene Elemente von jedem meiner Trainer zu eigen gemacht im Rahmen meiner eigenen Trainertätigkeit – natürlich aber angepasst an die heutige Zeit und ihre Umstände. Vieles war früher gut, muss es aber heute nicht unbedingt auch noch sein, da sich ja alles verändert hat. Das kann man ja auch in allen anderen Sportarten beobachten: Die Weiterentwicklung in den einzelnen Disziplinen ist ja unverkennbar. Sei es im Schwimmen oder im Turnen, ja sogar im Fußball, der früher womöglich wirklich attraktiver war. Aber nun ist er athletischer. Auf den Handball bezogen bin ich der Meinung, dieser Sport ist heute nicht nur athletischer, sondern auch schöner geworden. Damals war eben alles langsamer, auch wenn wir 1978 schon anfingen, schneller zu spielen. Aber heute bewegt sich das alles in anderen Dimensionen.

Ich erwähne das an dieser Stelle, weil es natürlich nahe liegend ist, darauf einzugehen, ob und was ich von damals übernommen habe, weil natürlich der Einfluss der Trainer Stenzel, Schobel und Ivanescu auf meine Tätigkeit als DHB-Coach eine Rolle spielt. Natürlich werde ich immer wieder mal gefragt, ob ich mich beraten lasse – insbesondere von meinen alten „Lehrmeistern".

Ich pflege beispielsweise heute noch ein sehr gutes, kommunikatives Verhältnis zu Petre Ivanescu, ohne, dass einer dem anderen versuchen würde, seine Meinung aufzudrängen. Ich höre mir aber durchaus auch andere Standpunkte genau an, bin nicht auf meine Meinung fixiert. Was ich dann übernehme, bleibt meine Sache.

Auf Distanz gehe ich zu den Leuten, die keinen Bezug mehr zum Leistungssport haben und meinen, früher sei alles besser gewesen. Bei solchen Vertretern bin ich sehr vorsichtig, das kann ich gar nicht haben.

Simon Schobel gehört nicht zu diesen Besserwissern. Damals waren wir ein gut funktionierendes Team. Ich war das Verbindungsglied zwischen Team und Trainer. Dabei ging es mir gesundheitlich im Sommer ´84 gar nicht gut.

Ich erinnere mich noch daran, dass ich damals ganz große Probleme mit dem Rücken hatte. Ich konnte den langen Hinflug nach Kalifornien kaum ertragen vor Schmerzen. Durchs olympische Dorf habe ich mich dann wirklich mehr schlecht als recht geschleppt. Sitzen, Gehen – alles tat weh. Zu diesem Zeitpunkt war mir klar, dass es wirklich höchste Zeit gewesen war, die aktive Laufbahn zu beenden. Aber diese Beeinträchtigung beeinflusste natürlich auch das Erleben Olympias. Es waren an sich schöne Spiele damals. Und das Handballturnier hätte für uns ja kaum besser laufen können. Auch wenn der Auftakt – wie befürchtet – eine schwere Geburt war. Gegen den Gastgeber USA, Außenseiter der Sechser-Gruppe, zitterten wir uns zu einem knappen 21:19-Sieg. Die Angst vor der Blamage war den jungen Spielern wie Jochen Fraatz, Martin Schwalb, Rüdiger Neitzel, Michael Paul oder den Roth-Brüdern anzumerken. Immerhin aber starteten wir mit einem Sieg. Und letztlich zählte nur das. Zumal dieser Sieg eine Eigendynamik, eine von Spiel zu Spiel zunehmende Begeisterung auslöste, die uns bis ins Finale trug.

Gegen die starken Spanier, die bei der WM 1982 in Deutschland durch mehr als nur eine Überraschung aufgefallen waren, gewann unsere junge Mannschaft zwei Tage später mit 18:16. Es war schon sehr interessant, an mir festzustellen, wie sich der Stress in einem solch spannenden Spiel verändert hatte, jetzt, da ich nicht mehr auf dem Spielfeld, sondern auf der Bank teilnahm. Es war sehr schwer, der inneren Aufregung Herr zu werden, zumal ich mich im Misserfolgsfall keineswegs hinter Schobel hätte verstecken wollen. Nein, ich fühlte mich in der Mitverantwortung – und entsprechend nervös war natürlich auch ich. Nur zeigen durfte ich das als alter Hase mit so viel Erfahrung nicht ständig, denn die jungen Spieler hätten dies sicher registriert, und ich sollte ja neben meinen taktischen Aufgaben genau das Gegenteil davon bewirken.

Also hieß es: Cool bleiben im sonnigen Kalifornien. Während überall der damalige Olympia-Hit „Reach out for the medal“ gespielt wurde, machten wir uns klammheimlich an die Umsetzung des Songtitels. Wieder zwei Tage später behielt die Mannschaft, gestützt auf einmal mehr tolle Torhüter, Andy Thiel und Klaus Wöller, auch gegen Schweden die Nerven: 18:17. Plötzlich waren die Medaillenränge in Sicht, zumal wir 48 Stunden später auch die Südkoreaner, die damals noch als Exoten im Welthandball galten, mit 37:25 vom Parkett fegten. Stimmung und Selbstbewusstsein waren mittlerweile auf dem Höhepunkt, die Anspannung vor dem letzten Gruppenspiel zwar spürbar, doch das war auch gut so: Mit null Minuspunkten sahen wir uns plötzlich einem richtigen Endspiel um den Einzug ins olympische Finale gegenüber. Unser Gegner: Geheimfavorit Dänemark, zwei Jahre zuvor bei der WM ebenfalls eine der großen Überraschungen im positiven Sinne. Doch es gelang uns, die richtige Einstellung gegen das Team um Errik Veje Rasmussen zu finden – und erneut die Nerven im Griff zu behalten. Am Ende hüpfte unser Team vor Freude übers Spielfeld. Die Dänen waren 20:18 besiegt und die neuformierte deutsche Mannschaft, in der nicht nur Erhard Wunderlich für wichtige Tore sorgte, hatte bereits eine Medaille in der Hand. Wir standen im Endspiel.

Am 11. August dann hätten wir den bereits tollen Erfolg vergolden können. Endspielgegner war Jugoslawien, neben den am Ende drittplazierten Rumänen die einzige Mannschaft des Ostblocks, die nicht boykottiert hatte und die Mitte der Achtziger eine Renaissance feierte: Das fantastische WM-Finale 1982, in dem sie die haushoch favorisierten Russen in die Verlängerung gezwungen hatten, war jedem noch in Erinnerung. Nun das Olympia-Finale. Und zwei Jahre später sollten die Jugoslawen in der Schweiz auch noch überlegener Weltmeister werden. Es war die Ära der jugoslawischen Superstars. Trainer Prokajac hatte ein Sammelsurium an Weltklasseleuten beieinander. Wenn ich an die Namen denke: Basic und Arnautovic im Tor, dazu Elezovic, Isakovic, Jurina, Vujovic, Zovko, Rnic, Radjenovic, Mladenovic, Kuzmanovski, Vukovic ... Mann, war das eine Truppe. Klar, dass Jugoslawien, obwohl nur um Haaresbereite vor Rumänien im Finale gelandet, Favorit waren.

Wir waren Außenseiter – wie 1978 gegen die Russen. Und doch hatten sich unsere Jungs schon eine Chance ausgerechnet. Aber im Endspiel lief es dann nicht so wie erhofft. Zwar führten wir dank einer tollen Abwehrleistung nach 30

Minuten noch 8:7, aber irgendetwas war nicht hundertprozentig auf Sieg eingestellt. War es die Tatsache, dass wir ohnehin nichts zu verlieren hatten, weil man mit Silber schon mehr erreicht hatte, als uns zugetraut worden war? Lag es daran, dass deshalb der letzte Druck, die letzten paar Prozent fehlten? 1978 war die Ausgangslage die gleiche gewesen – und wir gewannen. Daran muss es also nicht unbedingt gelegen haben. Es waren wohl ein wenig die Nerven dieser bis auf wenige Ausnahmen – in Sepp Wunderlich und Arnulf Meffle standen noch zwei Weltmeister von 1978 im Team – jungen Mannschaft, die sich plötzlich in einer riesigen Olympia-Arena um die Goldmedaille spielen sah. In der Schlussphase des Spiels stellten die Jugoslawen die Weichen auf Sieg. Zwar konnten wir noch einmal auf ein Tor herankommen, doch die cleveren Jugos ließen sich Gold nicht mehr entreißen. Am Ende blieb die Silbermedaille – ebenfalls ein großartiger Erfolg. Leider einer, der später in der Wahrnehmung ungerechterweise keine große Rolle spielte. Zum einen, weil er von einer Mannschaft erreicht worden war, der man später aufgrund einiger schmerzlicher Niederlagen ein Verlierer-Image verpasste. Zum anderen, weil es für viele Kritiker nur halbe Spiele waren, da die meisten Ostblock-Teams nicht vertreten waren. Dabei konnte sich das Teilnehmerfeld dieses auf zwei Sechser-Gruppen verteilte Olympia-Turniers durchaus sehen lassen: Jugoslawien, wie gesagt die stärkste Mannschaft ihrer Zeit, der WM-Vierte Dänemark, der WM-Fünfte Rumänien, der WM-Achte Spanien, die im Aufstieg begriffenen Schweden, dazu die unberechenbaren Teams aus der Schweiz, Spanien und Island – also, das war alles andere als ein B-Feld. Und in diesem Silber zu gewinnen war eine tolle Leistung. Leider eine mit Verfallsdatum, wie sich herausstellen sollte.

Die Gründe dafür liegen primär in der A-WM 1986 in der Schweiz, für die wir uns mit unserem Abscheneiden in Los Angeles qualifiziert hatten und bei der man uns „alles zugetraut“ hatte. Ich war noch immer Co-Trainer von „Simi“ Schobel und wir hatten Ende Februar eigentlich eine starke Truppe zusammengestellt. Die Mischung schien zu stimmen, was sich später als Trugschluss herausstellen sollte: Unter anderem waren Andy Thiel und Stefan Hecker als Torleute dabei, zudem zwei starke Linkshänder in Andreas Dörhöfer und Martin Schwalb, die Regie führte Erhard Wunderlich, im linken Rückraum war Manfred Freisler, ein weiterer Weltmeister von 1978 mittlerweile wieder mit dabei, als Linksaußen nominiert waren Uwe Schwenker und Jochen Fraatz, den Job am Kreis teilten sich Uli Roth und Christian Fitzek, Abwehrchef war Thomas Happe. Durch die Nähe zu Deutschland war auch die Unterstützung der Fans beträchtlich – wie einst in Dänemark. Die brauchten wir auch, denn bereits die Vorrunde stellte uns vor schwere Aufgaben: Zum Auftakt ging es in Zürich gegen die Polen, die uns gleich am Rande der Niederlage hatten, ehe wir mit einem Kraftakt noch einen 21:20-Sieg schafften. Wieder war das Auftaktspiel – wenn auch wenig souverän – gewonnen worden. Schweißgebadet, aber heilfroh atmeten Schobel und ich nach dieser Partie durch: So konnte das Turnier weitergehen. Tags darauf ging es dann weniger dramatisch zu. Zwar hatten auch die Spanier durchaus ihre Chancen während des Spiels im grenznahen Basel, uns zu „kippen“, doch am Ende siegten wir dank starker Torwart-Leistungen und der Übersicht Erhard Wunderlichs mit 18:14. Die Hauptrunde war bereits erreicht, doch nun ging es in Basel um den Gruppensieg und darum, wie viele Punkte wir in die nächste Gruppenphase mitnehmen würden. Gegner war Gastgeber Schweiz. Was für eine Konstellation: Schweiz gegen Deutschland. Schon wieder. Dieses Spiel hatte es in sich: Doppelte Revanche für zwei schmerzliche 16:16, die uns die Eidgenossen 1982 und 1983 bei A- und B-WM abgerungen hatten, Nachbarschafts- und Prestigeduell und Gruppenfinale. Ich erinnere mich, dass die nervliche Anspannung in unserem Lager stieg. Dieses Duell in Basel würde schon großen Einfluss auf den weiteren Turnierverlauf nehmen. Nicht nur zahlenmäßig, sondern auch, was Stimmung und Selbstvertrauen unserer Mannschaft betrafen.

Als die an Dramatik wieder einmal kaum zu steigernde Partie gegen die heißblütigen und aufgedrehten Schweizer im Hexenkessel von Basel vorbei war, schien sich für Deutschlands Handballer ein Weg wie 1978 anzudeuten. Denn: Unsere Jungs hatten die Feuertaufe in diesem hitzigen Duell bestanden: Der Gastgeber wurde trotz frenetischer Unterstützung von den Rängen 18:17 besiegt. Das Schweiz-Trauma war abgelegt, wir hatten 4:0 Punkte auf der Hauptrundenuhr, und ich erinnere mich noch daran, dass nach dem Schlusspfiff, der den letzten Schweizer Angriff beendet hatte, unbeschreiblicher Jubel unter uns, den Funktionären des DHB und bei den deutschen Fans ausbrach. In der Kabine ging es zu, als hätten wir weit mehr erreicht als nur den Gruppensieg und endlich einmal wieder den handballerisch unbequemen Nachbarn aus der Schweiz besiegt.

Die Euphorie schien auch im ersten Hauptrundenspiel gegen den bis dahin völlig enttäuschenden Titelverteidiger Russland anzuhalten. Mit Schwung und hoher Konzentration spielend, lagen wir in Zürich in der Neuauflage des WM-Finales von 1978 mit 13:9 vorn. Bereits beim Supercup im November 1985 hatten wir die UdSSR in Dortmund mit 23:16 nahezu deklassiert. Daran schienen sich alle Beteiligten zu erinnern. Alles sprach für uns. Doch dann – bis heute eigentlich unerklärlich – riss der Faden in unserem Spiel. Die Russen kamen auf. Nicht, weil sie plötzlich so stark wurden, sondern, weil wir sie mit unseren Fehlern aufbauten. In der Schlussphase wechselte gar die Führung. Unsere Jungs kriegten sich nicht mehr ein – und auch von der Bank aus konnten wir keinen Einfluss mehr nehmen. Am Ende starrten wir alle ungläubig und fassungslos auf die Anzeigetafel. Wir hatten 20:23 verloren.

Konsterniert und völlig verunsichert gingen wir in das deutsch-deutsche Duell mit der DDR. Der Tag Pause war zu wenig, unsere Jungs wieder aufzubauen, wie sich schnell herausstellen sollte: In Olten hatten wir nach einer schwachen Leistung keine Chance: Wahl, Hauck, Borchardt, Krüger, Wiegert, Winselmann, Pysall und Co. dominierten über 60 Minuten und gewannen verdient mit 24:15. Endgültig futsch war die optimale Ausgangslage, mit der wir in die Hauptrunde gestartet waren. Die Medaillenränge – drei Tage zuvor noch so nahe – waren in weite Ferne gerückt, denn im letzten Spiel mussten wir in Luzern die Jugoslawen schlagen, die mittlerweile ihre Favoritenrolle mehrfach unter Beweis gestellt hatten. Dennoch: Mit einem Sieg hätten wir das Spiel um Platz drei und somit die Olympia-Qualifikation immer noch schaffen können. Und ausgerechnet gegen den Olympiasieger hatten sich unsere Jungs wieder gefangen, hatte unsere mentale Aufbauarbeit während der vorangegangenen 48 Stunden Wirkung gezeigt. Die Neuauflage des olympischen Finales wurde zu unserem über weite Strecken besten Spiel bei diesem Turnier, in jedem Fall in dieser Hauptrunde. Wir hatten den WM-Favoriten wieder am Rande einer Niederlage, doch wieder entschieden Nuancen gegen uns. Christian Fitzek scheiterte in einer vorentscheidenden Phase der ausgeglichenen Partie mit einem Siebenmeter und vergab damit nach mehrmals wechselnder Führung eine Chance, wieder auszugleichen– die Jugoslawen nutzten diesen Moment, um im Gegenzug wieder auf zwei Tore Vorsprung davonzuziehen. Dieser hatte auch beim Schlusspfiff Bestand: 17:19 lautete das Resultat. Auch das dritte Hauptrundenspiel war verloren. Wie schon 1982 spielte Deutschland um Platz sieben. Der abschließende Sieg über die Dänen interessierte niemanden mehr. Er konnte nichts mehr korrigieren: Die WM war ein weiterer, herber Rückschlag nach 1982, 1983 und dem Zwischenhoch von Los Angeles. Trotz allem blieb Simon Schobel zunächst im Amt und ich an seiner Seite, zumal die zweite Chance, die Fahrkarten nach Seoul zu lösen bereits ein knappes Jahr später bestand. Bei der B-WM in Italien sollte nachgeholt werden, was in der Schweiz versäumt worden war.

Die Mannschaft hatte sich verändert. Erhard Wunderlich spielte nicht mehr für Deutschland, auch Andy Thiel war verletzungsbedingt nicht dabei. Den Stamm des Teams bildete nun die Generation, die in Los Angeles noch zu den Newcomern zählte: Neitzel, Schwalb, Schöne, Springel, Fraatz, Roth – diese Namen prägten das Spiel der DHB-Auswahl.

Doch B-Weltmeisterschaften scheinen für deutsche Mannschaften stets unter einem schlechten Stern zu stehen. Auch das Turnier in Brixen, Bozen und Roverto wurde letztlich zum Reinfall. Schon der 35:23-Auftaktsieg gegen die Brasilianer deutete an, dass es mit der Abstimmung unter Wettkampf- bedingungen nicht allzu weit her war. Dieser Eindruck bestätigte sich bereits zwei Tage später bei der 23:24-Niederlage gegen die Tschechen, mit der bereits fast schon alles verspielt war. Wieder konnte das Team nicht die maximale Leistung abrufen, als es darauf ankam. Die drei guten Leistungen beim 22:17 gegen die Schweiz, 23:17 über Dänemark und im abschließenden Gruppenspiel gegen die Bulgaren, die 25:18 geschlagen wurden, nützten uns nichts mehr. Die CSSR wurde Erster unserer Gruppe und bestritt das Endspiel gegen die ebenfalls vorübergehend „zweitklassigen“ Russen. Die beiden Finalisten waren für Olympia in Seoul qualifiziert, unser Team spielte um Platz drei und somit um die „goldene Ananas", wie es so schön heißt. Leider endete diese Partie dann auch noch mit einer bezeichnenden Niederlage gegen Polen. Das 20:24 beendete Ende Februar meine erste Zeit auf der Bank der Nationalmannschaft, freilich nur als Co-Trainer. Schmerzlich aber war der Abgang dennoch: Simon Schobel musste als Bundestrainer gehen und auch für mich war der Zeitpunkt für eine Veränderung gekommen. Vor mir lag meine erste Amtszeit als Cheftrainer bei meinem Heimatverein VfL Gummersbach. Die Aufräumarbeiten bei der Nationalmannschaft, die in der Öffentlichkeit längst das unrühmliche Image des Pflegefalls „genoss", sollte nun Schobels Landsmann und mein ehemaliger Vereinstrainer in Gummersbach, Petre Ivanescu, übernehmen.

VON BOZEN NACH LISSABON

Meine Trainerjahre beim DHB, Teil 1

Nach meinen Jahren als Vereinstrainer in Gummersbach und Wallau zwischen 1987 und 1996, die wie beschrieben mehrere Titel, aber auch Enttäuschungen mit sich brachten, kam ein neuer Karriere, man kann durchaus sagen, Lebensabschnitt auf mich zu: Der Job des Bundestrainers. Mehrmals hatte man mich seitens des DHB schon versucht, für dieses Amt zu gewinnen. Ich war einige Male im Gespräch, Bernhard Thiele wollte mich sogar direkt nach Schobel als Bundestrainer haben, doch erst 1997 fanden Verband und ich zusammen. Aber der Reihe nach:

In der Zeit nach dem Abschied Schobels und dem Ende meiner Tätigkeit als Co-Trainer, in der ich viel gelernt habe und die ich aufgrund des Spaß-Faktors, nicht jedoch unter finanziellen Gesichtspunkten, nicht missen möchte, war viel passiert. Leider nur selten Erbauliches aus Sicht des deutschen Handballs. Deutschlands Handballer mussten 1989 in Frankreich eine weitere B-WM spielen, um sich für die A-WM 1990 zu qualifizieren. Das Vorhaben scheiterte – es endete gar in einem Fiasko: Deutschland wurde Achter! Der arme Petre Ivanescu, mit so vielen Vorschlusslorbeeren gestartet, wurde dafür verantwortlich gemacht und musste nach dieser Enttäuschung gehen. Deutschland war nur noch drittklassig - was bei der C-WM im Frühjahr 1990 in Finnland durch das Erreichen des dritten Platzes immerhin wieder korrigiert werden konnte. Horst Bredemeier, der Ivanescu abgelöst hatte, musste also ganz unten anfangen. Der heutige DHB-Vizepräsident Leistungssport hatte fortan die einerseits verlockende, andererseits aber immens schwere Aufgabe, nach dem Fall der Mauer das ost- und westdeutsche Team zu einer schlagkräftigen Mannschaft zusammenzuführen. Die DDR war bei ihrer Abschlussvorstellung in der Tschechoslowakei 1990 auch nur WM-Achter geworden, fortan spielten Wahl, Hauck, Borchardt und Co. zusammen mit Fraatz, Zerbe, Thiel, Ratka und Kollegen. Doch die handballerische Wiedervereinigung klappte bei weitem nicht so gut wie erwartet. Bei den Olympischen Spielen 1992 in Barcelona offenbarte das gesamtdeutsche Team erhebliche Abstimmungs- und Harmonie-Defizite und wurde am Ende Zehnter. Nun war es auch um „Hotti" Bredemeier geschehen.

Ihm folgte als Interimslösung Ex-Nationalspieler Armin Emrich, der bei der A-WM 1993 in Schweden bereits eine großen Schritt weiter war mit der Zusammenführung von Spielern aus zwei völlig verschiedenen Systemen und auf einem achtbaren sechsten Platz abschloss, um sein Amt anschließend an meinen Weltmeisterkollegen Arno Ehret zu übertragen. Ehret hatte sich als Nationaltrainer der Schweiz einen hervorragenden Namen gemacht und galt als Hoffnungsträger für den deutschen Handball. Die erstmals ausgetragene Europameisterschaft 1994 in Portugal jedoch war keine Offenbarung: Platz neun war dem Image des deutschen Handballs nicht sehr zuträglich. Die Schuld dafür bei Arno Ehret zu suchen, wäre allerdings deplaziert. Zumal er seine fachlichen Qualitäten bereits ein Jahr später unter Beweis stellen konnte. Bei der WM 1995 auf Island bestätigte Ehret zusammen mit seinem Team die in ihn gesetzten Erwartungen. Die DHB-Auswahl belegte nach einem tollen Turnier den Mut machenden vierten Platz. Im darauf folgenden Jahr gelang erneut die Qualifikation zur EM, welche unsinnigerweise kurz vor Olympia ausgetragen wurde und somit zu einer Art Versteckspiel für viele Topmannschaften wurde. Für Deutschland sprang Platz acht heraus. Keine Blamage, denn ohnehin war eine Medaille in Atlanta das Ziel und die EM in Spanien nur eine Durchgangsstation gewesen. Bei den Olympischen Spielen 1996 in Atlanta startete Ehret mit der Mannschaft zwar nicht als heißester Medaillenkandidat, allerdings zählte man zum erweiterten Favoritenkreis. Doch die Euphorie, die auf der kühlen Insel Island bei der WM im Jahr zuvor noch das deutsche Spiel beflügelt hatte, war im heißen Süden der USA nicht mehr zu spüren. Einmal mehr scheiterte eine deutsche Mannschaft in dem Moment, als die Medaillenhoffnungen berechtigt schienen. Zwei Vorrundenniederlagen verbauten der DHB-Auswahl den Weg in die Medaillenränge. Deutschland wurde nur Siebter – was auch bei Arno Ehret Spuren der Enttäuschung zurückließ. Noch im gleichen Jahr verpasste die Nationalmannschaft durch ein Unentschieden gegen die Slowaken die Qualifikation zur WM, und als Folge daraus setzten einmal mehr die „Mechanismen der Branche“ ein, was in diesem Fall bedeutete, dass meine Bundestrainer-Tätigkeit um ein halbes Jahr vorgezogen wurde und Arno Ehret sich, wie vorher bereits verbandsintern besprochen, auf den Stuhl des DHB-Sportdirektors zurückzog. Es hatte keiner allzu großen Überredungskünste seitens des damaligen Präsidenten Bernd Steinhauser bedurft, mich für diese Aufgabe zu begeistern. Mich reizte der Job, und: Diesmal hatte ich mich auch dafür bereit gefühlt, wenngleich ich mir diesen Job zunächst einfacher und, sagen wir, etwas stressfreier und weniger zeitintensiv vorgestellt hatte als er sich mir in der Folgezeit erschließen sollte.

Wie dem auch sei: Nun war ich also Bundestrainer und Anfang des Jahres ´97 verantwortlich für die weitere Entwicklung des deutschen Männer-Handballs auf internationaler Bühne. Abseits der Vereinsmeisterschaften, raus aus der Lokalpresse und dafür seit vielen Jahren erstmals wieder im Mittelpunkt des bundesweiten Interesses und der überregionalen Sportberichterstattung in den Medien. Nach Arno Ehret war ich der zweite Weltmeister von 1978, der nächste Hoffnungsträger, dessen Reputation alleine schon Berge versetzen sollte, wenn man die öffentliche Wahrnehmung von damals teilen wollte. Meine Ausgangslage war schwer und irgendwie auch wieder nicht: Wieder war das Nationalteam de facto zweitklassig. Wieder galt es, nicht nur einen Aufwärtstrend zu bewirken, sondern diesen auch anhalten zu lassen. Dessen war ich mir bewusst. Natürlich hatte ich mir in den Wochen vor der Amtsübernahme ausführlich Gedanken über Konzeption und Vorgehensweise als Bundestrainer gemacht.

Ich erinnere mich noch an meinen ersten Lehrgang, zu dem ich nach Kaiserau eingeladen hatte. In meiner ersten Besprechung habe ich dem versammelten Team meine Vorstellungen dargelegt, darüber gesprochen, was ich in Sachen Grundeinstellung, Einsatzbereitschaft, Fähigkeit zur Selbstkritik und professionelles Verhalten von jedem einzelnen Nationalspieler erwarten würde. Außerdem habe ich betont, dass ich keine Egoisten dabei haben wollte auf dem Weg zum ersten Etappenziel: Der Qualifikation zur Europameisterschaft im folgenden Jahr in Südtirol.

In den ersten Trainingseinheiten haben wir dann ganz langsam angefangen, ein paar taktische Grundlagen zu schaffen. Wohin ich spielerisch wollte, kam dann mit der Zeit stärker rüber. Mir war von Anfang an klar - und das sollten auch alle meine Spieler verinnerlichen: Ich will das Team Handball spielen sehen und keine Alleingänge. Meine Spielauffassung hatte eher skandinavische Anleihen, das mannschaftsbezogene, nicht nur individuelle Handballspiel entsprach – und entspricht natürlich nach wie vor – meiner Philosophie. Die Basis soll das Team sein, entsprechend wählte ich auch die Spieler aus. Ich wollte, dass die Kandidaten, die in Frage kamen, nicht nur überdurchschnittliche individuelle Fähigkeiten mitbringen, sondern am besten auch schon eine gute Portion jener Mentalität, um die es mir ging. Spielstarke Leute wie Daniel Stephan oder Markus Baur rückten somit in den Mittelpunkt, wenngleich sie sich natürlich erst im weiteren Verlauf ihres Daseins in der Nationalmannschaft in Richtung Idealzustand entwickelten.

Ich habe in diesen ersten Monaten viele Erfahrungen gemacht und Quervergleiche für mich gezogen. Anders als zwischen 1984 und 1987 stand ich ja jetzt an vorderster Front. Ich verspürte schon eine andere Verantwortung, eine andere Beanspruchung und auch einen anderen Stress als in meiner Co-Trainer-Zeit. Damals hatte ich diese Einflüsse nicht so empfunden, in Los Angeles zum Beispiel hat mich ein Spiel sicher noch nicht so mitgenommen. Heute bin ich auf der Bank am Ende eines schweren Spiels auch oft körperlich ausgelaugt, ausgepowert.

Praktische Erfahrung als DHB-Chefcoach konnte ich dann Anfang Februar sammeln. Die ersten beiden Länderspiele unter meiner Leitung gegen Island in Ludwigshafen und Rüsselsheim waren durchaus erbaulich. Ich wurde sehr herzlich empfangen vom Publikum und die Mannschaft gewann beide Spiele: 32:24 und 25:22 - die Premiere war geglückt.

Mein erstes Jahr als Nationaltrainer verlief weiterhin meist positiv: Wie einst Stenzel, so suchte auch ich mir Schritt für Schritt mein Team zusammen. Ich musste zwei Kriterien berücksichtigen: Zunächst wollte ich natürlich perspektivisch arbeiten, das aber durfte des Weiteren nicht auf Kosten der EM-Qualifikation gehen, die im Herbst anstand und drei Gegner für uns parat hatte, die es in sich hatten: Spanien, Norwegen und die Slowakei.

Stefan Kretzschmar, den mein Vorgänger Arno Ehret aus der Nationalmannschaft verbannt hatte, war auch bei mir noch nicht gleich wieder dabei. Das lag zum einen an einer Verletzung, die ihm zu schaffen machte, und zum anderen an der einen oder anderen unüberlegten Bemerkung von „Kretzsche". Ich kannte ihn ja zur Genüge aus gemeinsamen Gummersbacher Tagen, hatte aber noch keine Lust, ihn zurückzuholen. Einige Sprüche, die er gemacht hatte, gefielen mir einfach nicht. Ich ließ Sven Lakenmacher auf Linksaußen spielen. Dafür hatte ich Martin Schwalb zurückgeholt, auch Daniel Stephan, der bei Ehret nicht klargekommen war im Nationaltrikot, rückte in die Stammformation und spielte – mit mehr Verantwortung betraut – viel stärker. Auch Abwehrspezialist Klaus-Dieter Petersen habe ich wieder eingebaut ins Team, später auch noch den eingebürgerten Bogdan Wenta für den Rückraum nominiert. Dennoch war Südtirol, der nächste EM-Austragungsort, in weiter Ferne an jenem 25. September 1997 in Madrid, wo uns die Spanier eine deftige Niederlage beibrachten. Das 16:25 tat schon weh. Aber man musste berücksichtigen: Zu diesem Zeitpunkt waren Petersen und Wenta noch nicht dabei gewesen. Und auch Stephan fehlte wegen einer Verletzung in Madrid. Immerhin reichte es im Rückspiel – mit Daniel – drei Tage später in Hannover zu einem 23:23-Unentschieden. Das aber war freilich noch zu wenig, wenn wir zur EM wollten, und mir war bewusst, dass die Vorschusslorbeeren, die es sicher gab, schnell aufgebraucht sein würden, wenn wir es nicht schafften. Der Druck war spürbar. Doch ich habe gelernt, damit umzugehen – und habe schon damals versucht, auch auf meine Spieler entsprechend einzuwirken. Darüber hinaus hatte ich mich in der Zwischenzeit auch auf den Weg nach Magdeburg gemacht, um mit Stefan Kretzschmar über die Bedingungen eines Comebacks zu sprechen. Lakenmacher hatte nämlich gegen die Spanier nicht gut ausgesehen, und ich wollte nicht auf einen Mann wie „Kretzsche" verzichten, nur weil keiner von uns auf den anderen zugehen wollte. Also fuhr ich zu einem Heimspiel der Magdeburger, traf mich im Vorfeld mit Kretzschmar, der zuvor den Kontakt zu mir gesucht hatte. Das Gespräch verlief gut, wir ebneten den Weg für seine Rückkehr. Magdeburgs Publikum, das mich natürlich nachmittags beim Bundesligaspiel, welches ich mir natürlich noch ansah, in der Halle gesehen hatte, forderte lautstark das Comeback seines Starspielers ein, zumal der, vielleicht auch beflügelt von unserer Aussprache, eine gute Partie aufs Parkett legte. Bisweilen wurde ich wegen „Kretzsche" sogar angefeindet. Ich konnte mir das Grinsen nicht verkneifen, denn die Menge ahnte ja nicht, dass wir uns längst genau darüber verständigt hatten. Der „Paradiesvogel", wie ihn viele nannten und nennen, war „back".

Sein Comeback gab er sogleich in den nächsten Qualifikationsspielen. Ein erfolgreiches Unterfangen: Norwegen wurde Ende Oktober, Anfang November sowohl in Hamburg, wo wir sehr stark spielten, als auch in Oslo sicher besiegt: 24:14 und 23:18 endeten die beiden so wichtigen Partien, in denen nun auch das Trio Kretzschmar, Wenta und Petersen mitgewirkt hatte. Zwei weitere Erfolge folgten: In Bratislava und Dessau schlugen wir noch im selben Monat auch die Slowakei zweimal, 28:18 und 30:25. Meine erste Feuertaufe als Bundestrainer hatte ich bestanden: Die Teilnahme an der EM war gesichert.

Natürlich war die Europameisterschaft in Meran und Bozen eigentlich nur eine Zwischenstation für uns, dennoch war mir klar, welch wichtige Rolle wir für die zu diesem Zeitpunkt gerade auch in den Medien wahrgenommene Renaissance des Handballs hier zu Lande haben würde. Die Bundesliga hatte seinerzeit Aufbruchstimmung verbreitet und die Rede war davon, dass wir, die Nationalmannschaft, natürlich das Aushängeschild unserer Sportart wären. Wenn die Funktionäre der Liga das so meinten, dachte ich mir, ist das ja sehr positiv, zumal es mir auch wichtig war, die Zusammenarbeit und Kommunikation mit den Vereinen zu verbessern. Oftmals scheiterte die Nationalmannschaft wohl auch an der nicht uneingeschränkten Unterstützung aus der Bundesliga, zumindest aber an konträren Interessen zwischen Verbands- und Vereinsfunktionären – oder Trainern. Ich wollte das anders handhaben – ohne ständig auf Konfrontation zu gehen. Da kam mir das Goodwill der Ligabosse natürlich entgegen.

Auch in Sachen Co-Trainer ging ich auf Tuchfühlung mit der Liga. Ich holte mir den damaligen Zweitliga-Coach Bob Hanning an meine Seite, der mir, in der „Nachbarschaft" zu Gummersbach arbeitend, immer wieder aufgrund seiner spielerischen Konzeption und seines Umgangs mit jüngeren Spielern positiv aufgefallen war. Auf einem Fest in Scheda, übrigens genau im gleichen Restaurant, in dem mich einst Simon Schobel gefragt hatte, ob ich Co-Trainer bei der Nationalmannschaft werden wollte, sprach ich Hanning an und einige Zeit später waren wir ein Team. Mir ging es darum, jemanden einzuspannen, der als Co-Trainer das Bindeglied zu den Spielern würde sein können, der eine gewisse Nähe zum Team aufbauen könnte. So wie es später auch mit Frank Löhr funktionierte – und so, wie ich selbst meine Rolle als Assistent von Schobel einst ausgefüllt hatte.

Die EM Ende Mai, Anfang Juni wurde für uns ein sehr gutes Turnier, wenngleich es mit einer Pleite begann: Trotz guter Leistung verloren wir in Bozen zum Auftakt unglücklich mit 20:21 gegen die Schweden – und viele fühlten sich wohl erinnert an all die deprimierenden Turnierverläufe der letzten Jahre. Würde es denn schon wieder so laufen? Wir haben uns dieser Thematik gar nicht weiter gewidmet, dafür war ja auch gar keine Zeit: Italien schlugen wir am Folgetag 26:18. Viel mehr Aussagekraft über das intakte Innenleben der Mannschaft aber hatte das beeindruckende und vor allem souverän herausgespielte 29:22 über Jugoslawien. Dieses Spiel hatte viele Gewinner auf unserer Seite, vor allem aber einen: Den baumlangen Lemgoer Mike Bezdicek, der erst kurzfristig nachnominiert worden war und in der Deckung ein Riesenspiel hinlegte. Dem keinen Deut weniger beeindruckenden und selbst in dieser Höhe verdienten 30:23 gegen Frankreich in Meran folgte zum Abschluss der Vorrunde ein 20:18-Zittersieg gegen Litauen. Wir standen im Halbfinale! Erst dort wurden uns die Grenzen aufgezeigt, die es für das damalige Team seinerzeit natürlich noch gab: Gegen Spanien half uns auch die Turnier-Euphorie nicht. Beim 22:29 waren wir chancenlos. Doch: Die Mannschaft hatte schon mehr erreicht, als man ihr nach der Auftaktniederlage gegen Schweden zugetraut hatte. Wir hatten auch die Leute zu Hause in Deutschland animiert, für uns begeistert. Immer mehr Fans waren angereist und sogar meine Frau Christel hatte das EM-Fieber gepackt. Sie hat damals in der Kirche Kerzen für uns angezündet. Nicht nur wegen der bereits geschafften Qualifikation für die WM in Ägypten: Schon jetzt war das Turnier ein toller Erfolg, dem wir in einem dramatischen Spiel um Platz drei einen draufsetzten. Gegen die Russen gewannen wir in Meran nach Verlängerung 30:28 und damit die Bronzemedaille.

Inmitten allen Jubels war mir sofort nach Ende dieses Krimis klar, dass wir etwas Besonderes erreicht hatten: ich wusste um die Botschafter-Funktion, die ich mit diesem Team in Bozen und Meran bekleidet hatte – und insofern war mir auch klar, dass dieser Erfolg eine Aufwertung des Handballs bedeuten würde. Der Stellenwert unseres Sports war mit einem Mal gestiegen. Das war mir schon bewusst.

Noch in der Kabine begannen die Spieler, sich die Haare zu färben. Allesamt. Es war eine vorher beschlossene Aktion. Ich hatte natürlich gleich gemerkt, dass da was im Gange war. Mein Schnurrbart war zu diesem Zeitpunkt noch in Sicherheit – aber selbst grellgelbe Haare wollte ich mir nicht antun. Die Stimmung in der Kabine war großartig – komischerweise ist die Stimmung nach einem dritten Platz ja immer besser als nach einem zweiten, aber das liegt wohl daran, dass man sein letztes Spiel bei einem solch großen Turnier gewinnt. Jedenfalls wurde so ausgiebig gefeiert, dass es mir gelang, mich mit meiner Bierflasche aus der Kabine zu schleichen und der Haarbehandlung zu entgehen. Martin Schwalb übrigens beendete in Südtirol seine Nationalmannschaftslaufbahn und stieg bei seinem Heimatverein Wallau-Massenheim unmittelbar im Anschluss an diesen Erfolg selbst als Trainer ein.

Genau ein Jahr später fand die WM in Ägypten statt. Die Vorbereitung darauf verlief lange Zeit sehr gut. Außer einer Niederlage im ersten Spiel des Jahres gegen die Russen in Bonn, konnten wir alle weiteren Tests gewinnen. Ein Ausrufezeichen setzten wir sicher mit dem Gewinn des Weltcups in Schweden im Frühjahr 1999, wo wir die versammelte Weltelite schlagen konnten - eben auch die Schweden, Russen, und nebenbei auch WM-Gastgeber Ägypten. Frohen Mutes gingen wir in die beiden abschließenden Vorbereitungsspiele gegen Dänemark. Das 20:13 am 22. Mai in Schwerin war ebenfalls erbaulich, die Mannschaft sichtlich gut drauf, doch das 25:24 am nächsten Tag in Neumünster war ein Schock für uns, denn in diesem letzten Test vor der Abreise nach

Ägypten brach sich Daniel Stephan den Daumen – übrigens der bedauerliche Beginn einer über Jahre nicht enden wollenden Verletzungsmisere des Welthandballers von 1997. Mir erschien es richtig, der Mannschaft trotz aller Enttäuschung – übrigens auch meiner eigenen – das Gefühl zu vermitteln, dass sie als Gemeinschaft auch ohne Stephan, den damals wohl wichtigsten und dominantesten Spieler, etwas erreichen kann. Darum korrigierte ich das Turnierziel nicht und gab die Parole aus: Halbfinale! Damit versuchte ich den Jungs zu vermitteln: „Ich glaube an euch, ihr seid auch ohne ihn stark genug, um in der Weltspitze mitzuspielen." Wie sagte doch einst Vlado Stenzel sinngemäß: „Nur wer vor hohen Hürden steht, ist auch gewillt, so hoch wie möglich zu springen."

Ohne Stephan, aber mit viel Teamgeist spielten wir im Land der Pharaonen und Pyramiden ein äußerst starkes Turnier, verloren nur ein einziges Spiel. Leider war es ausgerechnet das Viertelfinale. Doch der Reihe nach: In Kairo angekommen, war zunächst einmal alles okay was die Rahmenbedingungen anging. Das Hotel „El Salaam" war sehr komfortabel, der Pool schön, das Essen auch gut, das Turnier gut organisiert und auch unter touristischen Gesichtspunkten hatte das Gastgeberland natürlich viel zu bieten. Manchmal spielt auch der Erlebniswert eines solchen Turniers eine Rolle für die Stimmung in der Truppe. Lagerkoller gab es auch nicht, dafür sorgte neben der insgesamt guten Stimmung im Team ein mittlerweile legendäres Brettspiel namens „Die Siedler von Catan", welches – neben dem Handball – zur Hauptbeschäftigung von Kretschmar, Schwarzer, Petersen und Co. wurde und dessen Ruhm im Zuge der WM-Berichterstattung sich bis nach Deutschland ausweitete.

Sehr gewöhnungsbedürftig allerdings war die Atmosphäre in den Hallen in Alexandria und Kairo. Die Stadien gleichen den Riesenhallen waren teilweise mit Soldaten aufgefüllt, viele Ränge blieben leer. Es herrschte dadurch nicht diese Stimmung, die man aus Europa kannte. Das Zuschauer-Flair war nicht da, die Atmosphäre gekünstelt. Auch bei den Auftritten der Ägypter änderte sich das nur bedingt, obwohl dann gegen uns 30.000 Menschen in der Halle waren und für ein ohrenbetäubendes Spektakel sorgten.

Um es vorwegzunehmen: Ja, es gab in Ägypten die befürchteten Durchfallerkrankungen. Das ging reihum: Funktionäre, Journalisten, Betreuer, Spieler. Man musste schon Vorsichtsmaßnahmen treffen. Der militante Antialkoholiker Heiko Karrer zum Beispiel hat jeden Morgen vor dem Frühstück einen Fernet getrunken für den Magen. Allen Ernstes: Wir sollten Whiskey vor dem Frühstück trinken, hatten uns ägyptenerfahrene Mitreisende beschworen – und alle, die sich daran gehalten haben, haben auch nichts gekriegt.

Wir schlugen zum Auftakt Kuba mit 34:25, einen Tag später Mazedonien 36:25, danach auch die Brasilianer, wenn auch nur mit 26:13. Ein Fußballspiel gegen die Jungs vom Zuckerhut wäre an diesem Tag sicher schwerer gewesen. Den ersten WM-Krach gab es nach dem Spiel gegen Brasilien auch. Frank von Behren, unser Youngster, hatte eigenmächtig den Zapfenstreich verlängert. Dies war freilich auch Journalisten nicht verborgen geblieben, doch wir konnten die Angelegenheit einigermaßen glimpflich regeln. Zugegeben bedurfte es einer mehrstündigen Überzeugungsleistung meines Mitarbeiterstabes, bevor ich mich davon abbringen ließ, von Behren nach Hause zu schicken. Nach einem Tag Ruhepause ging es in Spiel Nummer vier nun gegen die Ägypter. Diese Partie war das Endspiel um den Gruppensieg und meine Jungs behielten in der hitzigen Atmosphäre in Kairo kühlen Kopf. Wir hatten die Gastgeber im Griff und gewannen 23:18. Im Schongang wurde auch das letzte Vorrundenspiel gegen Saudi-Arabien mit 27:19 gewonnen.

Vielleicht war es gut, dass meine Jungs unmittelbar vor unserem Achtelfinalspiel gegen Algerien Zeugen einer echten Überraschung wurden: Vor ihrer Nase blamierten sich die Dänen gegen Kuba und schieden sang- und klanglos aus. Mir kam dieses Erlebnis gerade recht, erleichterte es doch die Ansprache und die Warnungen in einer extra noch einmal anberaumten Teamsitzung vor dem Spiel, die vermeintlichen Exoten auch nur im Geringsten zu unterschätzen. Sehr konzentriert wurde Algerien 28:17 geschlagen. Frank von Behren übrigens dankte mir meinen Entschluss, ihn nicht nach Hause zu schicken, mit fünf Toren.

Zwei Tage später aber der Katzenjammer: Im Viertelfinale gegen Jugoslawien spielte meine Mannschaft unter Form und verlor in einer dramatischen Schlussphase 21:22. Der als WM-Tourist mitgereiste Daniel Stephan hatte größte Mühe, seine Kollegen zu trösten, zumal wir wirklich nicht gut gespielt und somit eine große Chance vertan hatten, dem EM-Erfolg aus dem Vorjahr ein weiteres Kapitel hinzuzufügen. Ausgerechnet Markus Baur, der Daniel Stephan bis dahin so glänzend vertreten hatte, erwischte gegen das Team aus Serbien und Montenegro einen rabenschwarzen Tag. Nach dem Spiel erfuhr er aus der Heimat von der Geburt seiner Tochter – einem freudigen Ereignis, das man mir schon vor der Partie mitgeteilt hatte. Vielleicht hätte ich es ihm vor dem Anpfiff sagen sollen, doch ich dachte, es würde ihn ablenken. Im Nachhinein ist man immer schlauer – Markus hätte seinen letzten Wurf beim Stand von 21:21 womöglich mit all den Vaterfreuden im gegnerischen Tor untergebracht.

Tristesse unter Palmen: Achtelfinale verloren, Mike Bezdicek und Henning Fritz Bänderriss, Michael Menzel Nasenbeinbruch, Bernd Ross Jochbeinprellung – wir waren im wahrsten Sinne des Wortes angeschlagen. Nun aber zeigte sich, wie wichtig ein Routinier wie Bogdan Wenta in einem solchen Turnier sein kann. Er fand als Erster wieder Mut und verbreitete alsbald die Parole: „Jetzt müssen wir weitermachen und wenigstens die Olympiateilnahme sichern“. Es war wichtig, dass nach der Enttäuschung über das Aus im Rennen um die Medaillen unser Minimalziel nicht aus den Augen verloren wurde – und dass nicht nur ich als

Trainer eine Trotzreaktion hervorrufen musste, sondern diese auch innerhalb des Teams heraufbeschworen wurde.

Es gelang uns, das Platzierungsspiel gegen die Kubaner, die wir ja bereits in der Vorrunde geschlagen hatten, zu gewinnen. Dabei allerdings musste mehr gezittert werden, als sicher jedem Einzelnen von uns recht war. Die Niederlage gegen die Jugoslawen steckte den meisten Spielern doch noch in den Kleidern. Hinzukam eine enorme Leistungssteigerung des Teams aus der Karibik, das Mitte der zweiten Halbzeit sogar mit 18:16 führte und uns am Rande einer weiteren Niederlage hatte. Doch dann traf ausgerechnet Frank von Behren und kurz vor Schluss behielt dann auch Bernd Roos beim Torwurf die Nerven. Seinen Treffer zum 23:22 konnte auch der wurfgewaltige Julio Fiss im Gegenzug nicht mehr ausgleichen. Mehr schlecht als recht hatten wir die in puncto Olympia-Ticket zum Schicksalsspiel gewordene zweite Partie gegen die Kubaner gewonnen. Im abschließenden Spiel um Platz fünf war der Mannschaft dann anzumerken, dass sie nicht mehr unter jenem enormen Druck stand, der noch am Tag zuvor auf ihr gelastet hatte. Ex-Weltmeister Frankreich wurde in einem sehr ansehnlichen Spiel 26:21 geschlagen. Immerhin schlossen wir das WM-Turnier, das wieder einmal die Schweden gewannen, als Fünfter ab. Dieses Resultat und die Bilanz von acht Siegen bei nur einer Niederlage war sicher akzeptabel und Ausdruck dessen, wie nahe wir auch ohne einen wichtigen Spieler wie Daniel Stephan an der Weltspitze dran waren. Für Arno Ehret, den Sportdirektor des DHB, war das WM-Turnier in Ägypten die Abschiedsvorstellung vom Verband. Er kehrte ins Trainergeschäft zurück – auf die Bank des VfL Gummersbach. Und auf mich wartete bereits im folgenden Jahr die nächste große Herausforderung: Die Olympischen Spiele in Sydney.

Das Jahr 2000 sollte ein sehr wechselhaftes werden. Im Mittelpunkt stand natürlich Sydney – meine ersten Olympischen Spiele als Trainer, nachdem ich Montreal als Spieler und Los Angeles als Co-Trainer miterlebt hatte. Meine Vorfreude auf dieses Ereignis war groß, zumal ich die Atmosphäre und das Besondere an Olympia ja bereits kannte. Außerdem empfand ich Sydney als Austragungsort als zusätzliche Attraktion. Bis September noch hatte ich Zeit, Vorbereitungen für die Spiele zu treffen. Dass wir Ende Januar in Kroatien schon wieder eine Europameisterschaft spielen mussten, war im Olympia-Jahr ja schon fast zur Gewohnheit geworden. Die internationalen Verbände nahmen in der Festlegung ihrer Turniere nur wenig Rücksicht auf die Spieler und deren hohe Belastung – bis heute ist das ja ein sehr umstrittenes Thema.

Kurz nach der Jahrtausendwende spielten wir ein durchwachsenes Turnier auf Gran Canaria. Gegen Portugal, Slowenien und Spanien sprangen ein Sieg, ein Unentschieden und eine Niederlage heraus. Natürlich waren Platzierungen zu diesem Zeitpunkt sekundär, dennoch gab es erste Anzeichen dafür, dass wir bei der bevorstehenden EM nicht unser Leistungslimit würden erreichen können. Damit muss jemand, der so erfolgsorientiert ist wie ich, natürlich auch umgehen können. Mir war aber schon klar, dass ich nicht mehr abrufen kann als die Spieler in der damaligen Verfassung geben konnten. Mit der Rückkehr Daniel Stephans nach dessen Verletzungsserie, die einen weiteren Bänderriss mit sich gebracht hatte, verbanden sich Hoffnungen auf ein gutes Abschneiden in Kroatien, doch an den Umständen, dass die Mannschaft nicht topfit und weder in Bestbesetzung noch in Bestform nach Kroatien reiste, konnte auch er nichts ändern.

Das Turnier verlief dann auch entsprechend: Schon im Auftaktspiel am 21. Januar in Zagreb reichte es nur zu einem 24:24 gegen die Ukraine. Trotz einer Leistungssteigerung im zweiten Spiel gegen Gastgeber Kroatien folgte dem keineswegs gelungenen Auftakt-Punktverlust dann die erste Niederlage. Zwar hatten wir gegen Olympiasieger Kroatien zur Pause noch geführt, doch am Ende trieb das frenetische Publikum in Zagreb sein Team zu einem 21:20-Sieg. Anders als in Slowenien vier Jahre später, konnte sich das Team daraufhin nicht mehr stabilisieren: Spiel Nummer drei endete mit einem 19:25 gegen die Franzosen, und auch gegen Norwegen reichte es, mittlerweile in Rijeka, nicht zum ersten Sieg: 22:22 lautete das Endresultat gegen die in unserer Vorrundengruppe ebenfalls schon abgeschlagenen Skandinavier. Zu diesem Zeitpunkt war bereits klar, dass dieses EM-Tunier für uns ein Schlag ins Wasser war. Das letzte Gruppenspiel gegen Spanien endete mit einer 25:27-Niederlage. Den ersten und einzigen Sieg bei dieser EM schafften wir erst im Spiel um die Plätze neun und zehn: 19:17 gegen Dänemark. Mit Blick auf Sydney waren wir die Rolle des Medaillenkandidaten zunächst einmal los. Mir aber war klar, dass dieses Turnier keineswegs eine grundsätzliche Aussagekraft über das Leistungsniveau und die Hierarchie im europäischen und somit auch im Welt-Handball hatte. Auch andere großen Nationen waren bei der Vielzahl an internationalen Wettkämpfen wie WM, EM und Olympia zwischenzeitlich abgestürzt, um dann beim nächsten Turnier wieder um die Medaillen mitzuspielen. Folgerichtig hatte ich keine Panik, wenngleich ich natürlich schon enttäuscht war, dass wir so schlecht abgeschnitten hatten.

Gerade im Misserfolg ist ein Trainer gefragt. Etwas mehr als ein halbes Jahr war Zeit, die Mannschaft olympiareif zu machen. Andere Trainer hätten in dieser Phase womöglich zu Stilmitteln gegriffen, die auch ich von meinen Vorgängern zum Teil kannte. Provokation ist in manchen Situationen sicher kein schlechtes Mittel, um Leistung hervorzurufen. Wenn ich mich da an Vlado Stenzel erinnere: Der hat schon mal den einen oder anderen plötzlich gesiezt oder gegenüber vermeintlich Schwächeren sich mal Scherze erlaubt. Das ist nicht nur nicht meine Art, sondern heutzutage sicher auch längst nicht mehr so unproblematisch wie damals. Stenzel hat mal den Nettelstedter Richard Boczkowski vor einem Länderspiel gegen Dänemark gefragt, ob er spielen könne, obwohl der sich mit einer Knochenhautentzündung am Schienbein herumplagte. Der sagte: „Ich weiß nicht genau, es tut weh." Daraufhin trat Stenzel ihm gegen das Schienbein, was sehr schmerzhaft gewesen sein muss, und fauchte: „Geht oder geht nicht?" Heute wäre so etwas undenkbar, ein Skandal. Würde ich so etwas machen, hätte ich als Trainer sofort Journalisten und Rechtsanwälte auf den Fersen. Damals aber wurde mit solchen Methoden eine Art Reizklima geschaffen. Noch so ein Beispiel: In der Vorbereitung auf Olympia 1976 hatte Kurt Klühspies eine Schulterverletzung, die geröntgt werden musste. Mit den Aufnahmen, die seine Verletzung eindeutig belegten, kam Kurt zurück in die Trainingshalle, aber Vlado zweifelte die Arzt-Diagnose an. Er hielt die Aufnahme gegen das Hallenlicht und sagte nur: „Was erzählt der Idiot? Ist nichts kaputt, kannst du spielen." Undenkbar, dass ich so auf das Untersuchungsergebnis unseres Mannschaftsarztes Hallmaier reagieren würde.

Heutzutage muss man da schon viel kooperativer sein und kann sich derartige Anmaßungen nicht mehr erlauben. Das Funktionsteam um die Mannschaft herum ist auch viel breiter und professioneller aufgestellt als früher. Trotz eines Heinz Jacobsen, der ja früher der Mann für alle Fälle war. Heute sind die Strukturen und die Hierarchie flacher, der Bundestrainer ist nicht gleich ein Alleinherrscher. Ich bezweifle, dass dies heute überhaupt noch angenommen werden würde. Damals ging das. Heute verbietet das allein schon der Umstand, dass die Phasen zwischen großen Turnieren viel kürzer und somit die Vorbereitungszeit viel geringer ist. Da will gut überlegt sein, welche Prozesse man auslöst, denn oft würde die Zeit fehlen, damit sich Stimmungen wieder entspannen können. Daniel Stephan beispielsweise musste nach einer weiteren Daumen-Operation sicher aufgebaut und nicht gereizt werden.

Nach der EM gewannen wir von neun Vorbereitungsspielen auf Olympia vier, zwei Vergleiche endeten unentschieden bei drei Niederlagen. Als wir in der zweiten September-Woche in Sydney angekommen waren, dauerte es nicht lange bis sich das olympische Gefühl bei uns allen einstellte. Etliche in der Mannschaft – wie zum Beispiel Florian Kehrmann, Frank von Behren oder auch Henning Fritz – erlebten ja ihre ersten Spiele. Und dann gleich im fernen Australien, am anderen Ende der Welt. Die vielen neuen Eindrücke und auch das Flair dieser Spiele inspirierten damals sicherlich nicht nur mich. Die Atmosphäre in dieser Stadt war herrlich, die Gastfreundschaft der Leute ausnehmend, manchmal schon fast übertrieben. Wo immer man hinkam, wurde freundlich gegrüßt, erlebte man eine sehr ausgeprägte Hilfsbereitschaft, die auch über die eine oder andere kleinere organisatorische Unzulänglichkeit hinweg half. Im olympischen Dorf fühlten wir uns ebenfalls sehr wohl, obgleich es ein Sportarten übergreifendes Miteinander nicht wirklich geben konnte, da die unterschiedlichen Wettkämpfe und Wettkampfstätten natürlich völlig verschiedene Terminpläne mit sich brachten. Dass sich unter diesen Umständen dennoch unser Stefan Kretzschmar und Franziska van Almsick näher kamen, deutete sich während der Spiele bereits an. Es lag in der Luft, möchte ich es umschreiben.

Gerade innerhalb des straffen Turnier-Terminplans wie dem der Mannschaftssportarten bleibt nicht viel Zeit, sich großartig umzusehen während Olympia. Die Ausflüge in den Hafen von Sydney, sprich die wenigen Momente, in denen es

Freizeit gab, waren rar. Mal schön Essen gehen am Wasser oder mal ein Abstecher ins „Deutsche Haus", dem Treffpunkt von Sportlerinnen und Sportlern, Funktionären, Journalisten und Sponsoren – viel mehr war auch in Sydney nicht drin. Der Rhythmus Training – Spiel – Training – Spiel inklusive der Regenerationsphasen kostete doch zu viel Zeit, um dieses herrliche Fleckchen Erde als Tourist kennen zu lernen.

Sportlich begann das Turnier gut für uns: Kuba wurde zum Auftakt 30:22 geschlagen. Das Spiel war kein Vergleich zum Zittersieg ein Jahr zuvor bei der WM in Ägypten. Im zweiten Spiel aber kamen wir gegen Südkorea nicht über ein 24:24 hinaus. Eventuelle Zweifel an unserer Stärke aber ließen wir nicht aufkommen. Im dritten Gruppenspiel schlugen wir nach einer überzeugenden Vorstellung Jugoslawien deutlich mit 28:22. Doch schon in diesem Spiel gab es den ersten Rückschlag in Sachen Medaillengewinn: Ausgerechnet und wieder Daniel Stephan verletzte sich – eine Bänderdehnung im Knöchel zwang ihn, das Turnier abzubrechen. Nur zwei Tage später und ohne den Lemgoer Pechvogel zeigte die Mannschaft aber eine Trotzreaktion. Nach 11:15-Pausenrückstand schaffte sie noch ein 25:23 über Russland – den späteren Olympiasieger. Die unsere Vorrunde abschließende 21:22-Niederlage gegen Ägypten konnte zwar unser Weiterkommen nicht mehr gefährden, bescherte uns im Viertelfinale allerdings die Spanier, die uns schon bei den letzten beiden EM-Turnieren nicht gelegen kamen und beide Male als Sieger vom Platz gegangen waren. Tatsächlich war Angstgegner Spanien auch diesmal Endstation für uns. In einem dramatischen Spiel und trotz 13:11-Pausenführung verloren wir am Ende hauchdünn mit 26:27. Natürlich war die Enttäuschung über diese Niederlage allseits riesig, doch ich hatte mich relativ schnell wieder sortiert, denn unsere Leistung war – vor allem unter den beschriebenen Umständen – mehr als akzeptabel. Am Ende fehlte auch ein wenig Glück, zum Beispiel bei Stefan Kretzschmars letztem Torwurf, der am Pfosten landete.

Nach den Siegen über Ägypten (24:18) und Frankreich (25:22) in den Platzierungsspielen beendeten wir das olympische Turnier immerhin als Fünfter. Wieder mal war es nur ein Tor, das uns zum Vorstoß in die Medaillenspiele gefehlt hatte. Nein, ich musste in der Öffentlichkeit nicht nachkarten: Diese Mannschaft hatte sich nach außen insgesamt ganz gut verkauft. Dass sich während des Turniers intern eine nicht sehr förderliche Grüppchenbildung abzeichnete und wir noch nicht diese homogene Truppe waren, wie ich sie mir damals und generell vorstellte und vorstelle, drang nicht nach draußen. Wichtig aber war, dass mir klar wurde, dass ich auch in dieser Richtung noch jede Menge Arbeit hatte. Noch griffen nicht alle Rädchen so ineinander, wie ich mir das vorstellte. Eine Erkenntnis, mit der ich nicht hausieren ging, die aber wichtig für die weitere Entwicklung des Teams sein sollte. Im Oktober gab es eine Veränderung im Co-Trainer-Bereich: Ex-Nationaltrainer Frank Löhr wurde neuer Assistenzcoach. Bob Hanning wollte wieder ins Vereinstrainergeschäft zurückkehren und Löhr hatte seine langjährige aktive Laufbahn in Minden beendet.

Im WM-Jahr 2001, in dem Daniel Stephans Verletzungspech sich weiter fortsetzte, was ihn zu einem vorläufigen Verzicht auf sein Mitwirken in der DHB-Auswahl bewog, führte ich erneut junge Spieler wie die Wallauer Jan-Olaf Immel und Christian Rose näher an die Mannschaft heran. Neben Stephan fehlten dafür fortan aber erfahrene Leute wie Torwart Jan Holpert, Bogdan Wenta – beide hatten ihre Länderspielkarriere beendet – aber auch Volker Zerbe, der ebenfalls eine Auszeit von der Nationalmannschaft nahm, oder Abwehrchef Klaus-Dieter Petersen. Zudem hatte nach Sydney auch Rechtsaußen Bernd Roos sein DHB-Trikot für immer ausgezogen. Dennoch: Bei der WM in Frankreich, die bereits in der zweiten Januar-Hälfte ausgetragen wurde, konnten wir zunächst den schwächeren Eindruck aus den letzten Vorbereitungsspielen kurz nach Jahreswechsel beseitigen: Dem 40:12 über die Amerikaner im Auftaktspiel in Besancon folgte ein 33:26 gegen Korea. Auch das 23:23 gegen die Kroaten war durchaus akzeptabel, denn bei Spielen zwischen Mannschaften aus der Weltspitze entscheidet meist die Tagesform – ein Unentschieden kann da manchmal viel zählen. Dass wir im vierten Spiel gegen Spanien wieder einmal den Kürzeren zogen, ist wohl kaum noch überraschend. Irgendwie, musste man damals endgültig den Eindruck gewinnen, lagen uns die Iberer nicht, was sich auch in der Höhe der Niederlage ausdrückte: 22:31. Zum Abschluss der Vorrunde gewannen wir gegen Grönland 39:8, was uns ins Achtelfinale gegen Tunesien in Albertville führte. Nur knapp wurden wir unserer Favoritenrolle gerecht, gewannen das Spiel 26:24. Nun wartete im Viertelfinale – der Turniermodus sah es so vor – Gastgeber Frankreich auf uns. Zuschauer, Schiedsrichter – irgendwie hatte sich an jenem ersten Februar in der ehemaligen Olympiastadt Albertville alles gegen uns verschworen. Und trotzdem waren wir eine Sekunde vor Ablauf der 60 Minuten schon so gut wie im Halbfinale. Nach bravourösem Kampf, den vor allem der reaktivierte Flensburger Thomas Knorr mit sechs Toren verkörperte, lagen wir gegen den Gastgeber mit einem Tor vorn, doch der in der Bundesliga allseits bekannte Derwisch Jackson Richardson, eigentlich vielmehr als Abwehrspezialist Weltklasse denn als Torjäger berüchtigt, erzwang in dieser Nervenschlacht doch noch den Ausgleich – und somit die Verlängerung. In der wurden die Franzosen immer stärker, während uns der Schock des späten Ausgleichstreffers nicht mehr aus den Knochen wollte: Wir verloren 23:26, übrigens gegen den späteren Weltmeister, der seinen Heimvorteil mehr als nur einmal ausschöpfte. In den Platzierungsspielen war bei meiner Mannschaft die Luft raus: Jeweils in Paris verloren wir zunächst gegen die Russen mit 29:33 und dann auch noch gegen die Ukraine mit 24:30. Platz acht war faktisch ein Rückschlag – auch in der öffentlichen Wahrnehmung in Deutschland, dabei waren wir auch diesmal wieder nah dran, endlich den ganz großen Durchbruch zu schaffen: Wir hatten den Weltmeister vor dessen Publikum am Rande des K.o.. Ich glaubte noch immer an die Richtigkeit meines Weges, zumal wesentliche Stützen des Teams in Frankreich nicht dabei waren und es wieder einmal Nuancen waren, die den Ausschlag gegeben hatten, nicht grundsätzliche Fehler, die meine Konzeption in Frage hätten stellen können. Dennoch: Hatte mich beispielsweise die BILD-Zeitung einst als „Heilsbringer“ und auch andere Medien als „Glücksfall für den deutschen Hand-

Vorstellung Heiner Brands als Bundestrainer, rechts neben ihm Arno Ehret, DHB-Sportdirektor und Vorgänger des neuen Coach

Einmarsch der Gladiatoren? Spaniens Superstars betreten die Halle (links). AlleTaktik-Absprachen zwischen Hanning und Brand nützten nichts (rechts)

Die Megahalle in Kairo bei der WM in Ägypten. Fotos rund herum: Brand in Aktion, mal mit seinem Assistenten Hanning, mal mit DHB- Direktor Ehret, auf der Bank inmitten seiner Jungs. Dazwischen: Stefan Kretzschmar mit buntem Haar und Tordrang

GERM
DIE FA
GRÜSSEN
GIN TONIC

hummel

5
GIN TONIC
MENSWEAR

GIN TONIC

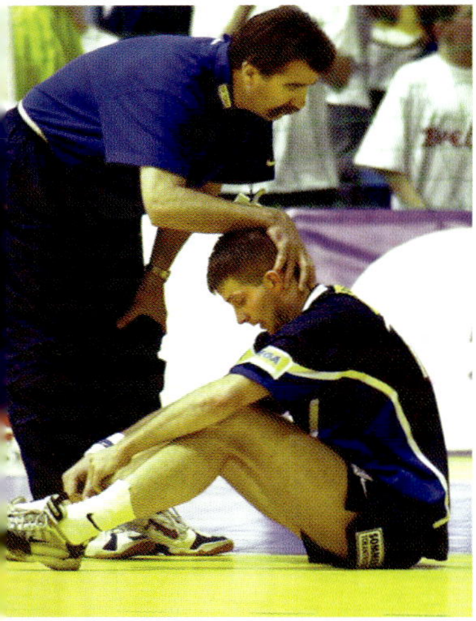

Momentaufnahmen von der Euro in Kroatien (Fotos von oben links im Uhrzeigersinn): Die deutsche Abwehr gegen Frankreichs Superstar Jackson Richardson. „Kommandeur“ Brand. Fußball-Ästhet Brand. Das DHB-Team bei der Hymne. Deutscher Jubel. Medienrummel um den Bundestrainer. Deutscher Frust: Brand tröstet Daniel Stephan

Croatia EURO

systracom.de

DAISS
ETB.de

npressionen aus Schweden (Fotos von nks im Uhrzeigersinn): Feurige Stimnung in Stockholm – deutsche Freude uf dem Weg ins Finale. Nur Zweiter – und loch Gewinner: Das DHB-Team. Mediales Jachspiel mit Brand und von Behren. Traurige deutsche Gesichter, glückliche Sieger (kleines Foto): Europameister Schweden

GESICHTER ...

... EINES TRAINERS

Der Europameister 2004 in spe mit Anhang im Sommertrainingslager: So sehen Sieger aus

oben links: Dem Erfolgsrezept auf der Spur

oben rechts: Vorbereitung im Januar 2004 bei einem Turnier in Moskau

Endlich Gold! Baur, Stephan und Brand ausgelassen

Europameister Deutschland

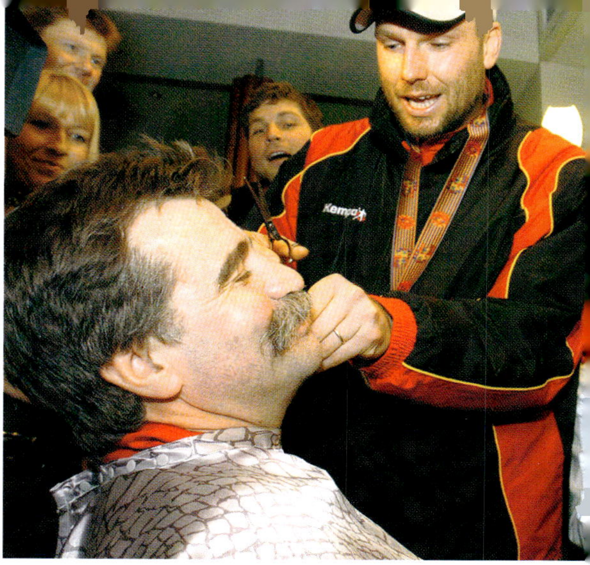

Versprochen ist versprochen: der Bart kam ab

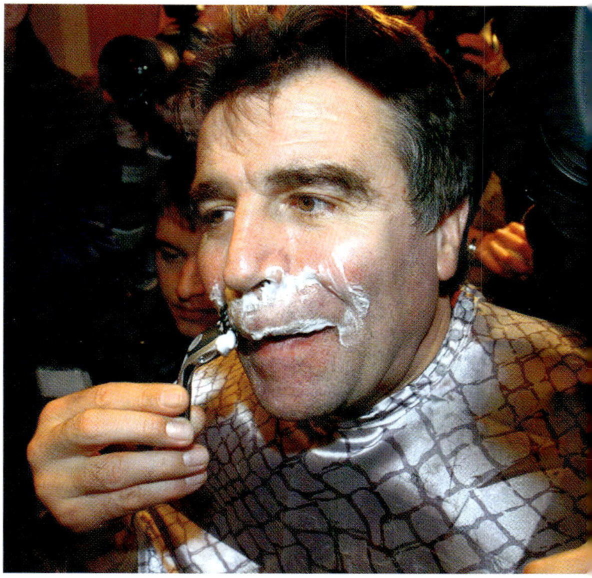

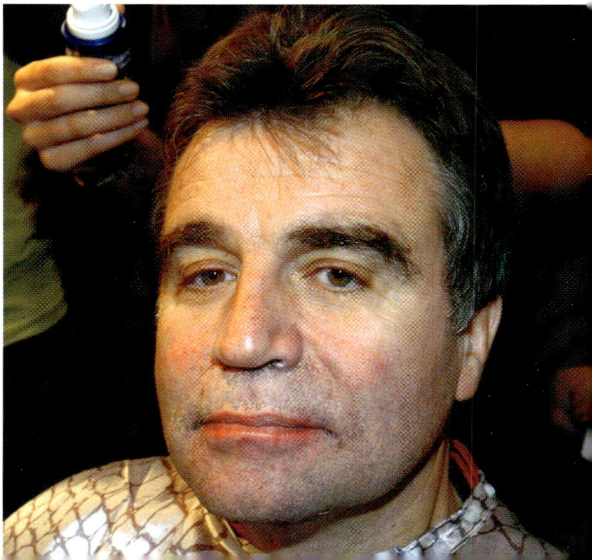

Ausgelassene Freude auf der
Teamfeier am 1.2.2004

Wiedersehen mit Bob Hanning anläßlich des DHB-Pokalspiels SC Magdeburg-HSV Handball (großes Bild)

unten: beim Länderspiel Deutschland-Russland im Juli 2004 (27:34). Lagebesprechung mit Torwarttrainer Andreas Thiel

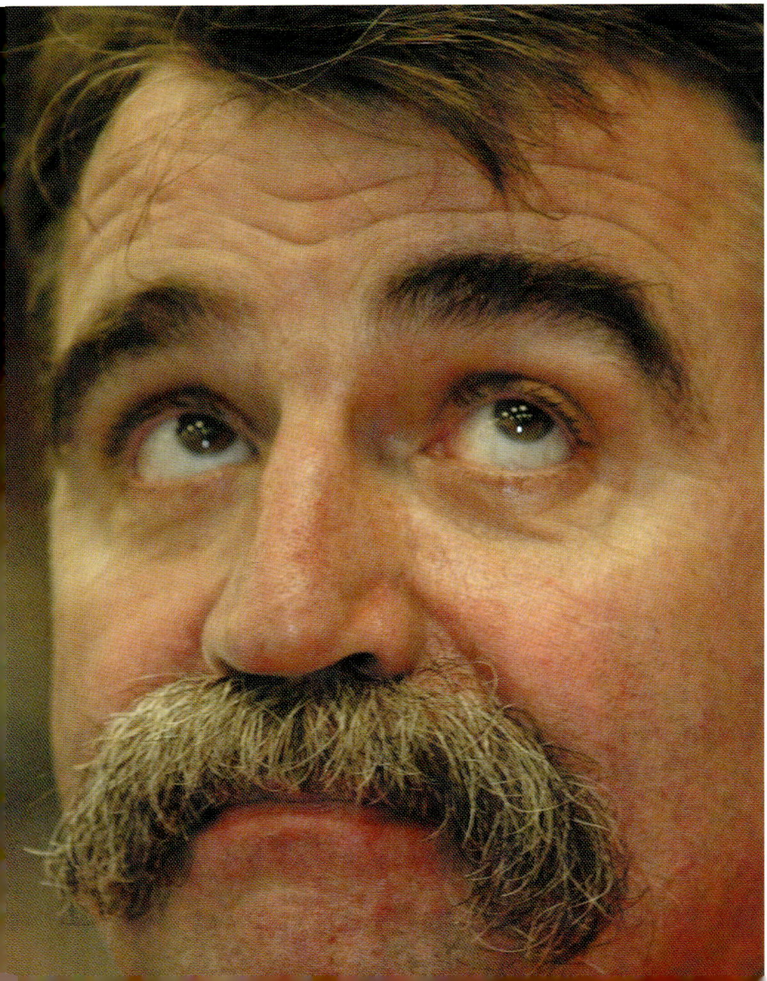

Den Blick nach Athen gerichtet: Im Bild oben die Olympiahalle, in der die Handballspiele stattfinden sollten. Heiner Brands Gesichtsausdruck lässt auf eine gewisse Skepsis vor Olympia schließen, denn der Erwartungsdruck war hoch – später aber wurde Athen Schauplatz großer, mitreißender Auftritte der deutschen Handballer

ball" abgefeiert, waren die Lobeshymnen mittlerweile verhaltener geworden. Verunsichern allerdings konnte mich das nicht, zumal ich die Gesetze der Branche ja zur Genüge kannte – und auch verstand. Ein Dasein als „Lichtgestalt" in Anlehnung an Franz Beckenbauer, zu dessen Pendant ich häufig gemacht wurde, war mir ohnehin nicht recht. Noch weniger erschien es mir angemessen.

Der Gewinn des Supercups – den deutsche Nationalmannschaften schon oft gewonnen hatten, der aber eigentlich ein Muster ohne Wert ist im Vergleich zu EM, WM oder Olympia – im Herbst 2001 hatte für mich im Hinblick auf die EM Ende Januar 2002 in Schweden nur bedingte Aussagekraft. Während unsere beiden Siege über die Russen schon wieder als Vorboten auf eine mögliche EM-Medaille gefeiert wurden, war mir klar, dass keiner der anwesenden Favoriten in Dresden, Riesa und Zwickau sich in die Karten hatte schauen lassen. Dass das russische Team zudem in der B-Besetzung angetreten war. Dass der Druck auf junge Spieler wie den frechen Zweitligaspieler Christian Zeitz, der in vier Spielen 18mal traf, größer sein würde als bei diesem Schaulaufen. Am Rande sorgten auch die Spekulationen um ein neuerliches Comeback Volker Zerbes für Gesprächsstoff, zumal in der Vorbereitung andere Spieler auf seiner, der halbrechten Position ermutigende Ansätze zeigten – ohne einen wie „Zebu" mit all seiner Erfahrung und Übersicht ersetzen zu können. Ich jedenfalls hatte stets betont, dass ich mich einer Verstärkung durch Zerbe nicht verschließen würde. Extrabehandlungen bedürfen außergewöhnlicher Leistungen als Rechtfertigung – und im Falle des langen Lemgoers war ich mir immer sicher, dass er uns helfen kann. Jedenfalls hatte er mich noch nie enttäuscht, was meine Glaubwürdigkeit natürlich untermauerte.

Zerbe kehrte zurück. Und mit ihm kam auch der Erfolg: Die Europameisterschaft begann am 25. Januar gegen Frankreich in Jonköping. Dieses Auftaktspiel war sicher die härteste und gleichermaßen unansehnlichste Partie des Turniers. Mit ihrer gnadenlosen Zerstörungstaktik in der Abwehr beeinträchtigten die Franzosen den Spielfluss in einem Maße, wie es dem modernen Handball sicher nicht mehr gut zu Gesicht steht. Auf der anderen Seite leisteten auch wir überragende Deckungsarbeit, was letztlich zu einem 15:15-Unentschieden führte. So wenig Tore waren lange nicht mehr gefallen in einem internationalen Spiel diesen Ranges. Dennoch war ich nicht unzufrieden, denn in Sachen Einsatz und Moral hatten meine Spieler Außergewöhnliches geleistet. Die spielerische Steigerung folgte nun im 24-Stunden-Takt: Spiel Nummer zwei gegen die Jugoslawen gewannen wir erstaunlich souverän mit 26:21, Partie Nummer drei gegen Kroatien im gleichen Stile – diesmal 27:21. Die Atmosphäre in der Mannschaft wurde mit jedem Erfolgserlebnis besser.

Vor diesem Hintergrund ist es wohl auch zu erklären, dass wir es nach dem Umzug in den Hauptrundenspielort Västeras endlich auch einmal mit Angstgegner Spanien aufnahmen: Diesmal gewannen wir – trotz 9:13-Rückstand – letztlich mit der Brechstange 19:18 und hatten damit einen weiteren Mitfavoriten des Turniers geschlagen. Unbesiegt blieben wir auch gegen die Slowenen. Nach dem

31:28-Sieg ergaben sämtliche Rechenspiele vor dem Abschluss-Spiel gegen die als Favoritenschreck auftretenden Isländer: Wir würden das Halbfinale erreichen. Das Turnier hatte auf unserer Seite jene Eigendynamik entwickelt, mit der man Großes erreichen kann. Auch der Umstand, dass wir gegen die starken Isländer 24:29 und den ersten Platz verloren, zersetzte unsere Moral nicht, die erste Turnierniederlage kratzte sie nicht einmal an. Und auch das Glück schien diesmal auf unserer Seite, denn in der anderen Hauptrundengruppe in Göteborg verlor Gastgeber Schweden zum Abschluss überraschend gegen Dänemark und überließ dem Nachbarn damit Platz eins.

Für uns bedeutete das: Aufgrund des Überkreuz-Modus im Halbfinale trafen wir auf die Dänen und nicht auf den Topfavoriten Schweden. Dass sich dies als kleiner Vorteil erwies, dokumentieren die Geschehnisse im Semifinale. Die Schweden drehten wieder auf und fegten Island mit 33:22 aus der riesigen Globen Arena in Stockholm. Und auch wir distanzierten nach einer ausgeglichenen ersten Hälfte am Ende die Dänen doch noch recht deutlich mit 28:23. Wir standen im Finale. Für mich ein Riesenschritt – und der bislang größte Erfolg als Bundestrainer. Primär war dieser auf eine starke Deckungsleistung des Teams zurückzuführen, während wir im Angriff schon flüssiger und effektiver gespielt hatten als in Schweden. Doch das nahm ich in Kauf. Dass wir Außenseiter waren gegen die „alten Schweden“ um Magnus Wislander, Staffan Olsson und Stefan Lövgren – das war für mich kein Problem. Was hatten wir schon zu verlieren? Ein wenig empfand ich unsere Ausgangslage wie die der späteren Weltmeistermannschaft von 1978. Wir hatten vor dem Finale gegen den großen Favoriten damals auch schon mehr erreicht, als erwartet wurde.

Dennoch war ich natürlich am Morgen des Endspiels angespannt. Das erste Finale als Nationalcoach war auch für einen erfahrenen Trainer wie mich etwas Besonderes. Mein Kollege auf schwedischer Seite, Bengt Johansson, hatte da ja schon einen ganz anderen Background. Für ihn waren Endspiele der Normalfall.

14.000 Zuschauer bildeten den Rahmen für eines der denkwürdigsten Spiele – nicht nur dieser EM. Ich hatte meinen Spielern eröffnet, dass wir mehr als nur eine Aussenseiterchance haben würden und dass sie das Spiel vor dieser Kulisse genießen sollten. Und tatsächlich: Wer geglaubt hatte, dass wir nur der Spielball für den Abonnements-Europameister sein würden, sah sich getäuscht: Nicht die Schweden setzten die Akzente, sondern unser Team. Zur Pause führten wir – zum Erstaunen des schwedischen Publikums und sicher auch aller deutschen Fans in der Halle oder zu Hause vor den Fernsehgeräten – mit 14:13. In der Kabine herrschte während der Halbzeitpause Gänsehautstimmung. Jeder spürte: Das war nicht nur ein kurzes Intermezzo, nein: Wir hatten ein Siegchance, die mit jeder Minute wachsen würde, in der es den Schweden nicht gelingen würde, die Wende herbeizuführen oder gar davonzuziehen. Bis in die Schlussminute hinein gelang es dem hohen Favoriten nicht, uns auf Distanz zu bringen. Im Gegenteil:

Meist lagen wir in Führung – so auch wenige Sekunden vor dem Abpfiff. Der riesige Mark Dragunski hatte bis dato ein Riesenspiel am Kreis hingelegt – dort, wo ansonsten meist Christian Schwarzer die Akzente setzt. Die Schweden kamen mit ihm einfach nicht klar, immer wieder traf der Essener und kaschierte damit auch einen unnötigen Fehler auf der Bank, für den ich die Verantwortung übernehmen muss. In der Hitze des Gefechts hatte sich in der zweiten Halbzeit ein Spieler zu viel aufs Parkett begeben. Die Folge war eine Zeitstrafe gegen uns, in der wir unseren Vorsprung zwischenzeitlich einbüßten. Ich ärgerte mich schwarz, aber nachtrauern konnte ich diesem Betriebsunfall nicht. Das Spiel wogte hin und her, und trotz dieser Beeinträchtigung führten wir kurz vor Schluss mit 26:25 – die Sensation war nach unserem letzten erfolgreichen Angriff nur noch wenige Wimpernschläge entfernt. Die Schweden nahmen den Torwart heraus und brachten einen siebten Feldspieler. Ein letzter Spielzug, ein letzter Versuch der Schweden – und den nutzte ausgerechnet der Kieler Staffan Olsson zum Ausgleich. Verlängerung? Nein. Noch war die Spielzeit nicht komplett abgelaufen. Im Eiltempo beförderten wir den Ball zum Anwurf und Florian Kehrmann erzielte mit einem Weitwurf ins verlassene schwedische Tor die erneute Führung für uns. Als der Ball im Netz zappelte, ertönte das Signal: Spielende. Für ein paar Sekunden wähnten wir uns als Europameister. Das Tor war regulär erzielt worden – soviel schien trotz aller Hektik und Dramatik klar. Jedenfalls für mich – und das bis heute. Doch das mazedonische Schiedsrichtergespann Dragan und Marjan Nachevski erkannte den Treffer nicht an. Angeblich sei er irregulär erzielt worden, was bis heute in sämtlichen Studien und auf allen Videoaufzeichnungen dieser letzten Sekunden der regulären Spielzeit unersichtlich bleibt. Noch heute werde ich wütend bei der Schilderung dieser Szene, denn ich meine nach wie vor, dass wir damals um den verdienten EM-Titel gebracht worden sind.

Die Verlängerung nutzten die Schweden, sich letztlich mit 33:31 durchzusetzen. Es war wie verhext: Warum nur hakte es nun zum dritten Mal bei einem großen Turnier an einer einzigen Sekunde? Was nützte es uns, dass wir als moralische Sieger gefeiert wurden und uns allenthalben Anerkennung zuteil wurde?

Sehr viel, muss man im Nachhinein sagen. Vize-Europameister zu werden, war zum damaligen Zeitpunkt ein großer Erfolg. Für das Prestige des Handballs in Deutschland und den Stellenwert des deutschen Handballs international war unser Auftreten von großer Bedeutung, zumal sich der DHB anschickte, die WM 2005 ins eigene Land zu holen. Und Werbung für den Handball-Standort Deutschland hatten meine Jungs allemal betrieben. „Das gibt uns einen Schub und die Anerkennung, die unser Sport längst verdient hat", erklärte ich damals gegenüber den Medien, nachdem ich meine Fassung wieder gefunden hatte. An ihrer großen Enttäuschung änderte das zunächst nichts. Für Stolz über das Erreichte war zunächst kaum Platz in uns allen. Zu tief saß der Frust über die Art und Weise dieser Niederlage. Meine Frau Christel sagt noch heute, ich hätte damals nach dem Spiel beim ersten Interview vor der DSF-Kamera wirklich fertig ausgesehen wie nie zuvor nach einem Handballspiel als Trainer. Mir war diese

Niederlage sehr nahe gegangen – auch aufgrund des Wechselfehlers, den ich zwar nicht persönlich begangen, wohl aber zu verantworten hatte.

Die EM in Schweden war dennoch ein großer Schritt nach vorn. Daniel Stephan erklärte in einem der ersten Interviews nach dem Finale: „Einige von uns haben bei der EM 1998 Bronze gewonnen und jetzt Silber. Irgendwann kommt die Goldmedaille. Da bin ich ganz sicher.“ Daniel muss hellseherische Fähigkeiten gehabt haben. 13 Spieler, die damals dabei waren, standen zwei Jahre später bei der EM in Slowenien erneut auf dem Treppchen. Diesmal aber ganz oben ...

Vor dem heiß ersehnten Triumph in Slowenien aber lag im Jahr 2003 Portugal – die nächste Weltmeisterschaft. Als Vize-Europameister hatten wir uns in der Weltspitze mittlerweile etabliert. Parallel zu den sportlichen Vorbereitungen auf die WM lief das Unternehmen Bewerbung um die Austragung der WM 2005 im eigenen Land auf Hochtouren. Der DHB war im Begriff, eine herausragende Bewerbungspräsentation zu entwickeln. Und mit einem Doppelschlag – einer sportlich erfolgreichen WM 2003 und dem Zuschlag für 2005 – hätte man in kurzer Abfolge den Stellenwert des Handballs in Deutschland entscheidend nach vorne bringen können. Abseits von Diplomatie, Funktionärswesen und Lobbyismus taten wir auf dem Spielfeld, was wir konnten, um dieses Ziel zu verwirklichen: Bis Ende des Jahres verlor die Nationalmannschaft nach der EM in Schweden nur noch ein einziges von neun Länderspielen.

Und auch das Jahr 2003 begann erfolgreich. Fünf Siegen stand bis zur Abreise ins portugiesische Viseu nur eine knappe Niederlage gegen Frankreich in Metz gegenüber. Dabei hatte uns das Verletzungspech auch im neuen Jahr nicht in Ruhe gelassen. Und wieder ging es um Daniel Stephan, dessen Probleme mit der Achillessehne einfach nicht zu beheben waren und der völlig frustriert seine Teilnahme an der WM absagte – zum dritten Mal. Der Rückraumstar vom damaligen Bundesliga-Tabellenführer TBV Lemgo hatte seit 1998 die „Seuche“, wie man in Sportlerkreisen sagt. Weder in Ägypten, noch in Frankreich und nun auch nicht in Portugal war der Welthandballer von 1998 dabei. In einem meiner ersten Statements gegenüber den Medien erklärte ich: „Das ist tragisch für die Mannschaft, aber vor allem für Daniel selbst. So eine Verletzungsserie ist nicht normal.“ Daniel entschied sich diesmal auch, nicht als Maskottchen mit dem Team zu reisen, sondern zu Hause zu bleiben. Der Frust saß zu tief. Und mir blieb einmal mehr nichts anderes übrig, als gegenüber den anderen Spielern die Parole auszugeben: „Jetzt erst recht.“ Zum wievielten Mal nur? Immerhin hatte die Mannschaft bewiesen, dass sie in solchen Situationen enger zusammenrückt, wie man so schön sagt. Dennoch riss Daniels erneutes Fehlen natürlich eine Lücke. Ebenso wie der verletzungsbedingte Ausfall von Frank von Behren aus Minden, der im Rückraum Stephans Lücke hätte schließen können, sich aber einen Kreuzbandriss zugezogen hatte.

DHB-Präsident Uli Strombach, der erklärt hatte, wir könnten in Portugal durchaus Weltmeister werden, schraubte die Zielsetzung angesichts der erneuten Absage

Stephans ebenfalls zurück und gab als Minimalziel Platz sieben und damit die Olympia-Qualifikation aus. Immerhin hatte es die Auslosung gut mit uns gemeint. In Portugal blieb Zeit, sich einzuspielen, „warm" zu werden für die schweren Aufgaben des weiteren Turnierverlaufs. Auf der anderen Seite hätte ich nichts dagegen gehabt, wenn wir gleich zu Beginn des Turniers uns an einem richtigen Gegner hätten messen müssen, um die richtige Wettkampfhärte zu erlangen. Doch die ersten Gegner hießen Quatar, Australien und Grönland – und die drei Ergebnisse gegen all diese Exoten lauteten 40:17, 46:16 und 34:20. Dass wir die Vorrunde überstehen würden, war zu diesem Zeitpunkt längst klar und nicht weiter erwähnenswert. Die erste schwere Aufgabe wartete am 25. Januar auf uns: Gastgeber Portugal. Die Portugiesen waren in den vergangenen Jahren näher an die erstklassigen Teams herangerückt, wenngleich auf der iberischen Halbinsel natürlich Spanien ganz klar das Handball-Land Nummer eins geblieben ist. Doch die Portugiesen hatten aufgeholt, was man an den Europapokalauftritten ihrer Vereinsmannschaften erkennen konnte. Und: Portugal stand nach der Niederlage gegen Island im Spiel gegen uns bereits unter erheblichem Druck.

Viel wurde spekuliert, ob wir uns nach den drei mühelosen Spielen zu Beginn auf den Ernstfall würden richtig einstellen können. Natürlich hatte ich mich auf die Portugiesen rechtzeitig vorbereitet, sie auf Video studiert. Auch noch in den Tagen vor dem Spiel. Wie immer türmten sich die Kassetten mit entsprechenden Aufzeichnungen in meinem Zimmer. Nicht von ungefähr, wie sich herausstellen sollte: Mit einer erstklassigen Leistung schlugen wir den Gastgeber deutlich mit 37:29 (19:15). Jetzt erst waren wir so richtig angekommen in diesem Turnier, das bereits am nächsten Tag den nächsten Prüfstein für uns parat hatte: Die Isländer – unser Konkurrent um den Gruppensieg. Dass uns Island im Jahr zuvor bei der EM noch bezwungen hatte, hatten meine Spieler nicht vergessen. Wieder stimmten Einstellung und Konzentration, wieder diktierten wir das Spiel. Am Ende hatten wir auch die aus zahlreichen Bundesligaspielern bestehende Auswahl Islands geschlagen: Das 34:29 drückte dabei noch nicht einmal aus, mit welcher Souveränität uns das gelungen war. Ohne Minuspunkt zogen wir in die Hauptrunde ein, die aus Vierergruppen bestand und uns im Provinzstädtchen Povoá de Varzim Jugoslawien und Tunesien bescherte. Im ersten Spiel gegen die Afrikaner brauchten wir eine Halbzeit, um auf Touren zu kommen. Nur 14:13 hieß es da, als es in die Pause ging, doch bestätigte sich im zweiten Durchgang mein Gefühl, dass wir mittlerweile eine gewisse Abgeklärtheit besitzen würden, um auch kritische Situationen überstehen zu können: Am Ende war Tunesien 30:21 geschlagen. Die Partie gegen Jugoslawien war ein Endspiel um den Einzug ins Halbfinale, in welches wir mit einem wichtigen Vorteil gingen: Mit dem deutlich besseren Torverhältnis – was bedeutete, dass uns bereits ein Unentschieden fürs Weiterkommen reichte. Doch wie soll man im Handball schon mit einem Unentschieden planen?

Dass dieser Faktor am Ende tatsächlich den Ausschlag gab, ist eine Art Belohnung für all die Mühen und unglücklichen Momente der vorangegangenen Turniere.

31:31 hieß es am Schluss in einer hitzigen und – wie immer zwischen diesen beiden Mannschaften – heißblütigen, bisweilen sogar feindseligen Auseinandersetzung mit den Ausnahmehandballern vom Balkan. Unschöne Szenen hatten sich abgespielt auf dem Spielfeld, unschöne, verbale Entgleisungen hatte es nach der dramatischen Partie gegeben. Viele der Kontrahenten kannten sich ja aus der Bundesliga. Ich war nur froh, dass wir darauf die sportliche Antwort gegeben hatten und als Gruppensieger weiter im Turnier waren. Duplizität der Ereignisse: Ein Unentschieden reichte zum Weiterkommen, wie damals in Dänemark 1978 ...

Der Teamgeist war bereits 2003 ein ähnlicher wie 25 Jahre zuvor. Anders wäre der 23:22-Sieg gegen die Franzosen in Lissabon nicht möglich gewesen. Was die Jungs in diesem Spiel in der Defensive geleitstet haben und wie sie zwei elementare Ausfälle im Laufe des Spiels wegsteckten – das war schon großartig. Ja: Stefan Kretzschmar und Volker Zerbe verletzten sich in diesem Halbfinalkrimi so schwer, dass sie nicht mehr spielen konnten – nicht in diesem Match und nicht im Finale. „Kretsche“ brach sich den kleinen Finger der Wurfhand, „Zebu“ erlitt einen Muskelfaserriss im Oberschenkel. In der Hitze des Spiels blieb zunächst keine Zeit, diese Umstände zu beklagen, denn die Partie wogte hin und her. Ausgerechnet zwei der ganz jungen Spieler entschieden dann das Spiel zu unseren Gunsten: Pascal Hens und Christian Zeitz legten im Abschluss eine Kaltschnäuzigkeit und Traute an den Tag, die erstaunlich war. Mit einem Trickwurf erzielte Zeitz von der Rechtsaußen-Position das entscheidende 23. Tor für uns, nachdem wir den Franzosen einen wirklich großartigen Kampf geliefert hatten. Dass das spielerische Element in einem solch bedeutungsvollen Spiel zu kurz kam – wer wollte sich daran schon stören? Wir standen im WM-Finale! Zum ersten Mal seit dem denkwürdigen Triumph von Kopenhagen. Damals war ich Spieler, diesmal Trainer. Noch heute erinnere ich mich mit Stolz an dieses Spiel und an die Energieleistung meiner Mannschaft.

Deutschland gegen Kroatien lautete das Überraschungs-Finale dieser verrückten Tage von Portugal. Nicht Olympiasieger Russland, nicht Titelverteidiger Frankreich und auch nicht Europameister Schweden - nein, ausgerechnet wir, inzwischen um vier wichtige Spieler dezimiert, und die zunächst als Außenseiter ins Turnier gestarteten Handballer vom Balkan kämpften um die Krone des Welt-Handballs.

Durch das so lang ersehnte Erreichen eines Weltmeisterschafts-Endspiels waren natürlich Erinnerungen wach geworden an den Triumph von 1978. In mir, in vielen Zeitzeugen – und auch in den Journalisten. Die Vergleichsgeschichten zwischen damals und heute schossen nur so aus dem Boden. Dabei hinken die Parallelen natürlich. Würde man unsere WM-Mannschaft von 1978 in der Verfassung von damals gegen mein jetziges Team antreten lassen, die 78er hätte nicht den Hauch einer Chance. Das Spiel ist so viel schneller, athletischer und komplexer geworden.

Auch in Sachen Einflussnahme aufs Spiel durch den Trainer gibt es kaum noch Übereinstimmungen. Durch das viel höhere Tempo und die immer weiter verbreitete „schnelle Mitte“, also das sofortige Angreifen aus dem Spurt heraus nach einem Gegentreffer, ist das Hineinregieren von draußen, wie es ´78 noch möglich war, nicht mehr drin. Vlado hat schon mal Kurt Klühspies oder mich an die Seite geholt und mit uns gesprochen, weil es alles langsamer zuging. Heute ist es taktisch nicht mehr ganz so einfach – nicht einmal in der Auszeit hat man viele Möglichkeiten als Trainer, alles zu verarbeiten und zu reagieren. Gerade noch hat man einen Abwehrfehler analysiert, da wird vorne schon wieder geworfen. Das stellt den Trainer wieder vor völlig neue Aufgaben. Das Coachen ist schon schwieriger geworden. Dafür arbeitet man heute, insbesondere ich – auch vor dem WM-Finale gegen die Kroaten – in der knapp bemessenen Zeit, die einem zwischen den Spielen noch bleibt, mit Video-Beobachtungen und Analysen. Das geht natürlich auf Kosten des Schlafes, aber es ist aus meiner Sicht schon sehr wichtig – ungeachtet dessen, wie viele Informationen man letztlich an die Spieler weitergibt. Überfrachten sollte man sie schließlich auch nicht und in ihrem Spiel zu sehr einschränken.

Und wie stand es um das Nervenkostüm? Anders als 1978, wobei ich mich nicht erinnern kann, dass wir da Versagensangst hatten (wir hätten auch mit sechs Toren Differenz verlieren und trotzdem erhobenen Hauptes vom Feld gehen können) waren wir diesmal nicht der große Außenseiter. Nach Ablauf des WM-Turniers und gegen die erst im Turnierverlauf immer stärker aufspielenden Kroaten waren wir diesmal in einer anderen Ausgangslage, obgleich die Verletzungen von Zerbe und Kretzschmar natürlich schon schwer wogen. 1978 waren wir in Bestbesetzung angetreten, diesmal nicht. Ich persönlich kann die beiden WM-Endspiele sowieso nicht vergleichen, weil man als Spieler und Trainer ganz unterschiedliche Wahrnehmungen hat. Als Trainer hast du wegen Vorbereitung und Taktik wie gesagt viel weniger Zeit wie als Spieler. Und zudem haben wir natürlich alles versucht, wenigstens Zerbe doch noch einsatzfähig zu bekommen – doch alle Behandlungsversuche unserer tüchtigen ärztlichen Abteilung, die rund um die Uhr malochte und nichts unversucht ließ, scheiterten. Sowohl bei Zerbe, als auch bei Kretzschmar.

Also mussten wir ohne die beiden durchs Finale kommen. Der Motivation innerhalb der Mannschaft tat dies keinen Abbruch – auch wenn sich dies nicht unbedingt anhand der mittlerweile überall praktizierten Rituale vor einem Spiel feststellen ließ und lässt. Hatten wir 1978 einen Schlachtruf? Nein, das gab es damals nicht, heute ist das anders. Kurt Klühspies wollte immer gleich raus und rief manchmal: „Los, auf jetzt“, aber einen gemeinsamen Schlachtruf, wie ihn die Jungs heute haben, gab es nicht. Früher gab es weniger Theatralik. Daran musste ich mich als Trainer erst gewöhnen. Dass sich Spieler künstlich hoch pushen in der Kabine, war mir aus meiner aktiven Zeit nicht so vertraut. Meine Skepsis gegenüber diesen Verhaltensweisen begründet sich in der Erfahrung, dass dann auf dem Spielfeld gerade diejenigen, die am lautesten schreien und

Parolen ausgeben, oftmals am wenigsten davon umsetzen. Ich meine nicht meine Nationalspieler, aber in meiner Vereinszeit beobachtete ich dieses Phänomen durchaus: Da brüllen drei Leute: „Jetzt hauen wir sie weg", und das sind dann die Ersten, die sich auf dem Spielfeld drücken. Zu Beginn meiner Trainerkarriere hatte ich damit Probleme. Heute mache ich nicht nur mit, sondern bekenne mich auch dazu – zwar nicht als Wortführer, aber ich mache mit. Und das ist auch gut so, denn in meiner Truppe ist das kein Alibi-Gehabe.

Und dennoch: Gegen die sehr starken Kroaten fehlte uns dann im Endspiel doch der Mumm für den ganz großen Wurf. 31:34 lautete das Endergebnis. Wieder „nur" Silber. Wieder „zweiter Sieger". Die Gefühlsschwankungen zwischen Stolz und Enttäuschung waren doch extrem. Vor allem in der Deckung wirkten die Jungs gehemmt, kamen mit dem kroatischen Angriffsspiel nicht so zurecht, wie wir uns das vorgestellt hatten. Den 11.000 Zuschauern in Lissabon bot sich eine im Vergleich zum bisherigen Turnierverlauf nicht so befreit spielende deutsche Mannschaft. Zudem konnten auch unsere beiden Torhüter Henning Fritz und Christian Ramota ihre zuvor gezeigten Weltklasse-Leistungen nicht erneut abrufen. Zur Pause hatte es bereits 18:20 gestanden. Zwanzig Gegentore – das waren fast schon so viel, wie wir zuvor gegen die Franzosen in 60 Minuten zugelassen hatten. Und obwohl der Rückstand nur knapp war, gab es Anzeichen dafür, dass es an diesem Tag nicht für uns laufen würde. Es spricht für die Mannschaft, dass sie trotz nicht optimaler Tagesform dran blieb an den agilen Kroaten. Es war wieder einmal ein hochdramatisches Spiel, das wir sogar noch für uns hätten entscheiden können, doch es sollte nicht sein: Am Ende gab es Tränen statt Jubel. Der Blick in die Gesichter meiner Spieler erinnerte an das verlorene EM-Finale von Stockholm, ein Jahr zuvor gegen die Schweden. Diesmal aber hatten wir verdient verloren, das machte es für mich erträglicher, auch wenn die Dramaturgie des Spiels doch noch Hoffnungen geweckt hatte, die erst in den letzten fünf Minuten wieder schwanden. Bis zur 55. Minute war uns eine tolle Aufholjagd gelungen. Dann allerdings spielten die Nerven uns einen Streich.

Von vorn erzählt: Teamgeist gegen Unberechenbarkeit. Die Charakteristika beider Teams hatten ein packendes Finale versprochen. Markus Baur warf nach gerade einmal 36 Sekunden unsere erste Führung heraus. Nach acht Minuten stand es 5:3 und alles verlief noch planmäßig. Doch als Mark Dragunski das erste Mal für zwei Minuten auf die Bank musste, brach unser Mittelblock auseinander. Der starke Petar Metlicic warf nach zehn Minuten mit dem 6:5 die erste Führung der Kroaten heraus, die danach immer mehr den Respekt ablegten und auf 18:15 davonzogen. Ich hatte inzwischen den Mittelblock erneut umstellen müssen, da Dragunski bereits nach 17 Minuten mit zwei Zeitstrafen belastet war. Unser Youngster Pascal Hens ließ immer wieder sein Können aufblitzen und hielt uns mit schönen, wuchtigen Treffern im Spiel. Was aber skeptisch stimmte: Weder Henning Fritz noch Christian Ramota konnten sich auf die präzisen Würfe der Kroaten so recht einstellen. Ganz im Gegensatz zu ihren kroatischen Kollegen. Der ehemalige Willstätter Torhüter Vlado Sola hielt im wohl wichtigsten Spiel seines Lebens überragend. Mit seinen rotgefärbten Haaren erinnerte der Schlussmann zwar an den Märchen-Kobold Pumuckl, seine Leistung aber bedurfte keiner zusätzlichen Effekte.

So setzte sich der Kampf auf Biegen und Brechen nach dem Wechsel fort. Florian Kehrmann schaffte zunächst in Überzahl nach 34 Minuten den 21:22-Anschlusstreffer und drei Minuten später - wieder mit einem Mann mehr auf dem Parkett - den Ausgleich. Nun zeigten auch die Kroaten erstmals Nerven. Nach einem technischen Fehler ließ Markus Baur mit einem Treffer nach der zweiten Welle zum 24:23 die deutschen Fans jubeln. Endlich lagen wir wieder in Führung. Allerdings nicht lange. Vor allem Linkshänder Mirza Dzomba traf von rechtsaußen, wie er wollte. Und der Olympiasieger von 1996 enteilte wieder: Nach 44 Minuten stand es 28:24 für Kroatien. Die Entscheidung bedeutete allerdings auch dieser Spielstand noch nicht. Nach einigen personellen wie taktischen Umstellungen in der Deckung gelang uns tatsächlich noch einmal der 29:29 – Gleichstand. Sieben Minuten vor Schluss.

Doch aus dem Happyend wurde nichts. Sola hielt einen Tempogegenstoß von Jan-Olaf Immel und verhinderte damit eine erneute Führung für uns. Stattdessen führte ausgerechnet ein Fehlpass des so aufopferungsvoll kämpfenden „Blacky“ Schwarzer zum 31:29 für die Kroaten. Als Heiko Grimm schließlich 80 Sekunden vor dem Ende beim Stand von 30:32 nur den Pfosten traf, war der Traum vom WM-Sieg endgültig vorbei. Das war mir auf der Bank klar. In der Niederlage Größe zeigen und den Jungs Halt geben – auch das gehört zu den Aufgaben eines Bundestrainers in einem bitteren Moment wie diesem, zumal nicht nur die abgekämpften Jungs auf dem Spielfeld, sondern vor allem auch die Verletzten und zum Zuschauen verdammten Zerbe und Kretzschmar zunächst untröstlich schienen.

Doch bei aller Enttäuschung zählt diese Niederlage nicht zu den besonders bitteren Erinnerungen in meiner Laufbahn, denn die Kroaten waren an diesem Tag einfach besser und unsere Möglichkeiten erschöpft. Vielmehr war der zweite Platz ein großer Erfolg. Wir waren endgültig zurück in der Weltspitze, auch wenn die großen Stories über den ersten Triumph seit 1978 und die damit verbundenen Vergleiche der einzelnen Spieler nicht in Vollendung geschrieben werden konnten. Wir würden nicht als Verlierer, sondern als Sieger nach Hause kommen – das nahm ich für uns alle in Anspruch. Nachdem sich die Enttäuschung gelegt hatte, wurde der Blick frei auf das Geleistete. Die Resonanz der Fans und der Medien war durchweg positiv, von „Loser“-Image war nicht mehr die Rede. Ein härterer Schlag als dieses verlorene WM-Endspiel sollte indes erst noch folgen: Nicht auf dem Handballfeld, sondern auf der Funktionärsebene: Die verlorene Vergabe der WM 2005, die Tunesien zugesprochen wurde, obwohl die deutsche Bewerbung hieb- und stichfest war. Ich war dabei: Die Präsentation war erstklassig. Die Entscheidungskriterien des Weltverbandes mag und kann ich bis heute nicht nachvollziehen, aber nachkarten will ich auf der anderen Seite auch nicht mehr.

DER ERFOLGS-MENSCH

Bob Hanning

„Ich werde diesen Tag nie vergessen. Es war auf einer Feier in Scheda im Bergischen Land. Ich war damals Trainer in Solingen und in der Branche wurde geflüstert, Heiner Brand sei, nachdem er den Bundestrainerjob übernommen hatte, auf der Suche nach einem Assistenzcoach auf mich gestoßen. Mir wurde zugetragen, dass da ´was auf mich zukäme. Meine damalige Aufregung heute zu leugnen, wäre Quatsch. Ich war schon auf der Hinfahrt nach Scheda nervös, wusste ich doch, dass ich Heiner dort in diesem Lokal nahe Gummersbach treffen würde. Und tatsächlich: An den Gerüchten war etwas dran. Ohne große Umwege kam Heiner zu mir, lotste mich in ein leeres Nebenzimmer und fragte mich, ob ich mir vorstellen könnte, sein Co-Trainer zu werden. Ich versuchte, cool zu bleiben und entgegnete, dass ich mir das vorstellen könnte. Man würde das Gespräch bei nächster Gelegenheit wieder aufgreifen, versprachen wir uns. An diesem Abend hatte ich eine Übernachtung in Scheda geplant. Mein Zimmer war gebucht – in Erwartung einer fröhlichen Party. Eine Übernachtungsmöglichkeit aber brauchte ich nach diesem kurzen Vier-Augen-Gespräch nicht mehr. Um meinen Schlaf war es auf Tage ohnehin geschehen. Ich stieg ins Auto und düste über die A 45 an Solingen vorbei bis nach Venlo und dann erst wieder zurück zu mir nach Hause nach Solingen – ich musste mich erst einmal wieder finden angesichts dieser Chance, die mir Heiner da gerade angeboten hatte. Einige aufregende und spannende Wochen später waren wir dann tatsächlich ein Team. Das war für mich der Hammer, der entscheidende Sprung in meiner persönlichen Karriere.

Wie sehe ich Heiner Brand? Da ist dieses prägnante Bild von ihm. Das markante Gesicht, der Schnurrbart. Dieser riesige Schnurrbart. Er ist ein Charakterkopf. Und doch: Heiner hat viel mehr Gesichter als dieses eine, viel mehr Facetten, als man es vermutet. Er ist für mich der Innbegriff des Erfolges. Er hat eine unglaubliche Souveränität und Gelassenheit, Dinge richtig einzuordnen. Von Momentaufnahmen lässt er sich so gut wie nie leiten. Doch Heiner Brand ist auch der brutale oberbergische Sturkopf. Er kann es zumindest sein. Heiner lässt ganz wenige Menschen nahe an sich heran. Doch wer ihn zum Freund hat, dem ist er es ein Leben lang – es sei denn, man würde sein Vertrauen missbrauchen. Enttäuscht man ihn einmal schwer, hat man keine Chance mehr, ihn wieder zurückzugewinnen. Oder sollte ich sagen, kaum eine Chance mehr? Ex-Nationalspieler Thomas Knorr beispielsweise hat

Heiner einmal enttäuscht – und bekam dennoch wieder eine Chance in der DHB-Auswahl. Nach drei Jahren. Die kürzeste Brand´sche Einheit des Verzeihens sind drei Jahre und 224 Tage, sage ich seitdem. Er kann stur sein ohne Ende. Regelrecht bockig.

Auch das Verhältnis zwischen Arno Ehret, von dem Heiner nach der WM in Japan 1997 das Bundestraineramt übernahm und der dann seinerseits auf den Sportdirektorposten des DHB wechselte, war – obwohl die beiden ja 1978 gemeinsam Weltmeister wurden – lange Zeit kompliziert. Fachlich respektierten sich die beiden uneingeschränkt, aber sie waren ungleiche Typen. Und die Konstellation, dass der eine Nachfolger des anderen geworden war, kam natürlich noch dazu. Ich war damals Co-Trainer von Heiner, hatte aber auch einen guten Draht zu Ehret. Es hat mich fast ein Jahr gekostet, sie zusammenrücken zu lassen, das Eis zu brechen. Eines Tages saßen die beiden dann auf meine Initiative hin endlich zusammen und tauschten sich aus. Ich war dabei und konnte nach und nach feststellen, wie sich das Vertrauen zwischen den beiden entwickelte. Plötzlich war ich, der Urheber des Treffens, gar nicht mehr da. „Hoppla“, dachte ich, „was geht denn jetzt ab? Und wo bleibe ich hier?“ Aber es war letztlich genau das, was ich wollte.

Beide haben sich damals aufeinander zubewegt. Heute sind sie sich viel näher als früher, glaube ich. Überhaupt hat Heiner in den letzten Jahren eine unglaubliche Entwicklung genommen. Er hat zunehmend auch seinen Co-Trainer Verantwortung übernehmen lassen, kann abgeben. Er lässt jeden spüren, dass er wichtig ist, eine Aufgabe hat und Teil des Ganzen ist. Das gehört zu seinen Führungsqualitäten. Ob das der Mannschaftsarzt, der Physiotherapeut, der Co-Trainer oder die Sekretärin auf der Geschäftsstelle ist – er behandelt alle gleich und Auge in Auge.

Das war für mich eine der wertvollsten Erfahrungen als sein Mitarbeiter. Heiner ist nicht konfliktscheu. Er will die Auseinandersetzung, konträre Meinungen und Auffassungen. Er kann dann auch etwas annehmen oder zumindest die Meinung seines Gegenübers akzeptieren. Selbst, wenn er bei seinem Standpunkt bleibt und auch danach entscheidet. Es ist ihm wichtig, dass man die Wahrheit sagt. Diese Maxime wird er immer haben. Dennoch ist er lockerer geworden. Ich erinnere mich beispielsweise an eine Begebenheit in der Slowakei, wo wir mit der Nationalmannschaft unterwegs waren. Es ging um einen damaligen Nationalspieler der zweiten Reihe, den ich namentlich nicht nennen möchte. Der jedenfalls hatte sich einen über den Durst genehmigt und völlig daneben benommen. Während einer Busfahrt wäre es fast zum Eklat gekommen. Heiner wollte ihn sofort rausschmeißen. Da habe ich ihm vorgeschlagen, mich das Problem lösen zu lassen. Er willigte ein. Ich habe den armen Kerl dann im nächsten Training so fertig gemacht, dass des besagten Spielers Kater zur Raubkatze geworden sein muss. Alle haben gelacht – irgendwann auch Heiner. Erst in seinen Schnurrbart hinein, später für alle ersichtlich. Damit war die Verbannung des Jungen kein Thema mehr. Das war Teil der gemeinsamen Idee: Heiner sah in mir das Bindeglied zwischen ihm und den Jungs.

Er holte mich damals, weil ich eine andere, jüngere Generation verkörperte, deren Sprache sprach. Das war ihm wichtig. Er wollte mich sozusagen als Kontrast zu sich selbst, wenngleich sich später herausstellte, dass ich in vielen Dingen eine mindestens so konservative und von alten Werten geprägte Auffassung habe wie er. Als ich mich einmal entscheiden musste, einer gewissen Gruppierung innerhalb der Mannschaft oder aber Heiner gegenüber loyal zu sein, entschied ich mich natürlich für ihn. Das hat mich innerhalb des Teams nicht populärer gemacht, aber ich hatte doch gar keine andere Wahl. Das war doch mein Job – und genau das hat dann auch Heiner vor der versammelten Truppe gerade gerückt und erklärt, dass ich als Co-Trainer nicht tragbar wäre, würde ich ihm mir ersichtliche Strömungen und Tendenzen vorenthalten und ihn somit hintergehen. Unaufrichtigkeit und Illoyalität entsprachen weder unser beider Philosophie von Zusammenarbeit noch wären sie eine Basis für die Zukunft gewesen.

Um gleich beim Thema Ehrlichkeit zu bleiben: Ich muss sagen, Heiner Brand war – und ist es bestimmt noch – ein schrecklich fauler Mensch. In den vier Jahren unseres gemeinsamen Arbeitens hat er keinen Handschlag gemacht. Alles Organisatorische überließ er mir. Bei der WM 1999 in Ägypten beispielsweise habe ich mich abgeschuftet wie ein Verrückter. Video-Analyse – das beherrscht er wie kein Zweiter, er hat ein unglaubliches Auge für das Spiel – schön und gut. Aber: Den Recorder, den Fernseher, sprich die ganze Logistik – das zu besorgen und bereitzustellen, hat er komplett mir überlassen – ohne sich dafür zu interessieren, ob das nach seinen Vorstellungen überhaupt funktionieren konnte. Mietwagen bestellen für den Transfer zur Halle – eine Selbstverständlichkeit für ihn. Die hatten da zu sein. Wie, das war ihm egal. Oder Kaffeetrinken mit der Mannschaft um fünf Uhr. Wer schon mal in Ägypten war, weiß, dass fünf Uhr auch durchaus halb sechs sein kann. Also habe ich Kaffee und Kuchen für halb fünf geordert, damit es um fünf losgehen konnte – all diese kleine Details hat er gar nicht mitbekommen. Hauptsache, alles klappte: Video auf „Play“, einsteigen, losfahren, pünktlich den Kaffee auf dem Tisch ... Er kümmerte sich nur um seinen Sport. Ich um den Rest. Klar: Wir wollten ja auch gar nicht zu viele Betreuer ans Team heranlassen.

Einmal haben wir uns deshalb aber dann doch gestritten. Ich hatte mir während der WM gerade mal eine Pause am Pool gegönnt, ansonsten nur den Hans Dampf in allen Gassen abgegeben und gewirbelt, damit alles funktionierte. Da kam Heiner und fragte mich, warum ich nicht mit ihm den nächsten

Gegner per Video analysiere. Ich hatte die Wahl, zu explodieren, oder aber nur zu sagen: „Ich mache hier alles für dich. Aber gib mir einfach nur 90 Minuten am Tag. Die brauche ich. Nur 90 Minuten." Damit war die Angelegenheit erledigt. Es gab auch keine Nachwehen.

Später habe ich trotzdem darauf hingewirkt, dass zusätzlich zu meinem Nachfolger Frank Löhr noch Uwe Stemberg vom DHB den organisatorischen Bereich rund ums Team mit abdeckt. Der umfasste letztlich 70 Prozent meiner Arbeit mit Heiner, 30 blieben für sportliche Belange.

Unserer Freundschaft hat dies nie geschadet. Im Gegenteil. Wir tauschen uns heute noch regelmäßig aus. Auch über private Dinge. Es ist noch nicht lange her, da erzählte mir Heiner, der Familienmensch mit durchaus autoritären Neigungen, am Telefon, seine Tochter sei im Begriff, sich piercen zu lassen. Für einen wie Heiner schien das trotz Handball-Punk Stefan Kretzschmar inakzeptabel: „Meine Tochter ...!" Abgründe taten sich offenbar auf. Nur der für ihn schmerzliche Umstand, dass seine Frau Christel das bessere Golf-Handicap vorweisen kann, muss ihn noch mehr aus dem Gleichgewicht gebracht haben. Ein Bauchnabel-Piercing! Durch den Hörer verschaffte er seinem Unmut Luft. Ich hörte eine Weile zu und erinnerte ihn schließlich grinsend daran, dass er mich einst zur Nationalmannschaft geholt hatte, um zwischen den Generationen zu vermitteln. Das habe ich auch in diesem Falle versucht. Mit Erfolg, denn in Wirklichkeit hat er ja einen weichen Kern – und seine Tochter nach meinen Informationen längst ihr Piercing ..."

***Bob Hanning**, Coach des Hamburger Erstligateams HSV, zählt Heiner Brand zu seinen besten Freunden. Von 1997 bis 2000 war er sein Co-Trainer bei der Nationalmannschaft. Aus der Rolle des Assistenten ist er längst herausgewachsen. Hanning polarisiert, provoziert und ist mit Leib und Seele Chef – doch was Loyalität bedeutet, weiß der „Napoleon des Handballs" allemal: Hanning, zuvor u.a. schon in Essen, Solingen, Wuppertal und Willstätt-Schutterwald tätig, ist Begründer der „Deutschen Handball Trainer Vereinigung" (DHTV). Und mit Heiner Brand vier Jahre lang immer wieder durch dick und dünn gegangen.*

EINE BEZIEHUNG IM WANDEL DER ZEIT

Stefan Kretzschmar

„Die Geschichte mit Heiner Brand und mir ging 1994 in Gummersbach ziemlich turbulent los, und ich kann nicht sagen, dass das Liebe auf den ersten Blick oder etwa eine einfache Zeit war. Für Heiner ist es wichtig, dass er respektvoll behandelt wird. Als Spieler hatte er sehr viel erreicht, aber in Gummersbach übernahm er damals in seiner zweiten Amtszeit eine schwierige Mannschaft. Ich verkörperte diese Problematik gewissermaßen. Damals, nach meinem Wechsel vom multikulturellen, pulsierenden und auch Anonymität spendenden Berlin ins beschauliche, konservative Oberbergische, war ich ein ziemlich egoistischer Spieler, der immer Tore machen wollte, und ich war immer relativ schnell mit Kommentaren bei der Sache. Nennen wir es einen Hang zur Selbstverwirklichung. Eine Selbstverwirklichung, wie ich sie mir damals eben vorstellte. So sind Heiner und ich oft aneinander geraten. Wir haben uns nicht zerstritten, aber es war wirklich kein freundschaftliches Verhältnis.

Nach den Olympischen Spielen in Atlanta und meinem Wechsel zum SC Magdeburg musste ich mich 1997 am Knie operieren lassen. Als ich zurückkam, war Heiner der neue Bundestrainer und damit begann unsere schwierigste Zeit. Er monierte meine grundsätzliche Einstellung zum Sport, was ich nie verstanden habe. Das ist dann in den Medien wie ein immer größer werdender Schneeball hin- und hergegangen, aber wir haben leider nie miteinander darüber geredet und uns gegenseitig ziemlich respektlos behandelt, wie ich im Nachhinein finde. Erst mein damaliger Magdeburger Trainer Lothar Doering und die Spieler der Nationalmannschaft haben mich dann gedrängt, Heiner endlich anzurufen. Ich war letzten Endes viel zu versessen, wieder international dabei zu sein, als dass mein Stolz und Sturkopf hätten die Oberhand behalten können. Und: Irgendeiner von uns beiden musste ja den Anfang machen. Also machte ich diesen Schritt. Als ich mich dann bei ihm meldete, sagte ich: „Bundestrainer, Kretzschmar hier!“ Aus dem Hörer kam nur ein „Ach“. In diesem Moment hast du schon gemerkt, dass alles mit uns vorher ein Riesenkindergarten war. Mittwochs haben wir telefoniert, Samstags war er beim Spiel in Magdeburg, und danach sind wir Essen gegangen. Seitdem war alles gut, obwohl wir uns erst noch ein bisschen abgetastet haben. In diesem Punkt nämlich sind wir uns ähnlich: Wir sind vorsichtige, vielleicht sogar skeptische Menschen. Wer mich besser kennt, weiss, dass ich sensibel bin. Und Heiner lässt ja auch nicht gleich jeden an sich ran.

Sydney war ein wichtiger Wendepunkt. Durch mein Fiasko bei dem Spiel gegen Spanien fingen wir an, mehr miteinander zu reden, und unser Verhältnis begann, sich in eine ganz andere Richtung zu entwickeln. Die Unnahbarkeit war weg.

Der gegenseitige Respekt ist mittlerweile sehr groß geworden. Das zeigt sich darin, dass ich, der früher als Rebell verschrieen und an diesem Ruf auch nicht ganz unschuldig war, inzwischen von ihm in alle Belange der Mannschaft mit einbezogen werde. Auch privat haben wir ein sehr gutes Verhältnis aufgebaut. Das liegt daran, dass Heiner durch die Erfolge der vergangenen Jahre lockerer geworden ist – und ich vielleicht ein bisschen ernster. Von den Momenten, in denen Heiner über vieles hinweg sieht und mir Möglichkeiten einräumt, gibt es viele. Ich konnte mit ihm zum Beispiel im vergangenen Jahr ehrlich darüber reden, dass ich gerne mein 200. Länderspiel in Berlin bestreiten würde. Dafür bin ich Heiner heute noch immer sehr dankbar, denn dieses Jubiläum war mit der Ehrung durch meine Mutter ein sehr emotionales Erlebnis. In Ljubljana bestand der Bundestrainer sogar darauf, mich zur Siegerehrung des Europameisters mit aufs Podest zu nehmen, aber das wäre nicht mein Ding gewesen.

Klar: Heiner fährt immer seine Linie und Prinzipien. Aber du kannst mit ihm über alles reden. Ich habe immer wieder gespürt, wie sehr ich ihm vertrauen kann. Da baut man ein verdammt inniges Verhältnis zu einem Trainer auf. Vor fünf, sechs Jahren hätte ich das noch nicht gedacht. Und damals in Gummersbach schon gleich gar nicht. Dass dies keine leeren Worte sind, kann beispielsweise Heiners Co-Autor nachvollziehen. Wir haben es uns nicht leicht gemacht, diese Zeilen gemeinsam in Heiners Buch zu bringen – dafür nämlich ist ein solcher Beitrag für mich viel zu wichtig, um nicht gar von Ehre zu sprechen."

Außenstehende nennen ihn Handball-Punk. Deutschlands wohl populärster Handballer, der er auch schon vor seiner Freundschaft mit Schwimmstar Franziska van Almsick war, wirft seine Tore seit mehreren Jahren für den SC Magdeburg. Zuvor war er beim VfL Gummersbach.

Dort hieß sein Trainer Brand. Und sie hatten nicht das allerbeste Verhältnis. Die Zeiten haben sich geändert und so auch das Verhältnis dieser beiden gegensätzlichen Persönlichkeiten. Der auffällige Ballvirtuose mit Hang zum Spektakulären und Provokativen zeichnet heute ein anderes Bild von Brand. Ausgerechnet in einem heiklen Moment fanden der Nationalcoach und sein Linksaußen zueinander: Im September 2000 hätte ***Stefan Kretzschmar*** *das Olympische Viertelfinale gegen Spanien entscheiden können, traf aber nur die Latte. Brand fing seinen verzweifelten Spieler auf. Grund genug, Kretzschmar seine persönliche Geschichte mit dem Trainer des Jahres 2004 erzählen zu lassen.*

DER GEIST VOM AMPFLWANG

Die EM 2004

Die EM 2004. Der Triumph. Es könnte die Geschichte von meinem Schnurrbart sein, der endlich unters Messer kam. Es könnte die Geschichte meines bis dato größten Erfolges seit dem Gewinn der WM 1978 sein. Endstation Sehnsucht – für mich, für alle Handballfans in Deutschland. Das Kapitel über die Europameisterschaft könnte auch meine Gefühle während dieser bewegten und bewegenden Zeit in Slowenien zum Inhalt haben oder die Bedeutung unseres Erfolges für den Handballsport hier zu Lande. Ich wurde natürlich immer wieder gefragt, ob mir der EM-Titel als Trainer ebenso viel bedeuten würde wie die gewonnene WM als Spieler. Und immer wieder habe ich – auf diesen Vergleich angesprochen – betont, dass dieser Titelgewinn anders, aber genauso schön war wie damals die Weltmeisterschaft 1978. 26 Jahre später also stand wieder eine deutsche Handballnationalmannschaft bei einem großen Turnier ganz oben auf dem Treppchen. Und wieder war ich dabei. Ähnlich kaputt, ausgezehrt von den schweren 14 Tagen, die dem Triumph von Ljubljana vorangegangen waren – aber nicht minder glücklich, verglichen mit den Emotionen, die einst in Kopenhagen frei geworden waren. Es könnte also ein weiteres Kapitel in meinem Buch sein, in dem ich die Hauptrolle spiele. Doch – ohne falsche Bescheidenheit – in Wirklichkeit ist die Geschichte der gewonnenen EM in Slowenien die Geschichte einer großen, fantastisch harmonierenden Mannschaft. Ja: Dieses Team hatte charakterlich absolut jenes Format der Weltmeistermannschaft von 1978.

Es steht ja geschrieben: Mein erstes Statement nach dem Finalsieg über den Gastgeber lautete: „Dieses Team hat einen ganz tollen Charakter und war vom Willen besessen, diesen Titel zu holen. Was die Mannschaft geleistet hat, ist unbegreiflich. So ein Mannschaftsgefühl habe ich noch nicht erlebt. Dieser Erfolg ist nicht geringer einzuordnen als 1978 der Gewinn der Weltmeisterschaft, weil wir hier nur gegen Top-Nationen gespielt haben. Das ist sensationell hoch einzustufen. Bei den Olympischen Spielen bin ich jetzt gern Topfavorit – und meinen Schnäuzer opfere ich auch gern."

Diese Aussagen sind sicherlich als euphorisch zu bezeichnen. Doch das hat auch seine Gründe: Was die Truppe im Vorfeld und während des Turniers alles weggesteckt hat, wie sie sich immer und immer wieder aufraffte, um das ganz große Ziel zu erreichen, an das spätestens nach dem Auftaktspiel gegen Serbien-Montenegro niemand außer den Spielern mehr so recht glauben konnte – da nehme ich mich gar nicht aus – das war ein beeindruckender Beweis, was Teamwork, Siegeswille und Kameradschaft ausmachen können. Denn anders hätten wir die EM nicht gewinnen können. Ich bin unglaublich stolz auf diese Mannschaft. Auf jeden einzelnen Spieler – und auf das Betreuerteam, das in dieser Zeit ähnlich Großartiges geleistet hat.

Wie schlecht standen doch die Vorzeichen: Die hohe Belastung der Spieler durch Bundesliga, Pokal und Europacup. Noch kurz vor der Abreise nach Slowenien offenbarten die Spieler bei den abschließenden Testländerspielen, vor allem gegen die Russen, wie ausgepowert sie waren – physisch, aber auch mental. Kaum jemand hätte darauf gewettet, dass wir auch nur in die Nähe der Medaillenränge würden kommen können. Insbesondere aufgrund der erneut nicht abreißen wollenden Verletzungsserie: Stefan Kretzschmar, schon im WM-Finale im Jahr zuvor verletzt, bekam seine Leistenprobleme nicht in den Griff und musste sich kurz vor der EM operieren lassen. Die vagen Hoffnungen, dass er es doch noch schaffen würde bis zum Turnierstart, mussten wir in der Woche vor dem Auftaktspiel begraben. Trotz aller medizinischer Bemühungen war klar: „Kretzsche" würde nicht dabei sein können. Zu allem Überfluss sagte uns dann auch noch Frank von Behren ab, da er sich – so seine Aussage – noch nicht fit genug fühlte, um in unserem Team die Rolle spielen zu können, die er sich vorgenommen hatte, nach überstandenem Kreuzbandriss wieder einzunehmen. Ein Entschluss, der nicht spurlos an mir vorüberging und der mich auch etwas enttäuschte, wie ich zugeben muss. Dazu kamen die Blessuren und Ermüdungserscheinungen von Markus Baur und Christian Schwarzer. Nur gut, dass ich mich im Herbst 2004 mit dem mittlerweile in Hamburg spielenden Linksaußen Torsten Jansen auf dessen Comeback im Nationaltrikot verständigt hatte. Ich wurde oft gefragt, ob er oder ein anderer Spieler auf dieser Position denn die Lücke, die durch Stefan Kretzschmars Verletzung entstanden war, überhaupt würde schließen können. Sportlich steht Jansen seinem Kollegen kaum nach, aber natürlich hat und ist „Kretzsche" eine Persönlichkeit, die sich nicht ersetzen lässt. Es war klar: Wir würden diesen Ausfall ebenfalls mit dem Teamgeist kompensieren müssen.

Bildlich gesehen, reisten wir also bereits am Stock gehend zur EM an. Bei einem Turnier Mitte Januar in Russland hatte ich feststellen müssen, wie viel frischer andere Teams, beispielsweise die Franzosen, Dänen, Jugoslawen oder Russen, wirkten im Vergleich zu unseren, sich unter Dauerstress befindenden Jungs. Die in der Öffentlichkeit deutlich vernehmbaren Medaillenhoffnungen hingen am Tropf. Ich versuchte zwar, den Gewinn einer Medaille weiterhin als Ziel auszugeben, doch musste ich auf der anderen Seite auch dafür sorgen, dass das öffentliche und mediale Bewusstsein für die beileibe wenig erbaulichen Voraussetzungen für ein erfolgreiches Turnier geschärft würde. Wir galten als Mitfavorit auf den Titel – ungeachtet der vielen Widrigkeiten, mit denen wir fertig zu werden hatten. „Das richtige Maß finden zwischen Belastung und Erholung" – so antwortete ich auf die viel gestellte Frage der Reporter, was den meine Hauptaufgabe sei in den letzten Tagen vor dem Turnierstart, in denen wir in Hannover und Dortmund nur wenig erbauliche Leistungsnachweise erbringen konnten.

Genauso wichtig wie der Umgang mit den Spielern in dieser Zeit war sicher auch unser Sommerlehrgang 2003 im österreichischen Ampflwang gewesen, wo wir gemeinsam mit den Spielerfrauen und Freundinnen, mit den Familien, Kindern und unserem Betreuerstab zehn harmonische und lustige Tage verbrachten, in denen viel mehr Wert auf die Gemeinschaft, den Zusammenhalt und die Harmonie der Truppe gelegt wurde, als auf handballerische Schwerpunkte. Es gab nie Leerlauf, aber es herrschte auch nie Stress. Niemand empfand die gemeinsamen Aktivitäten als Gruppenzwang. Der Spaßfaktor stand an erster Stelle, und diese Zeit der gemeinsamen, aktiven Erholung wirkte noch ein halbes Jahr später nach – bei der EM in Slowenien.

Davon war allerdings zu Beginn der EM nicht viel zu spüren: Gleich beim Auftaktspiel gegen Serbien-Montenegro in Koper schienen sich sämtliche Befürchtungen hinsichtlich der nicht ausreichenden Turnierform zu bestätigen: Außer Torsten Jansen, der acht Tore warf, spielten wir weit unter Form – und das gegen eine der Topmannschaften des Turniers. Die Folge daraus war eine 26:28-Niederlage und Tristesse pur in unserem Lager: Unsere EM-Chancen waren gleich nach dem ersten Spiel so gut wie auf dem Nullpunkt angesichts der schweren Vorrundengruppe, in der wir anzutreten hatten. Die Dichte des Turnierterminplans gab während dieser Tage genug Anlass für berechtigte Kritik. Auf der anderen Seite hatte der zeitlich knapp bemessene Spielplan auch seine gute Seite: Es blieb keine Zeit, dem in den Sand gesetzte Auftaktspiel nachzutrauern. Fortan, das war allen klar, gab es nur noch Endspiele, wollten wir möglichst lange im Wettbewerb verbleiben. In Begegnung Nummer zwei schlugen wir die tags zuvor gegen Frankreich stark spielenden Polen klar mit 41:32 (21:13). Dabei konnte man die „Jetzt-erst-recht"-Trotzreaktion unserer Spieler förmlich greifen. Der Leistungsunterschied zum Auftaktspiel war wie Tag und Nacht – und das gab allen Beteiligten neuen Mut. Daran, dass wir immer noch mit dem Rücken zur Wand standen, hatte sich allerdings nichts geändert.

Das Aufeinandertreffen mit unserem Dauerrivalen Frankreich zum Abschluss der Vorrunde wurde dann zum Skandalspiel. Zur Pause noch führten wir mit 14:13, drei Minuten vor Schluss nach einer famosen Mannschaftsleistung 29:26, als die beiden Unparteiischen Antonio Goulao und Jose Macau aus Portugal nacheinander Volker Zerbe und Klaus-Dieter Petersen für Allerweltsfouls vom Feld stellten. In zweifacher Überzahl verkürzte Frankreich sofort auf 27:29. Und mit vier Feldspielern gegen sechs unterliefen uns prompt noch zwei Fehler, die von den Franzosen eiskalt ausgenutzt wurden: 28:29, 29:29 durch den jungen Karabatic per Siebenmeter. Aus. Statt der greifbar nahen 2:2 Zähler nahmen wir 1:3 Punkte mit in die Hauptrunde. Unser aller Gefühlswelt glich einer Achterbahn: Einerseits hatte die Mannschaft ein tolles Spiel abgeliefert und bewiesen, dass sie voll da ist, andererseits hätte man vor Wut im Boden versinken können angesichts des verspielten Drei-Tore-Vorsprungs kurz vor Schluss, vor allem aber wegen der skandalösen Schiedsrichterleistung. Diese verleiteten sogar mich zu einer deutlichen Schelte für dieses Gespann. In der Pressekonferenz nach dieser Partie erklärte ich: „Das waren völlig willkürliche Zeitstrafen. Ich fühle mich um den Sieg betrogen. Das ist ein bisschen an die Moral gegangen."

Was allerdings die Moral meiner Mannschaft anbelangte, sollten mich die Jungs widerlegen. Während unser Tross umzog nach Ljubljana, machte sich unser Spielmacher Markus Baur auf den Nachhauseweg: Der Kapitän Markus Baur vom Deutschen Meister TBV Lemgo hatte einen Meniskuseinriss erlitten und reiste schweren Herzens Richtung Deutschland ab, wo er zwei Tage später in Rottenburg operiert werden sollte. Zum Abschied sagte Markus noch: „Das tut mir unheimlich Leid für die Mannschaft, aber die Jungs werden das auch ohne mich schaffen." Unser Mittelmann hatte sich gegen Frankreich kurz vor der Halbzeit bei einer Abwehraktion am rechten Knie verletzt, Mannschaftsarzt Dr. Berthold Hallmaier bereits kurz nach der Diagnose eine drei- bis vierwöchige Pause prophezeit.

Bis dahin war Baur mit 18 Toren und 21 Assists statistisch gesehen bester deutscher Spieler. „Langsam könnte unsere Pechsträhne mal abreißen", sagte ich gefrustet, doch die Jungs ließen es nicht zu, dass die Stimmung kippte. Im Gegenteil: Jetzt rückten alle nur noch enger zusammen – und mitten unter ihnen der für Baur kurzfristig nachnominierte Steffen Weber von der SG Kronau/Östringen. Schon am Tage seiner Ankunft stand er auf dem Spielfeld – es ging im ersten Hauptrundenspiel gegen die starke Auswahl Tschechiens. Wieder ein Endspiel... – auch für die Tschechen, die null Punkte aus der Vorrunde mitgenommen hatten. Unsere Mannschaft spielte sehr stark, wirkte hoch konzentriert und Daniel Stephan füllte die leitende Rolle von Markus Baur bravourös aus: 37:27 hieß es am Ende. „Trotz aller Ausfälle haben wir die Qualität, um hier eine Medaille zu holen", sagte Volker Zerbe, sonst ein vorsichtiger Vertreter, und setzte damit ein Zeichen. So durfte es weitergehen – vor allem gegen den überraschend starken und vom eigenen Publikum natürlich beflügelten Gastgeber Slowenien...

Im Hexenkessel von Ljubljana verstummten die 7.500 slowenischen Fans relativ schnell: Wir spielten eine nahezu perfekte erste Halbzeit und schockten den Gastgeber damit sichtlich: 18:10 lautete das Halbzeitresultat. Auch in Halbzeit zwei geriet die Truppe nicht mehr ins Wanken, was vor allem auch daran lag, dass unser Torwartgespann Henning Fritz und Christian Ramota sich während des ganzen Turniers auf meist höchstem Niveau perfekt ergänzte: So auch in diesem Spiel, das wir am Ende sicher mit 31:24 gewannen. Nun war plötzlich wieder das Halbfinale drin, denn die Tschechen hatten zeitgleich mit ihrem Sieg über Frankreich Schützenhilfe geleistet. Es war schier unglaublich: Wenige Tage zuvor noch schienen wir am Ende, nun hatten wir es selbst in der Hand mit einem Sieg über Ungarn den Gruppensieg zu erlangen, denn die Mitkonkurrenten Frankreich und Slowenien würden sich gegenseitig Punkte abnehmen – und die Ungarn konnten wir ja selbst in Schach halten. Die Eigendynamik dieses

Turniers hatte zusätzliche Kräfte freigesetzt in unserem Team. Zwar hingen die Jungs zwischen den Spielen entkräftet am Tropf, doch wenn es soweit war, strotzten sie vor Tatendrang. „Wenn wir so in der Deckung stehen wie heute, will ich mal das Team sehen, das gegen uns viele Tore wirft“, diktierte Florian Kehrmann den Journalisten in die Notizblöcke.

Auch der DHB-Präsident, inzwischen von einem Karibik-Törn anlässlich seines 60. Geburtstages zurück und in Slowenien eingetroffen, ließ aufhorchen, als er verkündete, nun erwarte er von der Mannschaft den EM-Titel. Eine gewagte Aussage eigentlich – aber er sprach unseren Jungs offenkundig aus dem Herzen, das spürte ich zunehmend. Die Euphorie und positive Anspannung war allgegenwärtig. Davon getragen, schlugen wir auch noch die Ungarn mit 28:23. Nur in der Anfangsphase hatten wir Sand im Getriebe, dann setzte sich der deutsche Teamgeist durch. Schon zur Pause stand es 16:12, war das Erreichen des Halbfinals spürbar. Der Kieler Christian Zeitz traf aus allen Lagen und wurde mit seinen acht Toren zum Joker. Dadurch wurde auch klar: Jeder im Team kann ein Spiel entscheiden – oder zumindest entscheidend helfen. Jeder ist wichtig, jeder wird gebraucht, jeder hat’s drauf. Mal die Torhüter, dann Daniel Stephan, als nächstes Pascal Hens oder Christian Schwarzer und dann wieder Volker Zerbe – und wenn es bei dem nicht so klappt, dann holt eben einer wie Zeitz die Kastanien aus dem Feuer. Wir waren eben völlig unberechenbar – und als Einheit beseelt vom Gedanken, es diesmal zu packen. Ausgerechnet diesmal, wo doch so viele Topleute gar nicht dabei waren. Doch der Star war die Mannschaft, das stand schon vor dem Halbfinale gegen Dänemark fest.

Dänemark gegen Deutschland – ein Prestigeduell voller Emotionen. Vor allem deshalb, weil nahezu alle dänischen Spieler in deutschen Bundesligaklubs als Profis beschäftigt sind. Insbesondere natürlich in Flensburg. Das Spiel wurde dann auch vor dem Anpfiff entsprechend angeheizt und einige deplatzierte Äußerungen aus dem dänischen Lager taten ihr Übriges dazu, dass Hochspannung herrschte, als die beiden Teams am 31. Januar in der slowenischen Hauptstadt die mit 6.500 Zuschauern wieder gut gefüllte Handball-Arena betraten.

Traumhaftes Winterwetter herrschte in Ljubljana an diesem 31. Januar. Nach einem kurzem Spaziergang am Vormittag begann die Vorbreitung auf den Showdown mit den heißblütigen Skandinaviern. Unsere Nachbarn wollten Revanche nehmen für das verlorene EM-Halbfinale von 2002, als wir in Stockholm 28:23 siegten. Und der Flensburger Joachim Boldsen heizte die Atmosphäre mit der Aussage im dänischen Fernsehen an, er hasse „einige der deutschen Spieler“ – eine verbale Entgleisung, für die er sich im Nachhinein wenigstens entschuldigte.

Kurzum: Das Halbfinale gegen die Dänen war spielerisch sicher kein Leckerbissen. Man könnte die Partie überschreiben mit Kampf, Krampf – und unfassbaren Torhüterleistungen auf beiden Seiten. In unseren Reihen mussten einige Spieler offenkundig der hohen Belastung der letzten Tage und Wochen Tribut zollen. Sie wollten – aber sie konnten nicht so auftrumpfen wie in den Spielen zuvor. Der Kampfgeist war da, die Konzentration und Präzision aber nicht. So wurde das Spiel zum Krimi, zur Abwehrschlacht, zum Nervenkrieg. 11:11 verkündete die Anzeigetafel zur Pause. Henning Fritz auf unserer und Kasper Hvidt auf der dänischen Seite übertrafen sich im Tor gegenseitig immer wieder aufs Neue. Für uns wurde Henning erneut zum Mann des Tages: 21 Paraden zeigte der „Hexer", die wichtigste eine Minute vor Schluss gegen Lars Christiansen.

In Hälfte eins hatte es zunächst den Anschein, als wären unsere Akkus leer und das „Danish Dynamite" würde uns an diesem Tag zu sehr zusetzen. Ein ums andere Mal lagen wir zurück – auch mit zwei Toren. Ausgerechnet unsere erfahrenen Spieler wie Daniel Stephan und Christian Schwarzer, aber auch Florian Kehrmann bekamen die Partie nicht in den Griff. Die Stimmung in der Halle knisterte. Steffen Weber kam ins Spiel und sorgte für Entlastung auf der Spielmacherposition und zum Joker wurde bereits vor der Pause der Wallauer Jan-Olaf Immel, der die Wurfverantwortung aus dem Rückraum übernahm – und traf. Immer wieder. Wie gesagt: Das Spiel war knüppelhart, voller Emotionen. Zur zweiten Halbzeit bekamen wir lautstarke Anfeuerung durch das Publikum. Die Slowenen in der Halle unterstützten uns, den Vize-Weltmeister, weil Dänemark einziger Konkurrent des Gastgebers im Kampf um die Olympia-Qualifikation war. Es half. Schwarzer und der für den angeschlagenen Toto Jansen gekommene Heiko Grimm sorgten kurz nach dem Seitenwechsel für unsere erste Zwei-Tore-Führung, doch in diesem Spiel der Nerven war das natürlich alles andere als eine Vorentscheidung. In der Endphase sahen wieder die Dänen wie der Sieger aus. Die Kräfte in unserer Mannschaft schwanden, doch die Moral war beeindruckend. Und unsere Joker retteten letztlich den Finaleinzug: Immel traf siebenmal, Grimm zweimal – ebenso Weber. Sie verkörperten das Motto dieses Teams in Vollendung: Jeder zählt, jeder hat eine Aufgabe – jeder wird gebraucht. Daniel Stephan traf Sekunden vor dem Abpfiff gegen entnervte Dänen zum 22:20. Der Schlusspfiff ging im kollektiven Jubel unter. Wir standen im Finale. „Jetzt", so hörte ich viele unserer Jungs sagen, „schaffen wir es auch, denn wir haben unendlich gekämpft. Irgendwann müssen wir dafür belohnt werden – und diesmal ist es soweit. Wir übernehmen das mit der Belohnung selbst."

Als Endspielgegner entpuppte sich Slowenien. Die von ihren Landsleuten frenetisch umjubelten Gastgeber bezwangen im Bruderduell Weltmeister Kroatien mit 27:25 und verhinderten damit eine WM-Revanche. Uns war es letztlich egal. Die zusätzliche Motivation, gegen Kroatien den Spieß umzudrehen – schön und gut. Nun aber ging es erneut gegen den Gastgeber, den wir ja bereits wenige Tage zuvor geschlagen hatten. Und außerdem standen wir in einem Endspiel, da war der Gegner ohnehin sekundär.

In Deutschland machte sich kurz nach dem Schlusspfiff des Spiels gegen Dänemark der verletzte Stefan Kretzschmar, der bis dahin auf dem Sofa mitgezittert, gelitten und gejubelt hatte, spontan auf den Weg nach Slowenien. Das muss man sich vorstellen. In einer Nacht-und-Nebel-Aktion sprang er in seinen Wagen, rief Markus Baur an, der inzwischen ebenfalls operiert war, fuhr los und holte den Leidensgenossen vom heimischen Fernsehgerät weg – nur, um beim Endspiel dabei sein zu können. Bedarf es anderer Beispiele, um zu verdeutlichen, was dieses Team ausmacht, wie großartig die Identifikation und das Zusammengehörigkeitsgefühl dieser Truppe sind? Am Finaltag waren „Kretzsche" und Markus tatsächlich bei uns eingetroffen. Moral in Reinkultur. „Ich habe es zu Hause nicht mehr ausgehalten", sagte Kretzschmar lapidar. Also waren er und Markus Baur quer durch Europa gefahren. Einfach so. Und die beiden sollten tatsächlich miterleben, wie ihren Kollegen der große Wurf gelang.

Es wurde ein wunderbarer Tag. Der Gastgeber – ein fairer, großer Verlierer. So auch sein Publikum, das zur fantastischen Stimmung beitrug und uns nach zunächst lautstarker Ablehnung bei gleichzeitiger Anfeuerung des eigenen Teams letztlich sportlich applaudierte, als ich bereits Sekunden vor Spielschluss Arm in Arm mit Co-Trainer Frank Löhr und den Spielern auf der Bank dem Abpfiff entgegenfieberte. Mit fünf Toren lagen wir vorne, die Dramatik war raus aus dem Spiel und die Tivoli-Halle wurde Schauplatz einer einzigen, riesengroßen Party, denn auch die unterlegenen Slowenen hatten Grund zur Freude, denn sie hatten sich ja ebenfalls selbst übertroffen mit dem Erreichen des Endspiels und der Qualifikation für die nächste WM. Doch an unserem verdienten 30:25-Sieg konnten sie nichts ändern. Nach den Final-Niederlagen bei der EM 2002 gegen Schweden und der WM 2003 gegen Kroatien war der oft zitierte „Endspiel-Fluch" vergessen. Freudentänze auf dem Feld folgten, Champagner floss in Strömen.

Überragender Mann im Finale war Daniel Stephan, der das Spiel in der entscheidenden Phase an sich riss und acht Tore warf. Auch Florian Kehrmann zeigte eine Super-Leistung. Letztlich aber war unser Sieg ein Triumph der mannschaftlichen Geschlossenheit und des unbedingten Willens.

Das Motto zum Spiel hatten unsere Spieler des Morgens im Aufzug ihres Hotels nachlesen können: „Das Leben schaltet die Ampel immer für die auf grün, die wissen, wohin sie wollen und bereit sind, dafür alles zu geben." An jedem Spieltag konfrontierten wir die Jungs mit neuen Zitaten. Worte, die sich im Kopf festsetzten. Die Gänsehautatmosphäre im Hexenkessel „Hall Tivoli" schien unsere Mannschaft zusätzlich anzuspornen. Wichtig war zudem, dass sie trotz aller Emotionen cool blieb. Nach zwölf Minuten traf Volker Zerbe zum 8:4, nickte mit dem Kopf und signalisierte damit: Unser Spiel läuft rund. Daniel Stephan reckte nach dem 9:5 die rechte Faust, schaute beim Zurücklaufen Henning Fritz tief in die Augen, der ballte seinerseits die Faust – wieder so eine nonverbale Aussage: Wir sind stark. Wir schaffen das gemeinsam. Zur Pause führten wir 16:10.

Nur noch eine Halbzeit. 30 Minuten beißen, die letzten Reserven mobilisieren. Nach dem 18:11 durch Florian Kehrmann starteten die Slowenen eine Aufholjagd und verkürzten in der 39. Minute auf 19:15. Nun hieß es: Nerven behalten. Ich wechselte Christian Ramota, der im Hauptrundenspiel am Mittwoch gegen die Slowenen überragend gehalten hatte, für Fritz ein. Und „Eros" machte seine Sache erneut hervorragend. Dennoch: Als Vid Kavticnik auf 18:21 aus Sicht der Slowenen verkürzte, waren wir zugegeben kurz davor, nervös zu werden. Fünfzehn Minuten vor Spielende schien das große Zittern zu beginnen. Doch unsere Jungs waren mittlerweile so stressfest, dass es keine Krise in unserem Spiel mehr geben sollte. Im Stile eines Champions und mit den letzten Kräften überstanden wir die kritische Phase Mitte der zweiten Hälfte. Pascal Hens' Tor zum 26:21 sieben Minuten vor Schluss war so etwas wie ein verwandelter Breakball im Tennis. Als Florian Kehrmann das 30:23 gelang und nur noch zwei Minuten zu spielen waren, begann auf unserer Bank das Feiern. Die Anspannung löste sich und ich hatte nach dem Abpfiff durchaus damit zu kämpfen, meine Emotionen im Zaum zu halten. Mit diesem Titel war ein Traum in Erfüllung gegangen, für den wir unendlich hart und kontinuierlich gekämpft hatten. Ich empfand tiefen Stolz auf meine Jungs und auf alle, die so hart mitgearbeitet hatten an diesem Erfolg. Jedem einzelnen Spieler gönnte ich diesen Erfolg. Einige hatten schon so viel investiert und noch nie ganz oben auf dem Siegertreppchen gestanden. Christian Schwarzer beispielsweise, dieser Kämpfer und unnachgiebige Antreiber. Er widmete den Sieg vor laufenden Kameras sichtlich bewegt seinen Eltern. Oder aber auch Daniel Stephan, der endlich mal in einem großen Finale dabei sein konnte – und es gewann. Oder „Pitti" Petersen, der jahrzehntelang in der Abwehr seine Knochen hinhielt – und dafür endlich belohnt wurde. Ach, ich könnte jeden aufzählen an dieser Stelle.

Mein Schnurrbart fiel noch am selben Abend. Die Rasur wurde zum Medienspektakel. Für meine Spieler, die sich als Babiere versuchen durften – ich habe nur die an meine Haarpracht rangelassen, die schon viele Jahre Nationalmannschaft auf dem Buckel hatten – war es ein sichtliches Vergnügen. Mir war's recht. Ich war glücklich. Und auch mit der Bürde, nun Olympiafavorit zu sein, konnte ich gut leben.

Unsere Rückkehr nach Deutschland war ein regelrechter Triumphzug. Endlich wurde einer im Handball vollbrachten Leistung die Aufmerksamkeit zuteil, die sie verdient hatte. Lassen Sie mich an dieser Stelle, wo die Lobeshymnen auf das von uns Erreichte noch tagelang weitergehen sollten und angesichts des EM-Gewinns regelrechte Heldensagen produziert wurden, dieses Kapitel beenden mit dem Hinweis darauf, dass am Ende vor allem eins zählte: Das Teamgefühl und die damit verbundene Loyalität und Verbundenheit der Spieler untereinander. Damit hatten die Jungs tatsächlich eine Brücke geschlagen zum WM-Triumph 1978. Genauso viel geleistet wie wir damals haben sie jedenfalls. Das war, das ist die Geschichte dieses Turniers. Und das entscheidende Wort dieses Kapitels lautet: „Wir".

AUF BALLHÖHE IN SLOWENIEN

Mein EM-Tagebuch

Koper nicht die Copacabana

21. Januar 2004

Unser Reisetag begann für mich um 8.30 Uhr mit einem Interview im ZDF- Morgenmagazin live aus einem Studio in Frankfurt. Dann schnell zum Flughafen. Doch wie so viele Flüge in letzter Zeit war auch unserer nach Ljubljana verspätet – um eine Stunde. So setzte unsere Maschine erst um 13.30 Uhr nach etwas mehr als einer Stunde Flug in Slowenien auf. Mit dem Bus machten wir uns dann auf Richtung Küste. Doch zuerst ging es bergauf – bergab durch eine tief verschneite Kulisse. Erst 20 Kilometer vor dem Ziel der 130-km-Strecke war die weiße Pracht plötzlich wie weggeblasen. Der Himmel hellte auf, und am Meer herrschten strahlender Sonnenschein und zweistellige Temperaturen.

Koper ist sicher nicht die Copacabana, 47 000 der gut zwei Millionen Einwohner Sloweniens leben hier. Wir spielen übrigens nur in Koper, unser Quartier haben wir in Portoroz aufgeschlagen, einem 3000-Seelen-Touristendorf. Ich glaube wir haben es ganz gut getroffen dort.

Um 17 Uhr habe ich dann das erste Training angesetzt. Es geht schon etwas rauer zur Sache. Die Jungs kämpfen um die Stammplätze, nachdem der 16er Kader nun steht. Die Unruhe nach dem Verzicht von Frank von Behren auf die EM hat sich in der Mannschaft inzwischen auch gelegt. Ich habe allerdings immer noch so meine Probleme mit Franks überraschendem Entschluss kurz vor Toreschluss, zumal ich ihn sicher mitgenommen hätte. Dagegen hat mir die Haltung von Stefan Kretzschmar imponiert. Der kam Anfang Januar nicht nur nach Augsburg, um uns über die bevorstehende Operation zu informieren. Auch in Hannover ließ er sich Zeit für die Untersuchung und war am Ende tief traurig, dass er nicht mitfahren konnte.

Blitzableiter und Seelsorger

22. Januar 2004

So kurz vor einem Spiel wiederholt sich immer wieder das gleiche Prozedere. Bei einem großen Turnier wie dieser EM potenziert sich das natürlich noch. Die Spannung steigt, vor allem die jüngeren Spieler wirken immer nervöser, die Gespräche werden oberflächlicher. Natürlich möchte sich das niemand anmerken lassen, aber vor allem unsere Mediziner merken es, haben sie doch in dieser Phase alle Hände voll zu tun. Jeder will topfit in den Wettkampf gehen, lässt auch das kleinste Wehwehchen noch behandeln.

Unser Mannschaftsarzt Dr. Berthold Hallmaier checkt laufend den Heilungsprozess der kleinen Blessuren, hilft unseren Spielern mit Vitamincocktails und Infusionen auf die Beine. Auch die Physiotherapeuten arbeiten fast rund um die Uhr. Morgens sind sie die ersten, wecken per telefonischem Rundruf die Spieler, rühren Fitnessdrinks an, werfen die Kaffeemaschine immer wieder an, behandeln mit den neuesten Hightech-Geräten, verbrauchen unzählige Meter Tapeband und kneten die Muskeln der Akteure bis spät in die Nacht hinein. Ein harter Job.

Sie können den Gemütszustand der Spieler wohl am besten einschätzen. In den vielen Einzelgesprächen sind sie mal der Blitzableiter, mal der Seelsorger. Urban Wrona und Wolfgang Hahn machen – wie unser Doc – hier in Slowenien einen fantastischen Job. Sie sind ein wichtiger und fester Teil unseres Teams.

Mit Kopf und Herz

23. Januar 2004

Das war nicht der erhoffte Start in die EM. Aber wir haben gegen Serbien-Montenegro nicht das gezeigt, was wir können. Wir wussten, dass unser Auftaktgegner mit einer offenen und aggressiven Deckung versuchen würde, unser Angriffsspiel zu zerstören. Und man muss ganz nüchtern feststellen, dass sie uns den Schneid abgekauft haben. Wir haben erst zu unserem Spiel gefunden, als es zu spät war. Erst nach einem Sechs-Tore-Rückstand haben wir richtigen Handball gespielt.

Zuvor haben wir es versäumt, mit einfachen Angriffsmitteln klare Wurfmöglichkeiten herauszuspielen, um zum Erfolg zu kommen. Durch unsere komplizierten Aktionen und vielen Abspielfehler haben wir den Gegner ins Spiel kommen lassen und stark gemacht. Das wurde gekonnt ausgenutzt, und so liefen wir fast immer einem Rückstand hinterher. Keine Frage, im Angriff wurde das Spiel abgegeben. Allerdings haben wir im Verlauf des Spiels auch in der Abwehr nicht die Gegenwehr geboten, die für einen Sieg unabdingbar ist.

Da ging es auf der anderen Seite ganz anders zur Sache. Die Schützlinge von Veselin Vujovic waren heiß auf den Sieg gegen Deutschland. Mir fehlte bei einigen unserer Spieler das Herz, um sich gegen die aggressive und harte Spielweise unseres Gegners behaupten zu können.

Aber das Turnier ist noch nicht gelaufen. Wir sind noch nicht chancenlos. Allerdings bedarf es einer deutlichen Leistungssteigerung des gesamten Teams.

Wir müssen im Kopf beweglicher werden und im Herzen mehr Willen entwickeln. Nur dann können wir gegen die starken Polen bestehen.

Schlüssel zum Erfolg lag in der Abwehr

24. Januar 2004

Der Mannschaft habe ich nach unserer Rückkehr ins Hotel „Riviera" gleich zum Sieg gegen Polen gratuliert. „Es war ein sehr gutes Spiel", habe ich gesagt. „So wie wir uns das gemeinsam vorstellen." Diese Steigerung von einem Tag auf den anderen, die unbedingt nötig war, ist schon phänomenal. Wie so etwas gelingt, ist nur schwer zu erklären.

Ich habe mich bemüht, nach der Niederlage gegen Serbien-Montenegro die Ruhe zu bewahren und das auch nach außen zu zeigen. Wir haben dann alle gemeinsam über die Partie gesprochen. Die Fehler ganz klar zur Sprache gebracht. Die Spieler zeigten sich sehr selbstkritisch, wussten genau, dass das nicht das wahre Gesicht dieses Teams ist. Die schlechten Aktionen haben wir dann abgehakt und nach besseren Wegen gesucht. Ein neuer Anfang musste her.

Dass dies so gut geklappt hat, habe ich in dieser Form – ganz ehrlich gesagt – kaum für möglich gehalten, obwohl ich weiß, welches Potenzial in dieser Mannschaft steckt. Genau das, was wir noch am Donnerstag falsch gemacht haben, klappte am Freitag wie am Schnürchen.

Diesmal lag der Schlüssel zum Erfolg in der Abwehr. Uns ist es früh gelungen, die starke zweite Reihe der Polen aus dem Spiel zu nehmen. Dazu haben wir auf den Halbpositionen offensiver gedeckt, die Außen enger genommen, um deren frühes Anstoßen auf die Halben zu unterbinden. So wurden die polnischen Kanoniere in die Mitte gedrängt, wo unser Mittelblock mit Zerbe und Petersen und im Tor Henning Fritz hervorragende Arbeit leisteten. Mit der guten Deckung kam Sicherheit in unser Spiel – auch im Angriff. Die Spielzüge wurden länger ausgespielt, auf die klare Chance gewartet, und wir haben uns viel besser bewegt. „Am Sonntag weiter so", habe ich den Spielern gestern Nacht noch mit auf den Weg gegeben. Jetzt haben wir es selbst in der Hand, zu bestimmen, wie weit wir in diesem Turnier noch kommen. Das ist ein gutes Gefühl, weit besser als das nach dem ersten Spieltag.

Videos für den Durchblick

25. Januar 2004

Bei der schnellen Abfolge von Spielen bei dieser EM ist eine komprimierte und dennoch optimale Vorbereitung auf den nächsten Gegner unerhört wichtig. Mit dem Schlusspfiff eines Spiels beginnt für mich die Konzentration auf die nächste Partie. Natürlich analysiere ich dafür das gerade Geschehene, aber weit mehr Raum in meinen Überlegungen nehmen die Stärken und Schwächen des Gegners ein und natürlich Gedanken, wie wir unsere Stärken am besten einsetzen können.

Klar kennt man die wichtigsten Mannschaften gut, aber die Einzelheiten oder auch Änderungen in der taktischen Ausrichtung sehe ich mir am liebsten auf Video an. Drei bis vier Stunden täglich oder besser „nächtlich" – denn die meiste Zeit verbringe ich nachts vor dem TV – kommen da schnell zusammen. Bei großen Turnieren – wie hier in Slowenien – vervollständigt unsere Equipe ein Video-Fachmann. Bei uns ist das seit Jahren Volker Groß vom Olympiastützpunkt Rhein-Ruhr in Essen. Ein technisch versierter Mann, der auch noch über jede Menge Fachkompetenz verfügt.

Auch bei dieser EM gibt es einen Service ähnlich dem in Ihrer Videothek. Das gewünschte Spiel wird bestellt, geliefert, und man muss das Video nach 24 Stunden wieder zurückgeben. Meist mit meinem Co-Trainer Frank Löhr analysiere ich diese Bilder. Anhand eines time-codes können wir bestimmte Schlüsselsequenzen markieren. Diese Mitschnitte kopiert Volker Groß und schneidet sie dann zusammen – zweimal hintereinander. So kann man sich bei der ersten Analyse einen Überblick über das taktische Mittel verschaffen und beim zweiten Hinsehen die Details entdecken.

Unsere eigenen Spiele lassen wir meist außen vor. Dafür fehlt bei einem solchen Ereignis einfach die Zeit. Dagegen suchen wir gezielt nach taktischen Angriffsmitteln, die unser Gegner in früheren Begegnungen gegen uns oder auch gegen vergleichbare Abwehrformationen angewandt hat. Im Angriff achten wir besonders auf Taktiken, die uns gegen ähnlich spielende Mannschaften zum Erfolg gebracht haben. Für unsere Torhüter werden dann noch Wurfbilder der gefährlichsten Werfer des Gegners aneinandergereiht.

Insgesamt ist dieser Service für mich in meiner Arbeit nicht mehr wegzudenken, und ich hoffe, dass wir genügend treffende Analysen schaffen, die uns hier in Slowenien zum Erfolg führen werden.

Die Macht der Schiedsrichter

26. Januar 2004

Es ist schon bitter, wenn man ein sehr gutes Spiel gegen die vielleicht beste Mannschaft der Welt zeigt und dann nicht als Sieger vom Parkett geht. Ich fühle mich schon um den Lohn unserer Arbeit betrogen. Was die Schiedsrichter aus Portugal sich da erlaubt haben, treibt mir die Zornesröte ins Gesicht. Die müssen doch auch gesehen haben, mit welch unfairen Mitteln die Franzosen zu Werke gehen. Wenn das dann am Ende auch noch belohnt wird, mache ich mir schon ernsthafte Sorgen um die Zukunft unseres Sports. Die Schiedsrichter wissen allesamt um ihre Macht, aber dass sie diese so schamlos ausnutzen, ist eine Frechheit.

Natürlich hätten wir in den letzten 90 Sekunden den Vorsprung cleverer verteidigen müssen. Aber wir wären ohne die beiden unberechtigten Hinausstellungen nie mehr in Gefahr geraten. Sowohl die Zwei-Minuten-Strafe gegen Volker Zerbe als auch die gegen Klaus-Dieter Petersen waren ein Farce. Und ich frage mich immer noch, warum die beiden so genannten Unparteiischen da so entschieden haben. Und auch alle Beteiligten und unvoreingenommenen Beobachter sind sich nicht sicher, ob da alles mit rechten Dingen zugegangen ist.

Schon im letzten Jahr hat sich Schwedens Ausnahmehandballer Magnus Wislander beschwert, dass offensive Abwehrreihen, die rein aufs Zerstören ausgelegt sind, mehr Freiräume genießen als andere Deckungssysteme. Diese in vielen Bereichen zu beobachtende Tendenz wird aber von den Franzosen durch ihre mit vielen brutalen Attacken verbundene Zerstörungsarbeit noch übertroffen.

Doch bei aller Wut und Enttäuschung und der nun auf dem Papier nicht mehr sonderlich guten Ausgangslage werden wir unsere Chance auf das Halbfinale mit aller Konsequenz wahrnehmen.

Die Wahl des Zimmerpartners

27. Januar 2004

Gestern war Ruhetag bei der EM. Wir mussten vom beschaulichen Portoroz, wo wir uns pudelwohl gefühlt haben, nach Ljubljana in die Hauptstadt umziehen. 130 Kilometer sind die beiden Orte von einander entfernt – also sind das keine großen Reisestrapazen. Ungleich aufwändiger und unangenehmer sind die Packerei und das Verstauen unseres Materials, wie Trikotkoffer (für zehn Sätze), Ballnetze, medizinische Utensilien usw. Da kommt einiges zusammen. Die Spieler wären lieber am Meer geblieben, aber sie sollten froh sein, dass wir in die Hauptstadt dürfen. Denn die Hauptrunde zu erreichen, war unser Minimalziel. Und wer weiß, vielleicht wird Ljubljana für uns ja noch zum „Jubel"-jana.

Besonderen Wert legen wir natürlich auf die Wahl der Zimmerpartner, denn wir sind meist in Doppelzimmern untergebracht. Und wenn man sich wochenlang auf der Pelle liegt, dann muss das schon stimmen. Da überlasse ich nichts dem Zufall, überlege genau, wer zu wem am besten passt. Oft sind es Spieler, die besonders gut harmonieren müssen auf dem Spielfeld, manchmal lege ich aber auch Konkurrenten, die auf derselben Position spielen, bewusst zusammen. Hier in Slowenien sind das zum Beispiel Heiko Grimm und Toto Jansen, unsere beiden Linksaußen, und bedingt unsere Torhüter Fritz und Lichtlein oder die beiden Kreisläufer Petersen und Dragunski. Der lange Mark baut sein Lager vorsichtshalber gleich neben seinem Bett auf – mit seinen 2,14 Meter passt er ohnehin in kein normales Gestell.

Oft bilden sich über die Jahre aber auch „feste Lebensgemeinschaften“. Die reiße ich dann auch nicht mehr ohne Not auseinander. Ein eingespieltes „Paar“ ist leider gesprengt worden. Stefan Kretzschmar und Christian Schwarzer waren bisher auf jedem Lehrgang und bei jedem Länderspiel zusammen auf einem Zimmer. Und als „Kretzsche“ vor wenigen Tagen in Hannover wegen seiner Verletzung die EM absagen musste, hat er uns zigmal zugerufen: „Passt mir nun ja gut auf meinen Freund „Schwarzbrot“ auf!“ Jetzt teilt „Blacky“ mit Daniel Stephan ein Zimmer.

Hier habe ich einmal eine Übersicht über die Zimmerverteilung bei dieser EM aufgestellt:
Henning Fritz und Carsten Lichtlein; Jan-Olaf Immel und Christian Zeitz; Markus Baur und Pascal Hens; Christian Schwarzer und Daniel Stephan; Volker Zerbe und Christian Ramota; Florian Kehrmann und Christian Schöne; Torsten Jansen und Heiko Grimm; Klaus-Dieter Petersen und Mark Dragunski.

Die Bedeutung der Taktik

28. Januar 2004

Ich habe mir noch nie Gedanken darüber gemacht, wie wichtig Taktik in der Weltspitze wirklich ist. Aber ich denke schon, dass da ein Schlüssel zum Erfolg liegt. Gegen die Polen haben wir den Grundstein zum Sieg in der taktischen Ausrichtung der Abwehr gelegt. Den letzten Gegner schafften wir dagegen mit unserer Angriffstaktik. Die Tschechen operieren meist mit einer – für europäische Verhältnisse – erstaunlich offenen Deckung. Da sahen wir uns in der ersten Halbzeit oft einer 4:2- oder gar 3:3-Abwehr gegenüber.

Aber darauf waren wir vorbereitet. Mein Co-Trainer Frank Löhr und ich haben unseren Spielern immer wieder gesagt, das Wichtigste ist, dass ihr viel in Bewegung seid. Nie den Ball im Stand annehmen oder Aktionen mit Ball starten. Den Ball nur im Lauf annehmen. Wenn ihr das beherzigt, habt ihr gegen solche Deckungssysteme eine gute Chance. Und in der zweiten Halbzeit haben die Tschechen dann eine weitaus stumpfere Deckungsvariante gewählt. Da war die Partie gelaufen. Wir hatten uns mit unserer Taktik durchgesetzt.

In meiner Spielauffassung spielt die taktische Disziplin schon eine entscheidende Rolle. Wer am längsten seine taktische Linie beibehält, hat die größten Chancen, zum Erfolg zu kommen. Viele Mannschaften schaffen dies nicht über eine längere Distanz. Auch wir halten keine 60 Minuten durch. Aber das Durchdrücken eines gewissen Spielsystems garantiert einen Mindestlevel, auf dem man agieren kann.

Immer wieder höre ich das Lob, unsere Mannschaft zähle zu den spielerisch stärksten in der Welt. Wenn dem so ist, was ich dahin gestellt sein lassen möchte, dann liegt das zum einen am hohen Niveau unserer Spieler, aber auch daran, dass wir ganz bewusst versuchen, positive Angriffsaktionen zu setzen und uns nicht allein auf die Wurfkraft einzelner Akteure verlassen.

Das Geheimnis einer intakten Mannschaft

29. Januar 2004

Nach dem Spiel gegen die Slowenen habe ich die Mannschaft im Hotel kurz zusammengerufen und ihr mit einer kleinen Verbeugung meine Hochachtung ausgesprochen. Es war ein sehr gutes Spiel in Abwehr und Angriff. Gleichzeitig habe ich alle Spieler aber auch darauf hingewiesen, dass mit dieser Sekunde die Vorbereitung auf das letzte Spiel der Hauptrunde beginnt.

Viele wird erstaunen, dass die Mannschaft nach dem Ausfall von „Schorsch" Baur so stabil diese Partie bestimmt hat. „Schorsch", unser Kapitän und Spielmacher, hatte bis dato bei dieser EM 18 Tore erzielt und 27 Torvorlagen gegeben. Doch die Mannschaft stellt sich gegen die Slowenen alles andere als kopflos dar, zeigte eines ihrer besten Spiele, seit ich ihr Trainer bin. Für mich ein eindeutiges Zeichen, dass unser Mannschaftsgefüge absolut intakt ist. Die Verantwortung verteilte sich auf mehrere Schultern.

Es gibt einen Spruch unter Handballern: „Die besten Sieben müssen nicht unbedingt die 'beste Sieben' sein." Dahinter verbirgt sich das Geheimnis, wie man eine intakte Mannschaft zusammenbaut. Nicht jeder gute Handballer oder starke Werfer passt in jede Mannschaft. Manchmal ist ein augenscheinlich schwächerer Spieler für das Team wichtiger als der vermeintlich stärkere. Ich habe von Anfang an höchsten Wett darauf gelegt, dass ein Spieler auch charakterlich zu den anderen passt. Das ist die Grundvoraussetzung, ein „Wir-Gefühl" groß werden zu lassen, dass dann in manchem Spiel hilft, gemeinsam ein Ziel zu erreichen.

Die jetzige Nationalmannschaft ist dafür ein beredtes Beispiel. Gewachsene Strukturen machen es jedem, der neu in dieses Team kommt, leicht, sich richtig einzufinden. Das Trainergespann auf der einen und die Spieler auf der anderen Seite sind inzwischen so eingespielt, dass ein breiter Rahmen entstanden ist, in dem sich alle zu bewegen haben. Da gibt es seit Jahren keine Ausreißer.

Ich muss allerdings hier ausdrücklich herausheben, dass ich noch nie Spieler hatte, die so viel Eigenverantwortung getragen haben wie diese. Das ist schon außergewöhnlich und auch ein wesentlicher Baustein für den Erfolg über die Slowenen.

Mein Versprechen eingelöst

30. Januar 2004

Da tanzten sie wieder im Kreis. Gleich nach dem Sieg über die Ungarn, der uns den Einzug ins Halbfinale der Europameisterschaft gegen Dänemark bescherte, lagen sich unsere Spieler in den Armen und klatschten sich ab. „Trainer, komm", riefen sie immer wieder. Und als ich mich in den Kreis einreihte, meldete sich „Blacky" Schwarzer zu Wort: „Der Trainer möchte noch etwas sagen." „Wer, ich?" „Ja, ja." Da fiel mir endlich ein, was die Spieler von mir wollten. Wie in den letzten beiden Jahren hatten sie mir das Versprechen abgerungen, dass sie nach einem besonders wichtigen Sieg bei McDonalds essen gehen dürfen. Nach dem Sieg über die Ungarn blieb mir da nichts anderes übrig: „Von mir aus macht das so." Mich persönlich zieht da zwar nicht viel hin, aber eine gute Stimmung in der Truppe ist mir in dem Moment allemal lieber als irgendwelche ernährungs-technischen Aspekte für Leistungssportler.

Außerdem war das ein wirklich wichtiger Sieg. Und ein schwieriges Spiel sowieso. Die Ungarn waren sogar spielerisch etwas besser als wir. Dennoch haben wir das Spiel noch hingebogen. Eine Frage des Willens und der Kampfkraft. Das werden ohnehin die beiden entscheidenden Komponenten dieser EM werden. Acht Spiele in elf Tagen, das ist eigentlich unverantwortlich. Ich plädiere ganz energisch dafür, die EM über mindestens 14 Tage laufen zu lassen. Zum einen aus medizinischer Sicht, damit den Spielern zumindest ein wenig Zeit zum Regenerieren bleibt und nicht zuletzt auch aus sportlichen Aspekten. Wenn wir an einer positiven Darstellung unserer Sportart interessiert sind, sollten wir darauf achten, dass die Qualität hoch gehalten wird – und nicht, wie das jetzt der Fall ist, sinkt. Keine Mannschaft auf dieser Welt kann unter diesen Rahmenbedingungen permanent hochklassigen Handball zeigen. Dafür stehen einfach zu viele Spiele in zu kurzer Zeit auf dem Plan.

Die Kunst der Dosierung

31. Januar 2004

Oft werde ich in diesen Tagen von Slowenien gefragt, wie ich denn die Mannschaft auf die Endphase der EM vorbereite und trainiere. Ob sie es glauben oder nicht, wir haben nur am Tag unserer Ankunft hier in Ljubljana eine einzige komplette Trainingseinheit absolviert. Mir bleibt doch gar nichts anderes übrig. Von den Spielern, aber auch von unserem Mannschaftsarzt Dr. Hallmaier und unsere beiden Physios Urban Wrona und Wolfgang Hahn bekomme ich eindeutige Signale, dass die Kräfte bei den Spielern aufgebraucht sind. Schon jetzt hat der Doc 15 Infusionen mehr ausgegeben als noch vor einem Jahr bei der WM in Portugal. Den meisten unserer Spieler müssten wir eigentlich dringend eine Wettkampfpause gönnen, aber stattdessen stehen sie im Halbfinale einer Europameisterschaft.

In der Vorrunde ging das alles noch, aber nun macht sich die hohe Anzahl von Spielen in dieser kurzen Zeit und der nahtlose Übergang von Bundesliga und Europacup zu dieser Meisterschaft ohne Erholungsphase deutlich bemerkbar. Um im Rhythmus zu bleiben, beschränken sich die Stammspieler auf etwa halbstündige Regenerationsläufe. Die Spieler, die nicht so große Einsatzzeiten haben, hält mein Co-Trainer Frank Löhr mit einer kurzen Trainingseinheit pro Tag in der Halle fit. Wurftraining, Kraft-, Sprint- oder gar Ausdauertraining bleiben auf der Strecke. Wir würden nur unnötig Kraft vergeuden, die uns dann in den entscheidenden Spielen fehlen könnte. Manchmal muss es eben etwas weniger sein, hier ist die Kunst der Dosierung gefragt. Den Hauptteil unserer Vorbereitung nehmen Videoschulung und Besprechungen über die taktische Ausrichtung ein.

Zum Glück sind wir über den gesundheitlichen Zustand unserer Spieler immer bestens informiert. Dafür sorgt u.a. das Herzklinikum in Bad Oeynhausen, wo wir von Dr. Klaus Mellwig bestens betreut werden. Dort werden die Spieler mehrmals im Jahr auf ihre Blut- und Ausdauerwerte hin untersucht. Ohne diese Absicherung hätte ich bei diesen Belastungen so meine Sorgen. Wir sind also auch auf diesem Sektor bestens versorgt.

Über Glück und Notwendigkeiten

1. Februar 2004

Es ist schon ein ganz schön mulmiges Gefühl, wenn man in einem EM-Halbfinale feststellen muss, dass immer weniger Spieler in deinen Reihen kräftemäßig in der Lage sind, das Spiel zu entscheiden. Und dann schaust du dich um auf deiner Bank und gehst der Reihe nach durch, wer dir da noch helfen kann. Und dann hoffst du, dass du mit deinen Einwechslungen richtig liegst und Glück hast.

Viele werden jetzt wieder sagen, da hat der Heiner Brand aber wieder alles richtig gemacht gegen die Dänen. Klar ist es schön, wenn man einen Spieler einwechselt, der nicht zur „ersten Sieben“ zählt und der dann sieben Tore macht. Aber was blieb mir denn anderes übrig. Es war eine schlichte Notwendigkeit „Eike“ Immel ins Feuer zu schicken. „Pommes“ Hens traf nicht, Daniel Stephan auch nicht, Kehrmann nicht und Zeitz auch nicht. Da habe ich dann eben auf „Eike“ vertraut, und wir sind belohnt worden. Ähnlich verhält es sich mit der Einwechslung von Steffen Weber. Wenn man in den ersten 15 Minuten eines K.o.-Spiels so statisch spielt wie wir, muss man Grundlegendes ändern. Und da Weber den Ball naturgemäß schneller macht als Daniel Stephan, war dieser Wechsel logisch und unumgänglich. Und auch beim Tausch Grimm für Jansen hatte ich keine Wahl, Torsten verletzte sich und Grimm nutzte seine Chance.

Ganz einfach also. Manchmal wird man auch zu seinem Glück gezwungen. Allerdings muss man sich schon klare Gedanken darüber machen, wo das Spiel hakt und wohin man es hin lenken möchte. Ich wusste, dass wir nicht urplötzlich eine Unmenge Tore machen würden, und so war klar, dass wir nur dann einen Chance haben würden, wenn wir mit unserer besten Abwehrformation die Dänen in Schach halten. Deshalb habe ich Petersen auch nach zwei Zeitstrafen weiter in der Deckung gebracht. Und „Eike“ konnte sich auf seine Angriffsaktionen konzentrieren. Glück gepaart mit ein bisschen Verstand das ist, wie ich heute gemerkt habe, keine schlechte Mischung.

Zum Schluss noch eine Bitte, drücken Sie uns im Finale bitte ganz fest die Daumen. Die Jungs haben es verdient.

Ich schätze diese Mannschaft sehr hoch ein

2. Februar 2004

Endlich am Ziel. Wir haben die Schale. Und das war verdient. Im doppelten Sinne sogar. Wir waren vielleicht mental die stärkste Mannschaft in diesem Turnier, hatten vom ersten Spieltag an Riesendruck. Nach der Auftaktniederlage war jedes Spiel für uns eines um alles oder nichts. Mit nur einer Niederlage wären wir raus gewesen. Ich glaube, es gibt nicht viele Mannschaften, die in der Lage sind, diesen Druck auszuhalten und – wie zum Beispiel gegen Slowenien – auch noch guten Handball zu zeigen.

Zudem sind wir in den letzten Jahren zur konstantesten Mannschaft in der Weltspitze gereift. Wir standen zum dritten Mal hintereinander im Endspiel eines der drei größten internationalen Turniere. Das macht mich stolz und freut mich. Und nun werde ich immer wieder aufgefordert, einen Vergleich zu ziehen zu meinen Empfindungen, als ich 1978 als Spieler Weltmeister wurde und jetzt als Trainer Europameister. Ich kann nur immer wieder sagen, damals, vor mehr als 25 Jahren, stand da eine Supertruppe, und heute steht da auch eine Supertruppe. Das kann man nicht vergleichen. Und was meine Gefühle betrifft, war das vielleicht als Spieler etwas intensiver, aber auch jetzt ist das auch ein grandioses Gefühl, das ich ungemein genieße.

Aber noch mehr freut es mich für die Spieler. Wirklich. Ich schätze diese Mannschaft sehr hoch ein. In über 30 Jahren Spitzenhandball habe ich noch keine erlebt, die so tolle Typen beheimatet, die sich so anständig präsentiert und einen so starken Teamgeist entwickelt hat. Da freut sich jeder über die gute Leistung des anderen, da gibt es keinen Neid, und alles wird gemeinsam angepackt. Ein Beweis war, dass Stefan Kretzschmar und auch „Schorsch“ Baur mit dem Auto hier nach Ljubljana gefahren sind, um vor Ort ihren Freunden 60 Minuten die Daumen zu drücken. Das ist für mich schon etwas Besonderes und ein absolut prägendes Erlebnis. Nicht zuletzt unser Zusammengehörigkeitsgefühl hat uns diesen Titel beschert.

ERFOLGSREZEPT VERTRAUENSBILDUNG

Dr. Berthold Hallmaier

„Seit nunmehr zwölf Jahren bin ich federführend verantwortlich für die medizinische Abteilung der Handball-Nationalmannschaft. Im Ärztestab des DHB bin ich dagegen schon länger. Heiner und ich kennen uns seit 1984. Damals war er Co-Trainer von Simon Schobel. Heiner hat mir die Sportart Handball damals erst so richtig erklärt. Er war dabei sehr geduldig und pragmatisch. Diese Eigenschaften zeichnen ihn ja auch heute noch aus. Seine Tipps und Hinweise waren damals Gold wert für mich als Mediziner, denn dadurch konnte ich die für Handball typischen Verletzungen mit der Zeit deutlich schneller feststellen und Sofortmaßnahmen ergreifen. Er plauderte praktisch aus dem Nähkästchen, gab seine eigenen Erfahrungen – zum Beispiel auch über Fouls – weiter. Er hat mich bei Videobesprechungen darauf aufmerksam gemacht, wo sich die Handballer am häufigsten verletzen – und wobei, bei welchen Aktionen und in welchen Situationen. Das ist für einen Sportarzt von großem Vorteil. Mir jedenfalls hat es meine Arbeit enorm erleichtert. Heiner zeigte mir die kritischen Punkte und häufigsten Probleme von Handballern in Bezug auf Stürze, Verletzungen usw... – und ich konnte mir darauf meinen medizinischen Reim machen. Auch wenn ein Spieler heute Beschwerden kaschieren will, fällt mir das auf. Heiner konnte darauf natürlich auch mehr eingehen als zum Beispiel der Cheftrainer, der für so etwas nicht ausreichend Zeit hat. Doch Heiner nahm mich regelrecht an die Hand – heute kann ich das Spiel ziemlich gut lesen. Aus medizinischer Sicht, aber auch bedingt in Bezug auf Taktik und Spielweise.

Nachdem Heiner als Co-Trainer beim DHB aufgehört hatte, riss unser Kontakt nicht ab. Er war ja dann auf der Gummersbacher Trainerbank in Aktion und schon deshalb gab es immer wieder Berührungspunkte. Der VfL und später auch Wallau stellten ja einige Nationalspieler ab und die Korrespondenz zwischen DHB und Bundesligaklubs ist schon vorhanden, wenn sie mit einer persönlichen Verbindung wie der unseren einhergeht.

Ich habe seit Schobel alle Bundestrainer erlebt – die Wahl Heiners zum Nationalcoach war zum damaligen Zeitpunkt das Beste, was dem deutschen Handball passieren konnte. Und zwar, weil er einige Kriterien perfekt erfüllt: Erstens: Die Nähe zur Bundesliga. Zweitens: Seine Nähe zum Verband. Drittens: Seine Akzeptanz und Reputation bei den Spielern aufgrund der eigenen Laufbahn. Und vor allem seine fachliche Kompetenz – eine unglaublich gute Kombination aus Bauch- und Kopfentscheidungen. Heiner ist kein reiner Kopfmensch. Das nehmen zwar sicher viele an, stimmt aber nicht. Einige Entscheidungen kann er rational nicht erklären, sie kommen instinktiv – aus dem Bauch heraus eben. Und dann behält er Recht. Das ist immer wieder beeindruckend.

Heiner ist ein akribischer Arbeiter. Darüber könnte man jetzt viel schreiben, doch wesentlich hervorgehoben werden muss seine Fähigkeit zur Teambildung, ein Kollektiv zu kreieren. Das ist sein größter Verdienst. Er nimmt alle Spieler in die Verantwortung – nicht taktisch und intellektuell, sondern intuitiv. Auch die so genannten Ersatzspieler bekommen von ihm immer das Gefühl, ohne sie geht es nicht. Er lässt keinen links liegen. Und die Spieler aus der vermeintlichen zweiten Garde zahlen es ihm zurück. Frank von Behren in Sydney, Pascal Hens in Schweden und Portugal, Jan-Olaf Immel und Heiko Grimm in Slowenien – um nur einige Beispiele zu nennen. Die rufen plötzlich Leistungen ab in Situationen, wo ihre Kollegen eben nicht mehr vorankommen und sind somit die ideale Ergänzung und der Inbegriff für ein funktionierendes Kollektiv. Das können sie nur, weil sie sich wohl fühlen in der Atmosphäre, die natürlich entscheidend von Heiner geprägt wird. Er betont immer die Unverzichtbarkeit jedes einzelnen Mannschaftsteils.

Das Untersuchungszimmer ist im Mannschaftssport natürlich die absolute Geheimniskammer. Wäre es nicht so, würde ich diesen Aspekt einfach gar nicht erwähnen, sondern einfach weglassen. Aber man kann es mir glauben: Noch nicht ein Mal gab es in all den Jahren eine ernsthafte kritische Tendenz gegen Heiner oder Beschwerden, die tiefere Bedeutung hatten. Die Mannschaft geht für ihren Trainer durchs Feuer. Das ist eine gewachsene Einheit, die auch Misserfolge verkraften kann – nur so konnte sie nach dem Fehlstart in Slowenien auch noch Europameister werden. Die Älteren akzeptieren die Jungen und umgekehrt. Allen ist der Teamgeist wichtig. Damit eines auch ganz klar ist: Misstöne würde ich weiterleiten, schließlich ist Heiner letztlich dennoch mein „Chef", und er muss sich darauf verlassen können, dass es keine Mitwisser in puncto schlechter Stimmung oder unausgesprochener Kritik gibt. Da bin ich absolut loyal. Doch wie gesagt: Ich war noch nie in der Zwickmühle.

Heiner lässt nie den Chef raushängen. Weder gegenüber den Spielern, noch gegenüber den anderen Mitarbeitern. Er will eigenverantwortlich handelnde Leute mit konkreten Aussagen. Was er nicht mag und akzeptiert, ist eine Aussage wie zum Beispiel: „Der kann morgen eventuell eingesetzt werden – oder nicht. Mal sehen ..." Damit kann er nichts anfangen. Er will kritische Co-Trainer, ein kritisches Umfeld – aber hundertprozentig loyal muss es sein. Er hört sich auch die Meinung anderer zu personellen Fragen an, wenn man eine klare Position beziehen kann, unterlegt mit Argumenten. Wischi-Waschi kann er nicht brauchen. So hat er auch stets selbst klar Position bezogen, wenn es darum ging, Volker Zerbe zu den wichtigen Turnieren zurückzuholen – was für die anderen Linkshänder auf der halbrechten Position gewiss nicht immer leicht ist. Er hat stets Argumente für die Wieder-Integration von „Zebu“ angeführt, und die anderen Jungs wussten auch selbst, wie wichtig Volker für das Team ist. Dass Heiner diesbezüglich stets eine klare Ansprache an die anderen Spieler wählte, ist sicher ein wichtiges Kriterium in diesem Punkt.

Wenn es um die Frage geht, ob und wann ein verletzter oder zumindest angeschlagener Spieler eingesetzt werden kann oder nicht, hat er eine restlos verantwortungsvolle Haltung: Die Gesundheit geht vor. Er würde nie darauf drängen, einen Spieler einzusetzen, der nicht fit ist.

Glauben Sie mir: Wir haben 2003 alles versucht, um Volker Zerbe für das WM-Finale noch irgendwie hinzubekommen, nachdem er sich im Halbfinale einen Muskelfaserriss im Oberschenkel zugezogen hatte. Doch als klar wurde, dass es einfach nicht geht, hat Heiner es ganz ruhig akzeptiert. Er sah: Wir haben alles getan, alles versucht – bestmöglich, professionell. Es war nicht drin. Und da die Gesundheit immer vorgeht, hat er es abgehakt.

Das mag nicht heißen, dass er für sich selbst als Spieler die Regeln nicht manchmal außer Kraft gesetzt und Grenzen überschritten hat. Ich habe ihn als Spieler nicht gekannt, hörte nur davon, dass er gegen sich selbst unerbittlich sein konnte. Aber man muss auch berücksichtigen, dass früher die Trainingsmethoden und die medizinische Betreuung nicht so weit waren wie heute.

Man bezeichnet Heiner oft als verschlossen. Ich kann das nicht bestätigen: Zu mir war er immer gleich aufgeschlossen. Wir sind gute Freunde geworden. Aber er muss schon Vertrauen fassen in Menschen aus seinem Umfeld. Zunächst ist da sicher Misstrauen. Aber: Wenn er spürt, dass er sich auf seine Jungs verlassen kann und auf seinen Mitarbeiterstab, dass alle hundertprozentig loyal sind zu ihm und untereinander, dann wird er auch gelöster. Ohnehin ist er heute gelassener als früher. Kritik von draußen verarbeitet er ebenfalls besser. Das gehörte genauso zum Prozess wie das Schritt für Schritt vor sich gehende Zusammenwachsen der Spieler. Das waren parallele Entwicklungen. Dieser Vorgang begann nach der EM in Bozen – das i-Tüpfelchen war der Urlaubslehrgang 2003 in Ampflwang, die Vollendung dann der EM-Titel in Slowenien.

Noch etwas ist prägnant für die Person Heiner Brands: Er kommt einem nie mit früher. Die alten Zeiten ruhen. Er akzeptiert die Leistung der heutigen Spieler und lässt sie in Ruhe mit diesem „früher war alles besser“.

Heiner ist darüber hinaus ein geselliger, lustiger Mensch, der privat viel Charme versprühen kann. Man mag das kaum glauben, aber ich kenne ihn durchaus so. Nicht selbstverständlich ist auch, dass ein Chefcoach sich nach jeder Nationalmannschafts-Maßnahme persönlich für die Unterstützung bei seinem Mitarbeiterstab bedankt. Für ihn ist es das aber.

Mir ist die Freundschaft zu Heiner und die Freundschaft unserer Familien untereinander sehr wichtig. Perfekt wurde unsere Beziehung, als Heiner den Respekt vor meinem Hund Bruno, einem großen schwarzen Mischlingshund aus der Züchtung von Armin Emrich, ablegte und seine Angst überwand. Anfangs musste Bruno immer ins Auto gesperrt werden, wenn Heiner zu Besuch kam. Irgendwann sagte er dann, der arme Kerl würde bestimmt von Haus aus mächtig sauer sein auf ihn, wenn er ihn sieht, da er bestimmt damit schon verbunden hat: Jetzt muss ich wieder ins Auto. Also sagte Heiner zu mir: „Lass Bruno hier, ich krieg das schon hin. Die beiden haben Freundschaft geschlossen. Ich glaube, dem Bundestrainer ist das auch lieber so ..."

***Dr. Bernd Hallmaier** ist hoch angesehener Sportmediziner und bereits seit zwölf Jahren hauptverantwortlich für die medizinische Abteilung der Handball-Nationalmannschaft. In den Ärztestab des DHB wechselte er einst in der Ära Simon Schobels. Zuvor betreute er u.a. Fußballer. Im „Alltag" findet man den Chirurgen Hallmaier in der hochmodernen Klinik Winghofer Medicum in Rottenburg nahe Stuttgart. Die Maxime des dortigen Ärzte- und Spezialistenteams: „Fit for Fun & Health" – ein Motto, das sich auch auf die DHB-Auswahl übertragen lässt.*

MARKENZEICHEN SCHNURRBART

Joachim Neußer

„Nur Mut, Wolfgang Thierse! Seit dem 1. Februar verfügt der Präsident des Bundestages über die einzige prominente deutsche Physiognomie, von der niemand weiß, was dahinter steckt. Thierse trägt Vollbart, Heiner Brand, der ihn als überzeugender Fronthaarträger begleitete, bevorzugt eine Art Bismarckrolle. Diese interessante Feststellung traf die Süddeutsche Zeitung. Die Bismarckrolle wurde exakt am Sonntag um 21.31 Uhr beim Bundestrainer der deutschen Handballnationalmannschaft nach dem Gewinn der Europameisterschaft in Ljubljana nach dem 30:25-Endspieltriumph gegen Slowenien entfernt.

Der Rasiererhersteller Wilkinson hatte seine Produkte in einem kleinen Friseursalon gegenüber dem Mannschaftsquartier im Grand-Hotel verteilt, was ein paar Euro und 100 verkaufte Nassrasierer einbrachte. Der EM-‚Macher' nahm Platz. Trotz des ihm bevorstehenden, einschneidenden Erlebnisses war er ruhig. Er hatte ja gewusst, dass dieser Tag kommen würde. Den ersten Schnitt durfte Klaus-Dieter Petersen vornehmen. Behutsam setzte „Pittie" das Rasiermesser an den mächtigen Schnauzer von Heiner. Jetzt bloß keinen Fehler machen, lautete die Devise. Die ersten Haare fielen, dann kamen aus der Garde der „Alten" Christian Schwarzer, Stefan Kretzschmar, Markus Baur, Volker Zerbe und Daniel Stephan an die Reihe.

Nachdem die Europameister im Frizerski Salon Mirjam den Bart des Weltmeisters von 1978 und 131-maligen Nationalspieler geschnitten hatten, machten sich die Friseusen Milena und Mirjam an die Arbeit. Ganz schnell ging das, Schere, ein bisschen Schaum, Rasierer, ein wenig After-Shave. Nach getaner, professioneller Arbeit wurde Heiner Brand ein Telefon gereicht. Seine Frau Christel war am Apparat. „Wie ich aussehe?", fragte Heiner in das Handy, „ich sehe ganz frisch und jung aus, du wirst erstaunt sein, welchen Mann du zu Hause finden wirst."

Während Delegationsleiter Horst Bredemeier mit Zigarre in der Hand in ausgelassener Stimmung witzelte: „Den Bart kann man nicht einfach so abrasieren, Heiner soll ja schon mit Schnäuzer zur Welt gekommen sein", sangen die Spieler: „Ohne Schnäuzer geht hier keiner raus." Und: Henning Fritz, Klaus-Dieter Petersen, Jan-Olaf Immel und Mark Dragunski hatten sich im Siegestaumel eine Glatze schneiden lassen. Sie waren noch in der Kabine von Christian Zeitz kahlgeschoren worden.

Die Haarpracht beim Europameister-Quartett ist inzwischen ebenso nachgewachsen wie die buschige, grau-schwarze Oberlippenpracht bei Heiner Brand. „Der Bart soll wieder nachwachsen, das ist ein Familienbeschluss von meiner Frau und meiner Tochter Julia", erklärte er. Kein Wunder: Der Schnauzbart hatte ihm vor geraumer Zeit den Spitznamen Antje – in Anlehnung an das entzückende NDR-Walross gleichen Namens – beschert und ist zweifellos sein Kennungssymbol, sein Markenzeichen.

Zweimal zuvor schon hatten seine Nationalspieler versucht, den Bundestrainer um den Walrossbart zu bringen: sowohl vor dem EM-Finale 2002 in Stockholm gegen Schweden als auch vor dem WM-Endspiel 2003 in Lissabon gegen Kroatien hatten sie für den Fall eines Sieges angekündigt, dass der Bart von Heiner fallen würde – aber Deutschlands Handballer scheiterten zweimal beim Griff nach dem Titel. Im dritten Anlauf hat es geklappt, im EM-Finale in der Tivoli-Halle von „Jubeljana".

Aller Aufregung, die es nach der Barbiererei von Ljubljana gegeben hatte, zum Trotz: Dem größten Sympathieträger des deutschen Handballs wurde schon vorher bereits einige Male der Schnauzbart abgenommen, den er sich im Sommerurlaub 1973 in Südfrankreich hatte wachsen lassen, „weil es damals Mode war".

Einige Monate später erlebte der Handballer Brand Erstaunliches. Der Gummersbacher befand sich zusammen mit Uli Schaus (TV Hüttenberg) und Arno Böckling (TV Großwallstadt) auf dem Weg zum B-Länderspiel in die CSSR. Bei der Passkontrolle an der Grenze in Cheb (Eger) aber stimmte das Passfoto des Visums nicht mehr mit dem Reisepass überein, das Visum zeigte Brand mit Schnäuzer, der Reisepass ohne.

„Das sind Sie nicht", raunzte ein Grenzbeamter Heiner Brand in schroffen Ton an. Das deutsche Handball-Trio wurde sechs Stunden lang in einen Raum eingesperrt, von den Tschechen ausgewiesen, sprich: an die deutsche Grenze zurückgeschickt. Dort ließ sich Heiner Brand kurzerhand den Bart abrasieren, ein neues Foto machen und reiste zusammen mit Schaus und Böckling per Zug zum Länderspiel gegen die Tschechen in Pilsen nach. „Diese Geschichte werde ich nie vergessen", sagt Brand heute.

Auch 1982, nach dem Gewinn der deutschen Meisterschaft mit dem VfL Gummersbach, wurden „Antje" die Barthaare abrasiert. Sie wurden im Festzelt für damals 3000 Mark versteigert. Der Original EM-Schnäuzer wurde übrigens versteigert. Im Ganzen. Wie das funktionierte? „Das weiß ich gar nicht so genau. Vielleicht wurden die Haaren aufgeklebt", sagt Brand, der einfach zu wenig Zeit hatte, sich darüber Gedanken zu machen. Wichtig war ihm nur, dass die haarige Aktion einem guten Zweck diente.

Bereits wenige Wochen nach der EM sah Heiner schon wieder aus wie man es von ihm gewohnt ist. So ganz „nackt" durch die Gegend zu laufen und ständig darauf angesprochen zu werden – das war für Brand eine zu haarige Angelegenheit.

Für Heiners Barthaare indes war die Angelegenheit noch nicht vorbei: DSF-Reporter Müller war auch im Frisiersalon und klaubte die heruntergefallenen Haare vom Umhang und vom Boden auf. Diese tauchten dann im Sportsender aufgeklebt auf einem Plakat und als Schnurrbart drapiert wieder auf."

***Joachim Neußer** ist seit mehreren Jahrzehnten Sportjournalist mit Leib und Seele und genießt hohes Ansehen. In der Branche gilt er als Handball-„Papst" unter den Reportern – kaum ein Zweiter ist so gut informiert und einflussreich wie er. „Pauer", wie er gerufen wird, arbeitet für den Sport-Informations-Dienst (sid) in Neuss und hat fast alle Höhen und Tiefen der deutschen Handballer miterlebt – und mitgelebt. Auch im Fußball ist Neußer Experte, doch sein „Steckenpferd" ist zweifellos der „kleine Bruder Handball".*

DER ÖFFENTLICHE TRAINER

Charly Hühnergarth

„Die Szene hat Seltenheitswert: Nach der Pressekonferenz des letzten Testländerspiels vor der EM in Slowenien hielt eine diensteifrige Radioreporterin in der Dortmunder Westfalenhalle dem Bundestrainer ein Mikrofon unter die Nase. „Herr Brand", flötete sie, „bitte grüßen Sie doch unsere Hörer. Der Sender heißt Eldoradio." Sichtlich verdutzt plapperte der drauf los: „Ich bin Heiner Brand, Trainer der deutschen Handball-Nationalmannschaft, und jetzt habe ich vergessen, wie dieser blöde Sender heißt. Was mache ich hier eigentlich? Ich habe keinen Nerv für so etwas. Ich beschäftige mich mit Handball und nicht mit so einem Schwachsinn."

Wie gesagt, diese Reaktion ist nicht alltäglich und absolut außergewöhnlich bei Heiner Brand. Jeder Fragesteller erhält von ihm eine Antwort. Fast jeder. Zugegeben, nach einem schlechten Spiel oder gar einer Niederlage kann sein Kommentar auch schon mal etwas schmallippig und gekappt herüber kommen. Und wenn er mal nicht über alles reden kann, weil er es aus triftigen Gründen nicht darf, dann versteht er es wie ein gewiefter Politiker, um den heißen Brei herumzureden, schüttelt lästige Fragen ab wie Fliegen. Dann wirkt er knorrig und knurrig, weil er nicht so sein darf wie er nun mal ist. Aber das kommt nun wirklich ganz selten vor.

Gemeinhin zählt unter Sportjournalisten ein Termin bei Heiner Brand zu den Sonnentagen. Die Antworten kommen prompt, dezidiert und sind – wie wir in der Branche sagen – „bratfertig". Was nichts anderes heißt, als dass seine Worte druckreif in den Block fließen. Wer ihn gut kennt, sieht, wie sich bei manchen Fragen von Kollegen, die nicht so im Thema Handball involviert sind, die Augenbrauen leicht nach oben bewegen, - aber eine Antwort gibt es dennoch. Es geschieht aber auch, dass ihm nach einem Interview, auf das sich der Journalist mit kompetenten Fragen gut vorbereitet hat, ein Lächeln über das Gesicht huscht und er das Gespräch mit einem „das hat Spaß gemacht" beendet.

Doch nicht nur bei den Kollegen aus den Sportredaktionen genießt der Gummersbacher hohes Ansehen. Unter Insidern gilt er als Geheimtipp und „Juwel" bei Umfragen aller Art. Ob zum Tempolimit, einer etwaigen Erhöhung der Mehrwertsteuer, dem Jahrestag der ersten Mondlandung oder anderen bunten Themen… Heiner Brand wird zu allem befragt. Und selten ist er eine Antwort schuldig geblieben. Jedoch: Ungefragt äußert er sich selten. Missstände, die er liebend gerne an den Pranger stellen würde und die ihm auf der Zunge brennen, verkneift er sich, und es bricht nur heraus, wenn er konkret danach gefragt wird.

Heiner Brand liest viel. Bücher, Zeitschriften, Tageszeitungen. Heiner Brand surft viel. Im Internet – und nicht nur unter Sport. Heiner Brand weiß viel. Doch das erfährt nur, wer sich dafür interessiert.

Das Zusammenspiel mit der Presse, das Geben und Nehmen beherrscht er perfekt, erkennt die Macht der Medien und auch, wie man sie für bestimmte Interessen nutzt. Als Vereinstrainer in Gummersbach zählte ein Grillabend im Hause Brand mit Journalisten zu den liebgewonnenen Ritualen vor Beginn einer jeden Saison. Dabei wurde aber niemand dem plumpen Versuch des „Einnordens der Meinungsträger" ausgesetzt. Und wer sieht, welchen Strapazen er sich unterzieht, wenn es gilt, ein Länderspiel zu promoten, der könnte auf den ersten Blick zu dem Schluß kommen, der Mann sucht die Nähe der Journalisten, kann dem Drang des „Sich-Mitteilen-Müssens" nicht widerstehen. Doch das zielt weit an den Tatsachen vorbei. Um dem Kräftemessen seiner Spieler auf deutschem Boden im Vorfeld mehr Aufmerksamkeit zukommen zu lassen, fährt er nicht selten mit seinem Audi quer durch die Republik, fliegt mal eben für eine Pressekonferenz kurzerhand nach Berlin oder nach Leipzig – und am selben Tag wieder zurück. Der Erfolgstrainer kann nun mal nicht so leicht „nein" sagen. Das ist aber allein seinem Pflichtbewußtsein zuzuschreiben und allenthalben seinem Hang zum Perfektionismus.

So verhält es sich auch mit dem Umstand, an jedem Spieltag mindestens ein Bundesligaspiel live mitzuerleben, was seinen kurzen Draht zu den lokalen Handball-Berichterstattern in den verschiedenen Bundesligahallen erklärt. Nicht selten schafft Heiner Brand auch drei Partien an einem Wochenende. Dabei nimmt in der Bundesliga die Schar der deutschen Topspieler unter den Elitehandballern aus aller Welt eher einen überschaubaren Rahmen ein. Ich erinnere mich noch an ein Bundesligaspiel vor Jahren zwischen Wuppertal und Gummersbach, wo er auf der Tribüne zum ersten Mal bekennen musste: „Da steht ja jetzt kein einziger deutscher Spieler auf der Platte."

Was mich dennoch immer wieder erstaunt, ist sein Langmut mit Schreibern, die es mit der Recherche und mit der wahrheitsgetreuen Wiedergabe nicht so genau nehmen. Von einem Bannstrahl getroffen wurde noch keiner. Und das steht im krassen Gegensatz zu seiner Linie, die er als Bundestrainer so stringent verfolgt. Bei der Journaille scheint Heiner Brand großherziger zu reagieren.

Allein der Auftritt eines Kollegen in Sydney hat ihn dann doch etwas länger beschäftig. Am Rande der Olympischen Spiele 2000 sah er sich urplötzlich mit einem deutschen TV-Team und mit der Frage konfrontiert: „Was sagen Sie denn zum Abschneiden unseres Softball-Nationalteams?“ Da sich ein Heiner Brand als Vorsitzender des Beirats aller Bundestrainer immer topinformiert zeigt, entfuhr ihm – nicht ohne leichtes Schmunzeln unter dem Schnurrbart – ein: „Ich glaube, damit können wir recht zufrieden sein.“

Später erkundigte er sich im Olympischen Dorf auffallend häufig nach dem Tun und Wirken der deutschen Softballerinnen. Und erfuhr: Ein deutsches Softballteam war in Sydney überhaupt nicht am Start. Und so grübelt er heute noch, was diesem Auftritt zugrunde lag. War es nur ein schlecht informierter Journalist oder eine Stefan-Raab-Kopie, die ihn da ins Bockshorn jagen wollte?“

Charly Hühnergarth *war jahrelang Frontmann und Chefredakteur der „Handballwoche“ und zählt zu Deutschlands Top-Journalisten in diesem Ressort. Mittlerweile bringt er sich u.a. als Pressesprecher für den DHB ein – ist Verbindungsmann zwischen Nationalmannschaft und Medien und arbeitet eng mit Heiner Brand zusammen. Wie auch Joachim Neußer begleitete er Heiner Brand journalistisch durch dessen Karriere als Spieler – und Trainer.*

FAMILY-AFFAIRS, TEIL 2

Die Familie im Dialog

Gummersbach, Lebrechtstraße. Ist da etwa eine konspirative Sitzung im Gange? Nein. Heiner Brands Familie, sein großer Rückhalt, macht sich nur so ihre Gedanken. Ehefrau Christel und die beiden Kinder Julia und Markus sitzen beieinander und sprechen über das Familienoberhaupt. Das ist noch immer unterwegs von einem Termin zum nächsten. Viel Zeit, abzuschalten und zu entspannen, sich anderen Dingen zuzuwenden, bleibt da nicht. Davon wissen seine Gattin und die inzwischen erwachsenen Kinder zu berichten ...

Lehrgänge, Spielbeobachtungen, Turniere, Trainerseminare, PR-Termine – was bleibt da noch? Ist Heiner Brand ein musischer Mensch?

Markus (lacht): Unbedingt.

Filme, Bücher, Konzerte – passt das etwa nicht zu ihm?

Markus: Sagen wir es so: Sein Interesse an diesen Dingen ist eher oberflächlich.

Wann war Ihr Vater denn das letzte Mal mit Ihnen im Kino?

Julia: Mit mir war er damals im Film Bodyguard. Ist ein paar Jährchen her. Er ist während des Films eingeschlafen.

Markus: Mit mir war er in „Beverly Hills Cop Teil eins“ – und ich musste ihn wecken als der Abspann lief.

Christel: Wir waren auch alle zusammen im Musical Gaudi in Köln.

Markus: Auch da ist er geweckt worden – von einem Darsteller. Der landete während der Aufführung direkt neben seinem Platz – das gehörte zur Show. Unser Vater ist regelrecht hochgeschreckt. Wir saßen ein paar Reihen weiter hinten und haben das von weitem gesehen.

Julia: Für Musik interessiert er sich nur wenig. Unsere Stereoanlage funktioniert auch schon lange nicht mehr, glaube ich.

Danach befragt, welche Band er gerne höre, nannte er die „Höhner“
(Kölner Mundart-Band; Anm. d. Red.)

Julia: Genau. Und die „Ärzte".

Wie bitte?

Julia: Ich glaube, er will unheimlich gerne mitreden können. Er hat ja auch einige ganz junge Spieler in seiner Mannschaft, und da gehört es schon dazu, in etwa zu wissen, was angesagt ist. Er fühlt sich auch selbst ein paar Jahre jünger, glaube ich, wenn er beispielsweise mit mir über Musikgruppen oder Filme redet. Auch, wenn er dabei nicht sehr tiefgründig werden kann. In Sachen Mode fragt er ja auch unsere Mutter, was gerade „in" ist und legt Wert auf ihre Meinung. Und so war das mit den „Ärzten" eben auch. Die hat er nämlich auf irgendeiner Veranstaltung mal kennengelernt, weil die mit Stefan Kretzschmar befreundet sind und in seinem Schlepptau mit dabei waren. Ich mag deren Musik und die sind auch in meinem Freundeskreis recht angesagt. Nachdem er also die „Ärzte" kennengelernt hatte, saßen wir eines Abends hier zu Hause beim Abendessen und er fragte mich: „Kennst Du die Ärzte? Das ist so eine Band." Ich antwortete: „Ja, ich weiß, dass das eine Band ist." Er: „Die sind ganz nett, die Jungs. Ich glaube, zu denen gehe ich auch mal auf ein Konzert" *(alle lachen).*

Christel: Er kannte doch deren Musik gar nicht ...

Julia: Nein, er hatte die noch nie gehört, aber er meinte, sie wären nett und ging davon aus, dass die dann auch aus seiner Sicht nette Musik machen würden. Später erzählte er mir noch, dass er den „Ärzten" berichtet hatte, dass er schon mal auf einem „Pur"-Konzert war. Mit seiner Tochter. Das kam bei denen gar nicht gut an. Stefan Kretzschmar hat dann versucht, die Situation zu retten und es so darzustellen, als sei der Vater nur der Tochter zuliebe mitgegangen, die wohl ein Fan von „Pur" sei ...

Markus: Ja, das „Pur"-Konzert. Ich erinnere mich gut daran. Wir hatten VIP-Karten bekommen und hinter uns in der Loge saß Rudolf Scharping – völlig textfest und sang mit. Das hat unser Vater dann auch vorgetäuscht und vor sich hin gebrubbelt und gesummt – bis zum Refrain, den hat er dann laut mitgesungen (alle lachen). Im Ernst: Man merkt schon, dass er versucht, mitreden zu können – irgendwie gehört das wohl auch dazu, wenn man heutzutage eine Mannschaft trainiert.

Julia: Ich hörte, er probiert das auch schon mal bei seinen Spielern. Was er bei uns aufschnappt, versucht er in deren Kreise auch ab und an mal anzubringen, über Kinofilme und solche Sachen zu reden. Als ich mein Bauchnabel-Piercing bekommen habe, war er ja hier ganz strikt dagegen. Aber gegenüber den Spielern hat er, glaube ich, auf „cooler Vater" gemacht und damit regelrecht angegeben.

Was ist mit der elektrischen Heimorgel, die bei Ihnen im zweiten Stock steht und an die er sich setzen will, wenn er mal keinen Trainerjob mehr ausübt?

Alle lachen nur.

Hat er nicht auch schon mal eine Platte aufgenommen?

Markus: Ja, er hat eine Platte im Vorfeld zu den Olympischen Spielen in L.A. mitbesungen ....

Julia: Also mitgesungen kann man nicht sagen. Er sagte doch, er habe nur den Mund bewegt, sonst hätten sie ihn rausgenommen, weil er für die Aufnahme doch zu falsch geklungen hätte. Er durfte bei der Produktion dabei sein – Voraussetzung aber war, dass er sich stimmlich nicht zu sehr einbringt.

Markus: „Bleib am Ball" lautete der Titel – von Ralf Siegel produziert. Fanden wir toll, die Platte (alle drei versuchen die Melodie nachzusingen – und geben nach kurzer Zeit wieder auf).

Christel: Irgendwo haben wir diese Platte auch noch, glaube ich. Aber wir machen ja hier zum Glück kein Hörbuch ...

Ist jedenfalls nicht geplant. Immerhin werden die Leser auf diesem Wege erfahren, dass der Handballbundestrainer aufgrund seiner musikalischen Abenteuer erpressbar ist. Wobei kann er denn wirklich mitreden - oder mitsingen?

Markus: Bei den „Höhnern" kann er echt mitreden – und mitsingen. Deren Lieder kennt er auch alle. Von denen hat er auch eine Menge CDs und Platten. Das ist es aber auch schon mit den musischen, kreativen Neigungen, fürchte ich.

Frau Brand, wie haben Sie denn ihre Freizeit früher miteinander verbracht? Und: Wie haben Sie sich denn kennen gelernt? Etwa auch über den Sport?

Christel: Ja. Wir haben viel Tennis in unserer Freizeit gespielt. Kennen gelernt haben wir uns auch auf dem Tennisplatz. Ich studierte Lehramt in Bonn. Der Freund meiner Schwester war mit Heiner befreundet – und wir waren alle im gleichen Tennisclub in Gummersbach. Das war im Sommer 1974. Ich hatte gerade eine Trennung hinter mir und meine Schwester und ihr Freund meinten, ich bräuchte Ablenkung. Anfangs war auch nicht viel –

mal Händchen halten. Dann war einige Monate Funkstille. Wiedergetroffen haben wir uns dann in einem Skiurlaub im Winter – in der gleichen Konstellation. Abends, beim Doppelkopfspiel nahm er mir dann meine Karten aus der Hand und es hat geschnackelt.

Markus: Muss es wohl, ja. In der Silvesternacht dieses Urlaubs nämlich haben sie mich hinbekommen.

Christel: Die Nachricht, dass ich schwanger war, bedeutete einen ziemlichen Einschnitt für euren Vater. Wir sind dann kurz darauf zusammengezogen, haben dann standesamtlich am 29. Juli geheiratet. Bis es allerdings zu dieser Heirat kam, gab es noch etliche Hindernisse zu überwinden. Letztlich habe ich ihm die Pistole auf die Brust gesetzt und ihm gesagt: Heiraten oder Trennen? Heiner war nämlich irgendwie auf der Flucht vor all dieser Verantwortung.

Auf der Flucht?

Christel: Ja, er hatte ja bis dahin nur andere Dinge im Kopf: Handball, Studium, seine Freiheit. Heiraten passte gar nicht so in seinen damaligen Lebensplan. Die Entwicklungen damals haben ihn über Monate sehr belastet. Er wähnte sich in einem Konflikt. Ich erinnere mich noch genau: An einem 14. Juni hat er mir endlich gesagt, er habe sich entschieden – für mich. Von dem Moment an war er wie ausgewechselt. Eine Riesenlast schien von ihm abgefallen, er war richtig froh, wie ausgewechselt. Und seine Eltern haben überhaupt nicht so reagiert, dass man es ihnen so lange hätte vorenthalten müssen. Auch die Zeit danach war nicht einfach: Schwangerschaft, Wohnungssuche, Entbindung am 1. Oktober, kirchliche Trauung am 18. November, wir beide mitten im Studium, Heiner ständig auf Achse. Ich war viel allein. Damals schon. Aber wir haben uns zusammengerauft und es geschafft. Im Nachhinein war das alles ein großer Lernprozess, das hat mir, ich denke auch Heiner, viel fürs Leben mitgegeben. Ich habe gelernt, mit einer gewissen Einsamkeit umzugehen, wenn er nicht da war und es ja bis heute oft nicht ist. Da haben mir die Erfahrungen von damals sicher geholfen.

Sie haben Ihr Leben schon sehr auf seines ausgerichtet?

Christel: Ja, aber als Lehrerin habe ich durchaus auch meinen eigenen Tagesablauf und unter der Woche genügend zu tun. Ich verspüre keine Leere, fühle mich gefordert. Ich wollte auch gar nicht nur immer auf ihn warten oder ihn ständig anrufen. Ich komme gut klar.

Verspüren Sie nie Einsamkeit?

Christel: Man gewöhnt sich an die vielen Abende, die man alleine ist. Aber es gibt schon Momente, in denen ich realisiere, dass ich über einen längeren Zeitraum mit keinem gesprochen habe. Zum Glück habe ich ja auch die Kinder und Enkelkinder – auch wenn jetzt nach Markus auch Julia ausgezogen ist. Wenigstens abends oder nachts war jemand zu Hause. Aber ich trauere dem nicht nach. Das ist eben der normale Lauf der Dinge. Irgendwann wird das Haus eben leerer, wenn die Kinder erwachsen sind.

Telefonieren Sie häufig miteinander?

Christel: Ja, schon. Aber ich will den Kindern auch nicht zur Last fallen und sie behelligen, weil ich mich gerade einsam fühle. So etwas mag ich nicht und habe mir auch vorgenommen, nicht so zu werden.

Julia: Trotzdem rufen wir uns öfters zusammen, vor allem, seit ich aus Studiengründen nun auch ausgezogen bin. Wenn ich weiß, meine Mutter ist allein zu Hause und ich habe nichts vor, dann frage ich sie schon, ob wir nicht etwas zusammen unternehmen.

Markus: Ich bin ja aufgrund des Versicherungsbüros tagsüber noch viel hier. Aber ich kann mir schon vorstellen, dass es eine Umstellung für unsere Mutter ist, dass meine Schwester jetzt auch auswärtig studiert. Hier war früher schließlich viel los.

Julia: Stimmt. Unsere Partner haben ja auch so gut wie unter diesem Dach mitgelebt. Nachdem wir sie das erste Mal von oben zum Frühstück mitgebracht hatten, gehörten sie mit dazu. Da war mein Vater auch immer sehr offen.

Markus: Ich erinnere mich an den Tag, als meine heutige Frau Inka das erste Mal bei uns zu Hause war. Ich hatte sie im Vorfeld aufgeklärt, wie so manche Dinge bei uns zu Hause ablaufen, um ihr den Einstand zu erleichtern. Gerade was meinen Vater angeht und worauf sie bei ihm achten müsse. Inka sagte nur. „Der soll mal kommen." Jedenfalls lief das dann so ab: Inka klingelte, er machte die Tür auf, Inka kam herein – er ging ins Büro zurück. Nun ist er ja wie bereits geschildert sehr auf Ordnung bedacht. Inka und ich saßen hier am Esstisch und tranken Kaffee. Ihre Jacke hatte sie über einen Stuhl gelegt. Das störte den Ordnungssinn meines Vaters, als der sich dann irgendwann dazugesellen wollte. Er kam also herein, schaute auf Inka, schaute auf die Jacke und sagte: „Na, na, na – wer hat denn da seine Jacke liegen lassen?" Daraufhin sie trocken: „Ich. Und das liegt daran, dass der unaufmerksame Kerl, der die Tür aufgemacht hat, mir meine Jacke nicht abgenommen hat." Da musste sogar mein Vater in seinen Schnurrbart hinein lachen – ich hab´s genau beobachtet. Er konnte sich schon auch mal geschlagen geben ... – wenn es gar nicht mehr anders ging.

Nach Feiern zumute: Heiner und Christel Brand kurz vor Weihnachten nach dem 17:14-Triumph der BRD-Auswahl im Olympia-Qualifikationsspiel gegen die DDR in einer Münchner Nobeldiskothek

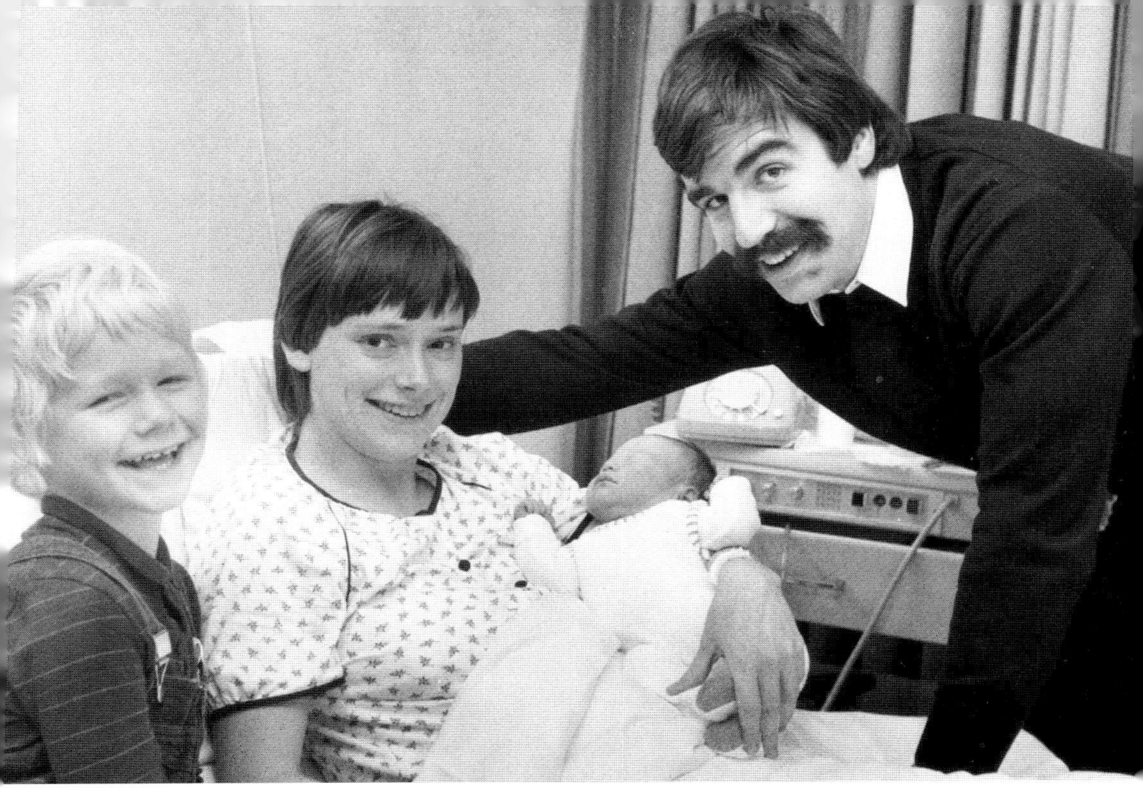

Unterschiedliche Gefühlslage: Die Eltern lachen, dem Sohnemann indes scheint anders zumute ...: Heiner, Christel und Markus Brand (links)

Familienglück komplett: Die Brands kurz nach der Geburt von Julia im November 1981 (oben)

Wenn der Vater mit dem Sohne: Der kleine Markus Brand am Ball. Für das Spielgerät des Vaters interessierte er sich später allerdings nicht sonderlich (unten)

Trautes Heim: Die Brands beim Frühstück. Ein Zusammensein, das Heiner Brand stets genoss, „weil es so selten vorkam“ ...

Stolzer Vater: Heiner Brand inmitten seiner beiden Kinder Julia und Markus (rechts oben)

Wer bringt da wen zu Bett? Heiner und der kleine Markus (rechts Mitte)

Laut Ehefrau Christel ein Bild mit Seltenheitswert: Heiner Brand bei der Gartenarbeit (rechts unten)

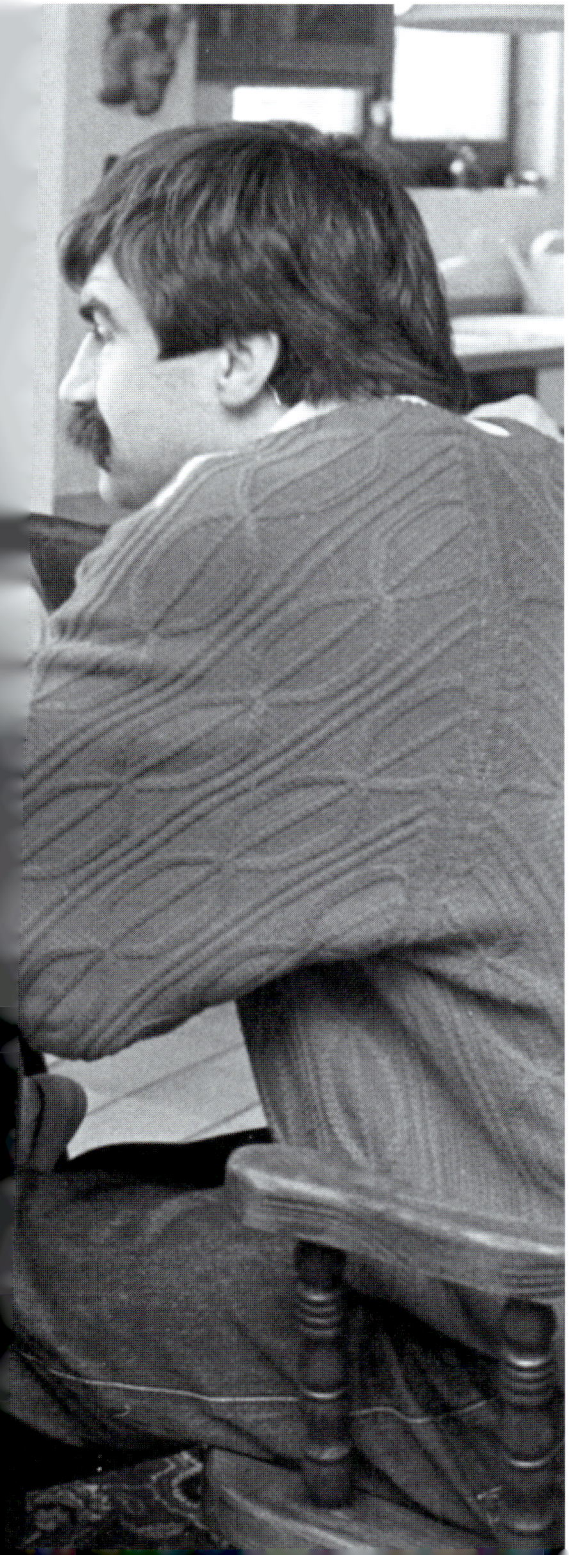

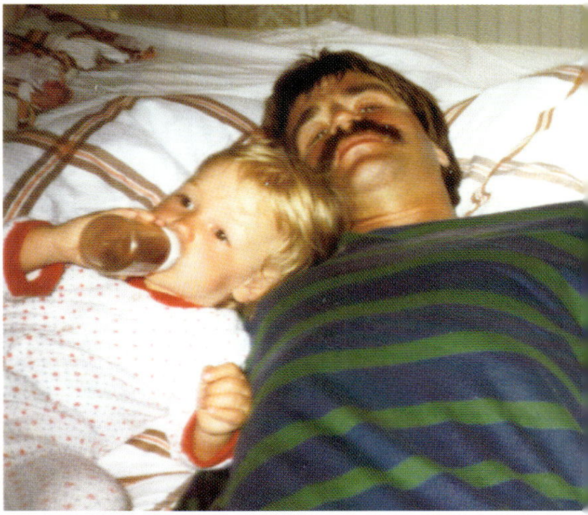

Die Laien-Schauspieltruppe des VfL Gummersbach: Darunter auch Heiner Brand als Poseidon (links stehend) und sein Bruder Klaus (stehend Zweiter von rechts)

Der Golfer: Heiner Brand beim Versuch, sein Handicap zu verbessern ...

Heiner und Markus Brand, der sich längst um die Versicherungsagentur seines Vaters verdient gemacht hat

Heiner und Christel Brand (oben), darunter Tochter Julia im heimischen Garten in Gummersbach.

So richtig entspannen wie hier im Wohnzimmers seines Hauses in Gummersbach kann sich Heiner Brand selten

Hatte das strenge Familienoberhaupt denn keine größeren Schwierigkeiten mit diesen Momenten? Musste sich Ihr Freund, Julia, nicht einer intensiven Musterung unterziehen, wie das bei Vätern und Töchtern oftmals der Fall ist?

Julia: Mein Vater hat sich da noch nie wirklich eingemischt. Er mochte den einen oder anderen sicher lieber als andere, aber er hat nie ausgesucht.

Christel: Da bin ich etwas anders, ich habe schon immer darauf geachtet, wie gut aus meiner Sicht jemand zu einem meiner Kinder passte oder nicht. Meine Tochter und ich haben aber ohnehin in etwa den gleichen Geschmack.

Julia: Mein ehemaliger Freund hat auch Handball gespielt. Das hat meinem Vater natürlich schon ganz gut gefallen und die beiden hatten immer ein Gesprächsthema. Überhaupt war das Interesse an den jeweiligen Partnern von uns durchaus größer als am normalen Freundeskreis. Da wurde sich schon mal nach erkundigt – die gehörten mit dazu, wie man so schön sagt, nahmen am normalen Familienleben teil und durften auch mehr in die Privatsphäre eindringen als andere Freunde.

Markus (lacht): Ich erinnere mich noch an das erste Frühstück mit meiner damaligen Freundin, die ich morgens mit runter gebracht habe an den Tisch. Euer Verhalten war schon sehr gequält. Du hast dich an der Zeitung festgeklammert und Vater sprang plötzlich auf und sagte, er müsse dringend die Post holen – sehr entspannt war das nicht ..., na ja, war ja auch eine Premiere.

Julia (lacht): Ich habe in den ersten Wochen, bis meine Eltern und mein damaliger Freund sich etwas näher kannten, das Frühstück lieber hochgeholt, weil ich solche Szenarien erst einmal vermeiden wollte. Aber ich verstehe das durchaus – mir würde das heute sicher nicht anders gehen.

Markus: Ja, das sehe ich auch so. Diese Verhaltensweise haben unsere Eltern sicher nicht exklusiv.

Christel (grinst): Dann schon eher das alljährliche Weihnachtsprogramm ...

Markus: Ja! Der obligatorische Weihnachtsbeitrag, den die Familie Brand von Julias Freunden einforderte, weil es zur Tradition gehörte ...

Das ist nicht Ihr Ernst ...

Markus: Nein, aber das wusste Julias damaliger Freund nicht, und Heiners Bruder Jochen hat derart ernst und glaubwürdig rübergebracht, dass man als sozusagen neues Familienmitglied ein Weihnachtsgedicht fehlerfrei vortragen müsse, dass der arme Kerl das geglaubt hat. Ausserdem hat man ihm vorher gesagt, er solle sich etwas schicker anziehen – Anzug und Krawatte. So saß er dann eben völlig steif in unserem Familienkreis. Niemand sonst war förmlich gekleidet.

Julia: Und er war doch sowieso sehr schüchtern und nervös – und schaute immer völlig unbehaglich vor sich auf den Tisch und flüsterte nur ständig und für mich vernehmbar: „Das ist doch alles nicht dein Ernst – schau mich mal an ..."

Markus: ... genau, bis Jochen dann das Wort ergriff, einige Bilder zeigte und eine kleine Ansprache aus feierlichem Anlass hielt, die dann mit dem Hinweis endete, dass Julias Freund ja jetzt gleich sein Gedicht aufsagen werde – alle haben sich stark zusammennehmen müssen, um nicht loszuprusten...

Julia: Während ich meinen Freund wieder vor sich hinmurmeln hörte: „Das war´s – ich will jetzt nach Hause .... Ich gehe jetzt auch nach Hause ..."

Hat denn niemand Mitleid gehabt mit dem armen Kerl?

Markus: Nein, das gehörte dazu, das war sozusagen die Familientaufe – oder Prüfung. Im Gegenteil: Jedesmal, wenn jemand von uns an ihm vorbeiging, kam noch ein Spruch: „Bleib ganz locker", oder : „Mach dich schon mal bereit, gleich geht´s los mit deinem Gedicht" – die ganze Familie hat das durchgezogen. Bis er dann irgendwann erlöst wurde.

Und der heutige Handballbundestrainer mitten drin ... was würde er eigentlich ohne seine Familie machen? Wäre seine Karriere so geradlinig verlaufen, hätte er nicht diese Unterstützung von Ihnen allen bekommen oder sich in der Familie wie beschrieben so zurückziehen können?

Christel: Ich denke schon, dass das Familienleben, wie es sich denn bei uns abspielt, zu Heiners Entwicklung entscheidend beigetragen hat. Da waren wie gesagt unsere ersten schweren Monate, die uns beide geprägt haben – Heiner genauso wie mich – und die ihn ernsthafter haben werden lassen, als er es bis dahin war. Eine Familie ernähren zu müssen, eine entsprechende Lebensplanung aufzustellen – damit hatte er sich ja damals, Anfang bis Mitte der Siebziger, gar nicht beschäftigen müssen. Aber von da an war schon eine Richtung vorgegeben, dass alles in festeren Bahnen zu verlaufen hatte. Diese Ernsthaftigkeit und Verantwortung hatte Einfluss auf seine Zielstrebigkeit. Vielleicht hätte Heiner ansonsten alles viel lockerer genommen im Leben und vielleicht wäre er dann auch in seiner Handballkarriere nicht so konsequent gewesen.

Sie, Frau Brand, haben ihn dann auf dem eingeschlagenen Weg auch bedingungslos unterstützt ...

Christel: Sicherlich habe ich ihn dabei auch unterstützt und die Dinge tun lassen, die er auf diesem Weg als richtig erachtet hat. Er hat mich aber auch immer in die wichtigen Entscheidungen einbezogen und wir haben viel diskutiert. Wie zum Beispiel vor dem Entschluss, Trainer in Wallau zu werden. Ich hatte damals große Bedenken, dass dieser Schritt nicht gut für unsere Ehe sein könnte. Wir haben lange besprochen, ob das Sinn macht und ob wir in der Lage sind, so eine Art Fernbeziehung zu führen. Ich hatte Angst davor ...

... aber er hat sich trotzdem zu diesem Schritt entschlossen ...

Christel: ... ja, doch er ist dann fast jeden Abend nach Hause gekommen, obwohl er in Wallau eine kleine Wohnung hatte. Er hatte einfach abends das Bedürfnis, in die Familie zurückzukommen, über alles zu sprechen und auch bei mir zu sein. Das war ihm wichtig. Er suchte auch die Geborgenheit der Familie, in Wallau hätte er abends nur in die Kneipe gehen können – das wollte er nicht. Das hat mir schon auch gezeigt, dass er um das kämpfte, was ihm wichtig ist.

Markus: Die Laufbahn meines Vaters war in dieser Form nur möglich, weil unsere Mutter immer an seiner Seite war, davon bin ich überzeugt. Was du mitgemacht hast, hätten sicherlich nur ganz wenige Frauen mitgemacht. Und darauf kann er schon sehr stolz sein. Denn du (Markus wendet sich zu seiner Mutter) hast schon arg zurückgesteckt für seine Karriere. Gerade die Geschichte mit Wallau – da hätte so manch andere sicherlich auf den Tisch gehauen und gesagt: Mit mir nicht. Du bist ein totaler Glücksfall für ihn.

Ist das Selbstlosigkeit? Oder hatten Sie auch Angst davor, dass er Ihnen mal vorhalten würde, etwas nicht getan zu haben, weil es an Ihrem Veto scheiterte?

Christel: Nein, so etwas hätte er mir im Nachhinein nie vorgehalten. Ich war beispielsweise dagegen, dass er seinerzeit das Angebot von Bayer Leverkusen annimmt – rein intuitiv. Und er hat es dann auch nicht gemacht. Wer weiss, ob es richtig war? Nein, ich sage schon meine Meinung – das ist Diskussionsgrundlage. Aber sicher: Ich weiß, dass ich in jeder Hinsicht unheimlich viel zurückstecken musste. Manchmal denkt man, es wäre schon schön, wenn der Mann so ab fünf Uhr abends da ist. Aber ich hatte immer irgendwie das Gefühl, ohne Handball kann der Heiner nicht – und das wäre dann letztlich für unsere Beziehung auch nicht gut gewesen.

Markus: Ich glaube, es wäre problematischer gewesen, hätte die Karriere meines Vaters erst später begonnen. So aber lernte meine Mutter den Handballer und dessen Leben von Anfang an kennen. Und mit uns Kindern war es ja genauso: Wir kannten es nicht anders, da ist die Gefahr geringer, dass man sich ständig so fühlt, als sein man zu kurz gekommen. Meine Mutter hat von Anfang an gewusst, was Handball für ihn bedeutet und wir sind in dieses Leben hineingeboren worden. Wenn wir es anders kennen gelernt hätten, hätten wir es sicher vermisst, ein anderes Familienleben zu führen.

Christel: Wer weiß, ob das so genannte geregeltere Familienleben immer die Ideallösung ist. Meine Schwiegermutter hat, wenn ich mal geklagt habe, immer gesagt: „Du hast es vorher gewusst, wen du da heiratest" ... „So extrem", habe ich dann oft gesagt, „habe ich mir das aber nicht vorgestellt". Es ist ja im Laufe der Jahre auch immer mehr geworden. Gerade in seiner Wallauer Zeit war er am Ende nicht mehr ausgeglichen, sondern zunehmend gereizt. Das hat aus Mangel an anderer Gelegenheit dann eben immer die Familie abgekriegt. Vor Bundesligaspielen wurde dann immer Video geschaut – da durfte dann auch niemand sprechen und stören – da war die Stimmung eben auch gleich gereizt. Was immer da aufzufangen war, fing in dieser Zeit die Familie auf.

Konnte und kann er denn nach dem Spiel wenigstens abschalten?

Christel: Ja, nach dem Spiel ging es eigentlich relativ relaxed zu, die große Anspannung herrschte und herrscht immer vor dem Spiel.

Julia: Ich finde sogar, nach den letzten großen Turnieren, wenn Vater dann zurückkam, war es besonders angenehm, dann ist er sehr entspannt. Wenn er keinen Stress hat, ist er oft so herzlich und ausgeglichen, da kann er sogar mal Mutters Rolle einnehmen und schlichten, wenn wir uns uneinig sind. Es gibt Phasen, da ist er sehr gelöst. Dann kann man richtig feststellen, dass er mal abschalten kann und etwas anderes hört und sieht: Seine Familie, seine Kinder, Enkelkinder.

Christel: Ja, Heiner braucht sein familiäres Umfeld. Gerade, weil er so viel unterwegs ist. Er hat noch nie vergessen, einmal pro Tag zu Hause anzurufen – egal, wo er ist. Er will einfach nur mal kurz meine Stimme oder die der Kinder hören, das ist ein Stück Geborgenheit.

Julia: Ja, ich bin der Meinung, er sorgt sich sehr um die Familie.

Was machen Sie, Frau Brand, wenn ein Weggang aus Gummersbach nach Ende des DHB-Vertrages 2008 tatsächlich ein Thema wird?

Christel: Wir haben darüber schon gesprochen. Das kommt für mich schon in Betracht. Ich würde mich dann als Lehrerin beurlauben lassen. Auch ein Wechsel ins Ausland ist vorstellbar, obwohl es darauf ankommt, wohin es ginge. Frankreich oder Spanien – warum nicht? Wenn die neue berufliche Aufgabe zu ihm passt, würde ich mich gegen einen Tapetenwechsel nicht sträuben und mitgehen. Eine Situation wie damals mit Wallau kommt nicht mehr in Frage.

Würde ein Ortswechsel das familiäre Zusammengehörigkeitsgefühl beeinträchtigen?

Christel: Nein. Da bin ich mir sicher. Die Kinder sind ja im Begriff, ihren eigenen Weg zu gehen und füreinander da wären wir ungeachtet dessen ja trotzdem immer.

Markus: Für uns Kinder wäre das gar kein Problem. Früher, als wir kleiner waren, wäre das anders gewesen.

Christel: Ja, da hätte Heiner einen Verein gesucht, der nicht weit weg ist.

Julia: Ein möglicher Wechsel war ja durchaus schon mal Thema innerhalb unserer Familie. Einfach, um mal abzuklären: was wäre, wenn ... – Ich erinnere mich daran, dass wir darüber mal gesprochen haben, als ich volljährig wurde.

Markus: Wenn sich mein Vater zu einem solchen Schritt entschließen sollte, hoffe ich nur, dass wir es im Vorfeld von ihm erfahren – und nicht, wie in den Fällen Wallau und DHB, über Dritte. Das mit Wallau habe ich aus der Zeitung erfahren, das mit dem Nationaltrainerjob erzählten mir Freunde.

Sie sind damals von Wallau völlig überrascht worden?

Markus: Ja.

Christel: Das war ja auch alles sehr geheim.

Julia: Von der Vertragsverlängerung mit dem DHB habe ich aus den Fernsehnachrichten erfahren.

Markus: Wahrscheinlich denkt er, dass wir uns nicht so sehr dafür interessieren und macht solche Dinge dann mit sich und seiner Frau aus – zumal derartige Dinge ja inzwischen auch keinen entscheidenden Einfluss mehr auf uns Kinder haben. Aber wie gesagt: Vielleicht werden wir beim nächsten Mal ja dennoch im Vorfeld eingeweiht. Fände ich gut.

Christel: Ich werde darauf achten.

Moderiert von Frank Schneller

ANSICHTSSACHEN

Meine Meinung über...

... den Hausmann Heiner Brand

Auf Ordnung lege ich schon besonderen Wert, auch Sauberkeit ist mir wichtig. Ich muss mich in den eigenen vier Wänden wohl fühlen können – und dazu gehört eben eine angenehme Atmosphäre. Dafür nehme ich schon mal den Handstaubsauger in die Hand. Ansonsten bin ich wohl nicht der Fleißigste im Haushalt. Kochen kann ich auch nicht, aber ich würde es gerne lernen. Ich denke schon, dass mir das Spaß machen könnte. Jedenfalls empfinde ich so, wenn ich mal zufällig eine dieser Promi-Kochsendungen im Fernsehen schaue.

EINE LIEBEVOLLE ABRECHNUNG

Die Stadt Gummersbach

Wenn ich meinen Freund Kurt Klühspies besuche und wir hin und wieder ein Spiel seines Heimatklubs TV Großwallstadt besuchen, dann ist das Hallo groß. Nach all den Jahren erbitterter Rivalität zwischen dem TVG und „meinem" VfL Gummersbach sind die Anerkennung und Gastfreundlichkeit in Richtung meiner Person bisweilen schon ergreifend. Es ist ein sehr anheimelndes Gefühl, mitzuerleben, wie Kurt und ich dort empfangen und angesprochen werden. Dass der Kurt einer von ihnen ist, lassen meinen guten Freund die Leute in seiner Heimat stets spüren. Und ich gehöre eben irgendwie auch dazu.

Ein Lokalmatador wollte ich nie sein. Das ist gewiss nicht meine Art. Ich bin von Haus aus auch zurückhaltender, abwartender als Kurt, der womöglich unkomplizierter und offener auf Leute zugeht – und dennoch ist es eben auch das „Echo" der Mainfranken, das mir besonders auffällt. Denn ähnliche Nestwärme habe ich in Gummersbach nicht empfunden.

Womit wir bei meinem durchaus zwiespältigen und gewiss nicht sentimentalen Verhältnis zu meiner Geburts- und Heimatstadt Gummersbach wären.

Gummersbach – das ist in der bundesweiten, ja sicher sogar weltweiten Wahrnehmung der VfL. Die Stadt im Bergischen Land verdankt ihre hohe Bekanntheit zweifellos den Handballern. Ansonsten reichen Größe und Atmosphäre des Ortes als auch seine Nähe zur Großstadt Köln kaum aus, Gummersbach auf der Landkarte besonders hervorzuheben. Denn auch die vermeintlich idyllische Lage des Städtchens verliert bei genauem Hinsehen ihren Reiz angesichts der architektonischen „Versuche" in den letzten Jahrzehnten, so etwas wie Großstadtflair im Bergischen zwischen Köln und Sauerlandlinie zu erschaffen: Fußgängerzone, Kaiserstraße, Betonklötze und Straßenführung haben den Liebreiz, den man sich womöglich vorstellen mag, wenn man an eine Kleinstadt mit viel Fachwerk, Kopfsteinpflaster und netten Gaststätten zwischen vielen Hügeln im landschaftlich ansonsten ja tatsächlich schönen Bergischen denkt, zerstört.

Atmosphärisch hat sich die Stadt zum Nachteil entwickelt, mit der einst durchaus schönen Bausubstanz wurde leider viel Böses gemacht. Nein, ein hübsches Städtchen ist Gummersbach heute nicht mehr, vergleicht man es mit dem Erscheinungsbild, an das ich mich noch erinnere, wenn ich an meine Kindheit und Jugendzeit denke.

Gummersbach und der VfL – das kann niemand trennen. Fast niemand. Die Einzigen, die dies innerlich bisweilen versuchen, sind die Gummersbacher selbst. Dabei umhüllt der Mythos VfL eigentlich all das, was Gummersbach in Wirklichkeit ist – das klotzige Einkaufszentrum, die optisch ausladenden Behördengebäude, die „City“ eben und dazu die anliegenden Örtchen wie Niederseßmar, Derschlag und all die anderen Dörfer, die zur Stadt Gummersbach gehören.

Doch meine Gedanken zur Stadt Gummersbach gehen nicht so sehr in Richtung Architektur und Stadtbild, sondern in Richtung ihrer Bewohner und die fragwürdige, nein meist mangelnde Unterstützung der Region für den VfL, ihr Aushängeschild schlechthin, sowie an die gewiss nicht überschwängliche Anerkennung der Stadt für ihre großen Handballer. Ein Journalist der FAZ hat vor vielen Jahren einmal geschrieben, der Gummersbacher würde kaum über den VfL sprechen, bloß, um zu dokumentieren, dass „man“ weit mehr zu bieten habe als ein paar gute Handballer. Er schrieb, die Stadt habe den Handballern ihr Selbstbewusstsein eigentlich erst zu verdanken, aber letztlich habe der VfL unter genau diesem Selbstbewusstsein zu leiden. Erfolge seien Normalität geworden und würden als solche auch nur noch bedingt wahrgenommen. Das ist gut beschrieben und ein Erklärungsansatz, warum es mit dem Klub vor wenigen Jahren so steil bergab ging, ja sogar gehen musste.

Erst der Umzug nach Köln, im Rahmen dessen man womöglich auch über ein Stück Identitätsverlust des Vereins sprechen kann, der aber grundsätzlich der richtige Schritt war, wie man jetzt feststellen kann, hat den Verein überlebensfähig gemacht. Zu Hause zählte der VfL zuletzt nicht mehr viel – das war eine ganz bittere Erfahrung für mich und sicher alle, die über Jahre, ja Jahrzehnte diesen Klub mit aufgebaut und am Leben gehalten haben. Dass der Klub mehrmals vor der Pleite stand und die Rede davon war, dass die Lichter ausgehen würden in der Eugen-Haas-Sporthalle und beim VfL – das ging einem wie mir ans Gemüt.

Gummersbach – das ist meine Heimat, damit verbinde ich einen Großteil dessen, was mein Leben bislang ausmacht, zumal ich ja, abgesehen von einer kurzen Unterbrechung während meiner Studienzeit in Köln, immer hier gelebt habe, ein Großteil meiner privaten Verbindungen hier zu finden sind und auch meine berufliche Existenz vor dem Bundestrainerposten. Gummersbach ist auch das Zuhause meiner Familie. All das verbindet mich natürlich stark mit diesem Ort, der auf und zwischen sieben Hügeln liegt. Nicht zuletzt aufgrund all der sportlichen Erfolge, die natürlich ebenfalls unweigerlich mit Gummersbach zusammenhängen. Auch der VfL bedeutet für mich Heimat. Natürlich identifiziere ich mich mit dieser Stadt, mit dem Verein aus all diesen Gründen. Ich habe ja auch mehr investiert in diesen Klub als normale Trainer oder Spieler, habe nie ernsthaft einen Wechsel auf mich zukommen sehen. Treue, Identifikation, persönliches Engagement, Verzicht, vor allem im finanziellen Bereich

– das sind in Bezug auf mein Verhältnis zu Region, Stadt und Verein sicher mehr als nur Schlagwörter.
Doch bei aller Loyalität: Es gab schon immer Dinge, die mich an der Region gestört haben. In erster Linie eben, wie sie mit dem Handball umgegangen ist. Sie hat dem Sport nicht wirklich jene Bedeutung zukommen lassen, die er angesichts seines Stellenwerts für die Stadt und das Umland verdient hätte – und zwar schon in Zeiten, als es wirtschaftlich in Deutschland noch nicht so problematisch war wie zum Teil heute. Es gab immer eine innere Distanz zum Verein, ungeachtet der Lippenbekenntnisse von wegen „unser VfL".

Auch ich persönlich hätte mir schon etwas mehr Respekt gegenüber meiner Person gewünscht angesichts des Engagements, das ich für den VfL gezeigt habe. Meinen zwischenzeitlichen Vereinswechsel nach Wallau oder die Benennung zum Bundestrainer haben in Gummersbach einige ja schon als halben Verrat hingestellt. Ich erinnere mich daran, dass wir mal ein Heimspiel mit dem VfL verloren haben zu einem Zeitpunkt, als bereits klar war, dass ich Nationalcoach werden würde. Da kamen dann von der Tribüne Kommentare wie: „Der ist doch mit dem Kopf gar nicht mehr bei uns – das ist dem doch alles egal." Das waren Dinge, die mir schon sehr wehgetan haben. Neid und Missgunst hatte ich nicht verdient, meinte ich damals schon – und dazu stehe auch noch heute. 1992, vor meinem Wechsel nach Wallau, habe ich als frisch gekürter Schützenkönig bei einer Rede während eines Frühschoppens beispielsweise ziemlich kritische Töne angeschlagen, die die Anwesenden sicher überrascht haben und die genau in die Richtung zielten, die ich auch hier in diesem Kapitel über meine Heimat und ihr wenig herzliches Verhältnis zum VfL einschlage.

Ich wollte nie besondere Dankbarkeit – doch auf der anderen Seite eben auch nicht das Gefühl vermittelt bekommen, dass ich dem Verein womöglich noch geschadet habe. Dies waren atmosphärische Störungen, die ich nicht so einfach ignorieren konnte – und wollte.

Aber so ist der Gummersbacher gestrickt. Eine typische Idylle ist Gummersbach eben nicht. Gummersbach ist nicht Großwallstadt. Das Bekenntnis zum eigenen Verein ist dort ein ganz anderes. Hier fährt man bisweilen lieber nach Köln zum Eishockey, weil das angeblich „chic" ist. Man wäre gerne weltmännischer hier, der Dorfcharakter des Handballs, der ihm ja immer noch anhaftet, passt in diese Denke eigentlich nicht hinein. Das hat sich mit den allgemeinen gesellschaftlichen Veränderungen natürlich zunehmend weiter in diese Richtung entwickelt.

Gummersbach und sein zwiespältiges Verhältnis zum Handball – auch für mich noch immer allgegenwärtig. Es ist nicht so, wie man vielleicht annehmen könnte, dass ich beim Bäcker, an der Tankstelle oder beim Zeitung-Kaufen besonders häufig angesprochen werde. Ich kann nach 50 Jahren heute nahezu unbehelligt in Gummersbach essen gehen. Großes Hallo ist da nicht. Die alten Zeiten sind nicht präsent – und das ist auch okay. Ich kann es ja sogar genießen, in Ruhe irgendwo hinzugehen. Gemütlich und ungestört in meine Lieblingsgaststätten zu Abend zu essen, ein Bierchen zu trinken ohne große Aufregung, ohne großes Schulterklopfen. Ich leugne nicht, dass mir das an Gummersbach auch wieder gefällt. Meine Frau ist manchmal überrascht, wie wenig Notiz von meiner Person genommen wird – im Vergleich zu Göppingen, Kiel oder sonst wo. Diese direkte Verbundenheit ist in Gummersbach nicht zu spüren. Ein anderes Beispiel ist die örtliche Presse: Es gibt nahezu keine andere Zeitung, von der ich so wenig als Bundestrainer befragt werde, wie von den beiden hier ansässigen. Das ist eben so.

Nun muss ich ja eingestehen, dass ich selbst Gummersbacher bin. Von der Mentalität her bin ich im Grunde auch ein Oberbergener. Trotz der räumlichen Nähe zu Köln fehlt sicher auch mir die Offenheit, wie sie von den Menschen aus der Domstadt bekannt ist. Auch ich bin sicher einer vom Schlage derer, die irgendwo zwischen Köln und Sauerland zu Hause sind. Ein Sturkopf, meinetwegen. Etwas unnahbar, auf Distanz gehend zunächst vielleicht – mag sein. Aber in den von mir hier angesprochenen Kritikpunkten bin ich sicher etwas anders strukturiert. Da zieht es mich doch in Sachen Lebenseinstellung eher in Richtung Köln und nicht so sehr nach Gummersbach, wo man gerne mal versucht, etwas Besseres zu sein – oder darzustellen.

Zu einem Liebesentzug führt dies freilich nicht, dafür bin ich ja viel zu verwurzelt mit dieser Stadt, haben mich Gummersbach und der VfL zu sehr geprägt. Früher habe ich die hier beschriebenen Eigenheiten auch noch gar nicht so wahrgenommen. Zumindest störten sie mich nicht. Hier passte eben immer alles am besten, darum bin ich auch nie weggegangen und habe ungeachtet so mancher finanzieller oder beruflicher Verlockungen nie den Verein gewechselt. Vielleicht fehlte mir auch die Abenteuerlust, war ich in diesem Punkt zu bequem. Wahrscheinlich aber bin ich einfach schon damals zu bodenständig gewesen, hatte zu viele Gründe, nicht fortzuziehen – neben den sportlichen Verwurzelungen vor allem im privaten Bereich. Aus meiner Jugendzeit stammt auch heute noch ein Großteil meiner Freunde.

Diese innere Verbindung hat sich jahrelang nicht gelockert. Ich hätte als Aktiver nach Nettelstedt wechseln können oder zu Bayer Leverkusen. In beiden Fällen wäre dies mit einer deutlichen finanziellen Verbesserung einhergegangen. Die berufliche Perspektive in Leverkusen wäre obendrein auch sehr reizvoll gewesen, da hatte man mir von Seiten des Konzerns durchaus interessante Möglichkeiten aufgezeigt – aber letzten Endes blieb ich immer in Gummersbach. Nur die Entscheidung nach Wallau zu gehen, war eine Ausnahme. Doch war damals bereits klar – und auch innerhalb meiner Familie so besprochen – dass dies nur eine zeitlich begrenzte Etappe sein würde. Ein kompletter Umzug nach Hessen stand daher nie zur Debatte.

Heute stehe ich einer örtlichen Veränderung offener gegenüber. Und auch meine Frau signalisiert, dass ein Wechsel in eine andere, größere Stadt (oder ins Ausland) für die Zukunft nicht mehr ausgeschlossen ist. Dies liegt allerdings primär an den eigenen Wünschen und Ansprüchen, die wir an unser Leben stellen, und weniger an einer etwaigen Müdigkeit, in Gummersbach zu leben – obschon die Formulierung, „sich eine neue Herausforderung suchen" natürlich immer auch mit dem Zurechtfinden, Einleben in und Sich-Einlassen auf eine neue Umgebung zusammenhängt.

Womöglich aber würde ich gewisse Dinge vermissen. Gummersbacher Eigenheiten zum Beispiel. Wie die Begegnung mit einem älteren Herren, erst neulich. Ich war zurück aus Athen und an meinem Schließfach in der Gummersbacher Post, als er mich ansprach. Keine Begrüßung, kein Wort zu Olympia. Er sagte nur: „Na, jetzt musst Du wohl mal wieder richtig arbeiten." Mehr nicht. Kein Glückwunsch. Keine Verabschiedung. Nur das. Mitten in den Raum hinein. Ich war irgendwie perplex. Dabei sollte mich so etwas eigentlich nicht mehr sprachlos machen. Ich sollte und ich kann darüber schmunzeln. Ich lebe in Gummerbach.

ANSICHTSSACHEN

Meine Meinung über...

... Fernweh

Ich habe viele Länder bereist als Sportler. Aber auch privat. Besonders beeindruckt hat mich die dreiwöchige Reise nach Südafrika mit meiner Frau Christel und Tochter Julia 1996. Die Kap-Region, die Garden-Route, Durban und eine Safari-Tour durch den Chobe-Nationalpark – das war schon sehr toll. Auch unser Urlaub auf Jamaika hat mir gut gefallen. Andere Kulturkreise, ein anderes Klima, andere Menschen kennen lernen – für die Erweiterung des eigenen Horizonts gibt es kaum eine bessere Möglichkeit. Dennoch hält sich mein Fernweh in Grenzen. Ich bin bodenständig. Es muss nicht immer exotisch sein. Wir machen sehr gerne Urlaub in Deutschland oder Österreich, wo der Erholungswert nicht minder groß ist, vielleicht sogar intensiver. Meine Affinität zu Frankreich ist ja bekannt. Ich spreche auch lieber französisch als englisch. Dort zu leben für eine bestimmte Zeit können wir uns schon vorstellen. Und als Urlaubsziel ist Frankreich bei uns natürlich auch angesagt.

VON SLOWENIEN NACH ATHEN

Meine Trainerjahre beim DHB, Teil 2

Nach der EM war vor Olympia. Die Tage nach dem Triumph des deutschen Handballs in Slowenien waren stressig, aber natürlich auch schön. Die Aufmerksamkeit und der Rummel nach dem ersten Titelgewinn seit 1978 nahm beeindruckende Ausmaße an – aber dies zu monieren war und wäre nun wirklich deplaziert. Ich könnte an dieser Stelle mit Blick auf die Popularität meiner Jungs und auch meiner' Person fast von „Star-Rummel" schreiben. Nicht nur, weil mein Bart ab war: Endlich hatten wir den Handball in den Fokus der Öffentlichkeit gerückt. TV-Interviews, Homestorys, Einladungen zu Werbe-Auftritten, PR-Aktionen und, und, und ... Die Wahl zum Trainer des Jahres durch die deutschen Handball-Fans, über die ich mich sehr freute, geschah nahezu beiläufig. Zeit, das Erreichte und die angenehmen Begleiterscheinungen zu genießen, die Geschehnisse zu verarbeiten und auch mal durch zu atmen, blieb kaum. Alles geschah wie in einem Zeitraffer – unser Auftritt beim Ball des Sports, der „Abstecher" ins ZDF-Sportstudio, ein großes Interview mit meinem Kollegen Rudi Völler für den „Kicker" – sogar das „Manager Magazin" interviewte mich zu den Themen Coaching, Motivation und Teamführung. So ganz nebenbei sollte ja auch die Arbeit an diesem Buch nicht zu kurz kommen. Mehrere gegenseitige Besuche zwischen Autor und Co-Autor bekamen wir auch noch unter in die knapp bemessene Zeit. Eine reife Leistung, denn: Der Terminkalender war randvoll. Zeit für die Familie blieb zunächst einmal kaum. Nur kurz konnten wir auch im familiären Kreis den EM-Gewinn feiern.

Hinzu kam: In den Wochen nach der EM musste ich mich in München einer nicht mehr aufschiebbaren Bandscheiben-Operation unterziehen – die Schmerzen, die mich jahrelang begleitet hatten, machten diesen Eingriff nun unumgänglich. Anfang Februar, nur eine Woche nach der Rückkehr aus Slowenien reiste ich nach München, um mich an meinem malträtierten Rücken operieren zu lassen. Angst davor hatte ich nicht, vielmehr überwog die Hoffnung, danach endlich beschwerdefrei zu sein – ein Gefühl, an das ich mich kaum noch erinnern konnte.

Die Operation war nicht unkompliziert: Ich litt unter Verknöcherungen an der Bandscheibe. Bei dem Eingriff wurden die Nervenkanäle im Lendenwirbelbereich freigelegt, um die Ablagerungen zu entfernen. Alles verlief gut und in den Tagen im Krankenhaus, beziehungsweise vor der darauf folgenden Rehabilitation hatte ich sogar Zeit, mich mit dem Buch zu beschäftigen. Frank Schneller hatte mir mehrere Kapitel zur Durchsicht ans Krankenbett bringen lassen. Der Handball hatte mich also in kürzester Zeit wieder, wenn man so will.

Später, kurz vor Beginn der Olympia-Vorbereitung, sollten jedoch erneut Rückenprobleme auftreten, weswegen ich mich noch einmal bei Prof. Dr. Dietrich Grönemeyer, dem Bruder des berühmten deutschen Rocksängers Herbert Grönemeyer, in Behandlung gab. Der hoch angesehene Professor für Radiologie und Mikro-Therapie konnte mir mit seinen Behandlungen zum Glück sehr helfen.

Die EM hatte mich schon sehr mitgenommen. So ein Turnier geht an die Substanz. Man kann nicht abschalten und verspürt immer einen Druck im Kopf. Ich hatte in Slowenien häufig Kopfschmerzen. Nun, da der Druck abgefallen war und auch die Rücken-Operation hinter mir lag, konnte ich etwas durchatmen. Ein paar wenige Tage Familienurlaub in den Bergen – das gönnte ich mir, besser gesagt: uns– dann schon. Mein Bruder Jochen wurde 60 Jahre und wir feierten in den Alpen. Meine Genesung schritt erfreulicherweise gut voran, was ich durch fleißiges Aufbau-Training und regelmäßige Physiotherapie natürlich unterstützte. Schließlich wartete bereits die nächste große Aufgabe auf uns: Die Olympischen Spiele in Athen, zu der wir nun als Top-Favorit anreisen würden – das war uns bewusst. Als Europameister ist man nun mal in der Favoritenrolle. Die Spitze war zuletzt immer enger zusammengerückt, deshalb war und ist unsere Konstanz in den letzten Jahren eigentlich noch höher zu bewerten. Von der „Mission Gold" oder der „Operation Gold" war immer häufiger die Rede – wir galten landauf- landab als sicherer Medaillen-Kandidat . Das vorolympische Turnier in Athen im März bescherte uns ein 30:23 über Gastgeber Griechenland, eine 25:26-Niederlage gegen die starken Ägypter und ein 30:22 über Ungarn. Es waren die ersten Testspiele nach Slowenien – und mehr als die Ergebnisse zählte die Standortbestimmung angesichts der harten und langen Bundesligasaison, die unsere Jungs absolvierten. Wir hatten einige Absagen wichtiger Leistungsträger wie Volker Zerbe, Pascal Hens, Markus Baur oder Torsten Jansen zu verzeichnen, dafür bekamen ein paar Neulinge einen Schnupperkurs in Sachen Nationalmannschaft. Somit blieb unser vorolympisches Abschneiden durchaus im Rahmen. Das Spiel am 30. März gegen die Weltauswahl in Saarbrücken anlässlich des Geburtstages von Joachim Deckarm war eine schöne, runde Sache und diente in erster Linie der Unterhaltung.

Dennoch stand mir, uns allen, viel Arbeit bevor. In der Trainingshalle – und auf der PR-Bühne: Nach dem Gewinn der Europameisterschaft war die Marketing-Strategie des Deutschen Handball Bundes in die Kritik geraten. Man würde das gewachsene Medien-Interesse nicht ausreichend nutzen, meldeten einige Presseorgane. Doch rechtzeitig zum Olympia-Start überraschten wir mit ungewöhnlichen Aktionen, die bewusst auch etwas jugendlicher ausgerichtet waren. Die Öffentlichkeitsarbeit insbesondere der Spieler verdiente Bestnoten, zumal sie diese nie zu Lasten ihrer sportlichen Leistung und der Konzentration auf das

Wesentliche verrichteten. Dass Handball nicht nur angesagt ist, sondern auch „rockt", wie einige junge Medien erkannten, dokumentierte der erste Musikclip der Mannschaft: Im Vorfeld Olympias flimmert das Musikvideo zum eigens für die Spiele entworfenen Song „HEAT", das unsere Jungs mit der Gruppe „Beige GT" aufgenommen hatten, über die Bildschirme. Sogar die „Toten Hosen" besuchten uns während der Olympia-Vorbereitung zu einem lockeren Fußballspiel.

Für Aufsehen sorgte auch das Fotoshooting im „Stern" und der Auftritt unserer Spieler Stefan Kretzschmar, Christan Schwarzer und Pascal Hens im ZDF-Sportstudio. Dort überzeugten sie gut gelaunt und locker auftretend neben dem neuen Fußballbundestrainer Jürgen Klinsmann beim legendären Torwandschießen – und das nicht nur, weil sie dabei gleich zwei Glasscheiben der Studio-Dekoration zerballerten. Die Scherben übrigens nahmen die Jungs mit nach Athen. Dort wurden sie in unserem Quartier aufgehangen – als Glücksbringer.

Zwischen diesen öffentlichen Highlights lag freilich eine harte Vorbereitung. Härter und länger hatten wir uns noch nie auf eine Großveranstaltung vorbereiten können. Sieben Wochen lang hatte ich meinen Kader zusammen. So gut wie nie zuvor konnten wir die physischen und taktischen Grundlagen schaffen und ausreifen. In Köln begann die „Schleiferei", die aber alle Jungs sensationell mitmachten, sofern sie nicht – wie beispielsweise Klaus-Dieter Petersen oder aber auch Stefan Kretzschmar – zwischendurch mit Verletzungen zu kämpfen hatten. In einer solch langen und beschwerlichen Zeit ist es besonders wichtig, auch für Abwechslung zu sorgen und neue Elemente einzubauen, um zu stimulieren. Frank Löhr und ich hatten uns entsprechend viel einfallen lassen: Wir verpflichteten den Sportwissenschaftler Prof. Dr. Klaus Baum, der mit uns in seinem privaten Trainings-Institut zunächst ausgiebig in den Bereichen Ausdauer und Schnelligkeit trainierte. Auch im koordinativen Bereich wurde sehr viel trainiert. So mag es zwar verblüfft haben, dass wir ein Trainingsgerät der Astronauten benutzten, doch letzten Endes war auch dieser „Ausflug" in eine andere Übungswelt sinnvoll. Dass die Spieler neben den Einheiten in der Halle der Kölner Trainer-Akademie ins „SpaceCurl" kletterten, war jedenfalls weit mehr als ein PR-Gag. Mir war klar: Körperlich musste das Team topfit sein, denn auch die Konkurrenz würde bei Olympia athletisch auf der Höhe sein. Zudem war uns bewusst, dass auch der Umgang mit der Hitze Athens eine Rolle spielen konnte.

Die sieben Wochen in Köln, Schwerin und Nürtingen verlangten dem Kader jede Menge Entbehrungen ab – umso eindrucksvoller und aussagekräftiger war es für uns, zu sehen, dass alle Spieler an einem Strang ziehen. Alle wollten in Athen aufs Treppchen, sich noch einmal so fühlen wie bei der EM in Slowenien. Zumal es für die „älteren Semester" auch die letzte Olympia-Chance war. Dass ich den Kader aufgrund der Olympia-Bestimmungen von 19 auf 15 reduzieren musste, gehörte angesichts des Fleißes aller Kandidaten sicher nicht zu den angenehmsten Aufgaben, die ich vor der Abreise noch zu erledigen hatte. Ich entschied mich, 15 Jungs zu nominieren, aber vor Ort nur 14 Spieler zu melden und die anderen vier auf Abruf im erweiterten Kader zu belassen – um gegebenenfalls auf Verletzungen und Bedürfnisse reagieren zu können, die sich erst während des Olympia-Turniers einstellen. Carsten Lichtlein, Steffen Weber, Heiko Grimm und Holger Glandorf sollten sich bei ihren Vereinen bereit und fit halten. Schon bei der EM, wo wir von Haus aus einen Spieler mehr melden durften, hatte sich diese Personal-Strategie als gewinnbringend erwiesen, wie die Nachnominierung Steffen Webers nach dem Ausfall von Markus Baur bewies.

Die letzten Länderspiele vor Athen waren geprägt von der physischen Beanspruchung, die unser Team vor allem beim Fitness-Programm in Köln durchgemacht hatte – aber das hatten wir einkalkuliert. Und so beteiligten wir uns nicht an den Diskussionen, welche Aussagekraft die Niederlagen gegen Russland Mitte Juli in Bonn und Minden haben würden. Bangemachen kam nicht in Frage – trotz der beiden deutlichen Niederlagen. 27:34 und 26:31 hatten wir verloren und dabei wirklich nicht den frischesten Eindruck hinterlassen. Doch das war kein Grund zur Panik. Wichtiger war da schon die Steigerung gegen Island in Schwerin und Rostock knapp zwei Wochen später – mit mehr Abstand zu der hohen körperlichen Belastung der ersten Juli-Phase. In Schwerin lief es zunächst sehr gut gegen die starken Isländer: 14:8 lagen wir fünf Minuten vor der Pause vorn, dann kam ein Einbruch, der zur Folge hatte, dass wir kurz vor Schluss mit 22:25 zurück lagen und einer weiteren Niederlage entgegen zu blicken schienen. Doch der Akku der Spieler war noch nicht ganz leer und die Moral stimmte außerdem. So reichte es am Ende noch zu einem 27:27-Unentschieden. Einen Tag später erwartete ich nun eine weitere Steigerung und dass auch die physische Stabilität länger anhalten würde. Dieser Erwartungshaltung wurde das Team gerecht – in Rostock besiegten wir die Isländer klar und souverän 32:25. Jetzt allmählich kamen wir in Form – das wurde allen deutlich. Und es bestätigte uns in unserer Vorgehensweise.

Die beiden Generalproben gegen unseren EM-Finalgegner Slowenien in Stuttgart und Frankfurt unterstrichen den Trend: Rechtzeitig zu den Olympischen Spielen steuerten wir auf unsere Bestform zu. Fünf Tage nach dem Sieg über Island und einem kurzen Abstecher nach Hause zu Freunden und Familien schlugen wir die Slowenen 33:27, am Tag vor der Abreise nach Athen dann noch einmal 30:28, obwohl wir in Frankfurt eine Dreiviertelstunde nicht gut aussahen und bereits 19:24 zurücklagen. Doch der Kampfgeist war bereits olympiareif und so bog das Team dieses Spiel noch um. Wohl auch, um ein Zeichen zu setzen. Dennoch gab mir das zweite Spiel gegen Slowenien Anlass, kritische und warnende Töne anzuschlagen.

Die Reise nach Athen verlief reibungslos. Nach Ankunft und Unterbringung im olympischen Dorf wurde schnell klar: Die Griechen hatten doch noch rechtzeitig alles fertig bekommen. Es herrschte Olympia-Flair in der Stadt der Akropolis. Und auch die Stimmung in unserem Lager war sehr gut. Keine Verletzten, großer Teamgeist, ein einhelliges Ziel vor Augen – es bestand kein Grund zur Klage. Nur die fantastische Eröffnungsfeier im Olympiastadion konnten wir nicht mitmachen – denn bereits am Tag nach der Opening-Zeremonie stand unser erstes Gruppenspiel gegen Gastgeber Griechenland auf dem Programm. Und so verfolgten wir die gigantische Show vor dem TV-Gerät im olympischen Dorf. Großes Murren oder Unverständnis für diesen Entschluss gab es nicht. Allen war klar, dass wir nicht am Abend vor dem Auftaktspiel noch stundenlang auf den Beinen sein und feiern konnten. Schließlich ging es auch vielen anderen Athletinnen und Athleten so. Stattdessen zeigte unser Kader einmal mehr, dass er es versteht, gute Stimmung zu erzeugen und somit den Teamgeist zu fördern: Die Jungs initiierten im Olympiadorf ihren eigenen Einmarsch. Stefan Kretzschmar mobilisierte die Mannschaft, Christian Ramota bastelte eine provisorische Fahne. Und los ging's mit der Selfmade-Party.

Tagebuch-Vermerke von Co-Trainer Frank Löhr

9. August:
Unser Reisetag. Die Stimmung ist gut – man spürt den Willen und die Konzentration auf das Bevorstehende. Heiner wirkt sehr locker und ausgeglichen. Nach der Ankuft und der Einquartierung im olympischen Dorf noch eine Laufeinheit – Heiner ist dabei. Die erste Nacht in den Zweibettzimmern.

10. August:
Ausschlafen. Nach dem Frühstück u.a. Aufstellen und Einrichten der Logistik: Video, Arbeitsstätte für unsere medizinische Abteilung im Dorf usw. Unsere Offiziellen haben in unserem Gebäude eine Etage für sich und Heiner ein Einzelzimmer. Aus Rücksichtnahme. Er schaut nämlich jedes Mal bis spät in die Nacht Videos von unseren Gegnern. Auch ich beobachte die nächsten Gegner parallel zu ihm, dann schließen wir uns kurz und erstellen einen Zusammenschnitt für die Mannschaft.

11. August:
Zweimal Training, erste Video-Besprechung mit der Mannschaft. Einstimmung auf die Griechen. Man merkt: Der Tag „X" rückt näher. Wir wissen, wie wichtig es ist, in ein solches Turnier gut zu starten.

12. August:
Wir betreten erstmals die Spielhalle. Anschließend erste Pressekonferenz und danach ein Ausflug nach Athen. Wir besichtigen die Akropolis, die Altstadt und das alte Olympiastadion, nehmen die Atmosphäre in der Stadt auf. So etwas ist wichtig. Die Abwechslung tut uns gut und ist gleichzeitig eine prima Einstimmung auf Olympia. Heiners erste Begegnung mit dem Digital-Zeitalter, genauer gesagt: Mit einer Digital-Kamera.

13. August:
Der Tag der Eröffnungsfeier. Sie findet ohne Heiner und das Team statt. Sieben Stunden stehen und warten – das ist keine ideale Vorbereitung auf das erste Spiel am kommenden Tag. Das Team stellt stattdessen eine eigene Eröffnungsfeier im Olympiadorf auf die Beine: Rein in die Anzüge, die extra mit einem eigens mitgebrachten Bügeleisen in Ausgeh-Form gebracht wurden, Fahne gebastelt und losmarschiert durch das Dorf. Die Kreativität und der Teamgeist unserer Jungs steckt viele im Dorf an. Eine gute Idee im kleinen Rahmen, verglichen zur Gala im Olympiastadion. Alle sind rechtzeitig und ohne Strapazen im Bett.

Dann ging es auch mit dem Handballspielen los. Tag eins bei Olympia. Die Griechen waren trotz ihres Heimvorteils letztlich kein echter Prüfstein. Griechenland zählte nicht zu den Top-Nationen im Welthandball, spielte aber später eine weitaus bessere Rolle als angenommen wurde. Zunächst aber galten sie als Underdog. Und dennoch konnte man merken, wie sich die Anspannung entlud in unseren Reihen, denn es war wichtig, gut ins Turnier zu kommen und die erste Aufgabe zu meistern – zumal noch gegen ein Team mit Heimvorteil. Die Nervosität legte die Mannschaft schnell ab und gewann die Partie souverän 28:18. Schon zur Pause war beim Stand von 15:8 eine Vorentscheidung gefallen. Beim 24:13 war die Partie endgültig gelaufen. Das griechische Publikum im Faliro Sports Pavillon erlebte es mit Fassung. Über weite Strecken spielte unser Team sehr gefällig – zur Freude unserer lautstarken Fangemeinde, zu der sich übrigens auch die nach dem Spiel restlos vom Handball begeisterte Werbe-Ikone Verona Feldbusch gesellt hatte. Christian Schwarzer und Florian Kehrmann trafen am besten – je sechsmal.

Tagebuch-Vermerke von Co-Trainer Frank Löhr

14. August:
Auftakt der Olympischen Spiele. Merkliche Zunahme derAnspannung .Überall ist die sportartübergreifende Aufregung zu spüren. Es geht los. Wir schlagen die Griechen souverän. Durchatmen: Dieser Auftaktsieg war eingeplant und dennoch ganz besonders wichtig für die Stimmung.

Den folgenden Ruhetag nutzten wir zur intensiven Vorbereitung auf Ägypten. Die von Jörn-Uwe Lommel trainierten und sehr selbstbewussten Afrikaner hatten ihr Auftaktspiel gegen Ungarn verloren und standen schon unter Druck. Eine gefährliche Ausgangslage, zumal der letzte Vergleich ein halbes Jahr zuvor ja noch verloren gegangen war. Doch diesmal wartete eine andere deutsche Mannschaft auf Ägypten. Eine in Bestbesetzung – und eine, die topfit sowie hoch motiviert war, es dem auch verbal kessen Gegner zu zeigen.

Tagebuch-Vermerke von Co-Trainer Frank Löhr

15. August:
Ruhetag. Das bedeutet für uns Trainer sogleich Vorbereitung auf den nächsten Gegner: Ägypten. Heiner ist in seinem Element. Hat wieder Videos bis spät nachts studiert. Die Spieler bekommen etwas Freiraum, das Training wird gleichzeitig zur Anwurfzeit des nächsten Spiels am folgenden Tag angesetzt, um die Jungs in einen zeitlichen Rhythmus zu bekommen. So halten wir das nach Möglichkeit immer. Auch, nein, vor allem die Details sind wichtig! Heiner hat so was drauf, er hat hierfür das Feeling und die Erfahrung.

Selbstbewusst waren wir, gut vorbereitet ebenfalls. Doch dass es so gut laufen würde gegen Ägypten, das war schon erstaunlich. 26:14 (14:5) lautete das Endresultat, das unsere rund 1000 mitgereisten Fans verzückte. Der WM-Vierte von 2001 war chancenlos. So einfach hatte sich das niemand von uns vorgestellt. Bei besserer Chancenauswertung hätte es gar ein noch größeres Debakel für die Ägypter geben können. Doch auch so verlief die Partie einseitig: Bereits nach elf Minuten streckte Volker Zerbe demonstrativ die Arme in die Luft und jubelte: Unser Team führte 5:0. Nach 18 Minuten hieß es schon 10:2. Nicht einmal die rote Karte gegen unseren Abwehrchef Klaus-Dieter Petersen in der 22. Minute warf uns zurück. Die Neun-Tore-Führung zur Pause bauten wir später sogar noch auf 19:6 und 23:7 aus, ehe der Gegner in einer zunehmend harten, aber bereits längst entschiedenen Partie verkürzen konnte. Stefan Kretzschmar, Florian Kehrmann und Volker Zerbe trafen je fünfmal. Doch auch dieser zweite Sieg war – wieder einmal – der Erfolg der Mannschaft. Ein Erfolg, über den ich mich zu diesem Zeitpunkt sehr freute. Abends war ich TV-Gast bei der Beckmann-Show im Athener Hafen – eine angenehme Abwechslung, die auch dazu beitrug, das olympische Feeling zu spüren, andere Sport-Persönlichkeiten zu treffen.

Tagebuch-Vermerke von Co-Trainer Frank Löhr

16. August:
Das Ägypten-Spiel: Man merkt, wie konzentriert und motiviert all unsere Spieler vor diesem Spiel sind. Zuletzt hatte es zwei Niederlagen gegen Ägypten gegeben. Erst das große Kribbeln, dann die totale Erleichterung und Entspannung: Wir spielen klasse – Ägypten hat keine Chance. Heiner ist spürbar zufrieden und erleichtert.

17. August:
Ruhetag. Heute soll Franziska van Almsicks großer Tag werden. Durch ihre Beziehung zu „Kretzsche“ besteht ein besonderes Verhältnis zu unserem Team. Wir erlauben den Spielern, Franzi anzufeuern. Nicht alle können Tickets bekommen, nur vier Karten können wir ergattern und austeilen – also losen wir. Kretzsche hat natürlich eine „Green Card“, war gesetzt. Heiner ist es sehr wichtig, dass das im Sinne des Teamgedankens fair abläuft. Wer ein Los zieht, freut sich, wer keines zieht, nimmt es ohne jeglichen Ärger hin. So muss es laufen. Apropos: Trainiert wird außerdem – in Form eines Regenerationslaufes. Abends ist Heiner bei Reinhold Beckmann auf der „Aida“ zu Gast – ein Auftritt, der ihm gefallen hat. Auf dem Schiff trifft er auch seine Frau Christel und sitzt mit ihr und den Hallmaiers noch etwas beieinander.

Spiel Nummer drei in Athen brachte Sieg Nummer drei. Aber auch einen ziemlichen Schrecken mit sich. Dazu gleich mehr. Die Stimmung im deutschen Olympia-Lager war längst gezeichnet von etlichen geplatzten Medaillenträumen. Stefan Kretzschmars Freundin Franziska van Almsick beispielsweise blieb ohne die erhoffte Schwimm-Medaille. Ich hatte unserem Team, allen voran natürlich Kretzsche, erlaubt, sie im Schwimmstadion anzufeuern und extra das Training verlegt. Wir Handballer hatten bis dahin unsere Hausaufgaben erledigt und galten so ein wenig als Vorzeige-Team. Diesen Ruf wollten wir weiter pflegen und so legten wir auch gegen Brasilien mächtig los: Ich gab Christian Ramota anstelle des bis dahin überragenden Henning Fritz einen Einsatz im Tor von Beginn an, den dieser mit zahlreichen guten Paraden nutzte. Bereits nach zehn Minuten führten wir mit 7:2. Dann kam etwas Sand ins Getriebe, Brasilien verkürzte Tor um Tor. Schlimmer jedoch war die Szene in der 22. Minute, als Christian Schwarzer mit dem Fuß umknickte und vom Spielfeld getragen werden musste. Ich hatte die Aktion gesehen und mir wurde schon Angst und Bange. Ein Ausfall „Blackys“

– das wäre ein schwerer Einschnitt, das war mir klar. Unsere medizinische Abteilung arbeitete mit Hochdruck an Christians rechtem Knöchel. Das Spiel lief unterdessen weiter und das Team verdaute diesen ersten Schock, legte wieder zu und ging mit 18:12 in die Halbzeit. Dort wurde „Blacky" weiter verarztet. Aufatmen in unseren Reihen und auf der Tribüne bei den tollen deutschen Fans dann einige Minuten später: Zur zweiten Halbzeit kehrte „Blacky" wieder aufs Feld zurück. Zwar unter Schmerzen, aber Schwarzer biss auf die Zähne. Am Ende hatten wir auch dieses Spiel gegen die bisweilen hart einsteigenden Südamerikaner gewonnen: 34:21 lautete das Endresultat. Vor allem Stefan Kretzschmar hatte einen „Sahne"-Tag erwischt, traf siebenmal, ebenso Daniel Stephan. Wir waren wieder Gruppenerster, aber: Schon in diesem Spiel missfiel mir die zu hohe Risikobereitschaft und mangelnde Vorbereitung der Torwürfe.

Tagebuch-Vermerke von Co-Trainer Frank Löhr

18. August:
Der Sieg über Brasilien, die Angst um die Knöchelverletzung von „Blacky" Schwarzer. Zum Glück ist er hart im Nehmen und seine Bänder und Sehnen offenbar nicht ernsthaft verletzt. Er spielt weiter. Heiners Reaktion im Moment des Umknickens unseres Kreisläufers verrät: Er weiß um die Bedeutung unseres Extra-Könners am Kreis. Später seine Erleichterung, dass Schwarzer nicht ausfallen wird.
19. August:
Olympia-Alltag. Training, Vorbereitung auf das Ungarn-Spiel usw. Nicht alltägliche, sondern willkommene Abwechslung: Unser Mannschafts-„Doc"„ Hallmaier hat Geburtstag. Zu dritt – Heiner, der „Doc" und ich – treffen wir uns mit den Ehegattinnen in der Athener Altstadt. Mal raus, mal kein Mensa-Essen ...

Alles schien bestens zu laufen.Im „Mainstream" der vielen enttäuschten deutschen Medaillenhoffnungen waren wir in der öffentlichen Wahrnehmung so etwas wie die Anführer der Gegenbewegung: Drei Spiele, drei Siege. Der SPIEGEL berichtete zu Hause über die erfolgreichen Handballer als Ausnahmeerscheinung inmitten lauter zerplatzter Gold-Träume. Vielleicht war alles zu glatt, zu logisch gelaufen in den ersten drei Begegnungen. Denn dann kam das Spiel gegen die starken Ungarn. Und plötzlich lief es nicht mehr rund bei uns. Siege lassen sich nicht programmieren. Sie sind, wenn die Weltspitze sich untereinander misst, nicht selbstverständlich. Wir hatten die Ungarn gewiss nicht unterschätzt, dafür waren sie zu gut und hatten in Laszlo Nagy einen überragenden Werfer. Und dennoch fehlte etwas in Spiel Nummer vier. Unsere Torleute hatten nicht den besten Tag erwischt, auch nicht unser Rückraum. Selbst unser Prunkstück – die Abwehr – funktionierte nicht. Vor allem nicht gegen Linkshänder Nagy, der in Barcelona spielt. In der Abwehr stark gegen Kretzschmar, machte er aus zwölf Versuchen elf Tore. Zu allem Überfluss verletzte sich auch noch Pascal Hens zum Ende der ersten Halbzeit am Rücken an der Bandscheibe und konnte nicht weiterspielen. Am Ende gewannen die Ungarn 30:29 – verdient. Der von mir bereits im Brasilien-Spiel wahrgenommene Trend bestätigte sich in dieser Partie. Die viel stärkeren Ungarn aber bestraften uns dafür auch unmittelbar.

Tagebuch-Vermerke von Co-Trainer Frank Löhr

20. August:
Die Niederlage gegen Ungarn – vor allem aber die Verletzung von „Pommes“ Hens ist zu beklagen. Wieder fällt wohl ein Leistungsträger im Verlauf eines Turniers aus. Unser Auftritt gegen die Magyaren ist eine Enttäuschung – und ein Schuss vor den Bug. Alle werden wohl gemerkt haben: Ohne 100 Prozent geht es nicht. Heiner ärgern zudem die vielen Fehler. Aber er bleibt ruhig und sachlich.

21. August:
Analyse, Training, Bangen um Pascal Hens. Noch besteht Hoffnung, dass unsere Mediziner das Unmögliche vielleicht doch noch schaffen und ihn hinbekommen. Aber realistisch betrachtet, brauchen wir einen „Plan B“, sprich: eine Alternative im Rückraum.

22. August:
Das Frankreich-Spiel und die zweite Niederlage. Wir verzeichnen eine Leistungssteigerung gegenüber der Partie gegen Ungarn, aber gelangen auch zur Erkenntnis, dass wir im Rückraum etwas unternehmen müssen. „Plan B“ ist die Nachnominierung Frank von Behrens. Unser Delegationsleiter Horst Bredemeier telefoniert mit ihm und nach einem kurzen Gespräch willigt Frank sofort ein, zu helfen. Er wird nachnominiert. Das bedeutet aber: „Stand-by“-Mann Christian Schöne muss leider seinen Platz im Olympiadorf räumen. Heiner spricht auch mit ihm unter vier Augen. Christian ist natürlich betrübt, doch er war bereits vorbereitet. Gleichwohl ist solch eine Maßnahme für alle Beteiligten sehr schwer. Doch die Umstände verlangen es. Wir brauchen Hilfe im Rückraum – und Christian ist Außenspieler.

23. August:
Es steht fest: Spanien ist unser Viertelfinalgegner. Frank von Behren ist in Athen angekommen und von der Mannschaft gut aufgenommen worden. Vorbereitung auf Spanien – das Team wirkt konzentriert. Keinerlei Anzeichen von besonderer Nervosität – der Revanche-Gedanke überwiegt.

Okay – wir waren bereits qualifiziert für das Viertelfinale. Aber: Im Bemühen, den stärksten Gegnern in den Überkreuzspielen mit der anderen Gruppe aus dem Weg zu gehen, bedeutete diese Niederlage gegen Ungarn einen Rückschlag. Mir hatte bei den Jungs der unbedingte Wille gefehlt, den dieses Team sonst so auszeichnet. Grund zur Panik bestand natürlich nicht, wie auch Stefan Kretzschmar trotzig versuchte, klar zu machen, indem er davon sprach, in jedem Turnier habe das deutsche Team einen Aussetzer – und den hätten wir ja jetzt glücklicherweise hinter uns. Hatten wir? Auch Partie Nummer fünf, das Endspiel um den Gruppensieg, gegen die Franzosen verlief nicht nach unseren Vorstellungen. Immerhin: Die Einstellung war nach dem zwischenzeitlichen freien Tag seit der Ungarn-Partie wieder intakt. Ob es im Unterbewusstsein eine Rolle gespielt haben mag, dass wir schon qualifiziert waren für das Viertelfinale? Es ist nicht auszuschließen. Das kann einen einige Prozentpunkte Konzentration, Anspannung und Willenskraft kosten – ohne, dass man es merkt und folglich ändern könnte. Doch fraglos war das Team anders drauf als gegen die Ungarn. Zur Pause lagen wir noch 12:11 vorn, doch am Ende mussten wir nach einer schwächeren zweiten Halbzeit erneut als Verlierer vom Feld. 22:27 lautete das Ergebnis diesmal. Die Franzosen waren ausgeglichener in ihren Tagesleistungen.

Unser Angriffsspiel, vor allem im Rückraum, blieb zu wirkungslos. Ohne Pascal Hens, der uns in dieser Partie doch merklich fehlte, verloren wir nicht nur Platz eins in der Gruppe, sondern auch noch Rang zwei. Was wir vermeiden wollten, war eingetreten: Als Gruppendritter ging es jetzt ins Viertelfinale – und dort ausgerechnet gegen Spanien, den „Angstgegner", wie viele Medien in Erinnerung an die dramatische Niederlage in Sydney vier Jahre zuvor meinten. Die „Revanche". Das „Spiel der Spiele" – es wurden -zig Titulierungen gefunden für das immer wieder auf's Neue polarisierende Duell mit den Spaniern, die in der anderen Gruppe überragende Ergebnisse wie zum Beispiel das 41:28 über Vize-Europameister Slowenien erzielt hatten.

„Jetzt geht das Turnier erst richtig los", versuchte Markus Baur Mut und Zuversicht zum Ausdruck zu bringen. Dennoch: Plötzlich war es vorbei mit der „goldigen" Euphorie, die um uns herum vorherrschte, so lange es lief. Wichtig war indes, was sich mannschaftsintern aus den beiden Rückschlägen entwickelt hatte – oder entwickeln sollte. Wie würden wir damit umgehen? Welche Auswirkungen auf die Psyche unserer Spieler hatten die letzten Misserfolge wirklich? Welche Gruppendynamik würde daraus entstehen? Und, vor allem: Wie würde es uns Trainern gelingen, das Team wieder auf Kurs zu bringen? Ehrlich: Ich war noch immer überzeugt von den Jungs, hatte keinerlei Panik oder Zweifel, obgleich ein Viertelfinale gegen ein anderes Weltklasse-Team natürlich schnell das Ende bedeuten kann.

Tagebuch-Vermerke von Co-Trainer Frank Löhr

24. August:
Das Spanien-Spiel. (Fast) ohne Worte. Wir trainieren früh noch einmal ein wenig, um locker zu werden. Abfahrt zur Aufwärm-Einheit ist neun Uhr morgens. Recht früh. Abends dann das Spiel. Heiner und ich erleben es irgendwann, irgendwie nur noch als Film mit, ein Film, der vor unseren Augen abläuft. Unfassbar. Heiner vertraut den bewährten Kräften. Natürlich gibt es während des Spiels Situationen, in denen gehadert wird, aber Heiner hat seine Philosophie. Jeder ist Teil der Mannschaft, jeder ist wichtig – und wenn er nur 30 Sekunden spielt. Das können entscheidende 30 Sekunden sein. Wie im Falle Torsten Jansens: Siebenmeterwerfen – ich frage ihn: Haust Du ihn rein? Er sagt: Klar. Dann geht er zum Siebenmeterpunkt und verwandelt. Das macht ein Team aus.

Der Ruhetag vor dem Spanien-Spiel wurde genutzt, sachlich und gezielt über unsere Defizite zu sprechen, die wir in den vergangenen Tage offenbart hatten. Pascal Hens, das war inzwischen leider nahezu Gewissheit geworden, konnte aufgrund seiner Bandscheiben-Verletzung wohl nicht mehr ins Turnier eingreifen. Wieder war uns während eines großen Events ein wichtiger Spieler ausgefallen. In der Kürze der Zeit musste ich reagieren: Ich brauchte einen zusätzlichen Rückraumspieler für die linke Seite. Einen, der auch in der Deckung seinen Mann würde stehen können. Meine Wahl fiel auf – Frank von Behren. Der Gummersbacher hatte durch seine Absage vor der EM in Slowenien nun nicht gerade Pluspunkte gesammelt bei mir und auch nicht bei der Mannschaft, doch in dieser Situation durfte es nicht um persönliche Animositäten gehen. Wir brauchten Frank, das war klar. Vor seiner endgültigen Nachnominierung sprachen wir – Frank Löhr und ich – noch kurz mit Markus Baur und Daniel Stephan über diese Personalie, um recht schnell festzustellen: Ja, diese Entscheidung ist richtig. Also riefen wir, genauer gesagt Horst Bredemeier, ihn an und holten ihn aus dem Gummersbacher Trainingslager zu uns nach Athen. Frank war sofort bereit, zu helfen. Was unsere Entscheidung natürlich leichter machte: Er war, das wussten wir, in einer akzeptablen Form und aufgrund seiner jahrelangen Zugehörigkeit zum Team auch relativ problemlos zu integrieren. Den Magdeburger Christian Schöne musste ich allerdings aus dem Kader streichen, was natürlich nicht einfach war. Doch er zeigte viel Verständnis und bewies, dass er einer jener Teamspieler ist, die ich in einer solchen Auswahl grundsätzlich haben will.

Dann kam das Spiel gegen Spanien. Diese Partie an dieser Stelle mit Worten zu beschreiben, fällt schwer. Nein, es ist eigentlich unmöglich. Ich habe in all den Jahrzehnten meiner Handball-Karriere so viele dramatische Spiele und Nervenschlachten mitgemacht. Aber dieses Viertelfinale gegen unseren vermeintlichen Angstgegner Spanien übertraf alles bislang Erlebte. In einem der denkwürdigsten Spiele der Sportgeschichte, ich glaube, das kann man durchaus so bezeichnen, gewannen wir 32:30 – nach zweimaliger Verlängerung und Siebenmeterwerfen. Was hat dieses Spiel Emotionen freigesetzt! Während dessen, vor allem aber auch danach. Christian Schwarzer schossen die Tränen aus den Augen, er sank danieder auf dem Spielfeld, als Daniel Stephan das entscheidende Tor geworfen hatte, nach Fassung und Worten ringend. Wir waren spätestens seit der zweiten Verlängerung wie apathisch gewesen, solche Situationen kann man nicht fassen, man kann sie nicht vorbereiten, nicht simulieren.

Ja, es gibt Glück im Sport. Millimeter, Zehntelsekunden – all das lag -zigfach auf der Waagschale in diesem Spiel. Die Möglichkeiten, darauf von der Bank aus einzuwirken, sind verschwindend gering. Spätestens beim Siebenmeterwerfen – einem im Handball ja äußerst ungewöhnlichen, weil seltenen Schauspiel – hat man dann gar keinen Einfluss mehr von draußen. Den hatte – und zwar im entscheidenden Maße – Henning Fritz im Tor. Der Spanier Daniel Barrufet hielt bereits auf Weltklasse-Niveau, doch Henning übertraf das noch. Es war unfassbar, was dem Kieler Kämpfertypen an diesem Abend alles gelang, wie viele Bälle er entschärfte. Allein drei im Siebenmeterwerfen, in dem wir selbst dreimal scheiterten. Weil aber ein weiterer Wurf der Spanier gegen den Innenpfosten knallte und Daniel Stephan es dem bis dahin einzigen Torschützen, unserem eiskalten „Joker" Torsten Jansen nachmachte, war das von vielen immer wieder herauf beschworene traumatische Erlebnis von Sydney endgültig vorbei. 8000 Zuschauer im Faliro Sports Pavillon waren Zeuge dieses Dramas in vier Akten geworden, in dem vor allem Stefan Kretzschmar mit einem vergebenen Strafwurf in der regulären Spielzeit, als auch im Siebenmeter-Shoot Out einmal mehr eine Hauptrolle zuzufallen drohte. Doch Daniel Stephan hatte seine Nerven im Griff. Erst rettete er uns mit seinem Siebenmetertor nach Ende der ersten Verlängerung in die zweite „Extra-Time“, dann warf er uns als unser letzter Schütze von der Siebenmeter-Marke aus ins Halbfinale. Das Team war nach den Rückschlägen gegen Ungarn, Frankreich und der Verletzung von „Pommes“ Hens wieder aufgestanden.

Der Spielverlauf dokumentiert, wie viele Richtungen diese sehr harte, körperbetonte, aber nie unfaire Partie nahm: Nach zehn Minuten lagen wir dank des schon zu diesem Zeitpunkt überragenden Fritz und einer sicheren Abwehr 6:3 vorne. Nach einer Auszeit der Spanier verloren wir den Vorsprung: 6:6 nach zwölf Minuten. Wieder setzten wir uns ab – 11:8 (18.), doch die Wurfquote war bereits in der ersten Halbzeit nicht die beste. Was vergaben wir Chancen – zum Glück aber ging es den Spaniern nicht viel besser. Zahlreiche Zeitstrafen brachten uns in der Folgezeit um unsere Ordnung und so lagen wir zur Pause 14:15 zurück. Nach der Pause wechselte die Führung hin und her – nie lag ein Team mit mehr als zwei Toren in Front, doch auf Grund der nervlichen Belastung hatte jede Zwei-Tore-Differenz schon so etwas wie einen Hauch von Vorentscheidung. Volker Zerbes 27:26 und die Siebenmeter-Parade des eingewechselten Christian Ramota gegen den trickreichen Garcia verschafften uns in der Schlussphase einen riesigen Vorteil, doch wir konnten ihn nicht nutzen und der wurfgewaltige Romero traf 30 Sekunden vor Ende der regulären Spielzeit zum Unentschieden. Zehn Minuten Fortsetzung dieses Thrillers standen uns bevor. Zunächst ...

Nach torloser erster Halbzeit der Verlängerung brachte erneut Romero Spanien nach vorn. Fritz und Barrufet beherrschten mit ihren Paraden das Geschehen. Spanien führte, als Christian Schwarzer, mit neun Toren bester Werfer auf unserer Seite, einen Siebenmeter heraus holte, den Stephan wie bereits geschildert nutzte. Die Anzahl der Paraden der beiden Keeper hatte die der Ballverluste und Fehlpässe längst übertroffen, doch zweimal kamen die Spanier in der ersten Hälfte der zweiten Verlängerung dann doch durch unsere Deckung und so stand es vor dem letzten Seitenwechsel 28:30 gegen uns. Im zweiten Abschnitt der zweiten Verlängerung wuchtete „Blacky“ Schwarzer zwei Bälle vom Kreis aus ins spanische Tor zum 30:30. Ausgerechnet er – der ehemalige Spanien-Legionär! Mark Dragunski hätte dann sogar fast noch einen Freiwurf mit dem Schlusspfiff direkt verwandelt, doch seinen Aufsetzer wehrte Teufelskerl Barrufet mit der Schulter ab. Siebenmeterwerfen! Vier Jahre, alle Hoffnungen und Träume von einem erfolgreichen Olympia – alles stand auf dem Spiel, diesem Glücksspiel, das die meisten Sportfans ja nur vom Fußball her kennen.

Dieses Spiel wird in die Geschichte eingehen – und Henning Fritz wird mit diesem Spiel sicher in die Geschichte eingehen. Er kam übrigens auf eine Quote von 51 Prozent abgewehrter Würfe – ein unfassbarer Wert. Und doch: Es war wieder einmal der Sieg des Teams, des Mannschaftsgeistes und des geschlossenen Willens, den Traum vom Olympiagold nicht aufgeben zu müssen. Die

Die deutschen Anhänger sind begeistert von packenden Handball-Spielen – auch Bundespräsident Köhler

WECHSELBAD DER GEFÜHLE ...

... gegen Agypten

... gegen Ungarn und nach dem klaren 21:15 gegen Russland: das Finale ist geschafft (unten)

MOMENTAUFNAHMEN...

...Der Bundestrainer bei der Kontaktaufnahme mit der Heimat und beim lockeren Pressegespräch mit Kretzschmar-Freundin Franziska van Almsick (unten)

Oben: Augenblicke aus dem „Krimi“ gegen Spanien im Viertelfinale – 30:30 nach zweimaliger Verlängerung, 2:0 im Siebenmeterwerfen. Da brauchten die Spieler, die alles gaben, der Trainer, dessen Gefühlslage ständig wechselte, und die Zuschauer in der Halle und zu Hause vor den Bildschirmen

Nerven wie Drahtseile.
Unten: Drei aktionsreiche Momentaufnahmen aus dem Finale gegen Kroatien, das an Spannung ebenfalls nichts zu wünschen übrig ließ

Das Endspiel gegen Kroatien: Bis zum Umfallen gekämpft und doch unglücklich verloren - 24:26 zum Schluss nach etlichen Führungstreffern und Gleichständen ...

... Enttäuschung bei den Spielern und bei Heiner Brand ...

... „Kretzsche“ steht die Fassungslosigkeit im Gesicht geschrieben ...

... und er erhält Trost vom Trainer

Zwei, die alles gaben: „Kretzsche“ und „Blacky“ Schwarzer

Gold verloren, aber Silber gewonnen

Glückwunsch vom stolzen Anhang (rechts): Familientrost für die deutschen Spieler

„Müde Krieger“ – nach der Rückkehr aus Athen auf dem Frankfurter Flughafen: Heiner Brand und Stefan Kretzschmar

Nerven hatten blank gelegen, keine Frage. Aber soviel Willensstärke hatte ich noch nie erlebt. Bis jetzt kann ich Bilder aus diesem Spiel in Gedanken zwar abrufen, aber zeitlich nicht mehr zuordnen. Wenn ich mich an die Szenen nach der Entscheidung zurück erinnere, kann ich nur versuchen, es so zu beschreiben: Ein tranceähnlicher Zustand – wie es Christian Schwarzer später ausdrückte – endete mit Daniel Stephans Treffer zum 32:30 in einer Realität, die wir alle erst begreifen mussten. Klaus Schwarze am TV-Mikrofon hatte Mühe, seine Gefühle im Zaum zu halten. Die Medien in Deutschland überschlugen sich am folgenden Tag. Wir rangen noch lange nach der Partie um Fassung und um neue Konzentration. Konzentration auf den Halbfinalgegner Russland.

Tagebuch-Vermerke von Co-Trainer Frank Löhr

25. August:
Ausschlafen! Mittags auslaufen – nach diesem aufreibenden Spiel gegen Spanien! Beim Lauf durch das olympische Dorf treffen wir Schwedens deutsche Königin Sylvia. Sie ist sehr aufgeschlossen und freundlich – solche Begegnungen gibt es nur bei Olympia! Das macht es aus! Wir machen ein Foto mit Ihrer Hoheit, sie wünscht uns Glück – die Schweden sind ja diesmal nicht qualifiziert, da kann sie das sicher guten Gewissens tun. Nachmittags ist frei. Wir nutzen die Zeit für einen Besuch bei der Leichtathletik im Olympiastadion.
26. August:
Konzentration und Anspannung werden wieder hochgefahren. Das Russland-Spiel steht uns bevor. Wir haben noch zwei Endspiele bis Gold, noch ein Sieg bis zu einer Medaille. Heiner ist zwar sehr ruhig, doch das Spanien-Spiel hat ihn nicht kalt gelassen, das merke ich natürlich schon. Wir testen, ob „Pommes“ Hens vielleicht doch spielen kann, doch selbst wenn es nicht geht, ist die Situation für uns ja nicht neu...

Zwei Tage „Pause“ bescherte uns der olympische Terminkalender. Dass die Russen im Viertelfinale gegen die Franzosen gewonnen hatten, kam uns nicht ungelegen, hatten wir doch in der Vorrunde gegen Frankreich schlecht ausgesehen. Die Tatsache, gegen Russland vor Olympia zweimal verloren zu haben, bereitete uns vergleichsweise weniger Magendrücken. Fraglicher war, ob die Mannschaft nach dem Spanien-Drama noch einmal „nachlegen“ könnte – physisch, vor allem aber auch mental, denn der Siebenmeter-Krimi gegen die Iberer war fraglos ein emotionaler Höhepunkt. Auf der anderen Seite war die „Endstation Sehnsucht“, Platz eins auf dem olympischen Siegertreppchen, nur noch zwei Siege entfernt – und „eine gewisse Anziehungskraft“ ginge schon von der Goldmedaille aus, sagte der in Deutschland als „Teufelskerl“ gefeierte Henning Fritz, nachdem er das Edelmetall, welches er bei einer Begegnung mit Gold-Reiter Ludger Beerbaum im Deutschen Haus schon mal „fühlen“ durfte. Christian Schwarzer indes berichtete von einem „Film, der da gerade ablaufe“, das fühle er – und dass er sich des Happy Ends ganz sicher sei: „Wir werden Olympiasieger“.

Derweil hatten wir in der Heimat einmal mehr das „Handball-Fieber“ ausgelöst. 8,71 Millionen Zuschauer – das entsprach einem Marktanteil von 29,2 Prozent –

hatten in den Verlängerungen des Viertelfinalkrimis gegen Spanien mit uns gelitten, gezittert, gehofft und gejubelt. Die Nerven aufreibende Schlussphase des Siebenmeterschießens erlebten sogar 9,41 Millionen Zuschauer am Bildschirm.

Unsere Mannschaft hing am Tropf – im wahrsten Sinne des Wortes. Mit Infusionen versuchte unsere medizinische Abteilung, die einmal mehr sensationelle Arbeit leistete, die nötige Kraft und Frische in die durch das Spanien-Spiel doch stark mitgenommenen Spieler zurück fließen zu lassen. Pascal Hens versuchte herauszufinden, ob er nicht vielleicht doch gegen die Russen dabei sein könnte und Markus Baur musste Rücken und Nacken behandeln lassen, die bei einem Hechtsprung nach dem Ball im Spanien-Spiel in Mitleidenschaft gezogen worden waren.

Apropos: Mir selbst und meinem Rücken ging es in diesen Tagen von Athen erfreulich gut. Die Behandlungen bei Prof. Grönemeyer hatte ihre Wirkung nicht verfehlt – ich war nahezu beschwerdefrei. Was für ein Gefühl, vor allem beim Gedanken zurück an die vergangenen Olympischen Spiele in Sydney und insbesondere Los Angeles, als ich vor Schmerzen phasenweise nicht wusste, wohin mit mir. Doch diesmal war ich fit, erlebte und genoss das Olympia-Feeling sehr intensiv.

Okay – es war unglaublich heiß in Athen. Das war schon phasenweise belastend. Den Weg von unserer Unterkunft zur Mensa legten wir bereits nach wenigen Tagen nur noch mit dem Shuttle-Bus des Olympischen Dorfes zurück. Ein Fußmarsch wäre in dieser Hitze schon fast einem Training gleichgekommen. 40 Grad und mehr können ganz schön schlauchen. Hinzu kam, dass unsere „Riesen“ im Team, Volker Zerbe und Mark Dragunski, beide weit über zwei Meter groß, in den Betten des Olympiadorfes nicht schlafen konnten. „Zebu“ ließ sich das Bett verlängern, „Dragu“ indes packte sich seine Matratze und schlief lieber gleich auf dem Fußboden seines Zimmers. Aber was so spartanisch anmutet, ist Teil Olympias. In diesem Dorf sind für 14 Tage alle gleich, Luxus-Hotels und VIP-Atmosphäre gibt es da nicht. Und das ist gut so!

Tagebuch-Vermerke von Co-Trainer Frank Löhr

27. August:
Ein zusätzlicher Regenerationstag – und der ist wichtig! Die Stimmung ist eine Mischung aus Respekt vor den Russen und dem Wissen um und dem Vertrauen in die eigene Stärke.
28. August:
Das Halbfinale. Was für eine unglaubliche Abwehrleistung! Und der überragende Henning Fritz dahinter. Bezeichnend: Der unbändige Jubel aller Spieler nach dem Sieg. Auch bezeichnend: Die feuchten Augen bei einigen unserer Jungs.

Das Halbfinale gegen die Russen wurde zu einer Abwehrschlacht, in der unsere Mannschaft defensiv Überragendes leistete. Anders wäre dieses Prestigeduell mit den Tutschkins, Kuleschows und Co. nicht zu gewinnen gewesen, denn unser Angriff war durch den Ausfall Hens' doch um eine starke „Waffe" beraubt worden. Die Effizienz in der Offensive nahm im Turnierverlauf ab – dafür waren wir vor dem eigenen Tor kaum noch zu bezwingen. Vor allem auch, weil Henning Fritz seine Leistung aus dem Spanien-Spiel noch einmal wiederholte – und in Halbzeit zwei auf eine Quote von 66 Prozent gehaltener Bälle kam. Trotz aller Nervosität und Schwierigkeiten im Angriff – mit solch einem Bollwerk kann man dann eben auch derart schwere Spiele gewinnen. Zunächst lagen wir Mitte der ersten Halbzeit mit drei Toren zurück – sehr zum Schrecken der erneut vielen tausend deutschen Fans und Olympia-Touristen, Athletinnen und Athleten aus anderen olympischen Wettbewerben, die uns anfeuerten. Sie waren unglaublich wichtig und bauten uns nicht nur in diesem Spiel, vor allem aber an diesem Tag, immer wieder auf. Das Lob von Blacky Schwarzer („Wahnsinn – das ist ja wie ein Heimspiel hier! Sensationell!") an unsere „Schlachtenbummler" war allemal gerechtfertigt. 9:10 stand es zur Halbzeit – erneut bahnte sich ein Krimi an. Doch nach der Pause entnervten wir die Russen mit unserer Abwehrleistung. So gut auf den Beinen und so schnell zum Gegner herausstoßend „arbeitete" unser Team, dass der -zigfache Weltmeister und Olympiasieger in 30 Minuten ganze fünf Tore erzielte. Fünf!

Es war unglaublich. Weil vorne auch noch Christian Zeitz ein paar „unmögliche" Geschosse im vom russischen Torwart-Veteran Andrej Lawrow ebenfalls überragend bewachten Tor unterbrachte und endlich auch der Tempogegenstoß als Erfolgsmittel griff, setzten wir uns über 14:13 auf 18:14 ab. Als zwei Minuten vor dem Ende Christian Schwarzer per Kempatrick für Florian Kehrmann servierte und der den Ball versenkte, wussten wir: Das Finale ist erreicht. 21:15 lautete das Endergebnis, das im Jubel der vielen tausend Fans aus Deutschland und unserer Spieler unterging. Henning Fritz sank auf die Knie und viele seiner Kollegen mussten sich ebenfalls erst einmal sammeln, nachdem sich auch diese Anspannung in Glücksgefühle umwandeln lassen konnte. Ich empfand große Freude – und Stolz auf dieses Team, das sich in sein viertes Finale in Folge gekämpft hatte. Und das, obwohl vor allem im Angriff nicht alles rund gelaufen war in den letzten Tagen des olympischen Turniers. Umso mehr spricht die erreichte Finalteilnahme Bände über Moral, Charakter und Teamgeist dieser Truppe. Ja, sogar der Begriff Freundschaft ist an dieser Stelle nicht deplaziert oder überzogen. Ohne diese Tugenden und mit „nur" 21 selbst erzielten Toren wäre ein Sieg über die Handball-Weltmacht Russland auch gar nicht möglich gewesen.

Tagebuch-Vermerke von Co-Trainer Frank Löhr

29. August:
Der Tag der Vorbereitung auf das Endspiel. Aber die Stimmung ist zugleich komisch, denn parallel müssen die ersten Abreise-Vorbereitungen getroffen werden. Das ein- oder andere wird schon verpackt – und das am Tag vor dem Finale. Irgendwie unpas-

send, denn es herrscht einerseits im gesamten Olympiadorf so etwas wie Abreise-Stimmung, andererseits steckt man mitten drin in den Vorkehrungen auf das große Finale. Besonders fällt mir auf, dass keiner der Spieler auch nur annähernd schon zufrieden mit dem bislang Erreichten wäre – alle sind heiß und wollen mehr!

Der Tag des Finales. Helliniko-Center, Athen. Endstation Sehnsucht. Abzustreiten, dass wir alle angespannt und aufgeregt gewesen sind, wäre falsch. Natürlich war der 29. August 2004 für die meisten von uns der bislang wichtigste Tag der sportlichen Laufbahn. Selbst für mich war dieses Endspiel trotz der zahllosen Final-Erlebnisse ein Meilenstein. Ich hatte eine Mannschaft zusammen, wie ich sie mir immer gewünscht hatte: Eine, die durch dick und dünn miteinander geht, alles füreinander gibt und vereint ist im absoluten Siegeswillen. Doch zum Gewinn der olympischen Goldmedaille gehören immer zwei Teams. Das zweite an diesem Tag war Kroatien – der amtierende Olympiasieger und Weltmeister also, gegen den wir das WM-Finale 2003 in Lissabon mit 31:34 verloren hatten. Revanche lautete die Devise. Und entsprechend waren die Kommentare: „Auch die letzte noch offene Rechnung begleichen", wollte beispielsweise Daniel Stephan, Stefan Kretzschmar erklärte, er werde „alles dafür tun, nach zwei verletzungsbedingt verpassten Endspielen endlich Gold zu gewinnen", zumal seine Freundin Franziska van Almsick nach ihrem geplatzten Medaillentraum so zitiert wurde: „Kretzsche, dann musst Du Gold holen." Christian Schwarzer erklärte, es ginge in seinem letzten Länderspiel „nur um Gold, weil wir alle in Slowenien erleben durften, was für ein unglaublich tolles Gefühl es ist, ganz oben auf dem Treppchen zu stehen". Florian Kehrmann toppte all dies, indem er am Abend des Sieges über Russland auf der „Aida" vor laufender TV-Kamera ankündigte: „Die Kroaten hauen wir weg." Selbstbewusstsein hatten die Jungs, aber sicher hatten sie sich auch ein wenig selbst Mut zugesprochen, denn die Angriffsleistung der letzten Tage war nicht mehr optimal, einige Spieler standen zudem doch sehr unter Strom angesichts dieses unvergleichlich großen Ziels, das sie erreichen wollten. Und die Kroaten hatten obendrein ihren Weg ins Olympiafinale derart stark und souverän zurückgelegt, dass nicht wir, der Euopameister, sondern sie, die Weltmeister und Olympiasieger, als Favorit für das Endspiel galten. Dazu kam: Gleich mehrere Spieler unseres Teams würden nach diesem Finale ihre Länderspielkarriere beenden.

Abpfiff in Athen. Vorbei. Aus der Goldtraum. Silber bleibt. „Nur" Silber. Fraglos eine Superleistung des Teams. Aber kann man unter dem Eindruck der Finalniederlage und des damit einhergehenden Endes einer Ära von „gewinnen" sprechen. Ich berichte auch aus eigener Erfahrung: Zunächst kann man es nicht so recht. Die unmittelbare Enttäuschung lässt es erst einmal nicht zu. So rational kann man nicht gleich denken, nachdem ein verloren gegangenes Finale abgepfiffen wurde. Man hat mit seinen Emotionen zu kämpfen. Andere spüren zunächst nur eine Leere nach dem so knapp verpassten Traumziel. Auch dafür gab es genügend Beispiele mit Blick auf die Spieler, Sekunden nach dem Abpfiff. Stefan Kretzschmar muss sich wie verloren gefühlt haben in diesem Moment – es war für ihn wie für Volker Zerbe, Blacky Schwarzer oder Klaus-Dieter Petersen die letzte Chance auf Olympia-Gold.

Da war es nur gut und wichtig, dass wir unseren Teamgeist hatten und dass unsere Gemeinschaft auch Geborgenheit bedeuten kann in einem solchen Augenblick. Das In-Empfang-Nehmen der Silbermedaille mag schmerzhaft gewesen sein für viele von uns, doch wer die Bilder von der Abschlusszeremonie noch vor Augen hat, wer uns beobachtet hat, der mag doch ausgemacht haben, dass auch dieser Moment ein herausragender war in unser aller Sportler-Karriere. Als erster Spieler hatte Daniel Stephan sich gefasst und gegenüber den Medien erklärt: „Das müssen wir erstmal verdauen. Wir hatten Kroatien fast im Sack, aber leider ist unsere Angriffsschwäche zur Geltung gekommen. Wir haben Gold verloren, aber Silber gewonnen. Wir haben sehr viel erreicht – vor allem die Sympathien der Zuschauer. Das war eine riesige Atmosphäre. Das habe ich noch nicht mitgemacht. Wir können alle stolz sein.“ Da waren sie also doch, diese Worte und Gedanken, die einem in solch einer Situation so schwer fallen. Daniel hat genau das Richtige gesagt. Natürlich setzt das eigentliche Bewusstsein darüber erst mit Verzögerung ein, denn zunächst regieren der Frust und die Niedergeschlagenheit.

Tagebuch-Vermerke von Co-Trainer Frank Löhr

30. August:
Das olympische Finale – sicher Traum eines jeden Sportlers. Die Spieler ziehen es vor, sich in der Aufwärmhalle einzulaufen. Dort ist weniger Ablenkung. Dann das Einlaufen aufs Spielfeld: was für eine Gänsehaut-Atmosphäre. Wir alle empfinden das so. Das Spiel: 45 Minuten sind wir besser als Kroatien, doch es reicht am Ende nicht ganz. Unmittelbar nach dem Schlusspfiff ist irgendwie jeder für sich – ich sammle mich und mir wird klar, dass wir viel erreicht haben. Ich bin sehr, sehr stolz, dabei gewesen zu sein. Vor allem bin ich stolz, ein Teil dieser außergewöhnlichen Mannschaft gewesen zu sein. Sie hat mit Herz, Emotionen und Charakter so viel erreicht und sich in die Herzen der Öffentlichkeit gespielt!

Zum Spiel: Es war natürlich einmal mehr auch eine Nervensache. Fast 11.000 Zuschauer sorgten für einen würdigen Rahmen bei diesem großen Finale. Der Weltmeister legte schnell vor mit zwei Treffern. Erst nach fünf Minuten gelang uns das erste Tor zum 1:2 durch Daniel Stephan per Siebenmeter. Dennoch: Gegen die kroatische 5:1-Abwehr blieb vor allem unser Rückraum lange Zeit wirkungslos. Weil die Deckung und Torwart Henning Fritz jedoch wieder ein fantastisches Bollwerk bildeten, richteten die zahlreichen Fehlwürfe – noch – keinen Schaden an. Im Gegenteil: Im Verlauf der ersten Halbzeit setzten wir uns etwas ab. 8:5 für uns stand es nach 16 Minuten. Nachdem Kroatien erneut gleichgezogen hatte, traf Daniel Stephan endlich und dann sogar gleich zweimal aus dem linken Rückraum – und Christian Zeitz erhöhte eine Minute vor der Pause auf 12:10, doch Kroatiens überragender Rechtsaußen Mirza Dzomba verkürzte noch um ein Tor, ehe es in die Kabine ging.

Trotz Unterzahl zu Beginn der zweiten Hälfte kamen wir gut wieder ins Spiel. Henning Fritz parierte zwei Strafwürfe gegen Dzomba und Slavko Goluza, Kretzsche und Florian Kehrmann sorgten vorn für eine 15:12-Führung. Nach Kretzschmars 16:13 (37.) begann das zu großen Teilen aus deutschen Fans bestehende Publikum, uns bereits zu feiern. Das war natürlich viel zu früh, denn mit drei Toren binnen zwei Minuten kam Kroatien ins Spiel zurück und ging nach einem Doppelschlag Dzombas seinerseits wieder in Führung. Und das alles in nur sechs Minuten!

Frank von Behrens 20:19 (47.) war unsere letzte Führung. Kurz zuvor musste mein Abwehrspezialist Klaus-Dieter Petersen mit Adduktoren-Problemen vom Feld. Und da sich ohnehin schon Markus Baur angesichts seiner diversen Blessuren durchschleppte und nicht in Normalform spielen konnte, Pascal Hens fehlte und unser Rückraum an diesem Tag einfach nicht in Fahrt kam, stellten sich in dieser Phase die Weichen auf Sieg für Kroatien. Keine Frage: „Pittis“ Ausfall war so eine Art Vorentscheidung. Die Kroaten nutzten diese zusätzliche Verunsicherung und den Umstand, dass auch Henning Fritz nicht immer nur galaktische Paraden zeigen kann, um sich eine Zwei-Tore-Führung zu verschaffen. 22:24, 22:25 ... Unser Gegner zog davon. Und wir konnten ihn nicht mehr aufhalten. In der Schlussphase verwaltete der Weltmeister und Olympiasieger von Sydney seinen Vorsprung mit großer Cleverness. Auch unsere offene Manndeckung brachte nichts mehr ein. Am Ende konnten selbst neun Tore Stefan Kretzschmars nichts daran ändern: Mit 24:26 ging das Finale – wieder – an Kroatien, eine Turniermannschaft par Excellence.

Dann kamen die vielen Gefühle. Ich habe sie in diesem Kapitel bereits zu beschreiben versucht, auch wenn das kaum möglich ist. Ich glaube, „Wehmut“ umschreibt das, was wir nach dem ersten Frust und der ersten großen Enttäuschung empfanden, am besten. Wehmut und Abschiedsstimmung legten sich über unser Team und sein unmittelbares Umfeld. Wehmut aber erlaubt es einem, uns, dann doch auch, stolz zu sein auf das, was wir mit dieser Mannschaft geschafft haben. Monatelang haben wir dafür alles getan. Nie hatte es Lagerkoller oder andere Probleme gegeben, alle hatten sich untergeordnet, ihre Ansprüche und teilweise Enttäuschung über geringe Spielzeiten unterdrückt – im Sinne der gemeinsamen Ziele. Wir hatten alles versucht, die inzwischen beschriebenen Umstände ließen aber einen Sieg gegen die zugegebenermaßen stärkste Mannschaft des Turniers nicht mehr zu. Noch ein Kraftakt wie gegen Spanien oder Russland war mit unseren Mitteln einfach nicht mehr drin. Kroatien gewann an diesem Tag verdient. Das muss man dann auch akzeptieren – und man kann es auch akzeptieren. Mehr noch: Wir alle konnten erhobenen Hauptes aus Athen abreisen.

Uns wurde, zurück in Deutschland, ein toller Empfang bereitet. Niemand trug uns die Finalniederlage nach – allein das mag den Spielern auch ein wenig geholfen haben, das gerade Geschehene zu verdauen und richtig einzuordnen.

Als Erfolg nämlich. Wir hatten Gold zwar verloren, aber Silber gewonnen. Später erfuhr ich: Knapp zehn Millionen Zuschauer hatten unser Endspiel im Fernsehen verfolgt – das entsprach an jenem Sonntag einem Marktanteil von 50,4 Prozent. Unglaublich! Eine Riesen-Leistung dieses Super-Teams, das in dieser Zusam-menstellung seinen letzten großen Auftritt hatte. Ich empfinde großen Stolz auf meine Jungs, von denen Volker Zerbe, Christian Schwarzer, Stefan Kretzschmar und Klaus-Dieter Petersen nach den Spielen von Athen ihr Nationaltrikot nun an den Nagel hängen. Auch mein Co-Trainer Frank Löhr stellt sich neuen beruflichen Aufgaben. Er war ein wichtiger Teil dieses großartigen Kaders und mir ein klasse Kollege.

Sie alle hinterlassen große Lücken, die es im Verlauf der Zeit zu schließen gilt. Das aber ist bereits die nächste spannende Herausforderung, die ich mit Blick auf die kommenden großen Turniere anpacken will.

Der gebürtige Augsburger ist der jüngere der beiden Löhr-Brüder. Wie sein Bruder Jörg spielte auch Frank in der deutschen Nationalmannschaft. Der 38 Jahre alte Betriebswirt begleitete Heiner Brand seit Oktober 2000 als Co-Trainer auf dessen Weg in vier Endspiele bei EM, WM und Olympia. Zu seiner aktiven Zeit spielte ***Frank Löhr*** *für Günzburg, Milbertshofen, Gummersbach und Minden. In Gummersbach war er während Brands zweiter Trainerzeit beim VfL Mannschaftsführer. Nach seinem Abschied aus der Bundesliga im Jahr 2000 wechselte er zum DHB und trat die Nachfolge von Bob Hanning als Brands Assistent an. Frank Löhr gehört nicht zuletzt aufgrund seiner Co-Trainer-Tätigkeit zu den engsten Bezugspersonen des Bundestrainers, doch aus beruflichen Gründen beschloss er, sich nach den Olympischen Spielen in Athen vom Posten des DHB-Trainers zurück zu ziehen. Während Olympia machte er sich eifrig Notizen für dieses Buch und stand im ständigen Kontakt zu Co-Autor Frank Schneller.*

DAS INTERVIEW

Fazit und Ausblick

Athen ist Geschichte. Ein Kapitel dieses Buches. Und das ist – fast – fertig. Der Kreis schließt sich. Ob man denn die Mannschaft von 1978 mit der von 2004 vergleichen könne, will ZDF-Moderator Michael Steinbrecher von Heiner Brand bei dessen Besuch im Sportstudio kurz nach der Rückkehr aus Athen wissen und der Bundestrainer spricht in seiner Antwort vom „Teamgeist und der Moral beider Mannschaften", davon, dass er schon kurz nach dem Schlusspfiff des Endspiels begriffen habe, „Silber gewonnen zu haben" – und er erläutert den bevorstehenden Umbruch der Nationalmannschaft.

Mit diesem Buch hat sich Heiner Brand derweil auch selbst reflektiert, vieles hervorgeholt aus seinem bewegten (Sportler-)Leben, aber auch Einblicke gewährt in seine Gedanken- und Gefühlswelt. Zum Abschluss spricht er mit Co-Autor Frank Schneller über das Zurückliegende – vor allem aber über das Bevorstehende. Ein Fazit und Ausblick zum Schluss.

„Gold verloren, Silber gewonnen" – konntest Du die Olympischen Spiele von Athen, die ja auch Schlusspunkt Deines Buches sind, wirklich nach der ersten Enttäuschung so einordnen?

Heiner Brand: Ja. Okay, wir haben das Finale verloren, aber dennoch war Olympia die gebührende Abrundung einer Ära. Einer Ära, die dieses Team geprägt hat. Athen war ein Erfolg für uns – und den deutschen Handball.

... der jetzt angesichts der vielen Rücktritte wichtiger Spieler zumindest auf Nationalmannschafts-Ebene vor einem Umbruch steht. Du hättest ja auch abtreten können auf dem Höhepunkt dieser Ära ...

Heiner Brand: Nein. Wir haben es hier zwar mit meiner Lebensgeschichte zu tun, aber grundsätzlich geht es ja nicht um meine Person. Es geht nicht um eine möglichst perfekte Biografie, sondern um Aufgaben, die man sich vornimmt. Um die Sache. Dass dieser Schnitt irgendwann kommen musste, war klar. Nun ist die Zeit gekommen, für die nächsten großen Turniere wieder ein schlag-kräftiges Team zu formen. Bei jeder großen Mannschaft ist irgendwann mal ein Umbruch unumgänglich. Das birgt auch wieder eine große Herausforderung in sich. Der will ich mich stellen. Ich freue mich sehr darauf!

Im Hinblick auf die WM 2007 in Deutschland ist das – wenn man Dich und Deine Einstellung kennt – natürlich nachvollziehbar. Geht von diesem Tur-

nier im eigenen Land eine besondere Anziehungskraft, eine besondere Faszination aus?

Heiner Brand: Ja, gewissermaßen schon. Denn diese WM stellt eine weitere große Chance dar für unsere Sportart, sich noch besser zu positionieren ...

... als Mannschaftssport Nummer eins hinter Fußball?

Heiner Brand: Ja genau. Unsere Sportart hat das Zeug dazu, nicht nur, weil wir mit der Nationalmannschaft in den letzten Jahren eine – bei aller Bescheidenheit – sehr gute Zugmaschine waren. Handball bringt alles mit, ist eine sehr telegene Sportart, sehr publikumsträchtig. Das ist auch den Fernsehanstalten bewusster geworden. Vor allem nach Olympia.

In einem früheren Interview mit mir hast Du die TV-Anstalten nicht gerade zimperlich behandelt, weil Du der Meinung warst – oder bist –, dass diese zu oft wegschauen, wenn es um das Zeigen von Sportarten geht, die immer sehr nahe an, oder mitten drin in der abscheulichen Doping-Diskussion stehen. Im Gegensatz zum Handball ...

Heiner Brand: Und dazu stehe ich weiterhin. Es ärgerte mich, dass die Öffentlichen Sender stets auf ihren öffentlichen Auftrag verwiesen, aber ihrer Pflicht nicht immer nachkamen, in gewissen Sportarten wenigstens einmal nachzufragen, was da wirklich abläuft. Spätestens seit Olympia 2004 kann man aber über gewisse Gerüchte gar nicht mehr hinwegsehen. Die andauernden Dopingdiskussionen in einigen Sportarten stehen doch im krassen Gegensatz zum Erziehungseffekt, den Sport haben sollte, von der Chancen-Ungleichheit zwischen „sauberen“ und gedopten Sportlern mal ganz abgesehen. Handball hat sich da bis heute nichts zu Schulden kommen lassen und erfüllt seine Vorbildfunktion. Handball ist nämlich eine sehr komplexe Sportart, die vom Anforderungsprofil her sehr vielseitig ist, so dass Doping wenig Sinn macht.

Du hast einmal angemahnt, Handball müsse dem fälschlichen Brutalo-Image entgegenwirken. Allein schon, um wieder häufiger im Fernsehen stattzufinden – ein weiterer Kritikpunkt Deinerseits ...

Heiner Brand: Dieses Image ist sicher nicht mehr in dieser Form vorhanden. Vielmehr ist durch die Entwicklung der letzten Jahre das Image einer schnellen und dynamischen Sportart mit Körpereinsatz und Teamgeist in den Vordergrund getreten. Insofern hat sich das Image enorm verbessert. Nichts desto weniger müssen wir über Verbesserungen nachdenken, um so noch mehr Zuschauern das Spiel verständlich zu machen.

Wie würdest Du den Fernsehmachern Handball denn anbieten?

Heiner Brand: Wie gesagt – Handball hat das Potential zu einer großen TV-Sportart. Bei der EM und während Olympia dieses Jahr konnte man das deutlich sehen. Unser Sport ist höchst publikumswirksam, weil schnell und attraktiv – und: Handball hat einen hohen pädagogischen Wert: Das Spiel fördert und vermittelt – siehe unsere Mannschaft – Teamgeist, gezieltes Arbeiten und Disziplin und wirkt dem heutzutage immer weiter verbreiteten Egoismus Heranwachsender entgegen.

Kommt dabei der Zeitgeist, also der Fun-Gedanke und die Ungebundenheit, auf die Jugendliche wert legen, nicht zu kurz?

Heiner Brand: Warum sollte es diesen Gedanken bei uns nicht trotzdem geben? Zeitgeist und die Merkmale unseres Sports schließen sich nicht aus. Im Gegenteil: Es herrscht eine wertvolle Balance. Außerdem: Handball wirkt einer Spezialisierung, wie sie in manch anderer Sportart vorherrscht, entgegen – und somit auch der damit verbundenen Dopingfrage.

Die unter nahezu skandalösen Umständen zu Stande gekommene Vergabe der WM 2005, der Du in Deinem Buch kaum Platz gewidmet hast, wirkt der Glaubwürdigkeit des Handballs aber entgegen. Auch die Meldungen um die Finanzprobleme des Verbandes – drei Tage nach dem Olympia-Finale ...

Heiner Brand: Zunächst zur WM-Vergabe, die ich in der Tat irgendwie „unterschlagen" wollte im Rahmen der Arbeit an diesem Buch: Dieser Vorgang gehörte zu jenen Rückschlägen, die mir auch persönlich sehr zugesetzt haben. Es hat mich damals wahnsinnig geärgert, dass nicht die beste Bewerbung gewonnen hat. Der damalige Modus der Vergabe hat vielen sicherlich richtigen Vermutungen und Verdächtigungen viel Platz gelassen. Gott sei Dank ist er danach verändert worden und wir haben die WM 2007 bekommen. Zu den Meldungen, drei Tage nach der Rückkehr aus Athen, die angebliche Insolvenz des DHB betreffend: Dazu kann ich nur sagen: Der Handball kann sich nur selbst zerstören – und zwar mit Funktionären in Vereinen und Verbänden, die meinen, jede vermeintlich schwierige Situation an die Öffentlichkeit bringen und damit ihrer unendlichen Profilierungssucht Genüge tun zu müssen. Dieser Egoismus ist für mich nicht zu ertragen. Diesen Selbstdarstellern geht es leider nicht um unseren Sport.

Klare Worte. Es wäre interessant zu erfahren, wer sich angesprochen fühlt. Zurück zum Buch: Empfindest Du es als eine Art Fügung, dass das Ende der Arbeiten daran parallel zum eingangs beschriebenen Umbruch Deiner Nationalmannschaft steht?

Heiner Brand: Irgendwie passt es perfekt. Das Timing war schon außergewöhnlich. Zu den Parallelen: Die sind sicher vorhanden. Ein Buch besteht aus Kapiteln, ebenso die Geschichte der Nationalmannschaft ...

... bei der Du jetzt ein neues Kapitel aufschlägst. Bei aller Wehmut: Bist Du optimistisch für die Zukunft?

Heiner Brand: Wehmut befällt mich schon, denn es war für mich nicht einfach nur eine Mannschaft. Ihr Verhalten hat mehr als nur das Denken an Erfolg in mir bewegt. Und nun der Ausblick: Wir haben gutes Potential. Natürlich braucht es Zeit, eine Weltklassemannschaft zu formen – beziehungsweise, aus Sicht der Spieler: eine zu werden. Doch schrittweise kann das geschafft werden. Wir werden sicher über kurz oder lang in der Weltspitze bleiben. Und 2007, bei der WM in Deutschland, können wir vielleicht wieder für große Begeisterung hier zu Lande sorgen.

Okay, ich lass' Dich jetzt mal 'ne Weile in Ruhe.

Heiner Brand: Danke – es gibt schließlich auch genug zu tun!

Heiner Brand, der Final-Mann

Nur wenige Handballer auf der Welt standen in so vielen Endspielen wie Heiner Brand. Seine Finalerfahrung verhilft ihm zu jener analytischen Präzision, Ruhe und Stressfestigkeit am Spielfeldrand, die ihn auszeichnet.

Die Endspiele als Aktiver

1973:	VfL Gummersbach - FA Göppingen Deutsche Meisterschaft	21:18
1974:	VfL Gummersbach - TuS Wellinghofen Deutsche Meisterschaft	19:14
1974:	VfL Gummersbach - Mai Moskau Europapokal der Landesmeister	19:17 n.V.
1975:	VfL Gummersbach - GW Dankersen Deutsche Meisterschaft	17:13
1976:	VfL Gummersbach - GW Dankersen Deutsche Meisterschaft	12:11
1976:	Deutschland - Polen Um Bronze bei Olympia	18:21
1977:	VfL Gummersbach - TV Hüttenberg DHB-Pokal	16:14
1978:	Deutschland - Russland Finale Weltmeisterschaft	20:19
1978:	VfL Gummersbach - TV Hüttenberg DHB-Pokal	14:11
1978:	VfL Gummersbach - Zelj. Nis Europacup der Pokalsieger	15:13
1979:	VfL Gummersbach - SC Magdeburg Europacup der Pokalsieger	15:11 / 15:18
1979:	VfL Gummersbach - TV Großwallstadt Vereins-EM	14:9
1980:	VfL Gummersbach - Calp. Alicante Europacup der Pokalsieger	18:16 / 15:20
1982:	VfL Gummersbach - Zel. Sarajewo IHF-Pokal	23:14

1982:	VfL Gummersbach - TV G´wallstadt DHB-Pokal	18:19 / 18:12
1983:	VfL Gummersbach - TUSEM Essen DHB-Pokal	23:16 / 14:15
1983:	VfL Gummersbach - ZSKA Moskau Europapokal der Landesmeister	13:14 / 19:15
1983:	VfL Gummersbach - SKA Minsk Vereins-EM	17:16

Die Endspiele als Trainer

1984:	Deutschland - Jugoslawien Um Gold bei Olympia (Co-Trainer)	17:18
1985:	VfL Gummersbach - TV Großwallstadt DHB-Pokal (Co-Trainer)	20:16 / 26:19
1986:	VfL Gummersbach - MTSV Schwabing DHB-Pokal (Co-Trainer)	29:32 / 18:16
1989:	VfL Gummersbach - TV Großwallstadt DHB-Pokal	21:21 / 18:21
1991:	VfL Gummersbach - THW Kiel (West-)Deutscher Meister	22:14 / 13:11
1991:	VfL Gummersbach - SC Magdeburg Gesamtdeutscher Meister	18:15 / 14:16
1993:	SG Wallau-Massenheim - Badel Zagreb Europapokal der Landesmeister	22:18 / 17:23
1993:	SG Wallau-Massenheim - Bayer Dormagen DHB-Pokal	24:21
1998:	Deutschland - Russland Um Bronze bei Europameisterschaft	30:28 n.V.
2002:	Deutschland - Schweden Finale Europameisterschaft	31:33 n.V.
2003:	Deutschland - Kroatien Finale Weltmeisterschaft	31:34
2004:	Deutschland - Slowenien Finale Europameisterschaft	30:25
2004:	Deutschland - Kroatien Finale Olympische Spiele	24:26

MEINE DREAMTEAMS

Das deutsche Team 1978 in Dänemark:

Manfred Hofmann (TV Großwallstadt), Rudi Rauer (TuS Wellinghofen), Rainer Niemeyer (Grün Weiß Dankersen) – Richard Boczkowski (TuS Nettelstedt), Heiner Brand, Joachim Deckarm, Erhard Wunderlich (alle VfL Gummersbach), Arno Ehret, Arnulf Meffle (beide TuS Hofweier), Dieter Waltke (Grün Weiß Dankersen), Horst Spengler (TV Hüttenberg), Claus Hormel (SG Dietzenbach), Gerd Rosendahl (OSC Rheinhausen), Manfred Freisler, Kurt Klühspies (beide TV Großwallstadt); Trainer: Vlado Stenzel

Das deutsche Team 2004 in Slowenien:

Henning Fritz (THW Kiel), Christian Ramota (TBV Lemgo), Carsten Lichtlein (TV Großwallstadt) – Markus Baur, Daniel Stephan, Volker Zerbe, Christian Schwarzer, Florian Kehrmann (alle TBV Lemgo), Steffen Weber (SG Kronau-Östringen), Mark Dragunski (VfL Gummersbach), Christian Zeitz, Klaus-Dieter Petersen (THW Kiel), Torsten Jansen, Pascal Hens (beide HSV Hamburg), Jan Olaf Immel (SG Wallau-Massenheim), Heiko Grimm (TV Großwallstadt), Christian Schöne (SC Magdeburg); Trainer: Heiner Brand

Das deutsche Team 2004 in Athen:

Henning Fritz (THW Kiel), Christian Ramota (TBV Lemgo), Markus Baur, Daniel Stephan, Volker Zerbe, Christian Schwarzer, Florian Kehrmann (alle TBV Lemgo), Frank von Behren (nachnominiert), Mark Dragunski (beide VfL Gummersbach), Christian Zeitz, Klaus-Dieter Petersen (THW Kiel), Torsten Jansen, Pascal Hens (beide HSV Hamburg), Jan Olaf Immel (SG Wallau-Massenheim), Stefan Kretzschmar, Christian Schöne (beide SC Magdeburg); Trainer: Heiner Brand

DANKSAGUNGEN

Ich möchte herzlich danken ...

...allen, die einen Artikel geschrieben oder auf andere Art und Weise mitgeholfen haben, dieses Buch zu bereichern und fertig zu stellen.

...meinem Co-Autor Frank Schneller.

...meinen drei Geschwistern und meinen Eltern. Ihnen beiden möchte ich dieses Buch auch widmen.

...meiner Frau Christel und meinen Kindern Julia und Markus und seiner Familie.

...meiner Mannschaft von 1978 und meiner Mannschaft von 2004.

...dem Betreuer- und Mitarbeiterstab der Nationalmannschaft, der wesentlich zu den Erfolgen beigetragen hat.

...allen, die dazu beigetragen haben, dass ich heute das bin, was ich bin.

Heiner Brand, Autor

Ich möchte herzlich danken ...

...den vielen Kollegen und Freunden sowie allen, die einen Artikel geschrieben oder auf andere Art mitgeholfen haben, diese Buch-Idee umzusetzen

...Heiner Brand für sein Vertrauen, seine Zeit und die tolle Zusammenarbeit.

...Heiners Familie für die spannenden Gespräche und ihre Mithilfe.

...meiner Freundin und meiner Familie, insbesondere meinem Vater.

...allen, die mich auf meinem journalistischen und persönlichen Weg bis hierhin begleitet, gefordert und gefördert haben.

...Anne und Robert Kauer.

Frank Schneller, Co-Autor

wero press

Verlag weropress &
Verlag weropress GmbH
Schwabenmatten 3
79292 Pfaffenweiler
Tel. 07664/600015
Fax: 07664/8574
info@weropress.de

„Mir macht Druck nichts aus“

Handball-Bundestrainer Heiner Brand über Chancen und Risiken des deutschen Teams bei der EM in Sloweni

FTD *Die EM in Slowenien beginnt morgen – und bis zum 29:20-Sieg im abschließenden Test gegen Russland machte Ihr Team keinen guten Eindruck. Warum?*

Brand Die Mannschaft präsentierte sich bis vor kurzem tatsächlich weder physisch noch mental in Topform. Sie konnte zu diesem Zeitpunkt auch gar nicht fit sein, denn die hohe Belastung der Spieler in den Vereinen ist angesichts des Terminkalenders mit Bundesliga, Pokal und Europacup-Wettbewerben sehr hinderlich.

FTD *Dann haben Sie die Niederlagen in den anderen Vorbereitungsspielen nicht überrascht?*

Brand Weder überrascht noch deprimiert. Mir war bewusst, mit welchen Widrigkeiten wir zur Zeit zu kämpfen haben. Die Probleme waren und sind ja offenkundig: Zur fehlenden Frische eines Großteils der Nationalspieler kamen noch die Ausfälle von Stefan Kretzschmar und später von seinem Stellvertreter auf Linksaußen, Torsten Janssen. Markus Baur, der ebenfalls angeschlagen war und Leistenprobleme auskurieren sollte, und Volker Zerbe wurden nicht eingesetzt, außerdem schonten wir Christian Schwarzer. So waren überwiegend Spieler am Ball, die in dieser Formation nicht eingespielt sind. Aber zum EM-Start sind alle Führungsspieler wieder im Einsatz.

FTD *Worin bestand bis zur Abreise Ihre hauptsächliche Aufgabe?*

Brand Ich musste in der verbleibenden Zeit die richtige Mischung zwischen Erholung und Belastung finden und dafür sorgen, dass das Team wieder so stabil ist wie bei der letzten WM. Es ging um mentale Aspekte und darum, das Selbstvertrauen zu fördern. Der Handball musste während der letzten Vorbereitungstage nicht neu erfunden werden.

„Der Vergleich zwischen '78 und heute hinkt“

Heiner Brand über seinen WM-Titel als Spieler

FTD *Die Erwartungshaltung an die Mannschaft ist angesichts der letzten Erfolge – Endspiele bei EM und WM – gestiegen. Welchen Anspruch haben Sie an Ihr Team?*

Brand Wenn wir keine allzu großen Verletzungssorgen haben, zählen wir vor jedem großen Turnier zu den Medaillenkandidaten. Doch es sind eben leider nicht alle Leistungsträger fit oder dabei. Hinzu kommt die bereits angesprochene, extrem hohe Belastung aus der Bundesliga, die zumindest vor diesem Turnier nicht ignoriert werden kann. Obendrein ist eine EM im Vergleich zu WM oder Olympia meistens ein schwereres Unterfangen, da die Leistungsstärke auf europäischer Ebene am dichtesten ist. Wir können auch in Slowenien wieder eine gute Rolle spielen, doch ich bin froh, dass wir dieses Jahr mit den Olympischen Spielen in Athen eine weitere Möglichkeit haben werden, aufs Treppchen zu steigen. Die EM ist nicht die letzte Medaillenchance.

FTD *Eher eine Durchgangsstation?*

... ihre Wertigkeit ... Wir

Brand Zuletzt fiel auf, dass andere Nationen frischere Spieler haben, die in besserer individueller Verfassung sind. Die Franzosen, aber auch die Mannschaft Serbien-Montenegros – beide Gruppengegner von uns – wirkten ausgeruhter, leistungsfähiger und nicht so überspielt. Die Franzosen sind für mich der Favorit bei der EM, vor allem dann, wenn die Schiedsrichter ihre Zerstörungstaktik in der Defensive tolerieren. Frankreich hat augenblicklich die wohl unangenehmste Abwehr der Welt.

FTD *Und wie schätzen Sie den dritten Vorrundengegner Polen ein?*

Brand Auch Polen muss man auf der Rechnung haben, zumal wir in diesem Spiel auf mehrere sehr starke Bundesliga-Profis wie den Kieler Przbecki, Flensburgs Lijewski oder den Magdeburger Tkaczyk treffen.

FTD *Ist ein Spieler wie Stefan Kretzschmar zu ersetzen?*

Brand Nein. Aber mit der Frage dürfen wir uns gar nicht lange aufhalten. Natürlich ist er ein sehr wichtiger Spieler, doch wir haben Alternativen – und die müssen sich jetzt bewähren.

FTD *Sie sind der sechste Bundestrainer seit Vlado Stenzel, der einen Finalsieg wie bei der WM 1978 ansteuert. Ein EM- und ein WM-Finale haben Sie verloren. Ist dieser Erfolg von damals, den Sie als Spieler mit beeinflusst haben, eine schwere Hypothek?*

Brand Sicher ist es ein Traum, diesen Erfolg auch als Trainer zu wiederholen, zumal dies ... den Stellenwert des ... Lande

schen '78 und heute hinkt. Da ist heute sehr viel schneller, scher und komplexer. Früh nicht alles besser. Würde m Weltmeistermannschaft vor gegen mein aktuelles Team a lassen, die 78er hätten nic Hauch einer Chance. Außer auch die Zahl der starken schaften enorm angestiegen wäre eine Medaille dort sc großer Erfolg.

FTD *Empfinden Sie persönl ken Erfolgsdruck?*

Brand Mir macht Druck ni Im Gegenteil: Ich freue mic Turnier. Dort werden zehn Mannschaften um den Titel – das macht die Sache so rei

Interview: Fran

ndblatt ★

SPORT

Freudentänze nach EM-Gold

tsch- die aille n 5

n und ter Pe- ei der ld der te zu- warzer tig an läufer tefan dem

ei den Olym- schen Spie-

mit wichtigen Treffern zur Stelle. Und im Tor hielten Henning Fritz, der wie Volker Zerbe ins All-Star-Team gewählt wurde, und Christian Ramota den fünften Sieg in Folge fest.

Bei der Siegerehrung feierten sogar die einheimischen Zuschauer den Europameister mit „Deutschland, Deutschland“-Sprechchören. „An unsere Müdigkeit haben wir keinen Gedanken verschwendet“, meinte Stephan. Konzentrationslücken taten sich zwar wie schon beim 22:20-Sieg im Halbfinale gegen die am Ende drittplatzierten Dänen auf, den durchschnittlich zwei Millionen DSF-Fernsehzuschauer (zwölf Prozent Marktanteil) live gesehen hatten.

Allerdings war der Kraftverlust von acht EM-Spielen den Slowenen noch deutlicher anzumerken. Die Gastgeber wähnten sich nach ihrem 27:25-Halbfinalsieg im „Bruderduell“ gegen Kroatien und der damit verbundenen Olympia-Qualifikation offenbar bereits am Ziel dieser Titelkämpfe.

Zum Regenerieren bleibt den deutschen Spielern nun kaum